복잡하고 이해하기 힘든 데이터를 Power BI로 시각화해 보자

데이터 시각화와 탐색
WITH POWER BI

마경근, 서주란 공저

2nd
Edition

YoungJin.com **Y.**
영진닷컴

데이터 시각화와 탐색 WITH POWER BI 2nd

ISBN 978-89-314-6761-1

독자님의 의견을 받습니다

이 책을 구입한 독자님은 영진닷컴의 가장 중요한 비평가이자 조언가입니다. 저희 책의 장점과 문제점이 무엇인지, 어떤 책이 출판되기를 바라는지, 책을 더욱 알차게 꾸밀 수 있는 아이디어가 있으면 이메일, 또는 우편으로 연락주시기 바랍니다. 의견을 주실 때에는 책 제목 및 독자님의 성함과 연락처(전화번호나 이메일)를 꼭 남겨 주시기 바랍니다. 독자님의 의견에 대해 바로 답변을 드리고, 또 독자님의 의견을 다음 책에 충분히 반영하도록 늘 노력하겠습니다.

파본이나 잘못된 도서는 구입처에서 교환 및 환불해 드립니다.

이메일 : support@youngjin.com

주 소 : (우)08507 서울특별시 금천구 가산디지털1로 128 STX-V타워 4층 401호

등 록 : 2007. 4. 27. 제16-4189호

STAFF

저자 마경근, 서주란 | **책임** 김태경 | **진행** 성민 | **표지 디자인** 김효정 | **내지 디자인** 강민정

편집 강민정, 김효정 | **영업** 박준용, 임용수, 김도현, 이윤철

마케팅 이승희, 김근주, 조민영, 김민지, 김진희, 이현아 | **제작** 황장협 | **인쇄** 제이엠프린팅

머리말

"구슬이 서 말이라도 꿰어야 보배다."

데이터를 21세기의 원유라고 부릅니다. 곳곳에서 데이터의 중요성을 이야기하고 데이터가 국가 발전의 원천이라고도 합니다.

보유하고 있는 데이터를 판매하거나 가공하여 수익을 올리는 곳도 생겼습니다. 정부에서는 데이터가 필요한 중소기업과 소상공인, 1인 창업자를 위하여 데이터바우처를 제공합니다(데이터스토어, https://www.datastore.or.kr). 앞으로는 데이터가 의사 결정을 주도할 것이라는 내용입니다. 넷플릭스의 영화 추천, 구글의 검색 추천 결과 등을 떠올려 보면 고개가 끄덕여집니다. 이미 많은 곳에서 데이터라는 구슬을 보배로 만들어 쓰고 있습니다.

"문과라서 안된다고요?"

검색 창에 '데이터 강좌'를 넣어보면 유료, 무료 동영상 강좌가 차고 넘칩니다. 하지만 데이터 관련 전공을 했거나 업으로 하지 않았다면 제대로 이해하기 어려운 게 현실입니다. 비전공자도 쉽게 데이터를 활용할 수 있어야 합니다. 언론사에서 기사를 쓰시는 분, 소규모 자영업을 하시는 분, 시민단체에서 활동하는 사람 등 모두가 각자의 분야에서 자유롭게 데이터를 쓸 수 있어야 합니다. 실제로 비전공자의 융합적 사고에 의한 탁월한 성과가 주목을 받기도 합니다.

이 도서에서는 비전공자도 쉽게 데이터를 활용할 수 있는 도구로, Power BI를 사용합니다. R, 파이썬에서 사용하는 복잡한 명령어를 외우지 않아도 가능합니다. 엑셀을 사용할 때처럼 마우스로 아이콘을 클릭하며 데이터를 다듬고 시각화할 수 있습니다.

"보이는 것이 믿는 것이다."

이 도서에서는 데이터를 이해하기 쉬운 차트로 시각화하고, 조건에 따른 차트의 변화를 감지하는 방식으로 데이터를 활용합니다. 이 방법은 데이터 이면의 현상을 직관적으로 이해할 수 있으며, 다른 사람과의 커뮤니케이션에도 효과적으로 활용할 수 있습니다.

Power BI로 데이터를 시각화하고 탐색하면서, 데이터라는 구슬을 보배로 만드는 즐거운 여정을 시작해보기 바랍니다.

저자 **마경근**

머리말

데이터를 분석한다는 건 멋지고 신나는 일입니다. 하지만 문제 정의부터 데이터 수집, 가공, 시각화를 통해 통찰력까지, 모두가 데이터 분석을 잘하는 건 아닙니다. 그중에서도 많은 사람이 분석 도구를 활용하는 데 많은 시간과 비용, 노력을 투자하고 있습니다. 분석 데이터에 따라 Microsoft Excel을 사용하거나 R, Python, SQL 등을 활용하는데, 전문가가 아닌 이상 이러한 분석 도구(Tools)를 모두 능숙하게 사용하기는 어렵습니다.

Power BI를 사용하면 Self BI(Business Intelligence) 시대에 맞춰 전문가의 도움을 받지 않고도 스스로 사용자가 원하는 데이터를 분석하고 시각화할 수 있습니다.

이 책은 가장 최신의 Power BI를 이용하여 데이터 분석과 시각화를 쉽게 할 수 있도록 만들었습니다. IT 전공이 아니어도 데이터 분석 경험이 없어서도 책을 읽고 예제를 따라하다 보면, 실제 현업에서 데이터 분석을 할 때 진행되는 과정을 경험하게 될 것입니다. 또한 다양한 주제의 데이터를 활용하여 누구나 쉽게 필요한 기능을 익힐 수 있도록 구성했습니다.

독자 여러분들이 이 책과 함께 데이터 분석과 시각화의 세계에 첫발을 내딛는 데 도움이 되었으면 좋겠습니다. 감사합니다.

저자 **서주란**

예제/완성 파일 다운로드

예제/완성 파일 다운로드

이 책의 학습에 필요한 예제/완성 파일은 영진닷컴 홈페이지(www.youngjin.com)의 [고객센터]–[부록 CD 다운로드]–[IT도서/교재]에서 도서명으로 검색한 후 압축 파일을 다운로드하여 사용하면 됩니다.

예제/완성 파일 압축 해제 경로

영진닷컴 홈페이지에서 다운로드한 압축 파일은 아래의 그림과 같이 [내 컴퓨터 〉 C: 드라이브]에 [Power BI] 폴더를 만든 후 압축을 해제하여 사용합니다. 때에 따라 예제/완성 파일의 원본 파일 경로 재설정이 필요하다면, 본문 64P의 '데이터 원본 변경' 내용을 참고하여 경로를 재설정해야 원활한 학습 이 가능합니다.

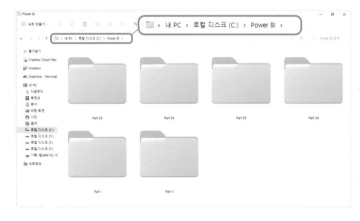

미리 보기

데이터 시각화와 탐색에 특화된 Power BI를 제대로 학습할 수 있도록 이론과 실전 예제들을 총 6개의 PART로 구성했습니다.

PART 01 **Power BI 기본**

PART 01에서는 Power BI의 구성 요소를 알아보고, 데이터 분석 및 시각화에 대해 살펴봅니다.

PART 02 **Power BI 활용**

PART 02에서는 파워 쿼리 편집기를 이용하여 여러 파일을 결합하거나 추가하여 하나로 통합하고, '전월대비, 전년대비 증감률' 등과 같은 DAX 수식을 활용한 시각화 방법을 살펴봅니다.

01 Chapter

PART별로 학습할 내용을 세분화하여 어떠한 내용을 학습할지 간단히 소개합니다.

03 Power BI 내용 소개

Power BI를 제대로 학습하기 위해 필요한 기본적인 지식이나, 필수 기능들을 따라하기 형식으로 소개합니다.

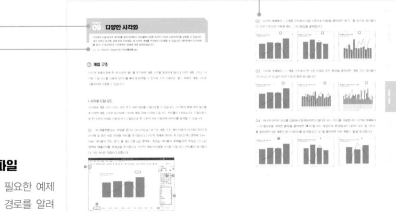

02 예제 파일

학습에 필요한 예제 파일의 경로를 알려 줍니다.

PART 03 혼밥족들이 살고 싶은 곳은?

PART 03에서는 행정안전부, 통계청 등 정부기관에서 공개하는 데이터를 이용하여 1인 가구의 현황과 그들의 선호 지역을 분석해 봅니다.

PART 04 서울의 미세먼지 탈탈 털어보자!

PART 04에서는 공개된 데이터를 이용하여 미세먼지와 관련한 일상의 궁금증을 밝혀봅니다.

PART 05 직장 그만두고 카페나 차려볼까?

PART 05에서는 DAX(Data Analysis Expressions)를 활용하여 카페의 폐업률과 생존기간을 산출합니다. 아울러 도형 맵, 맵 박스 등 다양한 도구를 이용하여 카페의 지역별 분포를 시각화합니다.

PART 06 퀀트 투자 괜찮을까?

우리나라에서 현재 머니러시의 대표적인 수단이라면 주식 투자와 부동산을 꼽을 수 있습니다. 이런 트렌드를 반영하여 PART 06에서는 주식 투자를 주제로 데이터 시각화 작업을 진행합니다.

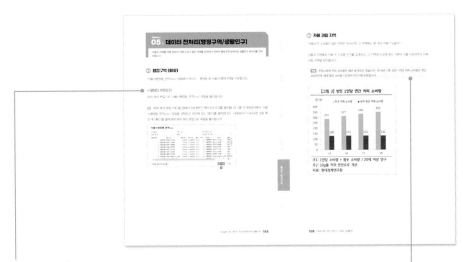

04 실전 따라하기

PART 03~06에서는 혼밥족, 서울시 미세먼지, 카페 창업, 주식 투자와 같이 굵직한 주제를 관통하는 데이터들을 분석하고 시각화하는 내용을 자세한 따라하기로 알려줍니다.

05 Tip

따라하기 내용에 응용이 가능하거나, 반드시 알아야 할 내용을 소개합니다.

목차

PART 02

Power BI 활용

PART 04

서울의 미세먼지 탈탈 털어보자!

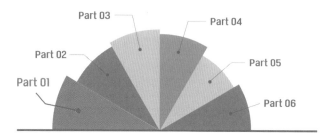

POWER BI : 이론편

PART 01
Power BI 기본

수집한 데이터를 이용해 데이터를 분석하고 시각화해서 원하는 결과를 도출
하려면 다양한 데이터 분석 도구를 사용할 수 있어야 합니다. Microsoft에서
제공하는 Power BI는 누구나 쉽게 사용법을 익혀 데이터를 전처리하고 모델
링하거나 시각화할 수 있는 대표적인 프로그램입니다. Part 01에서는 Power
BI의 구성 요소를 살펴보고 Power BI Desktop에서 데이터 가져오기, 데이터
편집, 보고서 작성하는 방법을 살펴보겠습니다.

Chapter 01 | Power BI 살펴보기

Power BI에 대해 소개하고 구성 요소를 알아봅니다. Power BI를 시작하기 전에 Power BI 서비스에 로그인할 수 있는 계정을 등록하고 전반적인 작업 흐름을 살펴보겠습니다.

01 Power BI란?

Power BI는 최신 정보를 통해 신속하게 의사 결정할 수 있도록 인사이트를 제공하는 비즈니스 분석 서비스입니다. 누구나 쉽게 시각적 보고서를 사용하여 데이터를 연결하고 모델링 및 정보를 탐색할 수 있습니다. 또한, 시각적 보고서는 공동 작업을 수행하고 공유할 수 있으며 Microsoft Excel을 비롯한 다른 도구와 연결하여 사용할 수도 있습니다.

02 Power BI 제품

Power BI 제품은 다음 세 가지 요소로 구성됩니다.

- Power BI Desktop – Windows Desktop Application
- Power BI Service – 온라인 SaaS(Software as a Service) 서비스
- Power BI Mobile Apps – Windows, iOS 및 Android 디바이스용

▶ 출처 : https://docs.microsoft.com/ko-kr/power-bi/fundamentals/power-bi-overview

세 가지 외에도 Power BI 보고서 작성기와 보고서를 게시할 수 있는 온-프레미스 보고서 서버인 Power BI Report Server가 있습니다.

Power BI 사용 방법은 프로젝트 또는, 팀에서 사용자의 역할에 따라 달라질 수 있습니다. 보고서 작성

자는 Power BI Desktop에서 보고서를 만든 다음, Power BI 서비스에 해당 보고서를 게시합니다. 의사 결정을 위한 비즈니스 사용자는 Power BI 서비스를 사용하여 보고서 및 대시보드를 볼 수 있고, 영업이나 외부 출장이 많은 사용자는 Power BI 모바일 앱을 사용하여 진행 상황을 모니터링할 수 있습니다. 개발자인 경우 Power BI API를 사용하여 데이터를 데이터 세트에 푸시하거나 대시보드와 보고서를 사용자 지정 애플리케이션에 포함할 수 있습니다. 상황에 맞게 Power BI의 각 부분을 매우 유연하게 사용할 수 있습니다.

03 Power BI 작업 흐름

Power BI의 일반적인 작업 순서는 Power BI Desktop에서 데이터 원본에 연결하고 보고서를 작성하는 것부터 시작합니다. 작성한 보고서는 Power BI 서비스에 게시하고 Power BI 서비스 및 모바일 디바이스에서 사용자가 보고서를 탐색하고 상호 작용할 수 있도록 공유합니다.

04 Power BI Desktop이란?

Power BI Desktop은 다양한 유형의 데이터를 연결하여 시각화할 수 있도록 로컬 컴퓨터에 설치하는 무료 애플리케이션입니다. Power BI Desktop을 사용하여 데이터 원본에 연결하고 데이터 변환 및 모델링할 수 있습니다. 파워 쿼리 편집기를 통해 데이터를 편집 및 결합하거나 모델 창에서 테이블 간의 관계 설정이나 측정값을 작성할 수 있습니다. 이러한 데이터 모델을 이용해 다양한 시각적 개체를 활용한 보고서를 작성하여 조직 내 다른 사용자와 공유할 수 있도록 Power BI 서비스에 게시할 수 있습니다.

Power BI란?

Power BI Desktop

데이터 가져오기

데이터 쿼리 편집기

데이터 모델링

데이터 시각화

Power BI Desktop에서 다음과 같은 작업이 이루어집니다.

- 데이터 연결
- 데이터 변환 및 모델링
- 데이터 시각화
- 보고서 만들기
- Power BI 서비스에 게시

05 Power BI 서비스란?

Power BI 서비스(app.powerbi.com)는 클라우드 기반 서비스 또는, SaaS(Software as a Service)로 팀과 조직을 위한 보고서 편집 및 협업을 지원합니다. Power BI 서비스에서 데이터 원본에 연결할 수 있지만 데이터 편집이나 모델링에는 제한이 있습니다. Power BI 서비스는 대시보드 만들기, 앱 만들기 및 공유, 비즈니스 인사이트를 파악하기 위한 데이터 분석 및 탐색과 같은 작업을 수행하는 데 사용됩니다.

Power BI 서비스에 로그인하면 내 작업 영역에서 데이터 세트를 이용해 보고서를 작성할 수 있고, Power BI Desktop에서 게시된 보고서를 확인할 수도 있습니다.

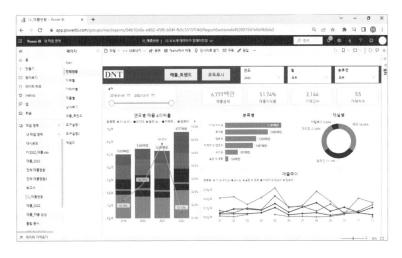

Tip **Power BI 서비스 로그인**

Power BI 서비스에 로그인하려면 회사나 학교 등 조직에서 사용하는 이메일 주소만 계정으로 등록 가능하며, Naver, Gmail, MSN 등의 웹 포털에서 제공하는 이메일은 등록할 수 없습니다.

06 Power BI 콘텐츠

Power BI를 구성하는 요소는 다음과 같습니다.

• 데이터 세트

데이터 세트는 Power BI에서 데이터를 가져오거나 연결한 다음 보고서와 대시보드를 구성하는 데 사용하는 데이터 컬렉션입니다. Excel, CSV, 텍스트 등의 파일부터 각종 데이터베이스, 온라인 서비스 등의 다양한 데이터 원본을 가져올 수 있습니다. 하나의 데이터 세트는 여러 보고서와 대시보드에서 사용할 수 있습니다.

• 시각화

시각화(시각적 개체)는 데이터를 다양한 차트로 표현합니다. Power BI의 [시각화] 창에서 가로 막대형, 세로 막대형, 원형, 트리맵, 테이블, 맵 등 다양한 시각적 개체를 사용할 수 있습니다.

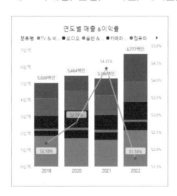
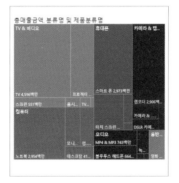

• 보고서

Power BI 보고서는 시각화, 그래픽 및 텍스트로 이루어진 하나 이상의 페이지입니다. 보고서의 모든 시각화는 단일 데이터 세트에서 제공하며 하나의 보고서는 여러 대시보드에 연결하여 사용할 수 있습니다.

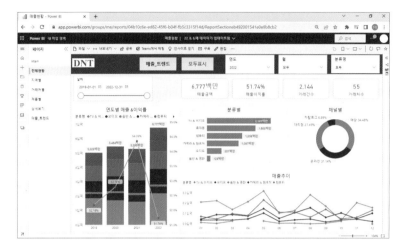

• 대시보드

대시보드는 의사 결정에 필요한 모든 정보를 한눈에 보거나 비즈니스에서 가장 중요한 정보를 모니터링하기 위해 사용합니다. 대시보드는 타일, 그래픽 및 텍스트가 포함된 단일 캔버스로 타일은 보고서에서 대시보드로 고정하는 시각적 개체입니다. 하나의 대시보드는 여러 데이터 세트나 보고서의 시각화를 표시할 수 있습니다. 대시보드에는 타일 또는, 전체 페이지가 포함될 수 있습니다.

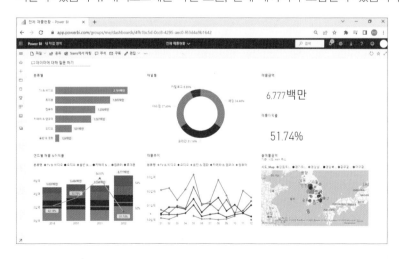

07 Power BI 라이선스

Power BI는 가격 정책에 따라 사용 권한이 다릅니다. Power BI Desktop은 무료로 제공되며 Power BI 서비스에서는 라이선스별로 Power BI Pro와 Power BI Premium을 제공합니다.

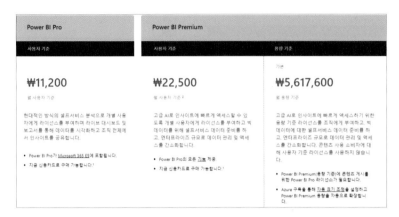

Power BI는 사용자별로 무료와 유료로 제공됩니다.

- 무료 라이선스 : Power BI Desktop에서 시각화 보고서를 작성한 후 Power BI 서비스에 게시할 수 있습니다.
- 유료 라이선스 : Power BI Pro 라이선스를 사용하면 다른 사용자에게 보고서와 대시보드를 공유할 수 있으며 Power BI의 모든 기능을 사용할 수 있습니다. Power BI Pro는 월별로 요금을 지불하는 구독형 라이선스입니다.

각 제품의 가격 및 서비스 사항에 대한 자세한 정보는 Power BI 사이트(powerbi.microsoft.com)의 [가격]에서 확인할 수 있습니다.

08 Power BI 참고

Power BI에서는 커뮤니티 구성원이나 개발자들이 자료를 공유하는 다양한 갤러리를 제공합니다. 갤러리에서 기본으로 제공되는 리소스를 다운로드하여 더 빠르고, 편리하게 데이터를 시각화할 수 있습니다. Power BI에서 제공하는 다양한 갤러리를 살펴보겠습니다.

• Custom Visual Gallery

Custom Visual Gallery는 다양한 사용자 지정 시각적 개체를 만드는 활발한 개발자 커뮤니티입니다. 개발자 및 Microsoft에서 만든 유용한 시각화를 포함해 시각적 개체를 제공합니다. Power BI 보고서 작성 시 다양한 사용자 지정 시각적 개체를 다운로드하여 데이터를 좀 더 손쉽게 시각적으로 표현할 수 있습니다.

웹 브라우저를 실행한 후 'http://visuals.powerbi.com'으로 이동합니다. AppSource의 Power BI vi-suals에서 다양한 사용자 지정 시각적 개체를 다운받아 사용할 수 있습니다. 개체를 다운받을 때는 조직이나 학교 계정을 등록해야 합니다.

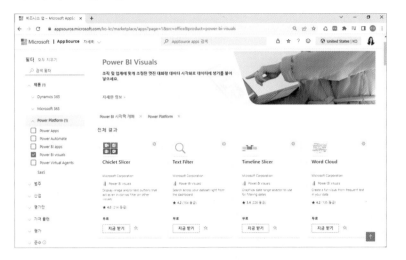

• Data Stories Gallery

Power BI의 웹 게시 기능으로 보고서를 갤러리에 올려 다른 사람과 공유할 수 있습니다. Data Stories Gallery에서는 다른 사람이 공유한 다양한 보고서를 참고할 수 있습니다. 자세한 정보는 아래 링크를 참고합니다.

https://community.powerbi.com/t5/Data-Stories-Gallery/bd-p/DataStoriesGallery

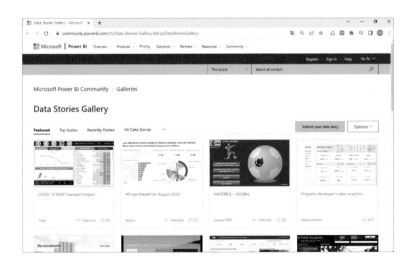

• Power BI Update

Power BI는 정기적으로 매달 업데이트가 이루어집니다. 이 달에 업데이트된 항목을 확인하고 적용하려면 다음 블로그를 참고합니다.

https://powerbi.microsoft.com/ko-kr/blog/

• Power BI Community

전 세계의 많은 Power BI 사용자가 학습 및 토론에 참여하고 있습니다. DAX를 이용한 수식 작성 방법이나 Power BI 활용법 참고에 유용합니다. 자세한 사항은 다음 사이트를 참고합니다.

https://community.powerbi.com/

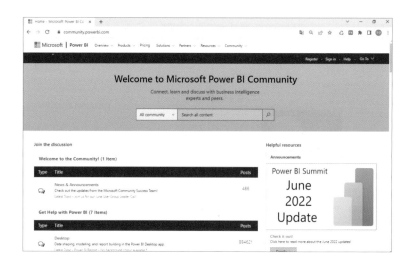

Chapter
02 | Power BI Desktop 시작하기

Power BI Desktop에서는 다양한 데이터에 연결하여 데이터 변환 및 모델링을 할 수 있고 최신 대화형 시각화 기능을 제공합니다. 또한, 보고서를 작성한 후 Power BI 서비스에 게시하여 다른 사용자들과 보고서를 공유할 수 있습니다. 이제부터 Power BI Desktop을 설치하는 방법과 화면 구성에 대해 살펴보겠습니다.

01 Power BI Desktop 다운로드

Power BI Desktop은 무료로 다운로드할 수 있으며, 다음 두 가지 방법 중 하나를 선택해 설치할 수 있습니다.

- Microsoft Store에서 앱으로 설치
- 실행 파일을 직접 다운로드하여 설치

Power BI Desktop은 매월 새로운 기능이 업데이트되고 있습니다. Microsoft Store에서 Power BI Desktop을 설치하면 항상 최신 버전을 사용할 수 있습니다.

• Microsoft Store에서 앱으로 설치

01 | 웹 브라우저를 열고 Power BI 시작 페이지(powerbi.microsoft.com)에서 [제품]-[Power BI Desktop]을 클릭합니다.

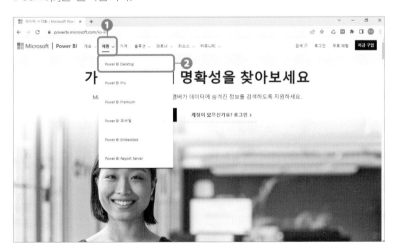

02 | 다음 화면에서 [무료 다운로드]를 클릭하면 Microsoft Store에서 설치할 수 있습니다.

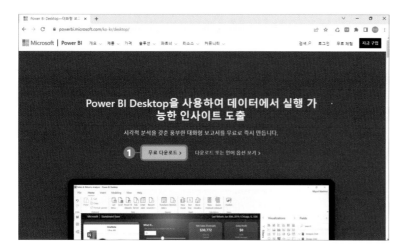

03 | 대화상자가 나타나면 [Microsoft Store 열기]를 클릭합니다.

04 | Windows 10 이상 운영체제 사용자라면 Microsoft Store 창이 나타납니다. [설치]를 클릭하여
Power BI Desktop을 설치합니다.

• Power BI Desktop 직접 다운로드

Power BI Desktop 설치 파일을 다운로드하여 사용할 수 있습니다. 설치 파일을 실행하여 사용할 경우
Power BI Desktop의 최신 업데이트 기능은 자동으로 반영되지 않습니다.

01 ┃ 앞선 Power BI Desktop 다운로드 화면에서 [다운로드 또는 언어 옵션 보기]를 클릭합니다.

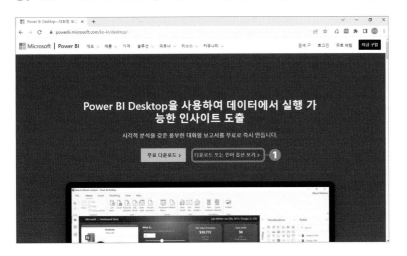

02 ┃ 사용할 언어를 '한국어'로 설
정하고 [다운로드]를 클릭합니다.

03 ┃ 다운로드 목록의 32비트
(x86) 또는, 64비트(x64) 설치 파
일 중에서 다운로드할 파일을 선
택하고 [다음]을 클릭합니다. 이
챕터에서는 'PBIDesktop_x64.
exe'를 선택합니다.

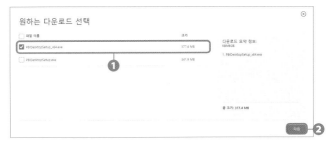

Power BI란?

Power BI Desktop

데이터 가져오기

파워 쿼리 편집기

데이터 모델링

데이터 시각화

04 다운로드를 완료하면 설치 파일을 실행합니다. Power BI Desktop은 지원되는 모든 언어를 포함하는 단일 .exe 설치 패키지를 제공합니다. 언어 선택을 '한국어'로 설정하고 [다음]을 클릭합니다.

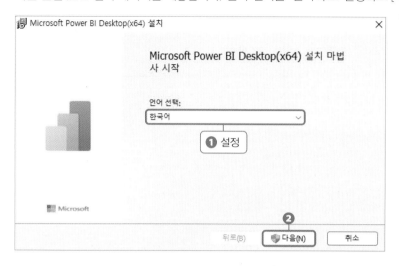

05 [다음]을 클릭합니다.

06 ┃ [동의함]을 체크하고 [다음]을 클릭합니다.

07 ┃ [다음]을 클릭하여 선택한 폴더에 설치합니다.

08 ┃ [설치]를 클릭하여 설치를 시작합니다.

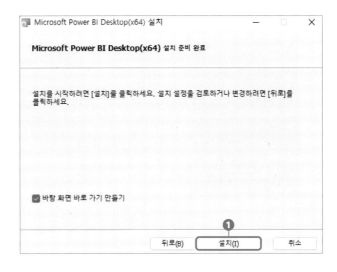

Power BI란?

Power BI Desktop

데이터 가져오기

보고서 페이지 편집하기

데이터 모델링

데이터 시각화

09 | 설치가 완료되면 [마침]을 클릭합니다.

● Power BI Desktop 시작하기

윈도우 시작 단추를 클릭하여 Power BI Desktop을 실행합니다. 처음 사용하는 경우에는 구독 양식을 작성하거나 Power BI 서비스에 로그인하라는 메시지가 표시됩니다. 시작 화면에서는 데이터 가져오기, 최근 원본 또는 다른 보고서 열기를 참조하여 작업할 수 있습니다. [시작]을 클릭하면 로그인 대화상자가 나타납니다. Power BI 계정을 가지고 있다면 이메일 주소와 암호를 입력하여 사용하면 됩니다. Power BI 계정이 없다면 [닫기](✕)를 클릭합니다.

Tip Windows 10 환경에서 Microsoft Store 버전을 사용 중이라면 WebView2를 사용하라는 정보가 표시됩니다. 이는 Microsoft Edge 브라우저 기능을 제공하는 데 사용합니다.

이런 경우 다음 링크에서 WebView2를 다운로드하여 설치합니다.

https://developer.microsoft.com/ko-kr/microsoft-edge/webview2/consumer/

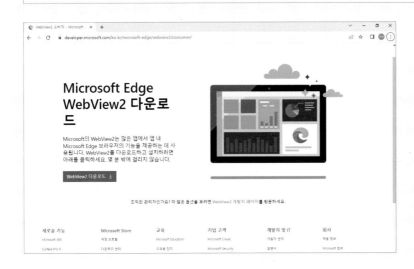

Power BI란?

Power BI Desktop

데이터 가져오기

파워 쿼리 편집기

데이터 모델링

데이터 시각화

02 Power BI Desktop 화면 구성

Power BI Desktop은 리본 메뉴 외에 탐색 창이나 필터, 시각화, 필드 창 등으로 구성되어 있습니다. 탐색 창은 보고서, 데이터, 모델 보기로 구성되며 시각화 창은 시각적 개체에 따라 필드나 서식을 적용할 수 있습니다.

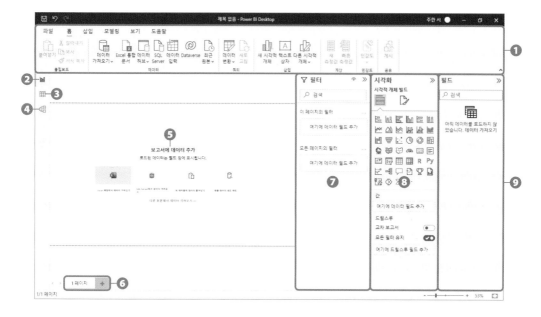

① **리본 메뉴** : 홈, 삽입, 모델링, 보기, 도움말 탭으로 구성되며 데이터 가져오기, 데이터 변환, 데이터 모델링 등과 같은 작업을 수행할 수 있습니다.

② **보고서 보기** : 시각적 개체를 활용하여 보고서를 작성하고 페이지 추가나 숨기기 등을 적용할 수 있습니다.

③ **데이터 보기** : 연결된 데이터 원본의 테이블 구조 및 데이터를 확인할 수 있으며 데이터 형식 변경, 필터 등의 작업을 수행합니다.

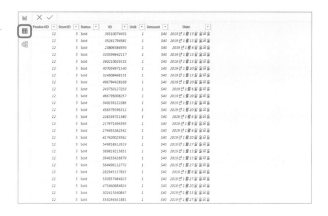

④ **모델 보기** : 사용자의 데이터 모델이 관계 설정되고 필요에 따라 관리 또는, 수정하는 관계의 그래픽을 표현합니다.

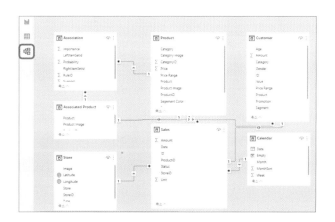

⑤ **캔버스** : 시각적 개체를 추가하여 보고서를 작성하는 작업 영역입니다.

⑥ **페이지 탭 영역** : 보고서 페이지를 선택하거나 추가, 삭제, 숨기기 할 수 있습니다.

⑦ **필터 창** : 데이터 시각화를 필터링할 수 있습니다. 시각적 개체 수준의 필터나 페이지, 모든 페이지 단위로 필터를 적용할 수 있습니다.

⑧ **시각화 창** : 보고서의 빈 영역이 선택된 상태에서 시각화 창은 시각적 개체 빌드와 서식 페이지 옵션으로 구성됩니다. 시각적 개체 빌드에서는 시각적 개체를 추가하고 서식 페이지에서는 보고서 및 시각화를 디자인합니다.

⑨ **필드 창** : 연결된 데이터 원본의 테이블과 필드 목록이 표시됩니다. 필드를 캔버스나 시각적 개체에 드래그하여 시각화하거나 수정할 수 있습니다.

⑬ Power BI 옵션

Power BI Desktop의 [옵션] 대화상자를 이용하여 보고서 환경에 대한 기본 옵션 설정을 변경 및 관리
할 수 있습니다. Power BI Desktop은 정기적으로 업데이트가 이루어지며 향상된 기능을 활용하려면
최신 업데이트를 확인해서 적용하면 됩니다.

● 옵션 설정

01 | Power BI Desktop의 기본 옵션을 변경하려면, [파일] 탭-[옵션 및 설정]에서 [옵션]을 클릭합니다.

02 | [옵션] 대화상자가 나타납니다. [전역]의 [미리 보기 기능]에는 새롭게 업데이트되는 기능을 사용자
에게 제공하며, 이후 업데이트에서 미리 보기 기능은 변경되거나 제거될 수 있습니다. 현재 업데이트 버
전(2022년 8월) 기준에서 미리 보기 기능을 선택한 후 Power BI Desktop을 종료 후 다시 실행하면 업
데이트 기능을 사용할 수 있습니다.

Power BI란?

Power BI Desktop

데이터 가져오기

파워 쿼리 편집기

데이터 모델링

데이터 시각화

Chapter 03 | 데이터 가져오기

Power BI Desktop에서 보고서를 작성하려면 데이터 원본에 연결하여 가져오는 작업이 필요합니다. Excel, 텍스트/CSV, 웹, 각종 데이터베이스 등의 데이터에 연결할 수 있습니다. 연결된 데이터는 파워 쿼리 편집기에 캐시되고 Power BI Desktop에 로드됩니다. 이제 데이터를 가져오는 다양한 방법에 대해 알아보겠습니다

예제 파일 Part 01\Chapter 03\03_데이터 가져오기.pbix, 판매.xlsx, 자전거 이용현황.xlsx,

01 데이터 가져오기

Power BI Desktop은 데이터 가져오기부터 다양한 데이터 원본에 연결할 수 있습니다. 일반적으로 사용자들이 많이 사용하는 Excel 파일이나 텍스트/CSV, SQL Server, Azure SQL Server, Facebook, R, Python 등 다양한 데이터 원본을 가져올 수 있습니다. [홈] 탭-[데이터 가져오기]를 클릭하면 일반 데이터 원본이 표시되고, [자세히]를 클릭하면 [데이터 가져오기] 대화상자에서 더 많은 데이터 원본에 연결할 수 있습니다.

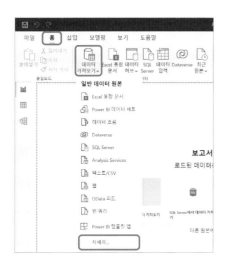

Power BI Desktop은 인-메모리(In-Memory) 방식이기 때문에 데이터 접근이 빠르고 검색 시간이 줄어 빅데이터를 분석하는 데 용이합니다. Power BI Desktop에서 Excel이나 CSV 등과 같은 데이터 집합을 가져오면 메모리에 캐시됩니다. 이후 원본 데이터가 업데이트되면 캐시된 데이터 집합은 새로 고침해야 합니다. 메모리의 효율성을 높이려면 분석에 필요한 행과 열만 가져와 사용하며, 필요하다면 언제라도 새 열을 추가할 수 있습니다.

• Excel 데이터 가져오기

Power BI에서 가져올 수 있는 Excel 통합 문서의 크기는 1GB 미만이고 워크시트의 콘텐츠가 30MB 이하여야 합니다. Excel 2007 이상에서 작성된 .xlsx, .xlsm 파일 형식이나 데이터 모델(파워 피벗, 파워 쿼리)에 포함된 통합 문서도 가져올 수 있습니다.

'판매.xlsx' 파일의 워크시트에는 날짜, 거래처명, 분류명 등을 기준으로 매출 정보를 포함하고 있습니다. 워크시트(Sheet1)의 데이터를 Power BI로 가져와 보겠습니다.

01 [홈] 탭 – [데이터] 그룹에서 [Excel 통합 문서]를 클릭합니다.

02 [열기] 대화상자에서 '판매.xlsx' 파일을 선택하고 [열기]를 클릭합니다.

03 ┃ 통합 문서를 로드하여 테이블을 선택할 수 있는 탐색 창이 나타납니다. 가져올 'Sheet1' 테이블의 확인란을 체크하고 [로드]를 클릭합니다.

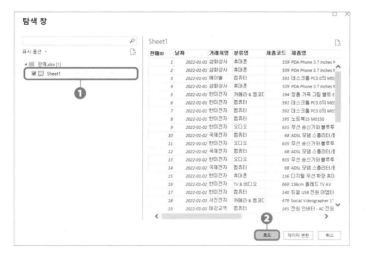

Tip **로드와 데이터 변환**

- 로드 : 테이블을 선택한 후 [로드]를 클릭하면 Power BI Desktop에서 바로 데이터를 사용할 수 있습니다.
- 데이터 변환 : 불필요한 행/열을 제거, 값 바꾸기, 열 분할, 열 머리글 변경 등의 데이터 편집이 필요하면 [데이터 변환]을 클릭하여 파워 쿼리 편집기로 이동합니다.

04 ┃ 데이터 가져오기가 완료되면 [필드] 창에 테이블과 필드 목록이 나타납니다. [데이터](▦) 보기에서 가져온 데이터를 확인할 수 있습니다.

05 | 묶은 세로 막대형 차트를 이용해 분류별로 매출금액을 시각화해 보겠습니다. [보고서](📊) 보기에서 [시각화] 창의 [묶은 세로 막대형 차트]를 클릭한 후 크기를 조정합니다.

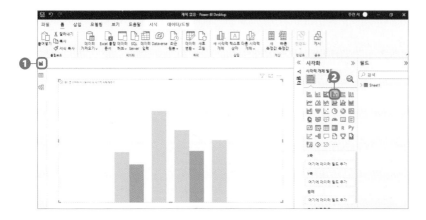

06 | [시각적 개체에 데이터 추가]의 [X축] 영역에 'Sheet1' 테이블의 '분류명' 필드 추가, [Y축] 영역에 '금액' 필드를 추가합니다. [Y축] 영역에 추가된 필드명은 더블클릭하여 이름을 '금액'으로 변경합니다.

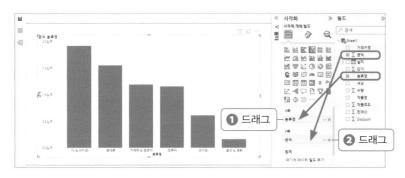

07 | 시각적 개체의 축 제목, 색, 데이터 레이블 등의 서식을 변경할 수 있습니다. 묶은 세로 막대형 차트를 선택하고 [시각화] 창의 [시각적 개체 서식 지정]을 클릭합니다. [데이터 레이블]을 '설정'으로 변경하면 시각적 개체에 레이블이 표시됩니다.

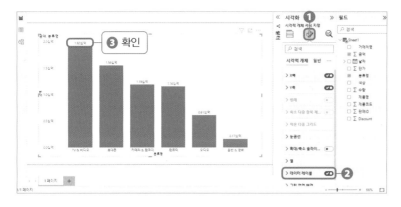

• 텍스트/CSV 데이터 가져오기

쉼표나 구분자 기호로 저장된 CSV나 TXT 파일에 연결하여 데이터를 가져올 수 있습니다. 상권분석 데이터인 CSV 파일을 가져와 보겠습니다.

01 [보고서]( ) 보기로 이동하고 페이지 탭에서 [새 페이지]( )를 클릭합니다. [홈] 탭-[데이터] 그룹에서 [데이터 가져오기]-[텍스트/CSV]를 클릭합니다.

02 [열기] 대화상자에서 '서울시 상권분석서비스.csv' 파일을 선택하고 [열기]를 클릭합니다.

03 파일이 열리면 파일 특성 (파일 원본, 구분 기호, 파일에서 데이터 형식을 검색하는 데 사용해야 하는 행 수)을 선택 항목으로 표시합니다. 이러한 옵션은 데이터 연결 시 설정을 변경할 수 있습니다. 이제 [로드]를 클릭합니다.

04 [데이터](▦) 보기의 [필드] 창에서 '서울시 상권분석서비스' 테이블을 선택하여 데이터를 확인합니다.

05 테이블에 연도별로 점포수, 개업 점포수, 폐업 점포수를 시각화해 보겠습니다. [시각화] 창의 [테이블]을 클릭한 후 크기를 조정합니다.

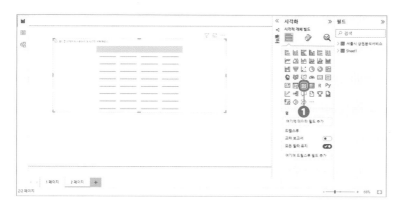

06 [시각적 개체에 데이터 추가]의 [열] 영역에 '서울시 상권분석서비스' 테이블의 '기준_년_코드, 점포_수, 개업_점포_수, 폐업_점포_수' 필드를 차례로 추가합니다.

07 | 테이블에 추가된 숫자형 필드는 합계로 표시됩니다. 연도는 합계 대상이 아니므로 [열] 영역의 '기준_년_코드' 필드의 아래 화살표(∨)를 클릭하여 [요약 안 함]을 선택합니다.

08 | 연도별로 상권 정보를 테이블에 시각화한 결과입니다.

Tip | 필드명 변경하기

[열] 영역에 추가된 필드명은 각각 더블클릭하여 필드명을 '점포_수', '개업_점포_수', '폐업_점포_수'로 변경합니다.

Tip **텍스트/CSV에서 파일 원본 변경하기**

텍스트/CSV 가져오기에서 파일 원본이 '949한국어'에서 한글 데이터가 표현되지 않는 경우, 파일 원본을 '65001: 유니코드(UTF-8)'로 설정합니다. 'UFT-8'은 유니코드를 위한 가변 길이 문자 인코딩 방식 중 하나입니다.

• 웹 데이터 가져오기

웹 페이지의 데이터를 연결하여 보고서에 시각화할 수 있습니다. 필요한 경우 파워 쿼리 편집기에서 데이터를 셰이핑 및 변환해서 사용할 수 있습니다. 위키피디아(Wikipedia) 사이트에서 제공하는 국가별 인구현황을 가져와 보겠습니다.

01 | 구글에서 'list of population by countries'를 검색한 결과 중 Wikipedia에서 제공한 정보입니다. 국가별 Rank, Country, Region, Population 등의 정보를 포함합니다. 웹 사이트의 정보는 수시로 업데이트되기 때문에 편집 방법이 다를 수 있습니다.

https://en.wikipedia.org/wiki/List_of_countries_and_dependencies_by_population

02 ┃ 'Sovereign states and dependencies by population' 테이블 정보를 Power BI Desktop으로 가져와 사용하지 않는 열이나 행을 제거해 보겠습니다. 웹 브라우저의 URL 주소를 클릭한 후 복사(Ctrl+C)합니다.

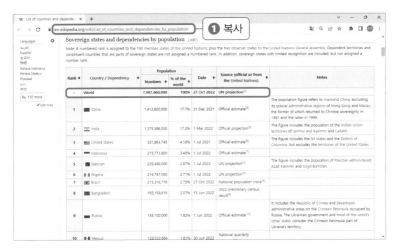

03 ┃ Power BI Desktop의 [홈] 탭-[데이터] 그룹에서 [데이터 가져오기]-[웹]을 클릭합니다.

04 ┃ [웹에서] 대화상자가 나타납니다. [기본]이 선택된 상태에서 [URL]에 복사한 URL을 붙여넣기(Ctrl+V)한 후 [확인]을 클릭합니다.

05 | [웹 콘텐츠 액세스] 대화상자가 나타납니다. 위키피디아 정보는 개인 정보를 입력할 필요없이 누구나 데이터를 연결하여 사용할 수 있습니다. [익명] 탭에서 [연결]을 클릭합니다.

> **Tip** [웹 콘텐츠 액세스] 대화상자는 처음 웹 사이트에 연결할 때 나타납니다. 동일한 웹 사이트 정보를 다시 입력해서 가져올 때는 표시되지 않습니다. 대화상자 확인이 다시 필요한 경우 [홈] 탭-[쿼리] 그룹에서 [데이터 변환]-[데이터 원본 설정]의 [전역 권한]의 사이트 목록을 삭제합니다.

06 | 탐색 창에 웹 페이지에 있는 각종 테이블이 나타납니다. 'HTML' 테이블에서 [Sovereign states and dependencies by population]의 확인란을 체크하고 [데이터 변환]을 클릭합니다.

07 | 파워 쿼리 편집기가 열리고 로드된 데이터가 표시됩니다. 'Population_1, Date, Source, Notes' 필드는 사용하지 않으므로 삭제하겠습니다. 'Population_1' 필드를 선택한 후 [Shift]를 누른 상태에서 'Notes' 필드를 선택합니다. [홈] 탭−[열 관리] 그룹에서 [열 제거]를 클릭합니다.

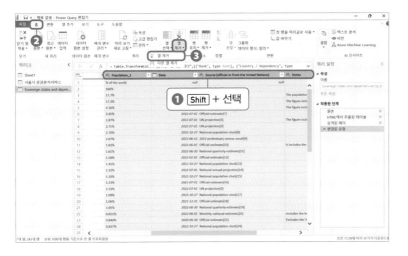

08 | 'Country / Dependency' 필드의 null, World 행을 삭제하겠습니다. Country / Dependency 열 머리글의 필터 단추(▼)를 클릭합니다. 목록에서 [null], [World]의 체크를 해제한 후 [확인]을 클릭합니다.

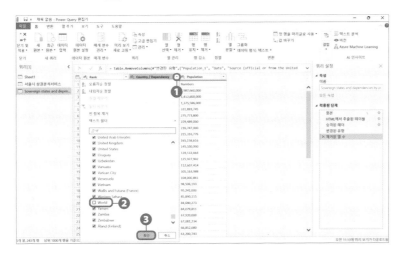

Power BI란?

Power BI Desktop

데이터 가져오기

파워 쿼리 편집기

데이터 모델링

데이터 시각화

09 | 'Population' 필드의 데이터 형식을 텍스트에서 숫자형으로 변경해 보겠습니다. 'Population' 필드를 선택한 후 [변환] 탭-[데이터 형식]을 '정수'로 변경합니다.

10 | 'Country/Dependency' 열 머리글을 더블클릭하여 'Country'로 변경합니다. [쿼리 설정] 창의 [이름]은 '국가별 인구현황'으로 변경합니다. 이제 편집한 데이터를 Power BI Desktop에 적용해 보겠습니다. [홈] 탭-[닫기 및 적용]을 클릭하여 파워 쿼리 편집기를 종료합니다.

11 | Power BI Desktop의 [데이터](▦) 보기에서 국가별 인구현황 데이터를 확인할 수 있습니다.

12 | 국가별 인구현황을 시각화해 보겠습니다. [보고서](◫) 보기에서 새 페이지를 추가하고 [시각화] 창에서 [누적 가로 막대형 차트]를 클릭합니다. [시각적 개체에 데이터 추가]의 [Y축] 영역에 'Country' 필드 추가, [X축] 영역에 'Population' 필드를 추가합니다.

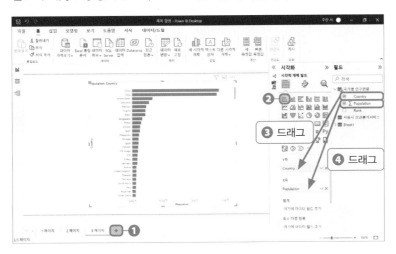

Power BI란?

Power BI Desktop

데이터 가져오기

파워 쿼리 편집기

데이터 모델링

데이터 시각화

• SQL Server에서 가져오기

Power BI Desktop에서는 다양한 데이터베이스 서버에 연결할 수 있습니다. 일부 데이터베이스 서버에 연결할 경우 [가져오기]와 [Direct]로 연결할 수 있습니다. [가져오기]를 이용하면 데이터 원본을 복사하여 사용하고, [Direct]로 연결하면 데이터 원본에 직접 연결합니다. SQL Server에 [가져오기] 형식으로 데이터를 가져와 보겠습니다. 서버 및 DB 정보는 제공하지 않으니 참고만 합니다.

01 | 다양한 데이터 원본을 살펴보기 위해 [홈] 탭-[데이터] 그룹에서 [데이터 가져오기]를 클릭합니다.

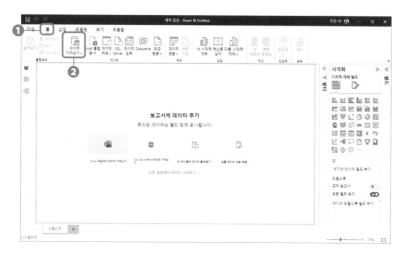

02 | [데이터 가져오기] 대화상자가 나타납니다. 다양한 파일이나 데이터베이스, Azure, 온라인 서비스 등의 데이터에 연결할 수 있습니다. [데이터베이스]에서 [SQL Server 데이터베이스]를 선택하고 [연결]을 클릭합니다.

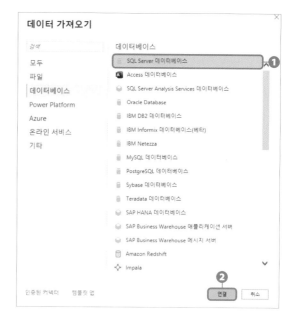

03 | [SQL Server 데이터베이스] 대화상자에 서버 이름과 데이터베이스 이름을 입력합니다. [데이터 연결 모드]의 [가져오기]를 체크하고 [확인]을 클릭합니다.

04 | [SQL Server 데이터베이스] 대화상자에서 [데이터베이스]를 선택하고 SQL Server 데이터베이스에 접근할 수 있는 사용자 이름과 암호를 입력한 후 [연결]을 클릭합니다.

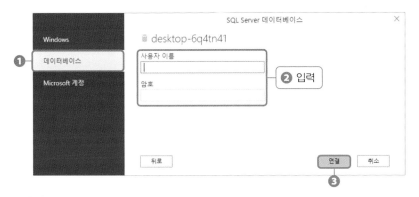

05 | 탐색 창에 연결된 SQL 데이터베이스의 테이블 목록이 나타납니다. 가져오려는 테이블의 각 확인란을 체크하고 [로드]를 클릭합니다.

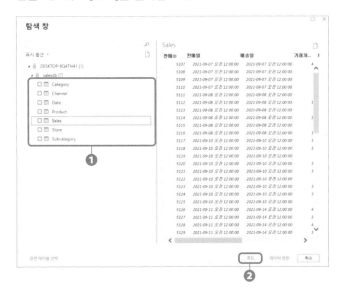

06 가져오기가 완료되면 [필드] 창에 테이블이 나타납니다.

• Excel 파워 쿼리, 파워 피벗 가져오기

Excel 추가 기능 중 파워 쿼리와 파워 피벗을 사용하여 외부 데이터 원본에서 데이터를 쿼리하고 모델링할 수 있습니다. Microsoft 365, Excel 2021에서 더 이상 파워 뷰는 제공되지 않습니다. Excel에서 데이터 모델을 구성하여 Power BI Desktop에서 데이터를 시각화할 수 있습니다. 예제 폴더의 '자전거 이용현황.xlsx' 파일에는 파워 피벗, 파워 쿼리로 데이터 모델이 구성되어 있습니다. 이 파일의 데이터 모델을 가져와 보겠습니다.

01 [파일] 탭–[가져오기]에서 [Power Query, Power Pivot, Power View]를 클릭한 후 '자전거 이용현황.xlsx' 파일을 불러옵니다.

02 | [Excel 통합 문서 콘텐츠 가져오기] 대화상자에서 [시작]을 클릭하면 콘텐츠 가져오기가 수행됩니다. 작업이 완료되면 [닫기]를 클릭합니다.

03 | 가져온 콘텐츠의 파워 피벗으로 구성된 데이터 모델은 [모델]( ) 보기에서 확인할 수 있습니다. Excel의 일반 시트는 빈 페이지로 나타납니다.

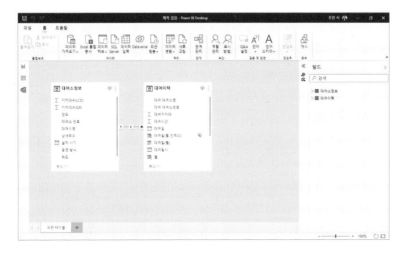

Tip **Excel에서 데이터 모델 확인하기**

Excel의 추가 기능인 파워 피벗으로 데이터 모델링할 수 있습니다. [Excel 옵션] 대화상자에서 [추가 기능]의 'COM 추가 기능'을 선택하고 [이동]을 클릭합니다.

[COM 추가 기능] 대화상자에서 [Microsoft Power Pivot for Excel]을 체크하고 [추가]를 클릭합니다.

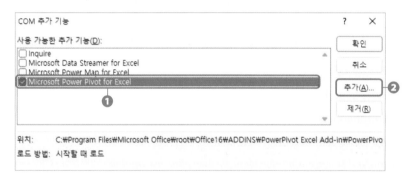

리본 메뉴에 [Power Pivot] 탭이 추가되면 [관리]를 클릭합니다.

파워 피벗에 구성된 데이터 모델을 확인할 수 있습니다.

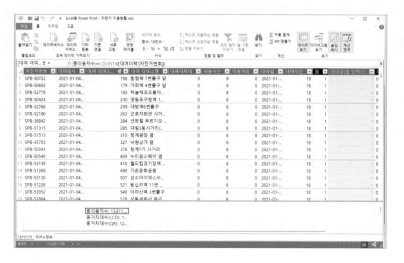

02 테이블과 필드 다루기

데이터 원본에 연결한 후 사용자 요구 사항에 맞게 데이터를 조정할 필요가 있습니다. 테이블이나 필드 이름을 바꾸거나 데이터 형식을 텍스트나 숫자, 날짜 형식으로 변환할 수 있습니다. 또한, 사용하지 않는 테이블이나 필드는 보고서 작성할 때 숨기기하여 사용할 수 있습니다. 이제 테이블 다루는 방법에 대해 살펴보겠습니다.

• 데이터 보기 화면 구성

'03_데이터 가져오기.pdix' 파일을 엽니다. [데이터](▦) 보기에서는 데이터를 확인하고 필드 속성을 변경할 수 있습니다.

Power BI란?

Power BI Desktop

데이터 가져오기

파워 쿼리 편집기

데이터 모델링

데이터 시각화

① **테이블 도구** : [테이블 도구] 탭에서 관계 관리나 측정값, 새 열 등의 계산식을 작성할 수 있습니다.

② **열 도구** : 필드를 선택하면 [열 도구] 탭에서 데이터 형식, 서식, 데이터 범주, 열 기준 정렬 등을 변경할 수 있습니다.

③ **필드 유형** : [필드] 창의 아이콘으로 데이터 형식과 유형을 알 수 있습니다.

Σ	숫자형 데이터로 합계, 평균과 같은 요약을 적용합니다.
📅	년-월-일 형식의 날짜형 데이터입니다.
🔢	계층 구조로 여러 개의 필드를 계층으로 구성해 사용합니다.
🌐	데이터 범주로 국가명, 시도, 웹 URL, 이미지 URL 등의 범주를 설정합니다.
🔲 측정값	측정값으로 총매출금액, 매출이익률, 전월대비 증감률 등의 계산 필드입니다.

• 테이블 이름 바꾸기

Power BI Desktop에 가져온 테이블은 시각화할 때 정보를 쉽게 파악할 수 있도록 테이블 이름을 변경해 보겠습니다.

01 [데이터](▦) 보기에서 [필드] 창의 'Sheet1' 테이블을 선택하고 이름 오른쪽에 있는 [추가 옵션] (⋯)을 클릭하여 [이름 바꾸기]를 선택합니다.

02 | '매출'을 입력하고 `Enter` 를 누릅니다.

이름 변경

• 테이블 삭제

분석에 사용하지 않는 테이블은 모델에서 삭제할 수 있습니다. 삭제된 테이블은 실행 취소가 적용되지
않으므로 데이터 가져오기를 다시 진행해야 합니다.

01 | 테이블에서 [추가 옵션](…)을 클릭하여 [모델에서 삭제]를 선택하면 테이블을 제거할 수 있습니다.
단, 이곳에서 삭제하지 않습니다.

• 열(필드) 이름 바꾸기

테이블의 열 머리글(필드명)의 이름을 변경해 보겠습니다.

01 ┊ '매출' 테이블의 'Discount' 필드에서 마우스 오른쪽 버튼을 클릭한 후 [이름 바꾸기]를 선택합니다.

02 ┊ '할인율'을 입력한 후 Enter 를 누릅니다.

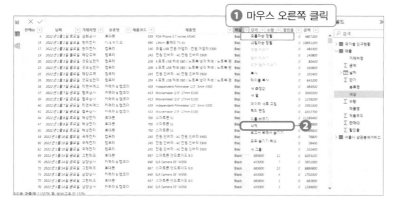

• 열(필드) 삭제

테이블에서 분석에 사용하지 않는 필드는 제거합니다. 삭제된 필드는 실행 취소가 적용되지 않으므로 데이터를 다시 가져오거나 쿼리 편집기에서 쿼리 실행을 취소할 수 있습니다.

01 ┊ '매출' 테이블의 '색상' 필드에서 마우스 오른쪽 버튼을 클릭한 후 [삭제]를 선택합니다.

02 | [열 삭제] 대화상자에서 [예]를 클릭하면, '색상' 필드가 제거됩니다.

• 데이터 형식 변경하기

Power BI Desktop은 데이터를 로드할 때 원본 열의 데이터 형식을 더 효율적으로 저장하거나 계산 및 데이터 시각화를 지원할 수 있는 데이터 형식으로 변환합니다. 필요한 경우 데이터 형식을 정수나 10진수, 날짜/시간, 텍스트 형식 등으로 변환할 수 있습니다. 또한, 천 단위 구분 기호나 소수점 자릿수, 백분율 등의 서식도 적용할 수 있습니다.

Power BI Desktop에서 사용하는 데이터 형식은 다음과 같습니다.

데이터 형식	설명
10진수	숫자 형식으로 64비트(8바이트) 부동 소수점 숫자를 나타내며, Excel이 숫자를 저장하는 방법에 해당 음수 −1.79E +308 ~ −2.23E −308, 0, 양수 2.23E −308 ~ 1.79E + 308 범위의 값 처리
고정10진수	숫자 형식으로 소수 구분 기호의 고정 위치가 있으며, 소수 구분 기호는 항상 오른쪽 4자리이며 19개의 숫자가 허용됨 SQL Server의 10진수 또는 Power Pivot의 통화 형식에 해당 922,337,203,685,477.5807 (양수 또는 음수)
정수	64비트(8바이트) 정수 값으로 숫자 데이터 형식 중 나타낼 수 있는 값이 가장 큼 −9,223,372,036,854,775,808(−2^63) ~ 9,223,372,036,854,775,807(2^63−1)
날짜/시간	날짜 및 시간을 나타내며 내부적으로 날짜/시간 값은 10진수 숫자 형식으로 저장 시간은 1/300초(3.33ms)의 배수에 대한 분수로 저장
날짜	날짜만 표시
시간	시간만 표시
텍스트	유니코드 문자로 문자열, 숫자, 날짜일 수 있음 유니코드268,435,456자(256 메가 캐릭터) 또는 536,870,912바이트
참/거짓	True 또는, False의 부울 값

01 '매출' 테이블의 '날짜' 필드는 년 – 월 – 일 한글 요일 형식으로 표시되는데 간단한 날짜(년-월-일)로 표시해 보겠습니다. '날짜' 필드를 선택하고 [열 도구] 탭 – [서식] 그룹에서 [서식] – [*2001-03-14(Short Date)]를 클릭합니다.

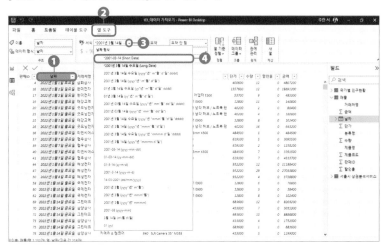

02 보고서에 차트나 테이블로 시각화할 경우 서식에서 천 단위 구분 기호나 소수점 자릿수를 적용하면 편리합니다. '금액' 필드에서 [열 도구] 탭 – [서식] 그룹에서 ▢ (천 단위 구분 기호)를 클릭합니다.

Power BI란?

Power BI Desktop

데이터 가져오기

파워 쿼리 편집기

데이터 모델링

데이터 시각화

Tip **사용자 지정 서식**

- 숫자나 날짜, 텍스트 형식에 사용자 지정 서식을 적용할 수 있습니다.
- [모델] 보기의 [속성] 창에서 [서식]을 확장합니다. [서식]을 '사용자 지정'으로 변경한 후 '사용자 지정 서식'에 서식 코드를 입력하여 필요한 서식으로 설정합니다(ex #,##0,,).

• 보고서 뷰에서 숨기기

보고서를 작성할 때 참조하지 않는 테이블이나 필드는 숨기기하여 사용할 수 있습니다.

01 웹에서 가져온 '국가별 인구현황' 테이블에서 마우스 오른쪽 버튼을 한 후 [보고서 뷰에서 숨기기]를 선택합니다.

02 숨겨진 테이블은 [데이터](⊞) 보기에서 필드명이 비활성화된 상태로 나타납니다.

03 사용하지 않는 필드도 숨깁니다. '매출' 테이블의 '제품명' 필드에서 마우스 오른쪽 버튼을 클릭한 후 [보고서 뷰에서 숨기기]를 선택하면 필드명이 비활성화로 나타납니다.

04 [보고서](📊) 보기에서 숨겨진 테이블과 필드는 표시되지 않습니다.

Tip **보고서 숨기기 해제**

숨기기한 테이블이나 필드를 다시 표시하려면 [데이터] 보기에서 숨겨진 테이블이나 필드를 마우스 오른쪽
버튼을 클릭한 후 [보고서 뷰에서 숨기기]의 체크를 해제합니다.

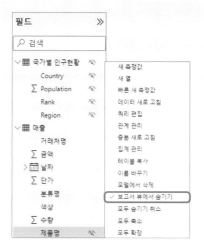

• 데이터 정렬과 필터

[데이터](▦) 보기에서 데이터를 정렬하거나 필터링해서 필요한 정보를 파악할 수 있습니다. [데이터]
보기에서 실행한 정렬과 필터는 시각적 개체에는 영향을 주지 않습니다.

01 '매출' 테이블의 '날짜' 필드의 필터 단추(▼)를 클릭한 후 [오름차순 정렬]을 선택합니다.

02 | 날짜가 오름차순 정렬되어 표시됩니다. 분류명이 '오디오'인 경우만 필터링해 보겠습니다. '분류명' 필드의 필터 단추(▼)를 클릭한 후 [모두 선택]을 클릭하여 전체 항목의 체크를 해제합니다. [오디오]를 체크하고 [확인]을 클릭합니다.

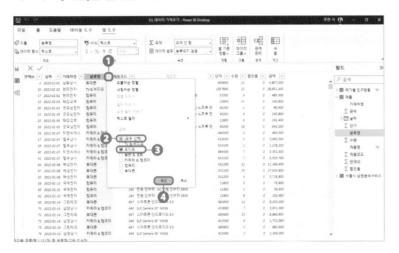

03 | '분류명' 필드가 '오디오'인 경우만 나타납니다. 필터 목록에서 [필터 지우기]를 선택하면 전체 데이터 목록으로 나타납니다.

① 확인

Power BI란?

Power BI Desktop

데이터 가져오기

파워 쿼리 편집기

데이터 모델링

데이터 시각화

- **필드 검색** : [필드] 창의 [검색]에 키워드를
  입력하여 빠르게 필드를 검색할 수 있습니다.

- **자동 날짜/시간 적용** : Power BI Desktop
  의 데이터 로드 옵션에 시간 인텔리전스를
  위한 [새 파일의 자동 날짜/시간]이 체크되
  어 있습니다. 이 옵션으로 기준 테이블의
  날짜 필드에는 계층 구조가 적용되어 연도,
  분기, 월, 일 정보를 제공하고 필터링, 그룹
  화 및 드릴 다운할 수 있습니다.

③ 데이터 새로 고침

Power BI Desktop에서 데이터 새로 고침으로 모든 테이블의 데이터를 최신 상태로 유지할 수 있습니
다. 리본 메뉴에서 새로 고침을 적용하면 로드된 모든 테이블이 업데이트되며, 데이터 크기에 따라 새로
고침에 오랜 시간이 걸릴 수 있습니다. 이럴 때는 [필드] 창에서 특정 테이블만 선택하여 데이터 새로 고
침을 할 수 있습니다.

01 보고서의 모든 테이블을 새로 고침하려면 [홈] 탭–[쿼리] 그룹에서 [새로 고침]을 클릭합니다.

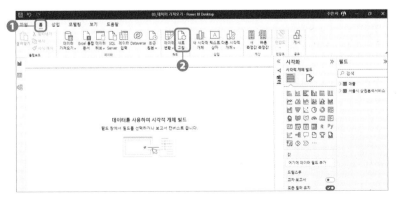

02 [필드] 창에서 '매출' 테이블 선택하고 마우스 오른쪽 버튼을 클릭합니다. [데이터 새로 고침]을 선택하면 선택한 테이블만 새로 고침합니다.

Tip **데이터 새로 고침**

데이터 새로 고침은 원본 테이블의 데이터 수정, 행 추가 및 삭제에 적용합니다. 필드명이 추가, 삭제되거나 열 머리글이 변경된 경우에는 쿼리 편집이 필요할 수 있습니다.

04 데이터 원본 변경

Power BI Desktop 보고서에 연결된 데이터 원본을 관리할 수 있습니다. 데이터 원본 위치가 변경된 경우 원본 경로를 변경할 수 있고 데이터 원본 권한을 삭제할 수도 있습니다.

01 데이터 원본을 확인하거나 변경하려면 [홈] 탭-[쿼리] 그룹에서 [데이터 변환]-[데이터 원본 설정]을 클릭합니다.

02 | [데이터 원본 설정] 대화상자가 나타납니다. Excel 파일이나 가져온 데이터의 원본 경로가 바뀌거나 편집이 필요한 경우 [원본 변경]을 클릭하여 경로를 변경하면 됩니다.

Power BI란?

Power BI Desktop

데이터 가져오기

파워 쿼리 편집기

데이터 모델링

데이터 시각화

⑤ 파일 저장

Power BI Desktop에서 작성한 파일은 확장자가 .pbix로 저장됩니다. 작업한 파일을 저장하려면 [파일] 탭에서 [저장]이나 [다른 이름으로 저장]을 클릭하여 저장합니다.

Tip | **Power BI Desktop에서 보고서 내보내기**

Power BI Desktop에는 인쇄 기능이 포함되어 있지 않습니다. 필요한 경우 [파일] 탭-[내보내기]에서 [PDF로 내보내기]를 클릭하여 사용합니다.

데이터 분석을 위해서는 그에 적합한 데이터가 필요하며, 이를 위해서는 데이터 전처리(Data Preparation) 과정이 필요할 수 있습니다. 파워 쿼리 편집기를 이용하면 첫 행 머리글 적용이나 열 분할, 열 병합, 추가, 병합 등의 데이터 변환 및 편집을 쉽고 빠르게 적용할 수 있습니다.

예제 파일 Part 01\Chapter 04\ 04_데이터 변환.pbix

01 파워 쿼리 편집기 시작하기

데이터 가져오기를 하면 우선 파워 쿼리 편집기에 데이터를 복사하고 Power BI Desktop에 적용됩니다. 즉, 원본 데이터 → 파워 쿼리 편집기 → Power BI Desktop 순으로 데이터가 로드된다고 보면 됩니다. 그래서 열 단위 계산이나 데이터 형식 변환이 필요한 경우, 처리 속도에서는 파워 쿼리 편집기에서 작업하는 게 빠릅니다. 파워 쿼리 편집기에 로드된 테이블은 '쿼리'라고 합니다

● 파워 쿼리 편집기 실행과 닫기

Power BI Desktop에서 파워 쿼리 편집기를 실행하고 종료하는 방법에 대해 살펴보겠습니다.

01 | '04_데이터 변환.pbix' 파일을 엽니다. 이 예제는 Chapter 04 폴더의 '데이터 변환.xlsx' 파일의 데이터를 로드한 파일입니다. [홈] 탭-[데이터] 그룹에서 [데이터 변환]-[데이터 변환]을 클릭합니다.

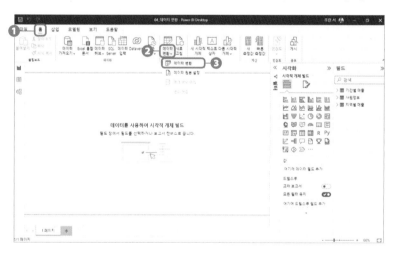

02 | 파워 쿼리 편집기가 열리고 테이블이 [쿼리] 창에 나타납니다. 편집한 쿼리를 Power BI Desktop 의 데이터 모델에 적용하려면 [파일] 탭에서 [닫기 및 적용]을 클릭합니다.

Power BI Desktop에 연결된 데이터 원본의 경로가 변경되거나 삭제된 경우 파워 쿼리 편집기에서 '파일 을 찾을 수 없다'는 오류 창이 나타납니다. 이런 경우 파워 쿼리 편집기의 [홈] 탭-[데이터 원본] 그룹에서 [데이터 원본 설정]을 클릭합니다.

[데이터 원본 설정] 대화상자에서 변경하려는 목록 선택 후 [원본 변경]을 클릭하여 파일의 위치를 변경합 니다.

• 파워 쿼리 편집기 화면 구성

파워 쿼리 편집기는 왼쪽에 쿼리 개수를 표시하는 [쿼리] 창과 가운데의 데이터 보기, 오른쪽에 [쿼리 설정] 창으로 구성됩니다.

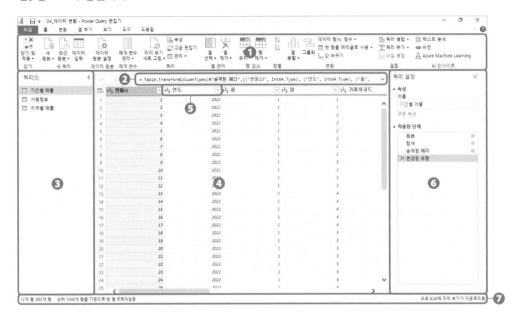

① **리본 메뉴** : [홈], [변환], [열 추가], [보기] 등으로 구성되며 데이터 변환에 필요한 명령 단추를 제공합니다.

② **수식 입력줄** : M언어로 이루어진 수식을 표시합니다.

③ **쿼리 창** : Power BI Desktop에서 가져온 쿼리(테이블) 목록이 표시됩니다.

④ **데이터** : 쿼리의 데이터를 표시하며 열 머리글에서 마우스 오른쪽 버튼을 클릭하면 리본 메뉴의 명령과 동일한 작업을 수행할 수 있습니다.

⑤ **데이터 형식 변환** : 열 머리글(1²₃ 연도)의 123, ABC 등의 아이콘을 클릭하여 데이터 형식을 변환할 수 있습니다.

⑥ **쿼리 설정 창** : 쿼리 이름을 변경하고 [적용된 단계]에서 작업을 수정하거나 삭제할 수 있습니다.

⑦ **상태 표시줄** : 선택한 쿼리의 속성(열 개수, 행 개수)과 새로 고침 시간을 표시합니다.

Tip **수식 입력줄과 쿼리 설정 창 표시**

파워 쿼리 편집기에서 수식이나 쿼리 설정을 표시하려면 [보기] 탭-[레이아웃] 그룹에서 [수식 입력줄]과 [쿼리 설정]을 클릭합니다.

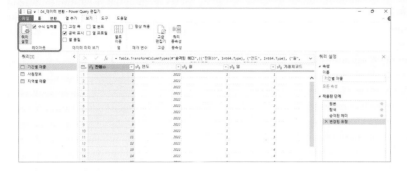

Tip **열 품질, 열 분포, 열 프로필**

파워 쿼리 편집기의 [보기] 탭에서 데이터 미리 보기에 열 품질이나 열 분포, 열 프로필을 표시하여 데이터의 세부 정보나 분포 등을 표시할 수 있습니다.

• 열 품질 : 유효한 값, 오류 값, 비어 있음의 열 품질 세부 정보를 표시합니다.
• 열 분포 : 상이 값, 고유 값의 열의 값 분포를 표시합니다.
• 열 프로필 : 세부 정보 창에 열 통계(개수, 오류, 고유 값 등), 값 분포를 표시합니다.

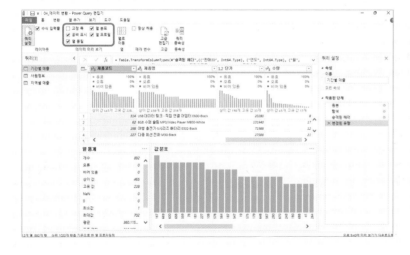

02 데이터 변환

데이터 변환에 필요한 일반적인 쿼리 편집에 대해 알아보겠습니다. 〈그림1〉의 '지역별 매출' 쿼리는 Excel에서 가져온 데이터로 시각화하기에 적합하지 않은 구조입니다. 이를 분석에 적합한 형태로 변환하려면 〈그림2〉처럼 열 머리글과 날짜 데이터를 변환하거나 열 단위 지역 필드를 행으로 구성할 필요가 있습니다.

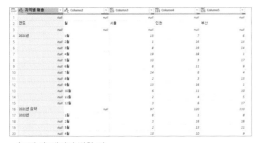

▶〈그림 1〉데이터 변환 전

▶〈그림 2〉데이터 변환 후

● 첫 행을 머리글로 사용

원본 데이터에 첫 행이 필드명이 아니거나 여러 셀이 병합된 필드로 구성되어 있다면 Power BI Desk-top에서 필드명이 제대로 표시되지 않습니다. '첫 행 머리글로 사용'을 적용하여 특정 행의 데이터를 열 머리글로 사용할 수 있습니다. '지역별 매출' 쿼리는 열 머리글이 'Column2, Column3' 등으로 나타납니다. 2행의 데이터를 열 머리글로 적용해 보겠습니다.

01 ┃ 파워 쿼리 편집기에서 '지역별 매출' 쿼리를 선택합니다. [홈] 탭-[변환] 그룹에서 [첫 행을 머리글로 사용]을 두 번 클릭합니다.

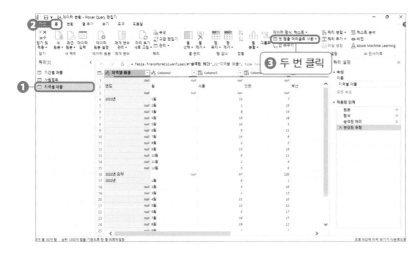

02 | 2행의 데이터가 열 머리글로 변환됩니다.

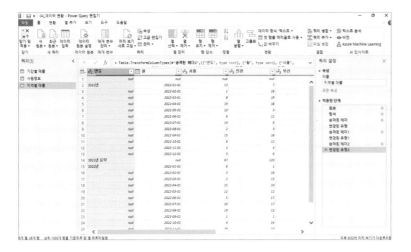

• 행/열 제거

리본 메뉴의 행 제거를 사용해 상위 행, 중복된 항목 제거, 오류 제거 등의 특정 행을 삭제할 수 있습니다. 열 제거로 선택한 열이나 다른 열을 제거할 수 있습니다.

01 | '지역별 매출' 쿼리에 첫 행을 머리글로 적용한 후 1행은 null 값으로 구성되어 있습니다. 1행과 '연도' 열의 '요약' 행, '총합계' 행은 삭제하겠습니다. [홈] 탭 – [행 감소] 그룹에서 [상위 행 제거]를 클릭합니다.

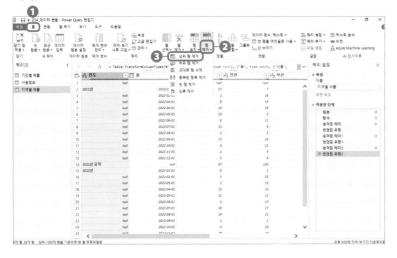

02 | [상위 행 제거] 대화상자에 지우려는 행 수에 '1'을 입력하고 [확인]을 클릭합니다.

03 | 1행이 삭제됩니다. '월' 열 머리글의 필터 단추(▼)를 클릭, 데이터 목록에서 [null]의 체크를 해제한 후 [확인]을 클릭합니다.

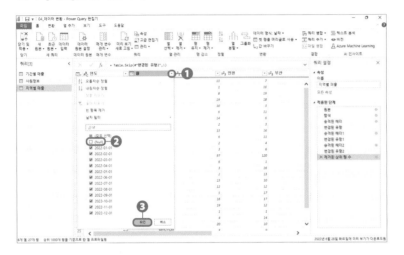

04 | 테이블에서 불필요한 행이 제거됩니다.

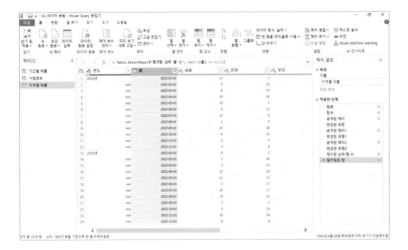

05 | 필드는 마우스 오른쪽 버튼을 클릭하여 간단히 삭제할 수 있습니다. '종합계' 필드에서 마우스 오른쪽 버튼을 클릭한 후 [제거]를 선택합니다.

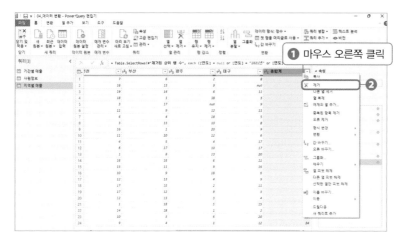

06 | 필드가 삭제된 결과입니다.

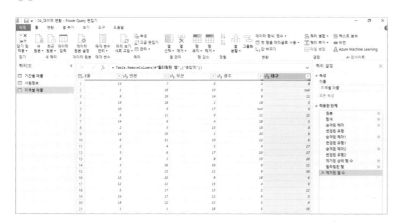

Tip | **행 유지와 제거**

파워 쿼리 편집기에서 특정 필드를 기준으로 내림차순 정렬을 적용하고 [홈] 탭-[행 감소] 그룹에서 [행 유지]-[상위 행 유지]를 클릭하면 상위 N개의 행을 유지할 수 있습니다. 이 외에도 [행 제거]에서 중복된 항목 제거, 오류 제거 등 특정 조건을 지닌 행을 삭제할 수 있습니다.

Tip 다른 열 제거

열 머리글에서 마우스 오른쪽
버튼을 클릭한 후 [다른 열 제
거]를 선택하면, 선택한 열을
제외한 다른 열을 제거할 수
있습니다.

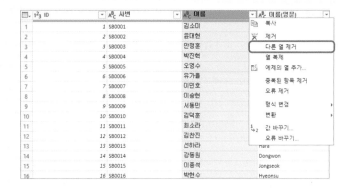

• 값 채우기

값 채우기를 적용하면 선택한 열의 위나 아래의 데이터로 null 값을 채워서 표시할 수 있습니다. '연도'
필드의 2021년, 2022년 데이터를 아래로 채우기하여 값을 입력해 보겠습니다.

01 '연도' 열 머리글을 선택하고 [변환] 탭-[열] 그룹에서 [채우기]-[아래로]를 클릭합니다.

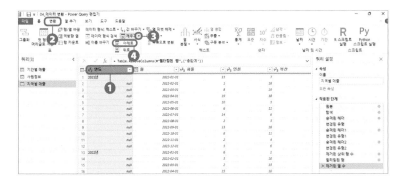

02 null 값에 데이터가 채워집니다.

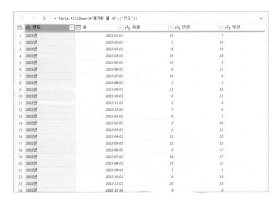

• 값 바꾸기

값 바꾸기를 적용하여 선택한 열의 특정 단어나 기호를 다른 문자열로 변경할 수 있습니다. '연도' 필드의 텍스트 '년'을 제거해 보겠습니다.

01 '연도' 열 머리글을 선택하고 [변환] 탭-[열] 그룹에서 [값 바꾸기]를 클릭합니다.

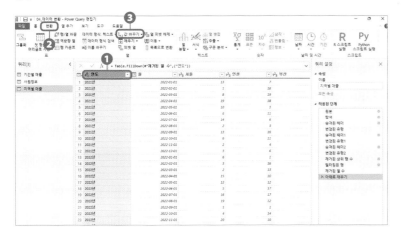

02 [값 바꾸기] 대화상자에서 [찾을 값]에 '년'을 입력합니다. [바꿀 항목]은 공란으로 두고 [확인]을 클릭합니다.

03 '연도' 필드에 텍스트가 제거된 결과를 확인할 수 있습니다.

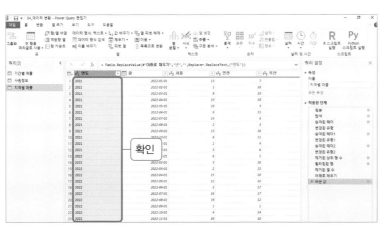

• 데이터 형식 변경

연결된 데이터 원본에 따라 숫자나 날짜가 텍스트 형식으로 표시되는 경우 데이터 형식을 변경할 필요
가 있습니다.

01 ┃ '연도' 열 머리글의 🔤 아이콘은 텍스트 형식을 의미합니다. 이를 숫자 형식으로 변경하려면 [변
환] 탭-[열] 그룹에서 [데이터 형식]-[정수]로 설정합니다.

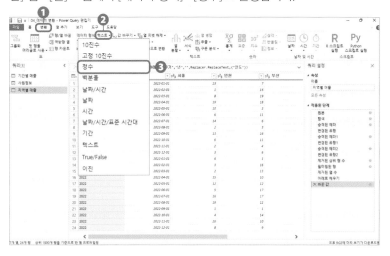

02 ┃ '연도' 열 머리글이 숫자 형식인 🔢 아이콘으로 변경되고 오른쪽 맞춤으로 정렬됩니다.

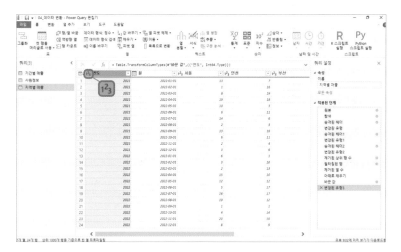

열 머리글의 [데이터 형식 표시] 아이콘을 클릭하면 데이터 형식을 쉽게 변경할 수 있습니다.

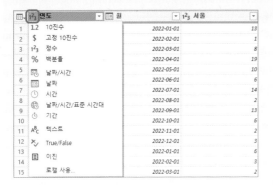

● 날짜에서 월 추출

[변환] 탭의 날짜나 시간을 적용하여 날짜 또는, 시간 열을 기준으로 연도, 월, 시, 분 등의 정보를 쉽게
표시할 수 있습니다. '월' 필드의 데이터는 현재 연도가 적용된 잘못된 날짜 형식으로 표시되는데 월만
표시해 보겠습니다.

01 | '월' 열 머리글을 선택하고 [변환] 탭 - [날짜 및 시간] 그룹에서 [날짜] - [월] - [월]을 클릭합니다.

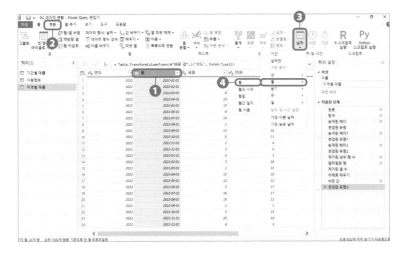

02 | '월' 필드에 월 정보만 표시됩니다. 이러한 방법으로 [변환] 탭의 [날짜]와 [시간]에서 연도와 분기, 시와 분 등의 정보만 손쉽게 표시할 수 있습니다.

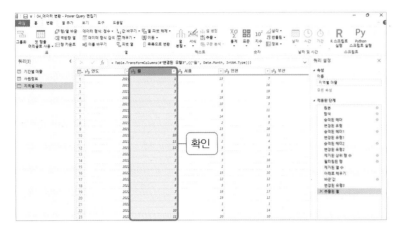

• 열 피벗 해제

피벗(Pivot)은 행렬의 행 또는, 열을 교차해서 값을 표현합니다. [변환] 탭의 '피벗 열'은 테이블의 행을 열로 변환(Pivot)하고 '열 피벗 해제'는 열을 행으로 변환(Unpivot)합니다. '지역별 매출' 쿼리의 서울부터 대구까지의 지역이 열로 구성되어 있으면 데이터 분석이 용이하지 않습니다. 서울부터 대구 열을 행으로 변경해 보겠습니다.

01 | '서울' 열 머리글을 선택하고, [Shift]를 누른 상태에서 '대구' 열 머리글을 클릭합니다. [변환] 탭 − [열] 그룹에서 [열 피벗 해제]를 클릭합니다.

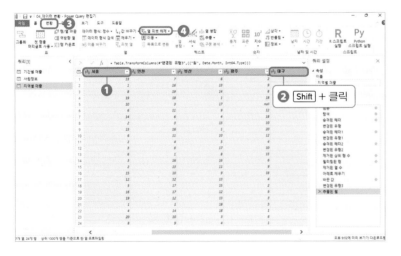

02 │ 선택한 열이 '특성'과 '값'으로 구성되며 열 머리글과 값이 행으로 나타납니다. 열 피벗 해제를 적용하면 null 값으로 입력된 데이터는 행으로 표시되지 않습니다.

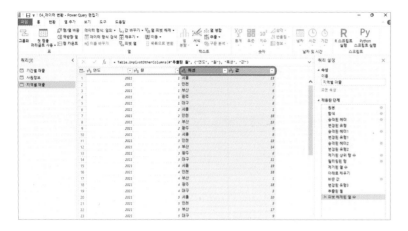

03 │ '특성' 열 머리글을 더블클릭하여 '지역'으로 변경하고, '값' 열 머리글을 더블클릭하여 '수량'으로 변경합니다.

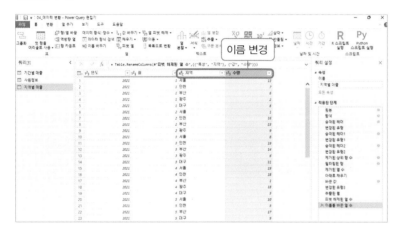

Tip **피벗 열**

행을 열로 변경할 경우 피벗 열을 적용합니다. '지역'과 '수량' 열 머리글을 선택하고 [변환] 탭-[열] 그룹에서 [피벗 열]을 클릭합니다.

[피벗 열] 대화상자가 나타나고 [값 열]에 '수량'이 표시됩니다. 지역 필드의 이름을 이용하여 새 열을 만듭니다. [확인]을 클릭합니다.

지역 필드의 값으로 열이 구성됩니다.

서울	인천	부산	광주	대구
13	7	6	2	
1	16	13	9	
8	19	14	6	
19	18	1	18	
10	3	17	null	
6	11	9	12	
14	6	4	18	
2	3	13	10	
13	16	1	20	
6	11	10	12	

• 쿼리 편집과 삭제

[쿼리 설정] 창의 [적용된 단계]에서 이전에 수행했던 작업을 변경하거나 삭제할 수 있습니다. 적용된 단계의 목록을 클릭하면 이전에 작업했던 내용을 확인하거나 편집할 수 있습니다.

01 | [적용된 단계]에서 '필터링 된 행'을 클릭하면 작업된 결과를 확인할 수 있습니다. 필터 작업에 편집이 필요하다면 마우스 오른쪽 버튼을 클릭한 후 [설정 편집]을 선택합니다.

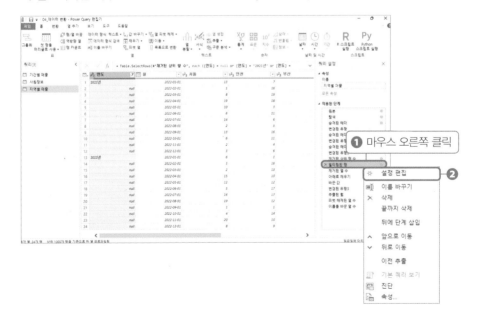

02 | [행 필터] 대화상자가 나타나면 필터링된 행 결과를 확인하고 수정할 수 있습니다. 필터 목록만 확인하고 [취소]를 클릭합니다.

03 | 작업 단계를 삭제할 경우에는 [적용된 단계]의 목록에서 마우스 오른쪽 버튼을 클릭한 후 [삭제]를 선택하거나, 작업 이름의 [삭제](❌)를 클릭합니다.

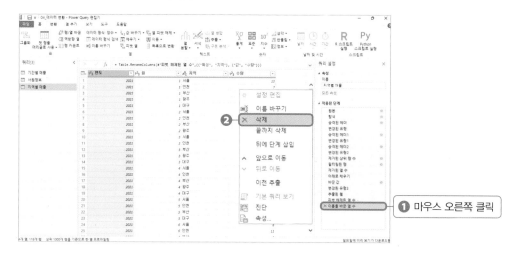

⑬ 열 병합과 분할, 열 추가

파워 쿼리 편집기에서 여러 개의 열을 병합하거나 구분 기호, 문자 수 등으로 열을 분할할 수 있습니다. 필요한 경우 계산 열이나 조건 열 등을 추가할 수 있습니다. 리본 메뉴의 [변환] 탭에서 제공하는 열 분할과 열 병합은 선택한 필드를 대상으로 값을 변환하고 [열 추가] 탭의 열 분할과 열 병합은 결과 값을 새로운 열로 추가합니다.

● 열 병합

'열 병합'을 이용해 선택한 여러 열을 하나의 열로 변환할 수 있습니다. 연도, 월, 일 정보를 병합하여 주문일자로 표시해 보겠습니다.

01 '기간별 매출' 쿼리에서 '연도' 열 머리글을 선택하고 [Ctrl]을 누른 상태로 '월, 일'을 차례로 선택합니다. [변환] 탭-[텍스트] 그룹에서 [열 병합]을 클릭합니다.

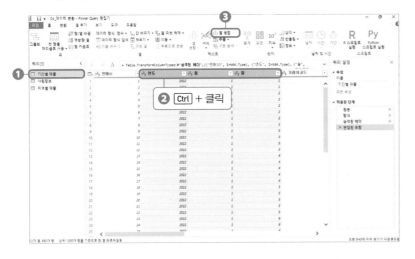

02 [열 병합] 대화상자에서 병합할 방법을 선택합니다. [구분 기호]를 '사용자 지정'으로 선택하고 '-'(하이픈)을 입력합니다. [새 열 이름(선택 사항)]에 '주문일자'를 입력하고 [확인]을 클릭합니다.

03 | '주문일자' 열이 생성되고 텍스트 형식이 적용됩니다.

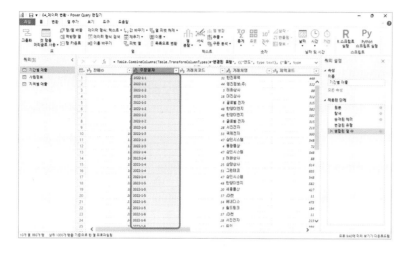

04 | '주문일자' 열 머리글의 데이터 형식(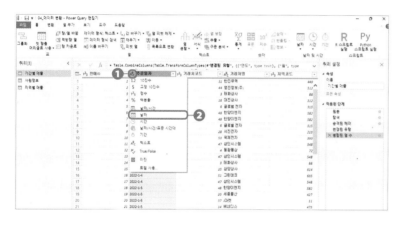)을 클릭하여 '날짜'로 설정합니다.

05 | '주문일자' 필드가 날짜 형식으로 변경됩니다.

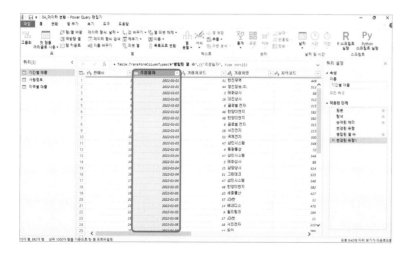

● 열 분할

'열 분할'을 이용해 하이픈(–)이나 쉼표(,) 등의 구분 기호나 공백 등으로 분리할 수 있습니다. '기간별 매출' 쿼리의 '지역' 열에서 데이터의 공백을 기준으로 '시도'와 '구군시' 열로 구분해 보겠습니다.

01 '지역' 열 머리글을 선택하고 [변환] 탭–[텍스트] 그룹에서 [열 분할]–[구분 기호 기준]을 클릭합니다.

02 [구분 기호에 따라 열 분할] 대화상자가 나타납니다. [구분 기호 선택 또는 입력]을 '공백'으로, [다음 위치에 분할]–[각 구분 기호에서]로 선택한 후 [확인]을 클릭합니다.

03 | '지역' 필드가 공백을 기준으로 '지역.1, 지역.2'로 구분됩니다.

04 | '지역.1' 열 머리글은 '시도'로 변경, '지역.2' 열 머리글은 '구군시'로 변경합니다.

● 추출

텍스트 값에서 구분 기호나 문자 수 등으로 데이터를 추출할 수 있습니다. '기간별 매출' 쿼리의 '제품명' 필드에서 하이픈(−) 기호 뒤의 색상을 추출해 보겠습니다. [열 추가] 탭의 '추출'을 적용하면 새 열로 추출 결과가 표시됩니다.

01 | '기간별 매출' 쿼리의 '제품명' 열 머리글을 선택하고 [열 추가] 탭−[텍스트에서] 그룹에서 [추출]− [구분 기호 뒤 텍스트]를 클릭합니다. 추출하려는 문자 위치에 따라 처음 문자, 마지막 문자, 범위 등의 추출 도구를 사용할 수 있습니다.

02 ┃ [구분 기호 뒤 텍스트] 대화상자에서 구분 기호에 '–'(하이픈)을 입력합니다. [고급 옵션]을 선택하고, [구분 기호 스캔]을 '입력 끝부터'로 설정한 후 [확인]을 클릭합니다.

03 ┃ 구분 기호 뒤의 텍스트로 색상이 추출됩니다. 이름을 '색상'으로 변경합니다.

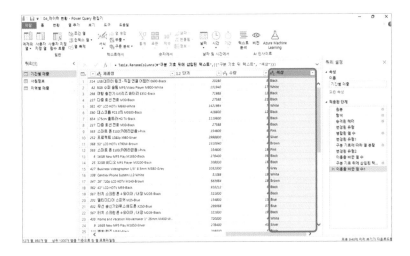

• 사용자 지정 열

'사용자 지정 열'을 이용하여 계산식을 추가할 수 있습니다. 사용자 지정 열은 M 수식을 이용하며, M 수식은 데이터를 매시업(mashup)하는 쿼리 작성기에서 최적화된 강력한 쿼리 언어입니다. '기간별 매출' 쿼리에 '금액' 필드를 추가해 보겠습니다.

01 '기간별 매출' 쿼리의 [열 추가] 탭–[일반] 그룹에서 [사용자 지정 열]을 클릭합니다.

02 [사용자 지정 열] 대화상자가 나타나면 [새 열 이름]에 '금액'을 입력합니다. [사용자 지정 열 수식]에 '=[단가]*[수량]' 입력한 후 [확인]을 클릭합니다. '단가'와 '수량' 필드는 [사용 가능한 열]에서 더블클릭하여 추가할 수 있습니다.

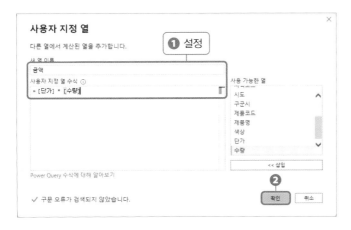

03 | 사용자 지정 열 '금액' 필드가 추가됩니다. 데이터 형식은 정수로 설정합니다.

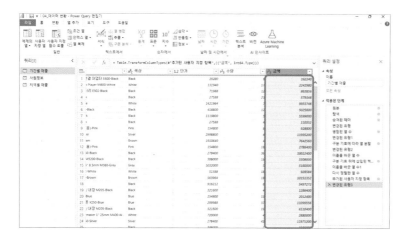

수식을 입력하면 구문 오류가 검색되는지 여부를 알려주는 내용이 대화상자 아래쪽에 나타납니다. 오류가 없으면 녹색 확인 마크가 표시되며, 오류가 있으면 검색된 오류와 함께 노랑색 경고 아이콘과 수식에서 오류가 검색된 위치로 커서를 배치하는 링크가 표시됩니다.

● 조건 열

'조건 열'을 추가하여 데이터 조건에 따라 값을 추가할 수 있습니다. '사원정보' 쿼리에서 '구분' 열의 숫자 '1'을 '남자', '2'를 '여자'로 표시하는 열을 추가해 보겠습니다.

01 | '사원정보' 쿼리를 선택하고 [열 추가] 탭 – [일반] 그룹에서 [조건 열]을 클릭합니다.

02 ㅣ [조건 열 추가] 대화상자의 [새 열 이름]에 '성별'을 입력합니다. 첫 번째 조건 항목에서 [열 이름] :
'구분', [연산자] : '같음', [값] : '1', [출력] : '남'을 입력하고 [절 추가]를 클릭합니다.

03 ㅣ 다음 조건에 [열 이름] : '구분', [연산자] : '같음', [값] : '2', [출력] : '여'를 입력하고 [확인]을 클릭
합니다.

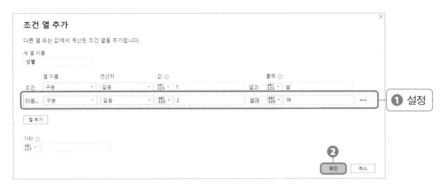

04 ㅣ '사원정보' 쿼리에 '성별' 필드가 추가됩니다.

• 예제의 열

'예제의 열'을 이용하면 쿼리의 모든 열이나 선택한 열을 기반으로 새 열 값을 추가할 수 있습니다. '이름'과 '성' 열을 하나의 열로 결합해 보겠습니다.

01 │ '사원정보' 쿼리에서 '이름(영문)' 열 머리글을 선택하고 [Ctrl]을 누른 후 '성(영문)' 열 머리글을 클릭합니다. [열 추가] 탭-[일반] 그룹에서 [예제의 열]-[선택 항목에서]를 클릭합니다.

02 │ 샘플 값을 이용해 데이터를 작성할 수 있는 예제의 열 추가 창이 열리고 '열1'이 나타납니다. 영문 이름을 표시하기 위해 1행에 'Somi, Kim'을 입력하고 [Enter]를 누릅니다.

03 │ 사용자가 입력한 패턴으로 다른 행에 영문 이름 결과값이 표시됩니다. 예제의 열 추가 창을 닫기 위해 [확인]을 클릭합니다.

04 '사원정보' 쿼리에 결합한 필드가 나타납니다. 이름을 '영문이름'으로 변경합니다.

● 쿼리 닫기 및 적용

파워 쿼리 편집기에서 작업이 완료되면 [홈] 탭의 [닫기 및 적용]을 클릭하여 변환된 데이터를 Power BI Desktop에 로드합니다.

01 [홈] 탭-[닫기 및 적용]에서 [닫기 및 적용]을 클릭합니다.

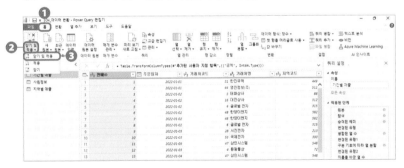

02 Power BI Desktop의 [데이터](▦) 보기를 클릭합니다. [필드] 창의 테이블을 선택하면 파워 쿼리 편집기에서 작업한 결과가 적용된 걸 확인할 수 있습니다.

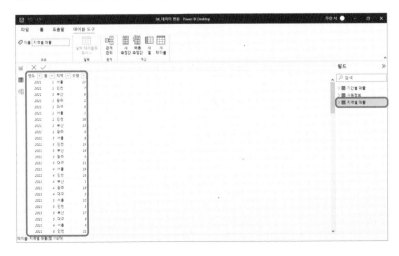

05 | 데이터 모델링

데이터 모델링이란 데이터를 탐색하기 위해 데이터를 다시 정의하고 조직화해 나가는 단계로 주로 관계형 데이터 베이스에서 이루어집니다. Power BI Desktop에서 테이블 간의 관계를 설정하거나 계산 열, 측정값, 데이터 분류 등의 작업이 데이터 모델링에 속합니다. 이번 챕터에서는 관계 설정이나 측정값 작성하는 방법에 대해 살펴보겠습니다.

예제 파일 Part 01\Chapter 05\05_매출현황.pbix

① 테이블 구조

• 팩트(Fact) 테이블과 차원(Dimension) 테이블

관계형 데이터베이스에서 테이블은 팩트(Fact) 테이블과 차원(Dimension) 테이블로 구성됩니다. 팩트 (Fact) 테이블은 판매, 재고, 환율 등 관찰이나 이벤트 정보를 기록한 테이블로 차원 테이블의 키 열이나 측정값을 포함합니다. 차원(Dimension) 테이블은 모델링의 대상이 되는 속성을 가진 테이블로 거래처, 제품, 사원, 시간을 포함하는 마스터 테이블로 고유 식별자 역할의 키 열과 설명 열을 가진 테이블입니다. 이러한 테이블들이 상호 작용할 수 있도록 연결하여 데이터를 탐색하며 차원 테이블은 필터링, 팩트 테이블은 요약 대상으로 사용합니다. 아래 데이터 모델에서 거래처(Dimension) 테이블의 거래처명이나 제품(Dimension) 테이블의 제품명 기준으로 판매(Fact) 테이블 금액의 합계를 탐색하게 됩니다

거래처(Dimension) 테이블

제품(Dimension) 테이블

판매(Fact) 테이블

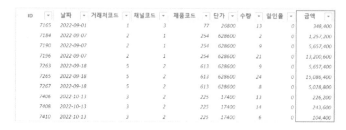

• 기본 키와 외래 키

팩트 테이블과 차원 테이블을 연결하기 위해 관련 있는 열을 포함해야 합니다. 두 테이블을 연결할 수 있는 열로 차원 테이블의 열을 기본 키(Primary Key), 팩트 테이블의 열을 외래 키(Foreign Key)라고 합니다.

- 기본 키(Primary Key): 차원 테이블의 기준 열로 중복이 없는 고유 값으로 구성됩니다.
- 외래 키(Foreign Key): 팩트 테이블에서 차원 테이블과 연결할 수 있는 열로 중복된 값을 포함하거나 없을 수 있습니다.

'거래처' 테이블과 '판매' 테이블은 거래처코드로 연결할 수 있는데 '거래처' 테이블의 거래처코드가 기본 키(Primary Key)이고 '매출' 테이블의 거래처코드는 외래 키(Foreign Key)가 됩니다.

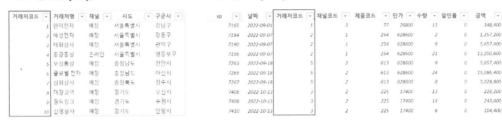

기본 키(Primary Key)　　　　　　외래 키(Foreign Key)

> **Tip** **대체 키(Surrogate key)**
>
> 테이블에 기본 키와 외래 키가 없는 경우 대체 키(Surrogate Key)를 이용하여 연결할 수 있습니다.

• 관계 설정(Relationship)

여러 테이블을 단일 테이블처럼 데이터를 분석하기 위해 테이블 간의 관계 설정(Relationship)이 필요합니다. 관계 설정은 관계형 데이터베이스를 사용한 데이터 집합을 가져오거나 데이터를 구조화한 모델에 사용할 경우에 해당합니다. 관계를 설정할 때는 테이블의 공통 열을 연결하여 관계를 설정하며 두 열은 데이터 형식이 호환되어야 합니다. 관계 설정된 테이블의 연결선에 고유 값 열은 '일(1)'로 중복된 값을 가질 수 있는 열은 '다(*)'로 표시됩니다. 이를 관계 종류(카디널리티)라고 하며 테이블에 따라 1:*, *:1, 1:1, *:* 의 관계를 표시합니다. 또한 연결선의 화살표는 크로스 필터 방향을 나타내며 단일 또는 모두로 표시하며 필터의 흐름을 나타냅니다.

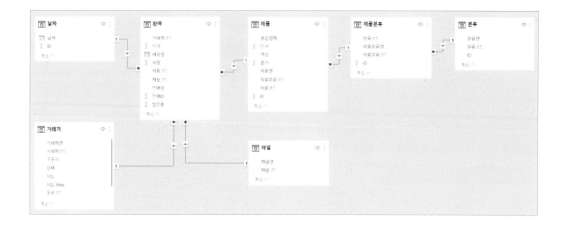

다음 그림은 '거래처'와 '판매' 테이블의 시각화 결과입니다. 두 테이블 사이에 올바른 관계가 설정되면
〈그림 1〉과 같이 거래처별로 수량합계를 요약합니다. 관계 설정이 안 되어 있거나 잘못 연결되어 있으면
〈그림 2〉와 같이 전체 거래처에 수량합계를 적용하여 사용자가 원하는 결과를 얻지 못할 수 있습니다.

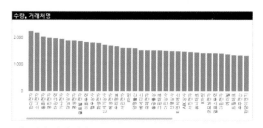

▶〈그림 1〉 관계 설정

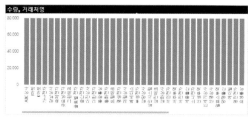

▶〈그림 2〉 관계 미설정

02 관계 설정과 편집

이번 챕터부터 사용하는 데이터 모델 구조입니다. 2019~2022년도까지의 매출 정보를 이용해 기간, 제
품. 거래처 등으로 매출을 분석해 보겠습니다. '판매' 테이블은 팩트(Fact) 테이블이고 다른 테이블은 차
원(Dimension) 테이블입니다. 시계열 분석을 위해 '날짜' 테이블을 따로 구성했으며 각 테이블에는 관계
설정이 가능하도록 기본 키와 외래 키가 포함되어 있습니다.

테이블	설명
판매(Fact)	판매일, 배송일, 거래처코드, 채널코드, 제품코드, 단가, 수량 등의 판매 정보
날짜(Dim)	기간(연도, 분기, 월 등)으로 데이터 분석을 위해 사용, '판매' 테이블의 '날짜' 필드와 연결
거래처(Dim)	제품을 판매한 거래처 정보, '판매' 테이블의 '거래처코드' 필드와 연결
채널(Dim)	제품이 판매된 채널 정보, '판매' 테이블의 '채널코드' 필드와 연결
제품(Dim)	제품 상세정보, '판매' 테이블의 '제품코드' 필드와 연결
제품분류(Dim)	제품분류 상세정보, '제품' 테이블의 '제품분류코드' 필드와 연결
분류(Dim)	분류 상세정보, '제품분류' 테이블의 '분류코드' 필드와 연결

• 로드하는 동안 자동 검색

Power BI Desktop에서 데이터 가져오기로 둘 이상의 테이블을 로드하면 자동으로 관계를 검색하고 만듭니다. [옵션] 대화상자의 [현재 파일]-[데이터 로드]에 관계 옵션 [처음 로드 시 데이터 원본에서 관계 가져오기]와 [데이터가 로드된 후 새 관계 자동 검색]이 체크되어 있기 때문에 데이터 로드 시 자동으로 관계를 설정합니다.

자동 관계 설정은 각 테이블의 열 이름으로 관계를 파악하며, 관계 종류(카디널리티), 크로스 필터 방향, 관계 활성 등이 자동으로 설정됩니다. [모델]( ) 보기에서 모든 테이블의 관계를 확인할 수 있습니다.

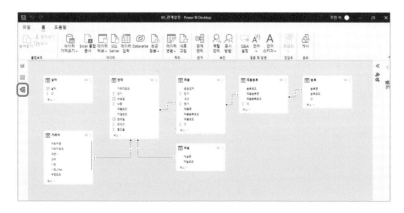

테이블의 열 속성(열 이름, 데이터 형식)이 동일하면 자동으로 관계 설정됩니다.

• 자동 검색으로 관계 만들기

[관계 관리] 대화상자를 이용해 테이블 간의 관계를 자동 설정하거나 편집, 삭제할 수 있습니다.

01 준비된 '05_매출현황.pbix' 파일을 엽니다. 이 파일은 '매출현황.xlsx' 파일의 데이터를 가져온 모델로 관계 설정이 안 되어 있기 때문에 연도, 분류, 거래처, 채널별로 모두 동일한 매출 수량이 표시됩니다.

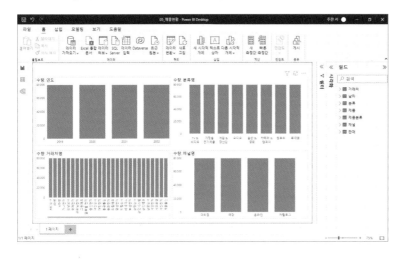

02 테이블 간의 관계를 설정하기 위해 [모델](⊞) 보기를 클릭합니다. 테이블 구조가 복잡한 경우 자동 관계 설정을 이용하면 편리합니다. [홈] 탭−[관계] 그룹에서 [관계 관리]를 클릭합니다.

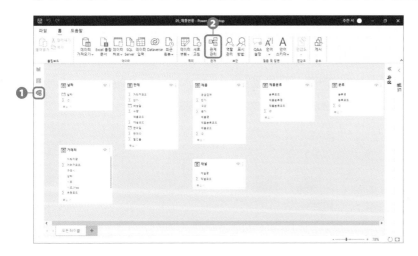

03 │ [관계 관리] 대화상자가 나타납니다. 데이터 모델의 관계를 자동으로 검색하기 위해 [자동 검색]을
클릭합니다. [자동 검색] 대화상자에 검색된 결과가 표시되면 [닫기]를 클릭합니다.

04 │ 관계 설정된 테이블 목록이 나타납니다. [닫기]를 클릭합니다.

05 │ 관계가 설정되면 관련 있는 테이블 간의 연결선(커넥터)과 카디널리티(관계 종류)가 나타납니다.
'거래처'와 '판매' 테이블의 연결선을 클릭하면 두 테이블에 연결된 필드명이 강조되고 일(1):다(*)의 관
계가 표시됩니다. 차원 테이블의 필드는 '일(1)'로 표시되고 팩트 테이블의 필드는 '다(*)'로 표시됩니다.

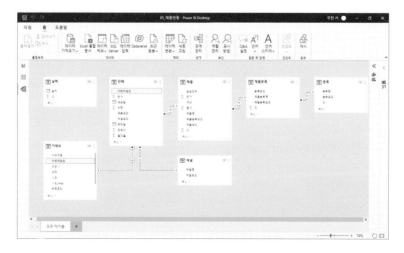

Power BI란?

Power BI Desktop

데이터 가져오기

파워 쿼리 편집기

데이터 모델링

데이터 시각화

06 | [보고서](📊) 보기에서 시각적 개체를 확인해 보면 분류명, 거래처명, 채널명 매출수량이 다르게 표시됩니다.

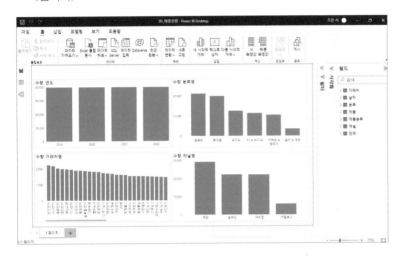

● 수동으로 관계 만들기

자동 검색으로 관계 설정이 안되는 경우 사용자가 직접 테이블 간에 관계를 설정할 수 있습니다. 앞서 진행한 자동 검색에서 '날짜'와 '판매' 테이블은 관계 설정이 안 되어 있습니다. 판매일 기준으로 데이터를 탐색하기 위해 '날짜' 테이블의 '날짜' 필드와 '판매' 테이블의 '판매일' 필드를 관계 설정합니다.

01 | [모델](🗐) 보기에서 [홈] 탭-[관계] 그룹의 [관계 관리]를 클릭합니다.

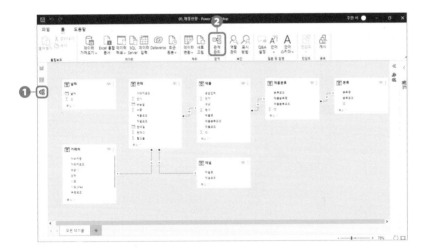

02 [관계 관리] 대화상자에서 [새로 만들기]를 클릭합니다.

03 [관계 만들기] 대화상자가 나타납니다. 첫 번째 목록에서 '판매' 테이블을 선택하고 '판매일' 필드를 클릭합니다. 두 번째 목록에 '날짜' 테이블을 선택하고 '날짜' 필드를 클릭합니다. 관계 설정이 완료되면 [확인]을 클릭합니다.

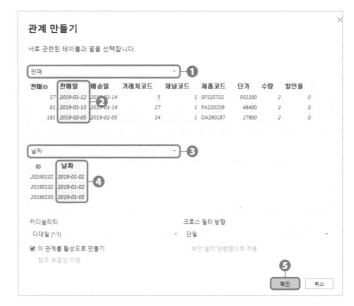

04 [관계 관리] 대화상자에 새로 만든 관계가 추가된 걸 확인하고 [닫기]를 클릭합니다.

Power BI란?

Power BI Desktop

데이터 가져오기

쿼리 편집기 편집기

데이터 모델링

데이터 시각화

05 | '판매'와 날짜' 테이블에 '다대일(∗:1)'의 연결 선이 나타납니다.

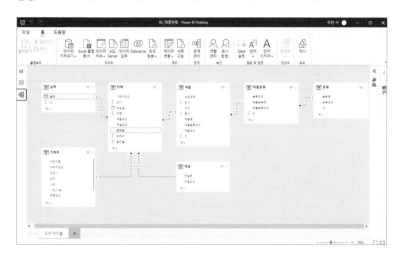

06 | [보고서](📊) 보기에서 연도별로 매출수량이 다르게 표시됩니다.

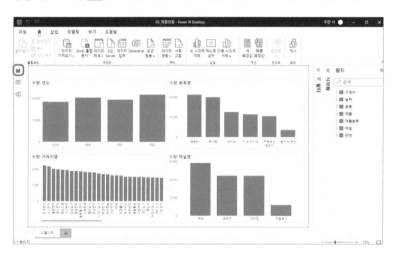

Tip **드래그 & 드롭으로 관계 설정**

[모델] 보기에서 관계 설정할 필드를 다른
테이블의 필드로 드래그 & 드롭해도 관계
를 설정할 수 있습니다. 예를 들어, '날짜'
테이블의 '날짜' 필드를 '판매' 테이블의
'판매일' 필드 위로 드래그 & 드롭하면 관
계가 만들어집니다.

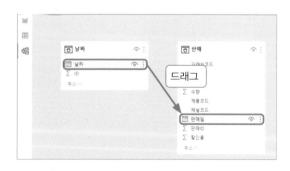

● 관계 편집

[관계 관리] 대화상자에서 [편집]을 클릭하거나 테이블 사이의 연결선을 더블클릭하면 관계를 편집할 수 있습니다.

01 '거래처'와 '판매' 테이블의 연결선을 더블클릭합니다.

02 [관계 편집] 대화상자에 관계 대상 필드를 변경하거나 카디널리티, 크로스 필터 방향 등의 옵션을 변경할 수 있습니다.

● 관계 속성

관계를 설정할 때 사용할 수 있는 관계 속성에 대해 살펴보겠습니다. 관계 속성 중 '카디널리티'는 레코드의 개수로 선택 열의 관계 종류를 표시합니다. '크로스 필터 방향'은 테이블을 요약할 때 필터가 적용되는 방향을 의미합니다. '참조 무결성 가정'은 Direct Query를 사용하여 데이터를 연결하는 경우 사용 가능하며, 쿼리에서 외부 조인(Outer Join)이나 내부 조인(Inner Join)을 사용할 수 있습니다. '보안 필터 양방향으로 적용'은 행 수준 보안 기능을 설정할 때 사용됩니다.

카디널리티

카디널리티는 관계 종류를 나타내며 데이터 특성에 따라 일(1)과 다(*)로 표시됩니다. '일'쪽은 고유 값이 며 '다'쪽은 중복되는 값이 포함될 수 있음을 의미합니다. 관계 종류는 다음과 같은 4가지 옵션으로 나올 수 있습니다.

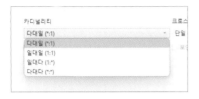

관계 옵션	설명
다대일(*:1) 일대다(1:*)	가장 일반적인 관계 종류로 한 테이블의 열은 중복되는 값을 가질 수 있고, 다른 관련 테이블은 하나의 값만 가질 수 있습니다.
일대일(1:1)	두 테이블의 열에는 중복없이 하나의 값만 가질 수 있습니다.
다대다(*:*)	두 테이블의 열이 중복된 값을 가질 수 있으며 복잡한 모델을 사용할 경우 다대다 관계를 설정할 수 있습니다

'거래처'와 '판매' 테이블의 관계는 일(1):다(*) 또는 다(*):일(1)의 관계로 표시됩니다. 이 관계는 '거래처' 테이블의 '거래처명'으로 필터링하고, '판매' 테이블의 '수량' 합계를 표시할 수 있습니다.

위 관계로 거래처별 매출수량을 테이블로 시각화한 결과입니다. 거래처별로 수량의 합계를 표시합니다.

거래처명	수량
ABC상사	1,480
J마켓	1,618
K마켓	1,424
가나전자	1,951
강남상사	1,894
국제전자	1,532
굿모닝전자	1,423
합계	79,762

크로스 필터 방향

데이터 모델 관계에는 크로스 필터 방향(화살표)이 표시되고 이는 필터가 적용되는 방향을 나타냅니다. '단일' 또는, '모두'로 변경하여 필터 방향을 변경할 수 있습니다.

종류	설명
단일	크로스 필터 방향을 '단일'로 설정하면 두 테이블의 필터링이 한쪽으로만 적용됩니다.
모두	크로스 필터 방향을 '모두'로 설정하면 필터링 용도로 두 테이블이 모두 단일 테이블인 것처럼 처리됩니다.

'거래처' 테이블에서 '판매' 테이블, '제품' 테이블에서 '판매' 테이블로 크로스 필터 방향(화살표)이 한쪽 방향으로 표시되는 '단일'로 적용되었습니다.

위의 관계에서 거래처별로 수량합계와 제품코드개수('제품' 테이블의 제품코드)를 요약해 보면 전체 제품코드개수가 표시됩니다. '거래처' 테이블에서 '판매' 테이블로는 필터링되지만 '판매' 테이블에서 '제품' 테이블로는 필터링이 불가한 단일 필터 방향이기 때문에 '거래처' 테이블에서 '제품' 테이블까지 필터가 적용되지 않습니다.

거래처명	수량	제품코드개수
ABC상사	1,480	703
J마켓	1,618	703
K마켓	1,424	703
가나전자	1,951	703
강남상사	1,894	703
국제전자	1,532	703
굿모닝전자	1,423	703

'제품' 테이블과 '판매' 테이블의 크로스 필터 방향을 '모두'로 설정하면 관계선에 양방향 화살표로 표시됩니다. '거래처' 테이블에서 '제품' 테이블까지 필터가 적용될 수 있음을 의미합니다.

거래처별 수량합계와 제품코드개수(제품 테이블)를 표시하면 거래처명 기준으로 판매한 제품코드개수를 요약할 수 있습니다.

거래처명	수량	제품코드개수
ABC상사	1,480	41
J마켓	1,618	69
K마켓	1,424	40
가나전자	1,951	82
강남상사	1,894	43
국제전자	1,532	44
굿모닝전자	1,423	44

이 관계를 활성으로 만들기

두 테이블에 두 개 이상의 관계가 있는 경우 하나의 관계만 활성화할 수 있습니다. 비활성화된 관계는 연결선이 점선으로 표시되고 관계가 적용되지 않습니다. '날짜' 테이블의 '날짜' 필드와 '판매' 테이블의 '배송일' 필드를 연결하면 연결선이 점선으로 나타납니다. 두 테이블 사이에는 '판매일' 필드로 관계가 있기 때문에 다른 관계는 비활성화됩니다. 이 관계를 활성화하려면 기존 관계를 비활성화하거나 삭제 후 [관계 편집] 대화상자에서 [이 관계를 활성으로 만들기]를 체크하여 사용합니다.

• 관계 삭제

테이블 간의 관계를 삭제하려면 연결선에서 마우스 오른쪽 버튼을 클릭한 후 [삭제]를 선택합니다.

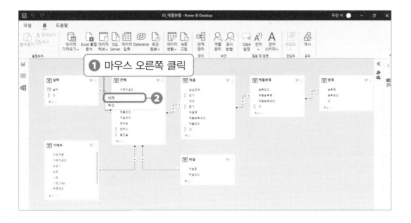

⑱ DAX 수식 작성

DAX(Data Analysis Expressions)란 Analysis Services, Power BI, Excel의 파워 피벗에 사용되는 수식 언어입니다. DAX 수식은 테이블이나 열을 참조하여 계산식을 작성하고 다양한 분석 함수, 연산자 및 값이 포함됩니다. DAX 수식은 측정값, 계산 열, 계산 식 테이블 등에 사용됩니다.

• DAX 구문

Power BI Desktop에서 수식을 작성할 때는 수식 입력줄에 다음과 같은 구문에 맞춰 작성합니다.

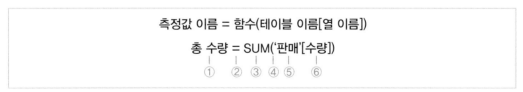

① **측정값/계산 열 이름** : 측정값 및 계산 열 이름으로 공백 포함 가능

② **등호 연산자(=)** : 수식의 시작

③ **DAX 함수** : SUM, AVERAGE, COUNT, SUMX, CALCULATE 등 함수 사용

④ **괄호()** : DAX 함수에서 하나 이상의 인수를 포함하는 식을 묶어서 사용

⑤ **테이블** : 참조되는 테이블 이름으로 다른 테이블을 참조할 때 테이블 이름 필요
   공백, 기타 특수 문자 또는, 영어가 아닌 경우 작은 따옴표(')로 묶어서 사용

⑥ **열** : 정규화된 테이블에서 참조되는 열로 대괄호([ ])로 묶어서 사용

수식을 입력할 때 다음 단축키를 활용할 수 있습니다.

- Ctrl + + , − : 수식 입력줄의 글자 크기 확대/축소
- Shift + Enter : 수식 줄 바꿈

• DAX 연산자

다음은 DAX에서 지원되는 연산자입니다.

연산자 유형	기호 및 사용
괄호 연산자	() 우선 순위 및 인수 그룹
산술 연산자	+(더하기)
	−(빼기/부호)
	*(곱하기)
	/(나누기)
	^(지수)
비교 연산자	=(같음)
	>(보다 큼)
	<(보다 작음)
	>=(보다 크거나 같음)
	<=(보다 작거나 같음)
	<>(같지 않음)
텍스트 연결 연산자	&(연결)
논리 연산자	&&(및)
	‖(또는)

• DAX 함수

다음은 날짜 정보를 표시할 때 사용하는 주요 날짜 함수입니다.

함수	설명
Year(〈date〉)	연도를 4자리 정수로 표시
Month(〈date〉)	1~12까지 월을 숫자로 표시
Day(〈date〉)	1~31까지 일을 숫자로 표시
DATE(〈year〉, 〈month〉, 〈day〉)	지정한 날짜를 datetime 형식으로 반환

SUM 함수는 열에 있는 모든 숫자의 합계를 반환합니다.

구문 : SUM(〈column〉)

인수	설명
〈column〉	합계를 계산할 숫자가 포함된 열

AVERAGE 함수는 열에 있는 모든 숫자의 평균을 반환합니다.

구문 : AVERAGE(〈column〉)

인수	설명
〈column〉	평균을 계산할 숫자가 포함된 열

COUNT 함수는 열에 있는 모든 숫자의 개수를 반환합니다.

구문 : COUNT(〈column〉)

인수	설명
〈column〉	숫자 개수를 반환할 열

RELATED 함수는 관계 설정된 다른 테이블에서 관련 값을 반환합니다.

구문 : RELATED(〈column〉)

인수	설명
〈column〉	검색하려는 값이 포함된 열

Power BI란?

Power BI Desktop

데이터 가져오기

파워 쿼리 편집기

데이터 모델링

데이터 시각화

DIVIDE 함수는 나누기를 수행하고 0으로 나누기한 결과에 대체 결과 또는, BLANK()를 반환합니다.

구문 : DIVIDE (⟨numerator⟩, ⟨denominator⟩ [,⟨alternateresult⟩])

인수	설명
⟨value⟩	피제수 또는 나뉘는 수
⟨format_string⟩	제수 또는 나누는 수
⟨locale_name⟩	0으로 나누기에서 오류가 발생하는 경우 반환되는 값으로 생략하면 BLANK()로 반환

FORMAT 함수는 지정된 형식에 따른 값을 텍스트로 변환합니다.

구문 : FORMAT(⟨value⟩, ⟨format-string⟩[, ⟨locale_name⟩])

인수	설명
⟨value⟩	단일 값으로 계산되는 값 또는 식
⟨format_string⟩	서식 지정 코드
⟨locale_name⟩	(선택 사항) 함수에서 사용할 로컬 이름.

서식 코드	설명
yy	연도 2자리 표시(00~99)
yyyy"	연도 4자리 표시(0000~9999)
m	월 표시(1~12)
mm	월 2자리 표시(01~12)
mmm	간단한 영문 월 표시(Jan~Dec)
mmmm	전체 영문 월 표시(January~December)
q	분기 표시(1~4)
d	일 표시(1~31)
dd	일 2자리 표시(01~31)
ddd	간단한 영문 요일 표시(Sun~Sat)
dddd	전체 영문 요일 표시(Sunday~Saturday)
aaa	한글 요일 표시(일~토)

Power BI란?

Power BI Desktop

데이터 가져오기

파워 쿼리 편집기

데이터 모델링

데이터 시각화

⑭ 계산 열

선택한 테이블에 계산 열을 추가하여 각 행의 값을 계산하거나 다른 열을 결합하는 DAX 식을 추가합니다.

● 날짜 정보

날짜 필드를 대상으로 연도(YEAR), 월(MONTH), 일(DAY) 등의 정보를 파악할 수 있습니다. 날짜 계층의 필드는 특별한 계산식이 없어도 연도, 월, 분기와 같은 정보를 가져올 수 있습니다. '날짜' 테이블에 연도, 월, 분기 등의 날짜 정보를 표현해 보겠습니다. 작성할 수식은 다음과 같습니다.

수식	설명
연도=Year([날짜])	날짜 열에 포함된 연도 표시(정수)
월=Month([날짜])	날짜 열에 포함된 월 표시(정수)
분기="Q" & [날짜].[QuaterNo]	날짜 열에 포함된 분기 표시
연월=Format([날짜], "yyyy-mm")	연월 표시
월(mm) = Format([날짜], "mm")	월(01, 02, 03...) 표시
월(영문) = Format([날짜], "mmm")	영문 월(Jan, Feb, Mar...) 표시

01 [데이터](▦) 보기에서 '날짜' 테이블을 선택합니다. YEAR 함수로 연도를 추가해 보겠습니다. [테이블 도구] 탭-[계산] 그룹에서 [새 열]을 클릭합니다.

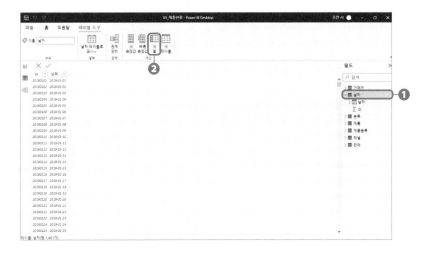

02 수식 입력줄에 다음 수식을 입력하고 Enter 를 누릅니다.

연도=YEAR([날짜])

Tip **수식 입력줄 활용**

수식 입력줄에 함수를 입력하면 함수 목록이 제시됩니다. 해당 함수가 표시되면 Tab 이나 마우스로 더블 클릭하여 선택합니다.

현재 테이블의 열을 참조할 때는 대괄호([ ])를 입력하여 목록에서 선택할 수 있습니다.

03 │ MONTH 함수로 월을 추가해 보겠습니다. [테이블 도구] 탭-[계산] 그룹에서 [새 열]을 선택하고 수식 입력줄에 다음 수식을 입력합니다.

월=MONTH([날짜])

04 │ 수식 입력줄에 날짜 계층 열을 입력하면 마침표(.)와 함께 연도,분기,MonthNo,QuarterNo 등의 날짜 정보를 표시합니다. 다음 수식을 입력하고 [Enter]를 누릅니다.

분기="Q" & [날짜].[QuarterNo]

05 [QuarterNo]는 분기를 정수로 표시하며 &(앰퍼샌드)를 이용하여 'Q1, Q2'와 같이 표현할 수 있습니다.

06 FORMAT 함수를 사용해 연월을 추가해 보겠습니다. FORMAT 함수는 서식 코드와 함께 사용하며 결과 값은 텍스트로 반환합니다. 서식 코드 'yyyy-mm'은 2022-01과 같이 연월을 표시합니다. [테이블 도구] 탭-[계산] 그룹에서 [새 열]을 클릭하고, 수식 입력줄에 다음 수식을 입력한 후 Enter 를 누릅니다.

연월 = FORMAT([날짜], "yyyy-mm")

07 | 월(mm)을 추가해 보겠습니다. 서식 코드 "mm"은 '01, 02, 03'과 같이 두 자리수로 표시합니다. [테이블 도구] 탭-[계산] 그룹에서 [새 열]을 클릭하고, 수식 입력줄에 다음 수식을 입력한 후 Enter 를 누릅니다.

월(mm) = FORMAT([날짜], "mm")

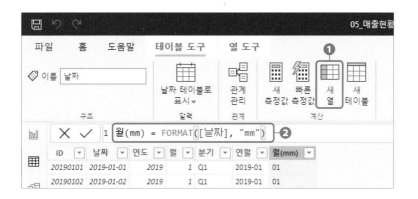

08 | 월(영문)을 추가해 보겠습니다. 서식 코드 "mmm"은 영문 월(Jan, Feb, Mar…)을 표시합니다. [테이블 도구] 탭-[계산] 그룹에서 [새 열]을 클릭하고, 수식 입력줄에 다음 수식을 입력한 후 Enter 를 누릅니다.

월(영문) = FORMAT([날짜], "mmm")

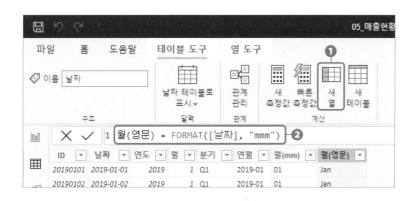

> **Tip** 다양한 날짜 표현식

수식	설명
요일(한글) = FORMAT([날짜], "aaa")	한글 요일(일, 월, 화..) 표시
요일No = WEEKDAY([날짜],2)	월요일은 1, 화요일은 2, 수요일은 3…일요일은 7 반환(숫자)
주 = WEEKNUM([날짜])	지정된 날짜의 주 번호 반환,1월1일을 포함하는 연도의 첫 번째 주를 1주차로 지정

• 매출 분석

'판매' 테이블에 새 열로 '매출금액', '매출원가', '매출이익'을 추가해 보겠습니다.

01 | [데이터](▦) 보기에서 '판매' 테이블을 선택합니다. 매출금액을 계산하기 위해 [테이블 도구] 탭-[계산] 그룹에서 [새 열]을 클릭합니다.

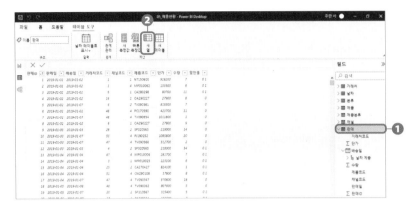

02 | 다음 수식을 작성한 후 [열 도구] 탭-[서식] 그룹에서 **,** (천 단위 구분 기호)를 클릭하고 소수점 자릿수(🔢 0 ▲▼)를 '0'으로 설정합니다.

    매출금액 = [단가]*[수량]*(1-[할인율])

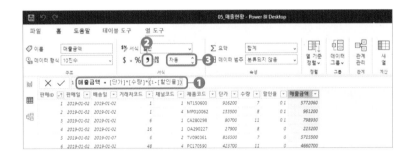

03 | 매출원가를 계산하기 위해 '제품' 테이블의 원가 정보가 필요합니다. 관계 설정된 테이블에서 관련 정보를 가져올 때 RELATED 함수를 사용합니다. [테이블 도구] 탭-[계산] 그룹에서 [새 열]을 클릭하고 수식 입력줄에 다음 수식을 입력합니다. [열 도구] 탭-[서식] 그룹에서 **,** (천 단위 구분 기호)를 클릭합니다.

    매출원가 = RELATED('제품'[원가]) * [수량]

Tip 등호(=) 기호 뒤에 'R'를 입력하면 문자 'R'로 시작하는 모든 DAX 함수가 표시되며 더 많은 단어를 입력할수록 필요한 함수에 가깝게 조정된 추천 목록이 나타납니다.

RELATED 함수를 입력하면 '(' 뒤에 관계 설정된 테이블과 열이 나타납니다. '제품'[원가]를 더블클릭하고 ')' 입력합니다. 현재 테이블의 열을 참조할 때는 대괄호([)로 시작하고 다른 테이블의 열을 참조할 때는 작은 따옴표(')를 이용하여 테이블([열])과 같이 입력합니다. 나머지 수식을 입력하고 Enter 를 누릅니다.

04 | 매출이익 계산을 위해 [테이블 도구] 탭–[계산] 그룹에서 [새 열]을 클릭합니다. 수식 입력줄에 다음 수식을 입력한 후 [열 도구] 탭에서 ⑨(천 단위 구분 기호)를 클릭하고 소수점 자릿수(.⁰₈ 0 ⏷)를 '0'으로 설정합니다.

매출이익 = [매출금액] – [매출원가]

05 측정값

Power BI Desktop에서 가장 강력한 데이터 분석 솔루션 중 하나는 측정값을 만들 수 있다는 것입니다. 측정값은 컨텍스트에 따라 결과가 변경되는 동적 계산 수식으로 선택한 열에 대한 개수, 합계와 같은 집계 함수를 사용하거나 고유한 수식을 작성할 수 있습니다. 명명된 측정값은 다른 측정값에 인수로 전달될 수도 있습니다. 측정값은 결과 값이 바로 화면에 출력되지 않습니다. 보고서에 테이블이나 차트로 시각화해서 확인할 수 있습니다. 측정값은 특정 테이블에 속할 필요는 없지만 연관된 테이블에 작성하면 더 쉽게 찾을 수 있습니다.

● 총매출금액과 매출이익률

'판매' 테이블에 총매출금액과 총매출이익, 매출이익률을 추가해 보겠습니다. SUM 함수를 사용하여 매출금액과 매출이익의 전체 합계를 표시합니다.

01 │ 총매출금액을 계산해 보겠습니다. '판매' 테이블에서 [테이블 도구] 탭-[계산] 그룹의 [새 측정값]을 클릭합니다.

02 │ 측정값은 테이블에 ▦ 측정값 으로 나타납니다.

03 | 수식 입력줄에 다음 수식을 입력합니다. [측정 도구] 탭에서 　(천 단위 구분 기호)를 클릭하고 소수점 자릿수(　　　)를 '0'으로 설정합니다.

총매출금액 = SUM('판매'[매출금액])

04 | 총매출이익을 계산해 보겠습니다. [테이블 도구] 탭-[계산] 그룹에서 [새 측정값]을 클릭합니다. 수식 입력줄에 다음 수식을 작성한 후 [측정 도구] 탭에서 그룹에서 　(천 단위 구분 기호)을 클릭하고 소수점 자릿수(　　　)를 '0'으로 설정합니다.

총매출이익 = SUM('판매'[매출이익])

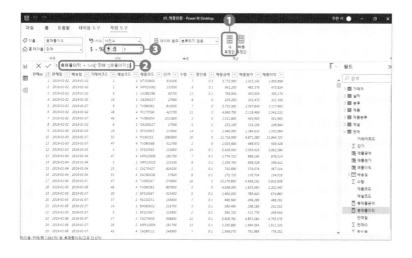

05 | 매출이익률은 DIVIDE 함수를 사용해 총매출이익을 총매출금액으로 나누기합니다. 총매출금액이 0이거나 BLANK인 경우 0으로 반환합니다. [테이블 도구] 탭-[계산] 그룹에서 [새 측정값]을 클릭합니다. 수식 입력줄에 다음 수식을 작성한 후 [측정 도구] 탭-[서식] 그룹에서 %(백분율)을 지정하고 소수점 자릿수(를 '2'로 설정합니다.

매출이익률 = DIVIDE([총매출이익], [총매출금액], 0)

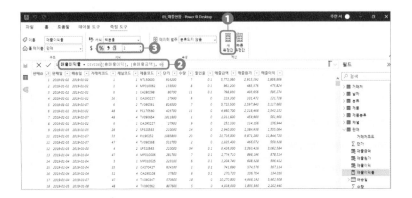

● 총수량, 거래건수와 평균매출

행 개수를 파악할 때 숫자 데이터는 COUNT 함수. 문자나 숫자, 날짜 등의 데이터는 COUNTA 함수를 사용합니다. 또한 평균을 표시할 때는 AVERAGE 함수를 사용합니다. '판매' 테이블에 총수량이나 거래건수, 평균매출을 추가해 보겠습니다.

01 | '판매' 테이블에서 [테이블 도구] 탭-[계산] 그룹의 [새 측정값]을 클릭합니다. 수식 입력줄에 다음 수식을 작성하고 [측정 도구] 탭-[서식] 그룹에서 ,(천 단위 구분 기호)를 클릭합니다.

총수량 = SUM('판매'[수량])

02 [테이블 도구] 탭-[계산] 그룹에서 [새 측정값]을 클릭합니다. 수식 입력줄에 다음 수식을 작성하고 [측정 도구] 탭-[서식] 그룹에서 ❚(천 단위 구분 기호)를 클릭하고 소수점 자릿수(┤ 0 ├)를 '0'으로 설정합니다.

거래건수 = COUNT('판매'[판매ID])

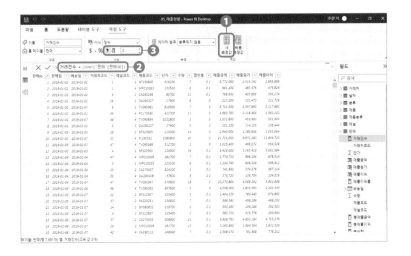

03 [테이블 도구] 탭-[계산] 그룹에서 [새 측정값]을 클릭합니다. 수식 입력줄에 다음 수식을 작성한 후 [측정 도구] 탭-[서식] 그룹에서 ❚(천 단위 구분 기호)를 클릭하고 소수점 자릿수(┤ 0 ├)를 '0'으로 설정합니다.

평균매출 = AVERAGE('판매'[매출금액])

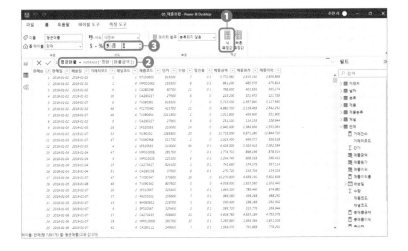

• 시각화

계산된 열이나 측정값은 테이블이나 각종 차트로 시각화할 수 있습니다.

01 [보고서](📊) 보기에서 새 페이지를 추가하고, [시각화] 창에서 [테이블]을 추가합니다.

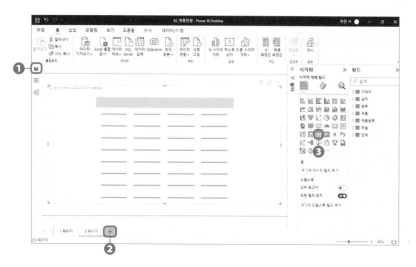

02 [시각적 개체에 데이터 추가]에서 [열] 영역에 '날짜' 테이블의 '연월' 필드 추가, '판매' 테이블의 측정값 '총수량', '거래건수', '평균매출', '매출금액', '매출이익', '총매출금액', '총매출이익', '매출이익률'을 추가합니다.

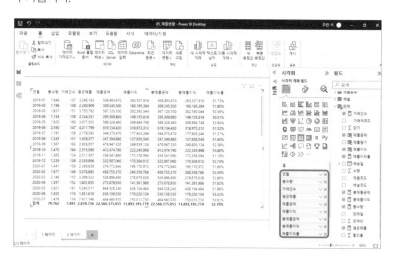

06 열 기준 정렬

사용자 지정 순서로 목록을 정렬하기 위해서는 테이블에 일련번호 형식의 숫자형 열을 선택하여 정렬 순서를 정의할 수 있습니다. '날짜' 테이블의 '월(영문)' 필드를 시각적 개체에 추가하면 〈그림 1〉과 같이 X축 항목이 알파벳(Apr, Aug, Dec..) 순으로 표시됩니다. 이를 Jan, Feb, Mar.. 등의 영문 월 순서로 정렬하려면 '월(영문)' 필드에 숫자형 필드를 열 기준 정렬로 설정해야 합니다. 영문 월뿐 아니라 요일(일, 월, 화…)이나 직책과 같은 특정 필드에 정렬 기준을 변경하려면 숫자형 필드를 열 기준 정렬로 설정합니다.

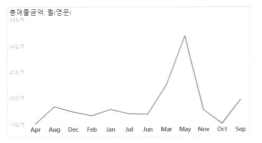

▶ 〈그림 1〉 알파벳 순서로 정렬

▶ 〈그림 2〉 영문 월 순서로 정렬

01 [데이터](▦) 보기의 '날짜' 테이블에서 '월(영문)' 필드를 클릭합니다.

02 [열 도구] 탭-[정렬] 그룹에서 [열 기준 정렬]의 [월]을 클릭합니다. 월은 MONTH 함수를 사용해 반환한 숫자형 값으로 Jan는 1, Feb는 2,...Dec는 12번째 순서로 매칭하여 열을 정렬할 수 있습니다.

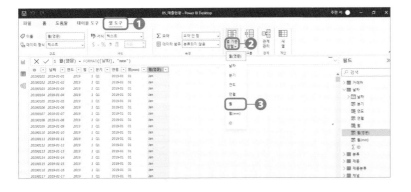

03 | [보고서](📊) 보기에서 새 페이지를 추가한 후 [시각화] 창의 [꺾은선형 차트]를 추가합니다. [시각적 개체에 데이터 추가]에서 [X축] 영역에 '날짜' 테이블의 '월(영문)' 필드 추가, [Y축] 영역에 '판매' 테이블의 '총매출금액' 측정값을 추가하여 영문 월 기준으로 정렬된 결과를 확인합니다.

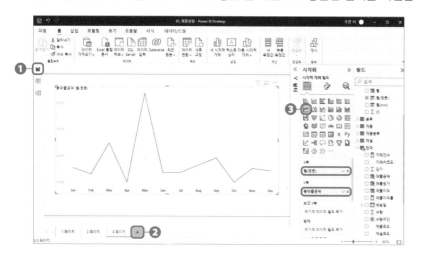

Tip   시각적 개체에서 정렬 기준 바꾸기

꺾은선형 차트의 [X축]에 '월(영문)' 필드, [Y축]에 '총매출금액' 측정값을 추가하면 값 영역의 총매출금액을 기준으로 내림차순 정렬됩니다. [X축] 값으로 정렬 기준을 변경하려면 꺾은선형 차트의 [추가 옵션]-[축 정렬]에서 '월(영문)'을 클릭합니다.

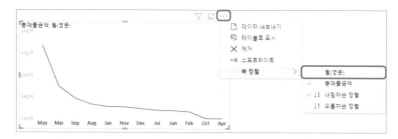

다시 [추가 옵션]-[축 정렬]에서 [오름차순 정렬]을 선택하면 영문 월 기준으로 정렬됩니다.

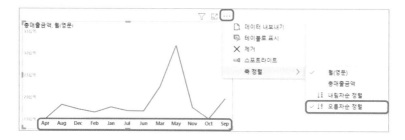

Power BI란?

Power BI Desktop

데이터 가져오기

파워 쿼리 편집기

데이터 모델링

데이터 시각화

07 데이터 범주

국가명, 시도, 구군시, 위도/경도와 같은 데이터는 지도를 작성할 때 위치 정보로 활용할 수 있는데 정확한 위치를 표현하기 위해 데이터 범주를 적용합니다. 이 외에도 웹 URL이나 이미지 URL, 바코드로 데이터 범주를 적용할 수 있습니다.

• 위치 정보

맵(Map)에 시도나 구군시를 추가하면 대부분은 올바른 위치에 표시되지만 몇 군데는 다른 지역에 나타납니다. 이런 경우 지역 정보에 데이터 범주를 설정하여 좀 더 명확한 위치를 표시할 수 있습니다. 시도 필드에 데이터 범주를 적용해 보겠습니다.

01 | [보고서](📊) 보기에서 새 페이지에 [시각화] 창의 [맵]을 추가합니다.

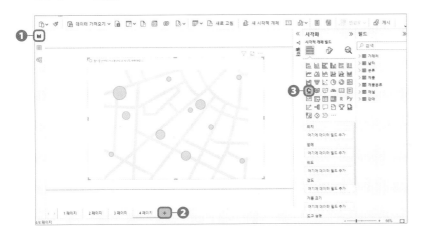

02 | [시각적 개체에 데이터 추가]에서 [위치] 영역에 '거래처' 테이블의 '시도' 필드 추가, [거품 크기] 영역에 '판매' 테이블의 '총매출금액' 측정값을 추가합니다. 하지만 지도를 보면 시도 위치가 제대로 표시되지 않는 걸 확인할 수 있습니다.

03 | 명확한 위치 정보를 표시하기 위해 데이터 범주를 변경해 보겠습니다. [데이터] 보기에서 '거래처' 테이블의 '시도' 필드를 선택한 후 [열 도구] 탭-[속성] 그룹에서 [데이터 범주]-[시/도]를 클릭합니다. '시도' 필드에 ⊕시도(위치 정보)가 표시됩니다.

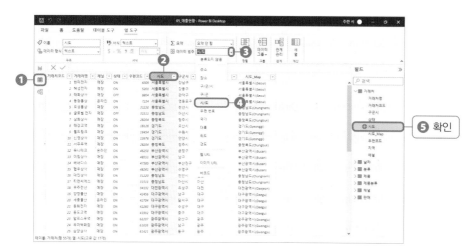

04 | [보고서](📊) 보기에서 맵을 확인해 보면 몇 군데 지역을 제외하고 지역별 매출금액을 거품 크기로 시각화한 결과를 확인할 수 있습니다. 이 외에도 '구군시' 필드에는 구군시, 시도와 구군시를 결합한 필드에는 '장소'와 같은 데이터 범주를 적용할 수 있습니다.

> **Tip** | **맵 사용하기**
>
> 맵이 표시되지 않으면 [파일] 탭-[옵션 및 설정]-[옵션]에서 [보안]의 [맵 및 등치 지역도 시각적 개체]를 체크한 후 사용합니다.

Power BI란?

Power BI Desktop

데이터 가져오기

쿼리 편집 [편집기]

데이터 모델링

데이터 시각화

> **Tip** | **이미지 URL**
>
> 이미지가 저장된 URL이 저장된 필드에 [열 도구] 탭-[속성] 그룹에서 [데이터 범주]를 [이미지 URL]로 설
> 정하면 다음과 같이 이미지로 시각화(여러 행 카드)할 수 있습니다.

⑧ 데이터 그룹 설정

Power BI Desktop의 데이터 그룹을 이용하면 여러 값을 하나로 결합할 수 있습니다. 예를 들어, 지역
을 수도권, 충청권, 경상권 등으로 그룹화하거나 주문 수량을 0~9, 10~19...로 범주화해서 시각화할 수
있습니다. 데이터 그룹에서 텍스트는 목록으로 숫자는 bin으로 그룹화나 범주화할 수 있습니다.

• 데이터 그룹

시각적 개체에 '거래처' 테이블의 '시도' 필드를 추가하면 전체가 표시됩니다. 시도를 수도권, 경상권, 기
타로 그룹화하여 사용해 보겠습니다.

01 | [데이터](▦) 보기에서 '거래처' 테이블의 '시도' 필드를 선택합니다. [열 도구] 탭-[그룹] 그룹에서
[데이터 그룹]-[새 데이터 그룹]을 클릭합니다.

02 | [그룹] 대화상자가 나타나면 [이름]에 '권역명'을 입력합니다. [그룹화되지 않은 값]에서 '경기도, 서울특별시, 인천광역시'를 Ctrl 을 누른 상태로 선택하고 [그룹화]을 클릭합니다.

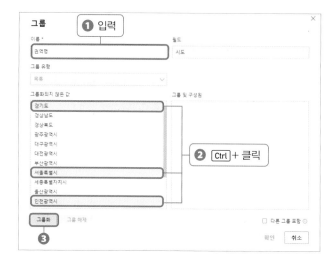

03 | [그룹 및 구성원]의 [그룹 이름]에 '수도권'을 입력하고 Enter 를 누릅니다.

04 | 계속해서 '경상남도, 경상북도, 대구광역시, 부산광역시, 울산광역시'를 Ctrl 을 누른 상태로 선택하고, [그룹화]를 클릭한 후 '경상권'으로 이름을 설정합니다.

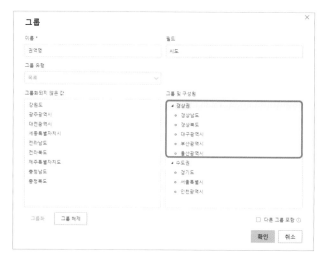

05 ┃ 이제 남은 지역을 모두 그룹화해 보겠습니다. [다른 그룹 포함]에 체크하면 남은 지역이 '기타'로 그룹화됩니다. [확인]을 클릭합니다.

06 ┃ '거래처' 테이블에 '권역명' 필드가 추가되고 그룹화한 결과를 확인할 수 있습니다.

07 ┃ [보고서]( ) 보기에서 새 페이지를 추가하고 [시각화] 창에서 [누적 가로 막대형 차트]를 추가합니다. [시각적 개체의 데이터 추가]의 [Y축] 영역에 '거래처' 테이블의 '권역명' 필드, [X축] 영역에 '판매' 테이블의 '총매출금액' 측정값, [범례] 영역에 '거래처' 테이블의 '시도' 필드를 추가하면 권역별로 그룹화해서 시각화할 수 있습니다.

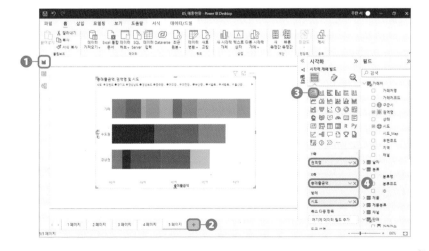

• 숫자 범주화

'수량' 필드의 데이터를 10단위로 그룹화하여 주문수량이 많은 구간을 파악해 보겠습니다.

01 | [보고서]( ) 보기에서 새 페이지를 추가하고 [시각화] 창에서 [묶은 세로 막대형 차트]를 추가합니다. [시각적 개체에 데이터 추가]의 [X축] 영역에 '판매' 테이블의 '수량' 필드 추가, [값] 영역에 '판매' 테이블의 '거래건수' 측정값을 추가합니다. 주문수량이 0~20사이에 많이 이루어지고 있다고 볼 수 있지만 X축을 범주화해서 시각화해 보겠습니다.

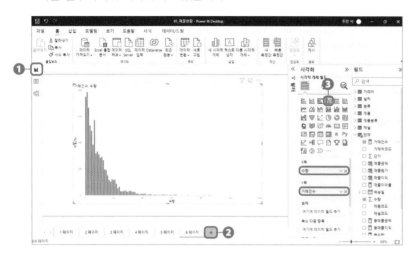

02 | [데이터]( ) 보기에서 '판매' 테이블의 '수량' 필드를 클릭합니다. [열 도구] 탭-[그룹] 그룹에서 [데이터 그룹]-[새 데이터 그룹]을 클릭합니다.

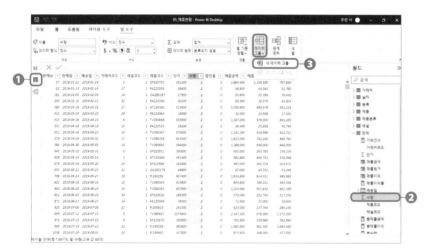

03 | [그룹] 대화상자가 나타납니다. 숫자는 Bin 유형으로 10단위로 그룹화해 보겠습니다. [이름]에 '수량구간', [그룹 유형]은 'Bin', [Bin 크기]는 '10'으로 입력하고 [확인]을 클릭합니다. 이는 수량 구간을 1~9, 10~19, 20~29씩 최소값과 최대값을 기준으로 그룹화합니다.

04 | '판매' 테이블에 '수량구간' 필드가 추가됩니다.

05 | [보고서]( ) 보기에서 [시각화] 창의 [묶은 세로 막대형 차트]를 추가합니다. [시각적 개체에 데이터 추가]의 [X축] 영역에 '수량' 필드를 제거하고 '판매' 테이블의 '수량구간' 필드를 추가하면 다음과 같이 구간별로 그룹화해서 시각화할 수 있습니다.

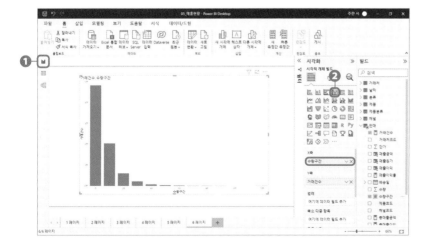

• 데이터 그룹 편집

'수량구간' 그룹을 편집하기 위해 작성된 수량구간의 데이터 그룹을 편집할 수 있습니다.

01 | [데이터](▦) 보기에서 '판매' 테이블의 '수량구간' 필드를 선택하고 [열 도구] 탭 – [그룹] 그룹에서 [데이터 그룹] – [데이터 그룹 편집]을 클릭합니다.

02 | [그룹] 대화상자에서 [Bin 크기]를 '30' 으로 변경하고 [확인]을 클릭합니다.

03 | [보고서](📊) 보기에서 묶은 세로 막대형 차트의 수량구간이 30단위로 그룹화되어 표시됩니다. [시각적 개체 서식 지정]의 [시각적 개체]에서 [X축] 영역을 확장합니다. [형식]을 '범주별'로 설정하면 X축 항목이 0, 30, 60...과 같이 표시됩니다.

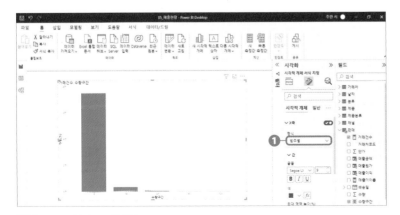

06 | 데이터 시각화

Power BI의 시각화(시각적 개체)는 데이터에서 발견된 인사이트를 표시합니다. 데이터 시각화를 통해 정보를 효과적으로 전달할 수 있고, 생각지도 못한 문제점들을 파악할 수도 있습니다. 이번 챕터에서는 다양한 시각적 개체로 데이터를 시각화하여 보고서를 작성하는 방법에 대해 알아보겠습니다.

예제 파일 Part 01 \ Chapter 06 \ 06_01_매출현황.pbix, 06_02_매출현황.pbix

01 보고서 페이지 관리

Power BI Desktop에는 시각적 개체가 포함된 보고서 페이지를 원하는 개수만큼 작성할 수 있습니다. 데이터를 로드하면 빈 캔버스가 있는 [보고서] 보기가 나타납니다. 보고서에 새 페이지를 추가하거나 숨기기 할 수 있고, 페이지 크기, 배경색 등의 페이지 서식을 변경할 수 있습니다. 준비된 '06_01_매출현황.pbix' 파일을 엽니다.

• 새 페이지 추가

Power BI를 시작하면 보고서 보기에 빈 페이지가 나타납니다. 페이지 추가, 복사, 삭제하는 방법에 대해 살펴보겠습니다.

01 | 새 페이지를 추가하려면 [보고서]( ) 보기에서 [삽입] 탭-[삽입] 그룹의 [새 페이지]-[빈 페이지]를 클릭합니다. 또는, 페이지 탭의 (새 페이지)를 클릭해도 새 페이지가 추가됩니다.

④ 확인

02 | 페이지 이름을 변경해 보겠습니다. [1페이지] 탭에서 마우스 오른쪽 버튼을 클릭한 후 [페이지 이름 바꾸기]를 선택합니다.

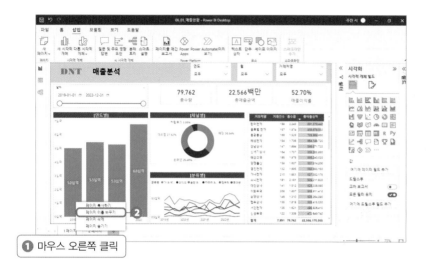

❶ 마우스 오른쪽 클릭

03 | '전체현황'을 입력하고 Enter 를 누릅니다. 또는, 더블클릭해서 이름을 변경해도 됩니다.

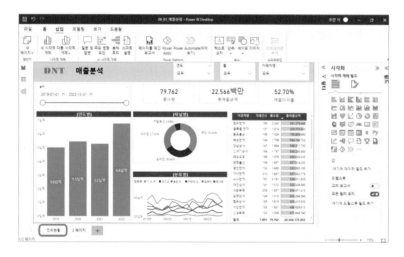

• 페이지 복사

페이지 탭에서 마우스 오른쪽 버튼을 클릭하여 페이지를 복사할 수 있습니다.

01 [전체현황] 탭에서 마우스 오른쪽 버튼을 클릭한 후 [페이지 복사하기]를 선택합니다.

❶ 마우스 오른쪽 클릭

02 '전체현황의 복제'라는 복사된 페이지가 표시됩니다.

• 페이지 숨기기

참고용으로 사용하려는 페이지는 다른 사람에게 표시되지 않도록 숨길 수 있습니다.

01 [전체현황의 복제] 탭에서 마우스 오른쪽 버튼을 클릭한 후 [페이지 숨기기]를 선택합니다.

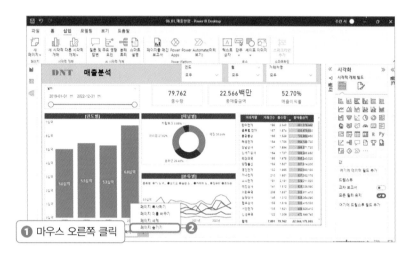

02 페이지 이름 왼쪽에 숨김 표시(👁) 아이콘이 나타납니다. 이 보고서를 PDF로 내보내기하거나 Power BI 서비스에 게시해서 공유한 경우 숨겨진 페이지는 표시되지 않습니다.

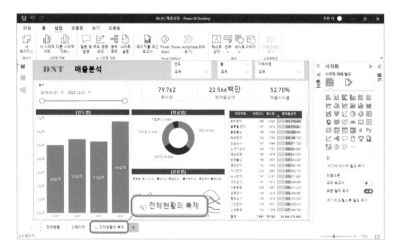

● **페이지 삭제**

페이지를 삭제해 보겠습니다.

01 [2페이지] 탭에서 마우스 오른쪽 버튼을 클릭한 후 [페이지 삭제]를 선택합니다. 또는, 페이지 탭의
[페이지 삭제]를 클릭해도 됩니다.

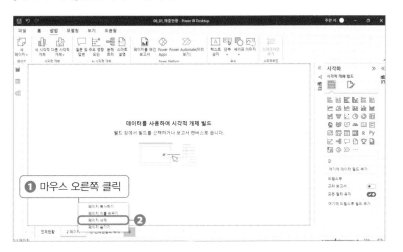

02 [이 페이지 삭제] 대화상자
가 나타나면 [삭제]를 클릭합니다.

03 페이지가 삭제된 걸 확인합니다.

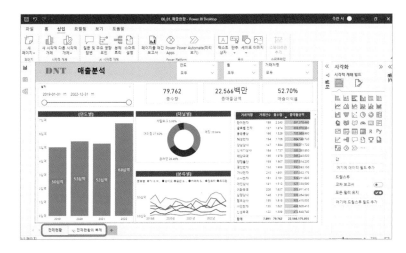

• 페이지 서식 변경하기

[보고서 페이지 서식 지정]에서 페이지 정보, 크기, 배경, 맞춤 등 다양한 서식을 지정할 수 있습니다. [보고서] 보기에서 [필드] 창, [시각화] 창을 표시하면 페이지가 위쪽 맞춤으로 표시되고 점선이 표시됩니다. 점선 안쪽 영역이 보고서 디자인 영역입니다. 페이지를 중간 맞춤으로 변경하고 배경색을 적용해 보겠습니다.

01 페이지에서 빈 영역을 클릭한 후 [시각화] 창의 [보고서 페이지 서식 지정]을 클릭합니다. 페이지 서식을 적용할 수 있는 옵션이 나타납니다. [캔버스 설정]에서 [세로 맞춤]을 '중간'으로 변경합니다.

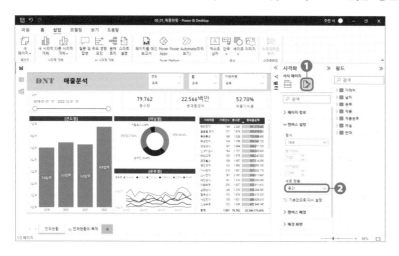

02 [캔버스 설정]을 축소하고 [캔버스 배경]을 확장합니다. [색]에서 '테마 1, 60% 더 밝게'를 선택하고 [투명도]를 '70%'로 변경하면 페이지에 배경색을 적용할 수 있습니다.

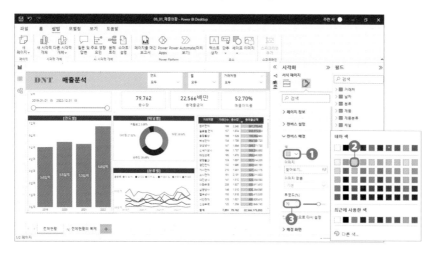

Power BI란?

Power BI Desktop

데이터 가져오기

파워 쿼리 편집기

데이터 모델링

데이터 시각화

Tip **페이지 크기 사용자 지정**

Power BI 보고서는 페이지 크기가 16:9로 설정되어 있습니다. [캔버스 설정]에서 '4:3, 도구 설명, 사용자 지정' 등으로 변경할 수 있습니다. [형식]을 '사용자 지정'으로 변경하고 높이와 너비를 입력하여 페이지 크기를 조정할 수 있습니다.

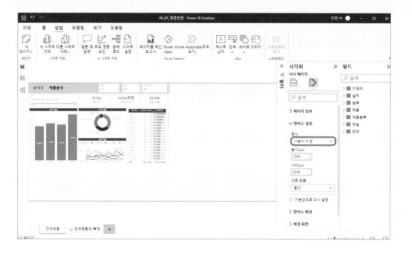

02 시각적 개체 다루기

보고서에 시각적 개체를 추가하면 유형에 따라 [시각화] 창에 [시각적 개체에 데이터 추가], [시각적 개체에 서식 지정], [시각적 개체에 추가 분석 추가] 아이콘이 표시됩니다. [시각적 개체에 데이터 추가]의 영역에 분석하려는 필드를 추가하여 시각화합니다. [시각적 개체 서식 지정]에서 X축, Y축 등의 서식이나 제목, 테두리 등의 서식을 적용할 수 있습니다. [시각적 개체에 추가 분석 추가]에서는 상수선이나 평균선, 추세선 등을 추가할 수 있습니다.

• 시각적 개체 추가

시각적 개체를 추가하려면 [보고서](📊) 보기에서 [시각화] 창의 시각적 개체를 클릭합니다. 보고서 페이지에 시각적 개체가 표시되면 [필드] 창에서 사용하려는 필드를 [시각화] 창의 [시각적 개체에 데이터 추가]에 있는 각 영역에 추가하면 됩니다. 일반적으로 필드명의 확인란을 선택하여 추가할 경우 텍스트 형식은 [축]이나 [범례] 등의 범주 영역으로 추가되고, 숫자 형식은 [Y축]이나 [값] 영역에 추가됩니다.

01 [보고서]( ) 보기에서 '상세현황' 페이지를 추가하고 [시각화] 창에서 [묶은 세로 막대형 차트]를 클릭합니다. 보고서 페이지에 시각적 개체가 표시되면 [필드] 창에서 '날짜' 테이블의 '연도' 필드를 [X축] 영역에 드래그하여 추가합니다. '판매' 테이블의 '총매출금액' 측정값의 확인란을 체크하면 [Y축] 영역으로 추가됩니다.

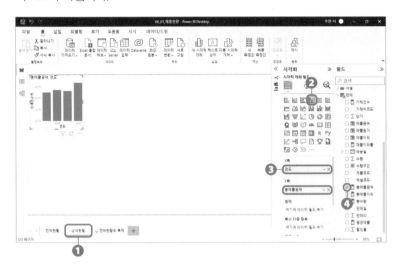

02 시각적 개체의 크기 조절 핸들을 드래그하여 크기를 조정하고, 시각적 개체를 적절한 위치로 이동시킵니다.

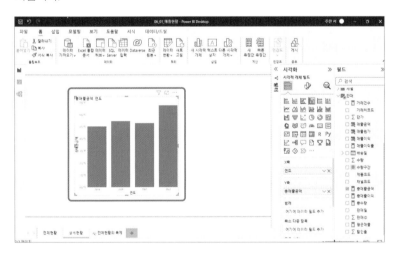

03 | [도구 설명] 영역에 '판매' 테이블의 '총매출이익, 매출이익률' 측정값을 추가합니다. 시각적 개체의 데이터 요소(2022)에 마우스를 이동시키면 도구 설명에 연도별 총매출금액과 도구 설명 영역에 추가한 값을 확인할 수 있습니다.

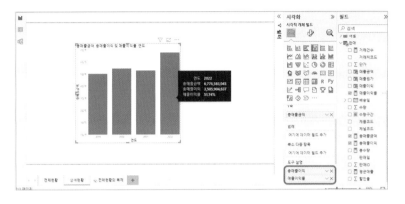

Tip [필드] 창에서 필드명의 확인란을 먼저 체크하거나 보고서 페이지에 드래그하여 시각적 개체를 추가할 수 있습니다. 이렇게 추가한 필드는 Power BI에서 적합한 시각적 개체를 찾아 표현해 줍니다. 예를 들어, 숫자형 필드를 먼저 선택하면 묶은 세로 막대형 차트를 표시하고, 텍스트 형식의 필드는 테이블이 먼저 표시됩니다. 또한 국가명, 시도 등의 지리 정보 데이터를 선택하면 맵이 추가됩니다.

• 시각적 개체 서식 지정

[시각적 개체 서식 지정]에서 [X축], [Y축] 등의 서식이나 제목, 테두리 등의 서식을 적용할 수 있습니다. [시각적 개체 서식 지정]은 [시각적 개체], [일반], [서식 창 설정] 탭으로 구성됩니다.

[시각적 개체] 탭에서는 X축, Y축, 색, 데이터 레이블 등의 서식 적용할 수 있습니다.

[일반] 탭에서는 시각적 개체 크기, 제목, 테두리 등의 서식을 적용할 수 있습니다.

[서식 창 설정] 탭에서는 서식 옵션의 모든 범주를 확장하거나 축소, 기본값으로 설정 옵션을 포함하고 있습니다.

  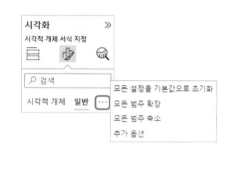

• 축 서식

시각적 개체의 X축, Y축 글꼴 크기, 제목 표시 여부 등의 축 서식을 변경할 수 있습니다.

01 │ 페이지의 묶은 세로 막대형 차트를 선택합니다. [시각적 개체 서식 지정]의 [시각적 개체]에서 [X축]-[값]을 확장합니다. [텍스트 크기]를 '12'로 변경, [제목]을 '해제'로 설정합니다.

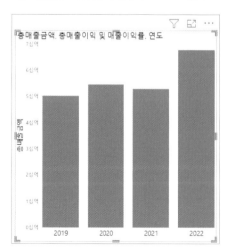  

02 [X축]을 축소하고 [Y축]을 확장합니다. [값]-[텍스트 크기]를 '10', [표시 단위]를 '백만'으로 변경, [제목]을 '해제'로 설정합니다.

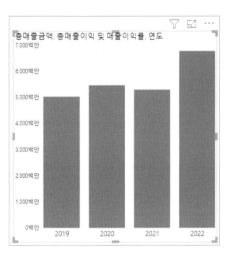

> **Tip** **X축 형식 변경하기**

[X축]에 숫자형 필드를 추가하면 [형식]이 '연속'으로 설정되어 0,2,4…등과 같이 그룹 단위로 표시합니다. [형식]을 '범주별'로 변경하면 전체 숫자를 [X축]에 표시할 수 있습니다. 다음은 [X축] 영역에 '날짜' 테이블의 '월' 필드를 추가하고 [시각적 개체 서식 지정]에서 [X축]-[형식]을 '범주별'로 선택한 결과입니다.

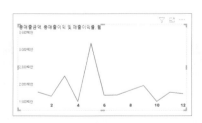

• 데이터 색

Power BI Desktop에서는 시각적 개체를 추가하면 기본 테마색이 적용되며 데이터 요소마다 다른 색을 적용할 수 있습니다.

01 | [시각적 개체]에서 [열]을 확장합니다. [색]에서 기본 값을 '테마 색 6, 20% 더 밝게'로 설정합니다.

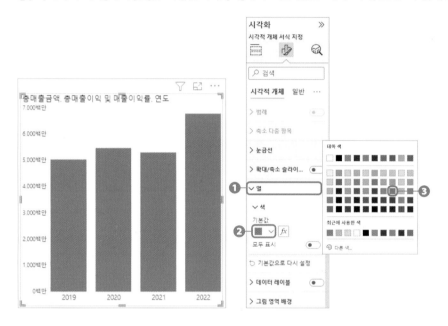

02 | [모두 표시]를 '설정'으로 변경하면 데이터 요소마다 다른 색을 적용할 수 있습니다. 변경된 서식은 언제든지 [기본값으로 다시 설정]을 클릭하여 원래의 서식으로 되돌릴 수 있습니다.

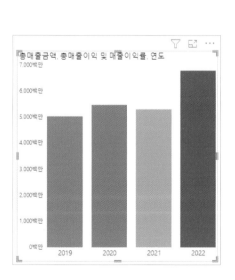

• 데이터 레이블

시각적 개체에 데이터 레이블을 표시하고, 표시 단위를 '천, 백만, 없음' 등으로 적용하거나 레이블의 방향, 위치를 변경할 수 있습니다.

01 [시각적 개체]에서 [데이터 레이블]을 '설정'으로 변경하고 [데이터 레이블]을 확장합니다. [옵션]-[위치]를 '안쪽 가운데'로 설정합니다.

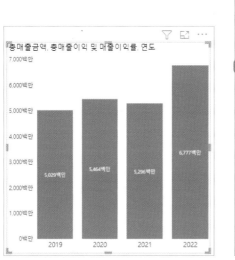

02 [값]-[텍스트 크기]를 '12', [표시 단위]를 '백만'으로 설정합니다.

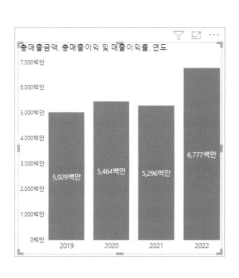

03 | [배경]의 [색]은 '흰색', [투명도]는 '80%'으로 설정합니다.

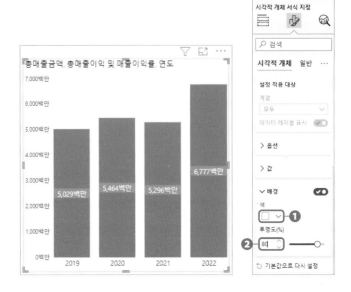

> **Tip** 시각적 개체 크기에 따라 데이터 레이블이 일부 표시되지 않을 수 있습니다. 이런 경우 [값]−[넘치는 텍스트]를 '설정'으로 변경하면 데이터 레이블이 나타납니다.

● 제목 서식

시각적 개체에 제목 서식과 테두리를 적용해 보겠습니다.

01 | [시각적 개체 서식 지정]의 [일반]에서 [제목]을 확장합니다. [텍스트]에 '연도별 매출' 입력, [글꼴]은 'Arial Black', [텍스트 색상]은 '흰색', [배경색]은 '테마 색 1, 50% 더 어둡게', [가로 맞춤]을 '가운데'로 적용합니다.

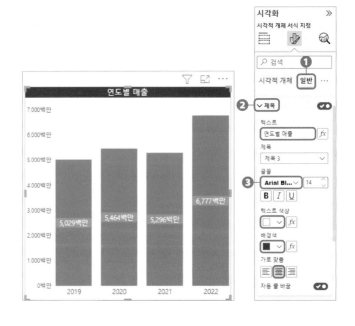

02 │ [제목]을 축소하고 [효과]를 확장합니다. [시각적 테두리]에서 [색]을 '흰색, 20% 더 어둡게'로 적용합니다.

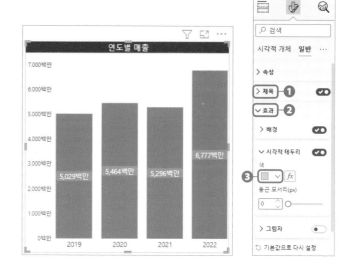

● 시각적 개체에 추가 분석 추가

[시각적 개체에 추가 분석 추가]에서는 상수선이나 평균선, 추세선 등을 추가할 수 있습니다. 시각적 개체에 따라 제공되는 추가 분석 옵션은 다를 수 있습니다. 묶은 세로 막대형 차트는 상수선, 평균선, 중간선, 오류 막대 등을 제공합니다.

상수선

[시각적 개체에 추가 분석 추가]에서 시각적 개체에 동적 참조선을 추가할 수 있습니다. 상수선, 평균선, 추세선 등을 추가하여 중요한 추세 또는, 통찰력을 찾아낼 수 있습니다.

01 │ 매년 매출목표를 '6십억'으로 표시하기 위해 상수선을 추가해 표시해 보겠습니다. 시각적 개체를 선택하고 [시각적 개체에 추가 분석 추가]을 클릭한 후 [상수선]의 [+ 줄 추가]를 클릭합니다.

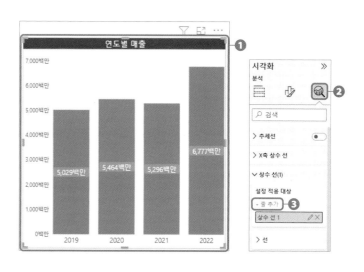

02 ┃ ✏️(편집)을 클릭한 후 '목표'를 입력합니다. [선]을 확장하고 [값]에 '6000000000', [색]을 '테마 색 8', [투명도]를 '0%'로 설정합니다. [스타일]을 '점선'으로 설정합니다.

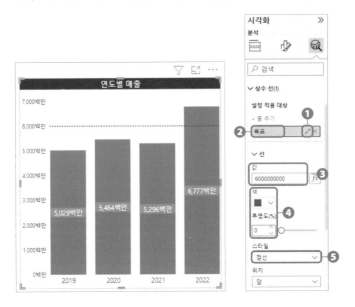

03 ┃ [데이터 레이블]을 '설정'으로 변경하고, [스타일]을 '모두', [색]은 '테마 색8', [표시 단위]는 '백만'으로 설정합니다. 목표값이 강조됩니다.

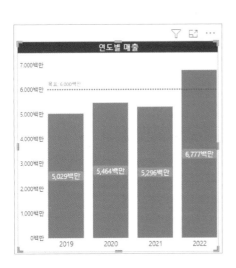

03 시각적 개체 옵션

시각적 개체 위에 마우스를 이동시키거나 개체를 선택하면 시각적 머리글이 표시됩니다. [필터], [포커스 모드], [추가 옵션]으로 시각적 개체에 추가 옵션을 적용할 수 있습니다. [필터]에서는 페이지에서 적용된 필터 값을 확인할 수 있고 [포커스 모드]로 시각적 개체를 확대하거나 [추가 옵션]에서 데이터 내보내기, 제거, 정렬 등의 추가 작업을 수행할 수 있습니다. 시각화 머리글은 시각적 개체 위치에 따라 위나 아래 쪽에 표시될 수 있습니다.

• 포커스 모드

포커스 모드를 이용하여 시각적 개체를 확대하여 확인할 수 있습니다.

01 | 시각적 개체를 선택하고 ⊡(포커스 모드)를 클릭합니다.

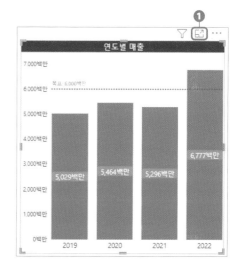

02 | 시각적 개체를 확대해서 볼 수 있습니다. [보고서로 돌아가기]를 클릭하면 기본 보고서 화면으로 변경됩니다.

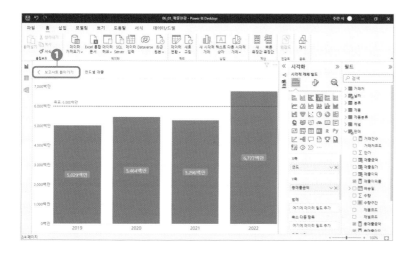

• 데이터 내보내기

시각적 개체에서 사용한 데이터를 CSV 형식으로 내보내기 할 수 있습니다.

01 시각적 개체의 ⋯(추가 옵션)을 클릭하여 [데이터 내보내기]를 클릭합니다.

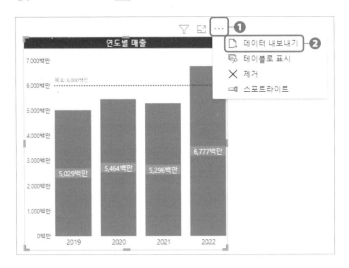

02 [다른 이름으로 저장] 대화상자가 나타나면 저장할 폴더를 선택한 후 [저장]을 클릭합니다.

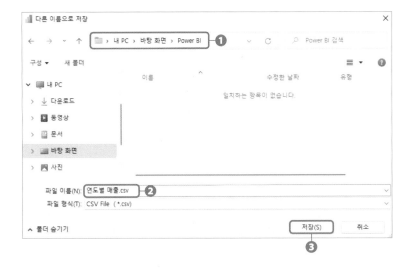

• 시각적 개체 복사, 붙여넣기

시각적 개체를 복사/붙여 넣으면 다양한 유형의 시각적 개체로 변경할 수 있습니다. 데이터 탐색에 적합한 시각화 유형을 쉽게 확인할 수 있습니다.

01 시각적 개체를 선택하고 복사한 후(Ctrl+C), 붙여넣기(Ctrl+V)하여 위치를 이동시킵니다.

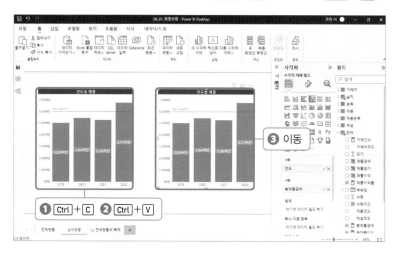

02 두 번째 시각적 개체를 선택하고 [시각화] 창의 [도넛형 차트]를 클릭하면 시각적 개체가 변경됩니다. [범례] 영역에 '분류' 테이블의 '분류명' 필드를 추가한 후 제목을 '분류별 매출'로 변경합니다.

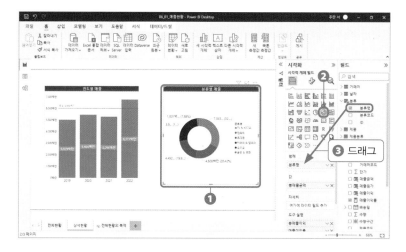

● 정렬

시각적 개체에서는 [값] 영역에 숫자형 필드를 추가하면 내림차순으로 기본 정렬됩니다. 정렬 기준은 범주 이름이나 각 범주의 숫자 값을 기준으로 정렬할 수 있습니다.

01 ┃ 새 페이지를 만든 후 [시각화] 창에서 [묶은 세로 막대형 차트]를 추가합니다. [시각적 개체에 데이터 추가]에서 [X축] 영역에 '거래처' 테이블의 '거래처명' 필드 추가, [Y축] 영역에 '판매' 테이블의 '총매출금액' 측정값 추가, [도구 설명] 영역에 '판매' 테이블의 '수량' 필드를 추가합니다.

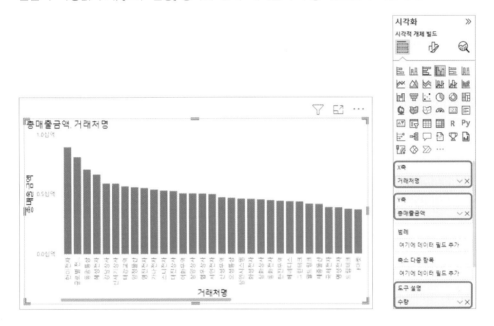

02 ┃ 시각적 개체의 ⋯(추가 옵션)을 클릭하면 [축 정렬]에서 정렬된 필드에 체크되어 있습니다. 현재는 총매출금액을 기준으로 내림차순 정렬되어 있으며 도구 설명에 추가한 수량 필드도 정렬 기준을 설정할 수 있습니다.

03 │ ⋯(추가 옵션)의 [축 정렬]에서 [거래처명]을 선택하고 다시 [오름차순 정렬]을 클릭합니다. 그림과 같이 거래처명 기준으로 오름차순 정렬로 변경됩니다.

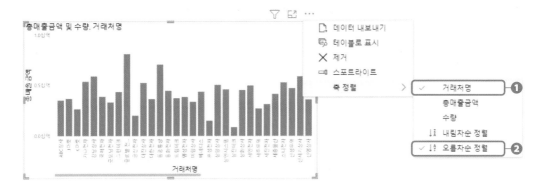

● **필터**

보고서 페이지에 있는 시각적 개체들은 상호 작용하여 필터링이 적용됩니다.

01 │ '전체현황' 페이지의 묶은 세로 막대형 차트에서 '2022' 데이터 요소를 선택합니다. 도넛형 차트에 2022년도 매출이 강조되고 다른 시각적 개체는 필터가 적용됩니다. 도넛형 차트의 ▽(필터)에 마우스를 이동시키면 적용된 필터 항목이 표시됩니다. 선택한 데이터 요소를 다시 클릭하면 필터가 해제됩니다.

02 | 데이터 요소를 여러 개 선택할 때는 [Ctrl]을 이용합니다. '2021' 데이터 요소를 클릭하고 [Ctrl]을 누른 상태에서 '2022' 데이터 요소를 선택하면 다중 조건을 선택할 수 있습니다.

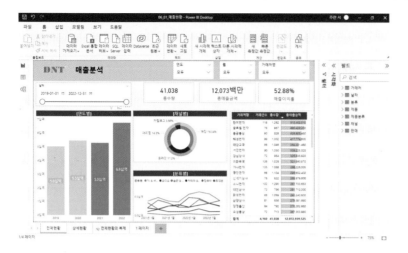

Tip | **데이터가 없는 항목 표시**

'분류' 테이블의 분류명 중에서 '판매' 테이블에 데이터가 없는 분류명은 시각화에 표시되지 않습니다. 분류명 중 '가정용 전기제품', '게임 & 장난감' 데이터는 표시되지 않습니다. [X축] 영역의 필드의 ∨(아래 화살표)를 클릭하여 [데이터가 없는 항목 표시]를 선택하면 모든 항목이 표시됩니다.

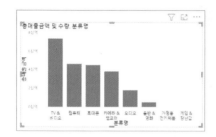

Power BI란?

Power BI Desktop

데이터 가져오기

파워 쿼리 편집기

데이터 모델링

데이터 시각화

04 보고서 작성하기

Power BI Desktop에서는 데이터를 시각화할 때 일반적으로 테이블이나 막대형, 원형, 꺾은선형 차트 뿐만 아니라 데이터를 효율적이고 흥미롭게 표현할 수 있는 다양한 시각화 도구를 제공합니다. 카드, 콤 보형, 트리맵, 맵, 분해 트리 등으로 시각화할 수 있습니다. 매출분석 보고서를 작성하여 전체매출현황, 지역별, 거래처별, 제품별로 상세 내용을 확인해 보겠습니다.

● 데이터 시각화 기법

막대형 차트

데이터 크기(Amount)는 가로 막대형이나 세로 막대형 차트로 시각화합니다. 카테고리가 2개 이상일 경 우 묶은 막대형 차트와 누적 막대형 차트를 활용하며 100% 누적형 차트는 모든 카테고리 전체의 비율 을 강조할 때 사용합니다.

▶ 시각적 개체

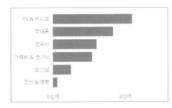

▶ 가로 막대형 차트

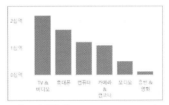

▶ 세로 막대형 차트

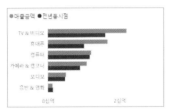

▶ 묶은 가로 막대형 차트

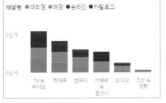

▶ 누적 세로 막대형 차트

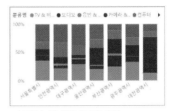

▶ 100% 누적 세로 막대형 차트

원형 차트

비율(Proportions)은 원형 차트 또는, 도넛형 차트를 이용하여 시각화합니다. 원형 차트에서는 전체에 대한 부분의 관계를 표시하기 위해 원 세그먼트를 사용합니다. 도넛형 차트는 원형 차트의 가운데에 원 을 표시하여 숫자나 범례를 강조할 수 있습니다. 카테고리 수가 많을 경우에는 대상 비교가 모호하고 공 간활용이 비효율적이므로 적절한 카테고리를 사용하여 시각화합니다.

▶ 시각적 개체

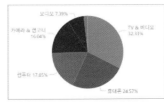

▶ 원형 차트

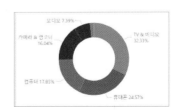

▶ 도넛형 차트

꺾은선형 차트

꺾은선형 차트는 여러 데이터 시리즈가 포함된 차트나 시간에 따른 추세를 표시하는 경우 유용합니다. 꺾은선형 차트는 선으로 연결된 일정 간격의 점에서 데이터를 표시합니다. 축과 선 사이의 영역이 채워진 영역형 차트나 여러 데이터 시리즈를 사용하는 누적 영역형 차트를 활용할 수 있습니다.

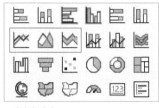

▸ 시각적 개체

▸ 꺾은선형 차트

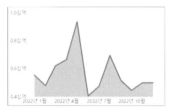

▸ 영역형 차트

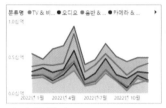

▸ 누적 영역형 차트

콤보형 차트

콤보형 차트는 한 개의 차트에서 꺾은선형 차트와 막대형 차트를 결합한 단일 시각화에 사용합니다. 콤보형 차트는 다양한 데이터 계열 간 관계를 강조하는데 유용합니다.

▸ 시각적 개체

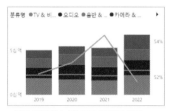

▸ 꺾은선형 및 누적 세로 막대형 차트

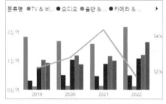

▸ 꺾은선형 및 묶은 세로 막대형 차트

테이블

테이블은 자세한 데이터 및 정확한 값을 비교할 때 사용합니다. 테이블은 단일 범주에 대한 많은 값을 볼 수 있는 정량적 비교에 적합하고 행렬은 엑셀의 피벗 테이블과 유사한 형태로 행과 열로 그룹화한 데이터를 표시합니다.

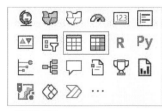

▸ 시각적 개체

연도	수량	매출금액	매출이익률
2019	18,394	5,029,273,530	52.18%
2020	20,330	5,463,962,000	52.79%
2021	19,367	5,296,356,480	54.35%
2022	21,671	6,776,583,045	51.74%
합계	79,762	22,566,175,055	52.70%

▸ 테이블

분류명	2019	2020	2021	2022	합계
TV & 비디오	1,846,907,740	1,701,811,250	1,603,724,700	2,190,922,380	7,343,366,070
오디오	315,746,510	509,370,960	474,756,300	500,859,540	1,800,733,310
음반 & 영화	113,893,390	138,443,680	135,527,800	123,535,070	511,399,940
카메라 & 캠코더	784,535,200	1,040,565,420	898,667,200	1,086,947,940	3,810,715,760
컴퓨터	1,036,483,520	1,189,956,060	1,171,774,780	1,209,467,260	4,607,681,620
휴대폰	931,707,170	883,814,630	1,011,905,700	1,664,850,855	4,492,278,355
합계	5,029,273,530	5,463,962,000	5,296,356,480	6,776,583,045	22,566,175,055

▸ 행렬

• 텍스트 상자, 셰이프, 이미지

보고서에 텍스트 상자나 도형, 이미지 등을 삽입할 수 있습니다.

01 │ '06_02_매출현황.pbix' 파일을 엽니다. 보고서에 제목을 삽입하기 위해 [삽입] 탭 – [요소] 그룹에서 [텍스트 상자]를 클릭합니다.

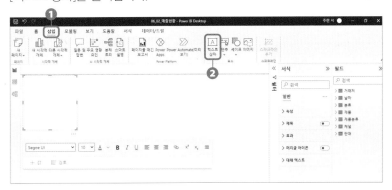

02 │ 텍스트 상자에 '매출분석'을 입력하고 텍스트 상자 메뉴에서 글꼴 크기를 '20'으로 설정합니다. 텍스트 상자의 크기를 조정하고 위치를 조정합니다.

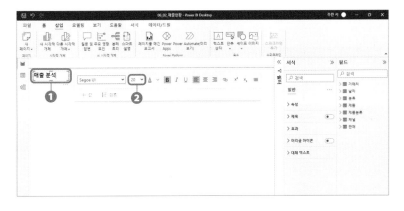

03 | 도형 삽입을 위해 [삽입] 탭-[요소] 그룹에서 [셰이프]-[사각형]을 클릭합니다. 페이지에 사각형이 나타납니다.

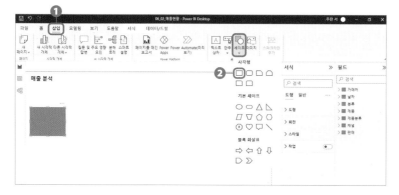

04 | 사각형의 크기와 위치를 조정합니다. [서식] 창의 [도형]-[스타일]에서 [채우기]-[색]은 '테마 색1, 50% 더 어둡게' 선택, [테두리]는 '해제'합니다.

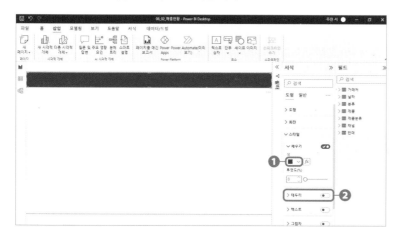

05 | 두 번째로 작성한 사각형이 텍스트 상자 위에 표시되어 제목 상자가 숨겨집니다. 개체 정렬 순서를 적용해 보겠습니다. 사각형이 선택된 상태에서 [서식] 탭-[정렬] 그룹에서 [뒤로 보내기]-[맨 뒤로 보내기]를 클릭합니다.

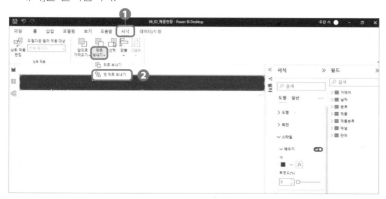

06 | 텍스트 상자가 다시 나타납니다. 텍스트 상자의 글꼴 서식을 제목 상자와 어울리도록 변경해 보겠습니다. 텍스트 상자의 텍스트 범위를 선택한 후 [글꼴 색]은 '흰색'으로 변경, [서식] 창에서 [효과]-[배경]을 '해제'합니다.

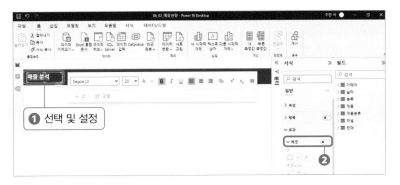

07 | 이미지를 삽입하기 위해 [삽입] 탭-[요소] 그룹에서 [이미지]를 클릭합니다.

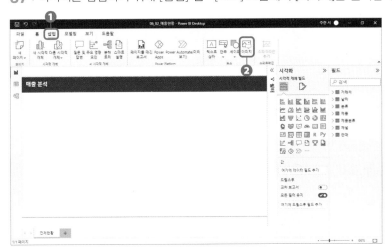

08 | [열기] 대화상자에서 부록의 'Logo.png' 파일을 선택하고 [열기]를 클릭합니다.

Power BI란?

Power BI Desktop

데이터 가져오기

파워 쿼리 편집기

데이터 모델링

데이터 시각화

09 삽입된 이미지 크기를 조정하고 위치를 적절히 이동시킵니다.

10 페이지에 배경색을 적용하기 위해 빈 영역을 선택합니다. [보고서 페이지 서식 지정]에서 [캔버스 배경]을 확장합니다. [색]을 '흰색, 20% 더 어둡게', [투명도]를 '80%'로 설정합니다.

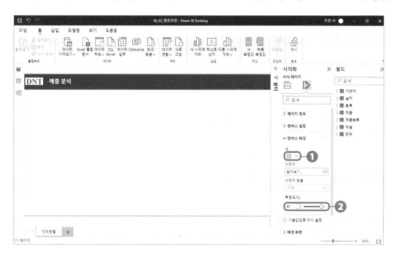

• 묶은 가로 막대형 차트

여러 범주의 특정 값을 살펴볼 때 가로 막대형 차트나 세로 막대형 차트를 사용합니다. 막대형 차트는 동일한 차트 종류의 계열을 누적 막대나 묶은 막대로 표시합니다. 묶은 가로 막대형 차트로 분류별로 매출현황을 시각화해 보겠습니다.

01 | 보고서의 빈 영역을 클릭한 후 [시각화] 창의 [묶은 가로 막대형 차트]를 클릭합니다. [시각적 개체에 데이터 추가]에서 [Y축] 영역에 '분류' 테이블의 '분류명' 필드. [X축] 영역에 '판매' 테이블의 '총매출금액' 측정값을 추가합니다. 크기를 조정하고 적절한 위치로 이동합니다.

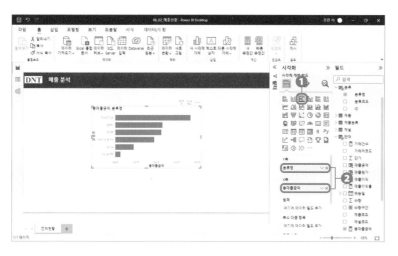

02 | [X축], [Y축]의 [제목]을 해제하고 [X축]의 눈금도 해제합니다. [시각적 개체 서식 지정]에서 [시각적 개체]의 [Y축]의 [제목]을 해제합니다. [X축]의 [제목]을 해제한 후 [X축]을 해제합니다.

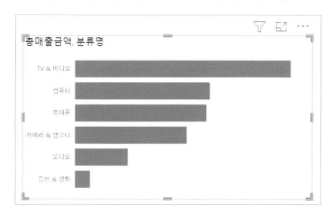

03 시각적 개체에 데이터 레이블을 표시해 보겠습니다. [데이터 레이블]을 '설정'으로 변경하고 [값]을 확장합니다. [표시 단위]에서 '백만', [넘치는 텍스트]를 '설정'으로 적용합니다. [배경]도 '설정'으로 적용합니다.

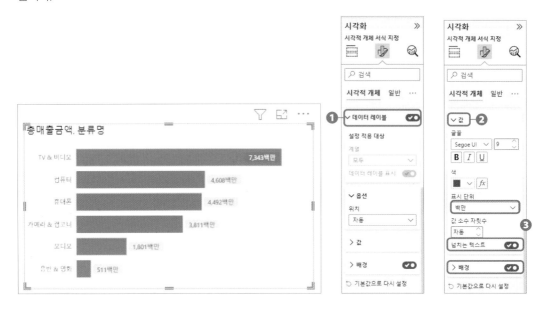

04 [시각적 개체의 서식 지정]의 [일반] 탭에서 [제목]-[텍스트]에 '분류별' 입력, [가로 맞춤]은 '가운데 맞춤'으로 설정합니다. 시각적 개체를 적절한 위치로 이동시키고 크기를 조정합니다. 이 시각화로 분류명 기준으로 매출금액을 파악하고 'TV & 비디오, 컴퓨터' 순으로 매출 비중이 높은 걸 파악할 수 있습니다.

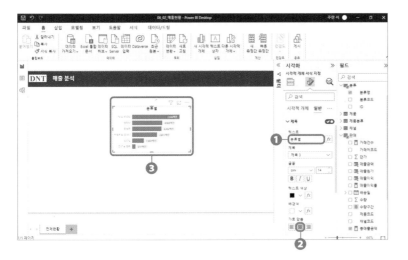

● 도넛형 차트

전체 데이터에 대한 각 항목의 비율을 원형이나 도넛형 차트로 표현합니다. 도넛형 차트를 이용하여 채널별로 매출금액의 비율을 시각화해 보겠습니다.

01 | 보고서의 빈 영역을 클릭한 후 [시각화] 창의 [도넛형 차트]를 클릭합니다. [시각적 개체에 데이터 추가]에서 [범례] 영역에 '채널' 테이블의 '채널명' 필드, [값] 영역에 '판매' 테이블의 '총매출금액' 측정값을 추가합니다. 크기를 조정하고 적절한 위치로 이동합니다.

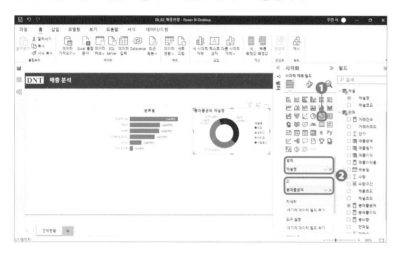

02 | 범례나 데이터 레이블 등의 서식을 변경해 보겠습니다. [시각적 개체 서식 지정]의 [시각적 개체]에서 범례의 위치를 조정하거나 해제할 수 있습니다. [범례]를 해제합니다. [조각]-[간격]에서 도넛형의 가운데 원의 크기를 조정할 수 있습니다. [내부 반경]에 '70'을 입력하여 가운데 원 크기를 조정합니다.

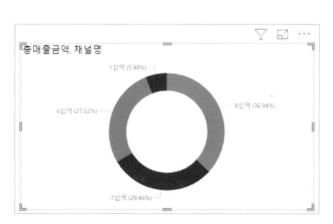

03 [세부 정보 레이블]을 확장합니다. 레이블의 위치와 내용 표시를 변경할 수 있습니다. [위치]는 '바깥쪽', [레이블 내용]은 '범주, 총 퍼센트'로 설정합니다.

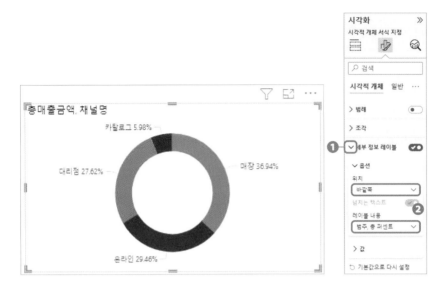

04 [일반]의 [제목]-[텍스트]에 '채널별' 입력, [가로 맞춤]은 '가운데 맞춤'으로 설정합니다. 시각적 개체를 적절한 위치로 이동하고 크기를 조정합니다. 시각화로 채널별 매출 비율을 파악할 수 있습니다.

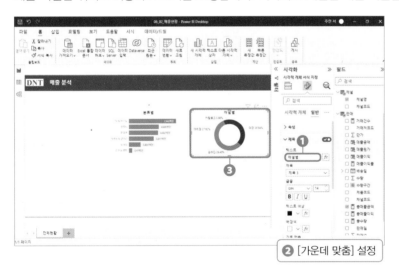

• 꺾은선형 차트

꺾은선형 차트로 시간 경과에 따른 데이터 추세를 나타낼 수 있습니다. 월별로 매출금액을 시각화해 보겠습니다.

01 | 보고서의 빈 영역을 클릭한 후 [시각화] 창의 [꺾은선형 차트]를 클릭합니다. [시각적 개체에 데이터 추가]에서 [X축] 영역에 '날짜' 테이블의 '월' 필드, [Y축] 영역에 '판매' 테이블의 '총매출금액' 측정값, [범례] 영역에 '분류' 테이블의 '분류명' 필드를 추가합니다. 크기를 조정하고 적절한 위치로 이동합니다.

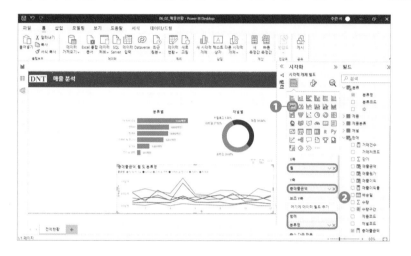

02 | 시각적 개체의 서식을 변경해 보겠습니다. [시각적 개체 서식 지정]에서 [X축]과 [Y축]의 [제목]을 해제합니다. [시각적 개체]의 [X축]-[형식]을 '범주별'로 변경하면 X축의 값이 모두 표시됩니다.

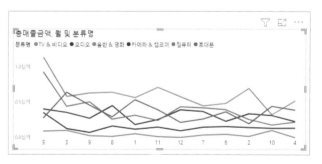

03 | [선]-[도형]에서 선 스타일이나 굵기를 변경할 수 있습니다. [스토로크 너비]를 '5'로 변경하면 선 굵기가 조정됩니다. 기본 값은 '3'입니다.

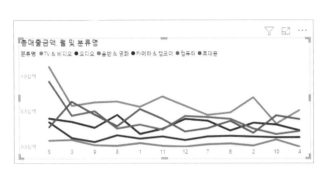

04 | [표식]-[도형]에서 표식 종류, 크기, 색을 변경할 수 있습니다. [유형]에서 ◆ 표식 기호 선택, [크기]를 '6'으로 설정합니다. [일반]의 [제목]-[텍스트]에 '매출추이' 입력, [가로 맞춤]은 '가운데 맞춤'으로 설정합니다.

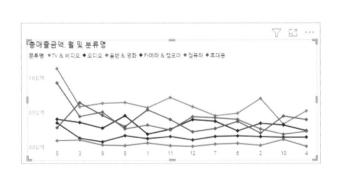

05 | X축의 월 기준으로 오름차순 정렬을 적용해 보겠습니다. 시각적 개체의 [추가 옵션](⋯)을 클릭하여 [축 정렬]-[월]을 선택합니다. 다시 [추가 옵션]에서 [축 정렬]-[오름차순 정렬]을 선택합니다.

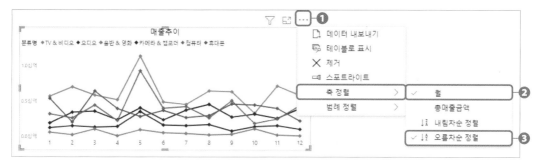

06 | 시각적 개체를 적절한 위치로 이동하고 크기를 조정합니다. 시각화로 월별 매출추이를 분류별 계열로 비교할 수 있습니다.

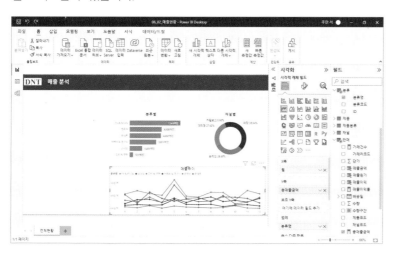

Power BI란?

Power BI Desktop

데이터 가져오기

파워 쿼리 편집기

데이터 모델링

데이터 시각화

● 꺾은선형 및 누적 세로 막대형 차트

꺾은선형 및 누적 세로 막대형 차트는 꺾은선형 차트와 세로 막대형 차트를 결합한 단일 시각화 요소로 두 개의 데이터를 빠르게 비교할 수 있습니다. 연도별로 매출금액과 매출이익률을 분류별 데이터 계열로 시각화해 보겠습니다.

01 | 보고서의 빈 영역을 클릭한 후 [시각화] 창의 [꺾은선형 및 누적 세로 막대형 차트]를 클릭합니다. [시각적 개체에 데이터 추가]의 [X축] 영역에 '날짜' 테이블의 '연도' 필드, [열y축] 영역에 '판매' 테이블의 '총매출금액' 측정값, [선y축] 영역에 '판매' 테이블의 '매출이익률' 측정값, [범례] 영역에 '분류' 테이블의 '분류명' 필드를 추가합니다. 크기를 조정하고 적절한 위치로 이동합니다.

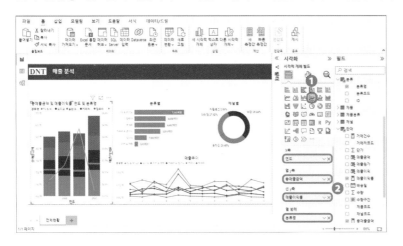

02 | 시각적 개체의 서식을 변경해 보겠습니다. [시각적 개체 서식 지정]의 [시각적 개체]에서 [X축], [Y축] 제목을 해제합니다. [데이터 레이블]을 '설정'으로 변경하면 모든 데이터 계열에 레이블이 표시됩니다. [데이터 레이블]-[계열]에서 'TV 및 비디오'를 선택하고 [데이터 레이블 표시]를 해제합니다. 동일한 방법으로 '오디오, 휴대폰' 등의 [데이터 레이블 표시]를 모두 해제하고 '매출이익률'은 데이터 레이블을 표시합니다.

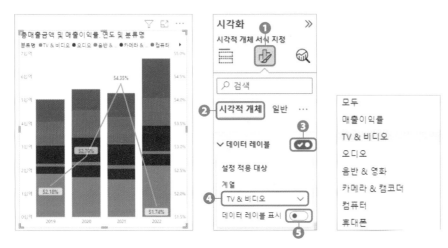

03 | [총 레이블]을 적용하여 열의 위쪽에 레이블을 표시하고 [값]−[표시 단위]을 '백만'으로 설정합니다.

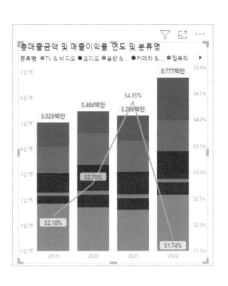 

04 | [선]−[색]에서 '매출이익률' 색을 '검정'으로 설정합니다. [표식]−[도형]에서 [형식]을 ◆ 표식 기호 선택, [크기]를 '6', [색]을 '테마 색 8'로 설정합니다.

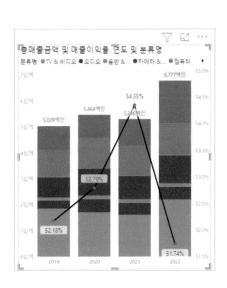  

05 [일반]의 [제목]-[텍스트]에 '연도별 매출&이익률' 입력, [가로 맞춤]은 '가운데 맞춤'으로 설정합니다. 시각적 개체를 적절한 위치로 이동하고 크기를 조정합니다. 시각화로 연도별 매출금액과 매출이익률을 비교할 수 있습니다.

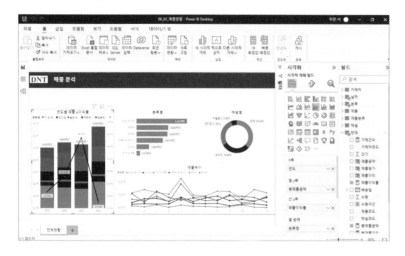

• 카드

매출금액, 매출이익률과 같이 한 가지 숫자만 표현할 경우 카드로 시각화합니다. 매출금액, 매출이익률, 거래건수, 거래처수를 카드로 시각화해 보겠습니다.

01 보고서의 빈 영역을 클릭한 후 [시각화] 창에서 [카드]를 클릭합니다. [시각적 개체에 데이터 추가]의 [필드] 영역에 '판매' 테이블의 '총매출금액' 측정값을 추가합니다. 카드 크기를 조정한 후 적당한 위치로 이동시킵니다. [필드] 영역의 '총매출금액'을 더블클릭하여 '매출금액'으로 이름을 변경한 후 Enter 를 누릅니다.

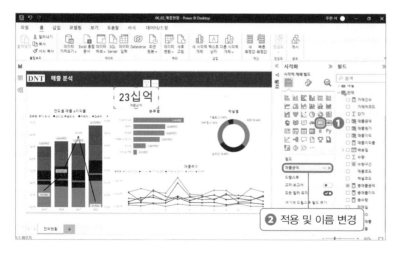

02 | [시각적 개체 서식 지정]에서 [시각적 개체]의 [설명 값]을 확장합니다. [글꼴 크기]는 '20', [색]은 '테마 색1, 25% 더 어둡게', [표시 단위]는 '백만'으로 설정합니다. 표시 단위는 '없음, 천, 백만, 십억' 등을 표시할 수 있습니다.

03 | [일반]의 [효과]-[시각적 테두리]를 '설정'으로 변경하고 [색]은 '흰색 20% 더 어둡게', [둥근 모서리]를 '10'으로 설정합니다.

04 매출이익률을 표시하기 위해 매출금액 시각적 개체를 복사(Ctrl+C), 붙여넣기(Ctrl+V) 한 후 위치를 이동합니다. [필드] 영역에 '판매' 테이블의 '매출이익률' 측정값을 추가합니다.

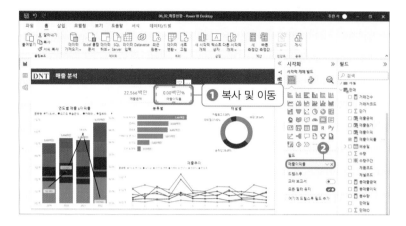

05 매출이익률의 표시 단위를 변경해 보겠습니다. [시각적 개체 서식 지정]에서 [시각적 개체]의 [설명값]-[표시 단위]를 '없음'으로 설정합니다.

06 거래건수를 표시하기 위해 매출이익률 시각적 개체를 복사(Ctrl+C), 붙여넣기(Ctrl+V) 한 후 위치를 이동합니다. [필드] 영역에 '판매' 테이블의 '거래건수' 측정값을 추가합니다.

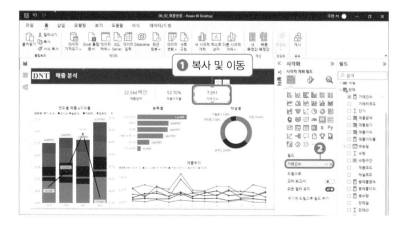

07 | 전체 거래처수를 표시하기 위해 거래건수 시각적 개체를 ([Ctrl]+[C]), 붙여넣기([Ctrl]+[V]) 한 후 위치를 이동합니다. 거래처수는 측정값을 작성하지 않아 '거래처명' 필드를 사용합니다. '거래처' 테이블의 '거래처명' 필드를 [필드] 영역에 추가합니다. 텍스트 형식의 필드를 추가하면 '처음 거래처명일'로 표시됩니다.

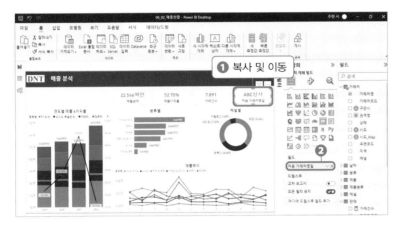

08 | 필드의 빠른 메뉴를 이용하면 합계, 평균, 개수 등의 기본 요약 값을 변경할 수 있습니다. [필드] 영역의 '처음 거래처명일' 필드의 ☑ (아래 화살표)를 클릭하고 '개수'를 선택합니다.

09 | [필드] 영역의 이름을 더블클릭하여 '거래처수'로 입력하고 [Enter]를 누릅니다.

10 | 카드 시각적 개체의 크기를 일괄적으로 변경해 보겠습니다. 전체매출 카드 시각적 개체를 선택한 후 **Ctrl** 을 클릭한 상태로 나머지 시각적 개체도 모두 선택합니다. [시각적 개체 서식 지정]의 [일반]에서 [속성]을 확장합니다. [크기]의 [높이]는 '80', [너비]는 '190'으로 설정합니다.

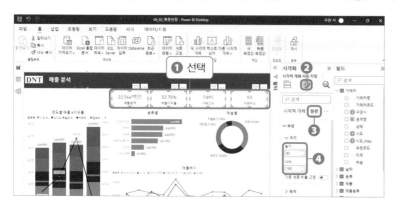

11 | 이제 가로 간격을 균등하게 맞춰보겠습니다. 모든 카드 시각적 개체를 선택하고 [서식] 탭-[정렬] 그룹에서 [맞춤]-[위쪽 맞춤], [가로 균등 맞춤]을 차례로 클릭합니다.

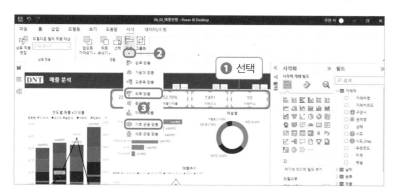

12 | 카드로 시각화한 결과입니다. 분석 데이터의 전체 매출금액부터 거래처수까지 한눈에 파악할 수 있습니다.

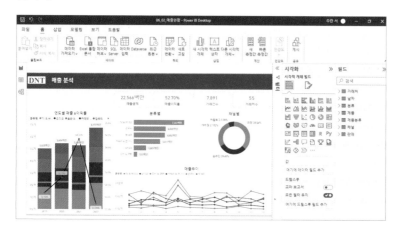

Tip | **날짜 필드의 계층 구조 살펴보기**

시각적 개체의 [X축]에 '날짜' 테이블의 날짜 계층 구조인 '날짜' 필드를 추가하면 연도, 분기, 월, 일이 표시됩니다. 날짜 계층 구조는 시각적 머리글의 [드릴 업], [계층 구조에서 한 수준 아래로 모두 확장]을 클릭하여 연도, 분기, 월, 일 단위로 날짜 표시 형식을 변경할 수 있습니다.

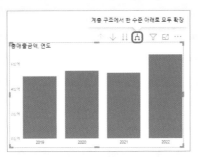
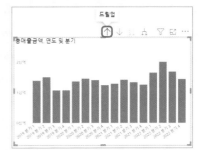

Tip | **X축 영역의 날짜 표시 형식 변경하기**

시각적 개체의 [X축] 영역에 날짜 계층을 사용하지 않고 일반적인 '연-월-일' 형식으로 표시할 수 있습니다. [X축] 영역의 '날짜' 필드에서 ☑(아래 화살표)를 클릭하여 [날짜]를 선택하면 X축을 '연-월-일' 형식으로 시각화합니다.

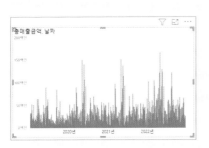

Tip | **Y축 눈금 간격 바꾸기**

꺾은선형 및 묶은 세로 막대형 차트의 [선Y축] 눈금 간격은 자동으로 나타납니다. [시각적 개체 서식 지정]의 [시각적 개체]에서 [보조 Y축]-[범위]의 [최소값]을 '0', [최대값]을 '1'로 설정하면 눈금 구간을 고정할 수 있습니다.

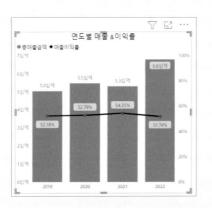

• 맵(Map)

맵 시각적 개체는 위치(국가, 시도, 위도/경도 등)에 따른 데이터를 거품 크기로 시각화합니다. Power BI
에서는 Bing Maps을 사용하며 지도 좌표를 제공(지오코딩)하여 지도를 쉽게 구성할 수 있습니다. 맵은
올바른 위치를 식별하지만, 때로는 다른 위치가 표시되기도 합니다. 이런 경우 국가, 시도 등으로 데이터
범주가 설정되어 있으면 좀 더 정확한 위치를 표시할 수 있습니다. 맵은 위치(국가/지역, 시도, 구군시,
주소 등)나 위도/경도 데이터를 사용합니다.

01 | 맵을 사용하기 위해 옵션을 설정
해야 합니다. [파일] 탭-[옵션 및 설
정]-[옵션]을 클릭합니다. [옵션] 대화
상자에서 [보안]의 [맵 및 등치 지역도
시각적 개체 사용]을 체크하고 [확인]
을 클릭합니다. 조직 내에서는 테넌트
설정이 필요한 경우가 있는데 맵 사용
이 불가한 경우 관리자에게 문의하면
됩니다.

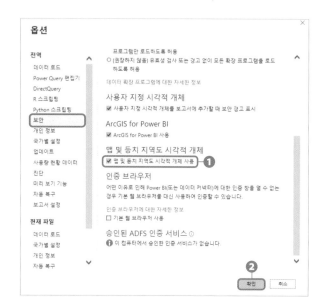

02 | [데이터](▦) 보기에서 '거래처' 테이블을 선택합니다. '시도_Map' 필드를 선택해 보면 [열 도구]
의 [데이터 범주]가 '시/도'로 설정되어 있습니다. '시도' 필드는 '시/도', '구군시' 필드는 '구/군/시'로 설
정되어 있습니다. 데이터 범주가 설정되어 있어도 Bing 서비스에서 제공하는 지역 명칭을 매핑하지 못
하는 경우가 있습니다. '시도_Map' 필드의 데이터는 한글과 영문 명칭을 결합한 열로 더 많은 지역을
맵에 표시할 수 있습니다.

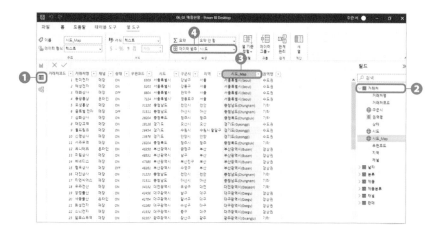

03 | 구군시 지역으로 맵을 구성하기 위해 '시도_Map' 필드와 '구군시' 필드의 데이터를 결합해서 사용하겠습니다. [열 도구] 탭-[계산] 그룹에서 [새 열]을 추가하고, 수식 입력줄에 다음 수식을 입력합니다. 이 수식은 시도와 구군시에 공백을 포함한 주소 필드를 생성합니다. 결합한 필드는 데이터 범주를 '주소'나 '장소'로 설정할 수 있는데 '장소'가 더 많은 지역을 매핑합니다. '주소' 필드에 [데이터 범주]를 '장소'로 설정합니다.

> 주소 = [시도_Map] & " " & [구군시]

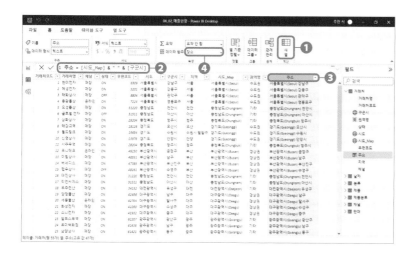

04 | 이제 보고서에 맵을 추가해 보겠습니다. 보고서에 새 페이지를 추가한 후 페이지 이름을 '지역별'로 설정합니다.

05 [시각화] 창의 [맵]을 클릭합니다. [위치] 영역에 '거래처' 테이블의 '시도_Map' 필드, [거품 크기] 영역에 '판매' 테이블의 '총매출금액' 측정값을 추가합니다. 시각적 개체의 크기를 조정하고 적절한 위치로 이동합니다. 시도별 매출을 거품 크기로 파악할 수 있습니다.

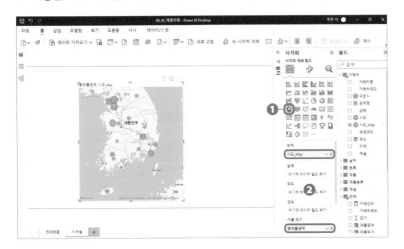

06 구군시별로 시각화하기 위해 빈 영역을 클릭한 후 [시각화] 창에서 [맵]을 추가합니다. [위치] 영역에 '거래처' 테이블의 '주소' 필드, [거품 크기] 영역에 '판매' 테이블의 '총매출금액' 측정값, [범례] 영역에 '시도_Map' 필드를 추가합니다. 시도별로 원 색상을 구분하며 구군시 위치를 시각화합니다.

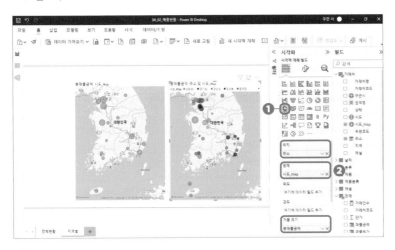

07 | 맵은 자동 확대/축소 옵션이 설정되어 있습니다. 시도 맵에서 '서울'을 클릭하면 필터가 적용되면서 주소 맵에서 서울 지역으로 확대됩니다. 다시 시도 맵에서 '서울'을 클릭하면 주소 맵이 축소됩니다.

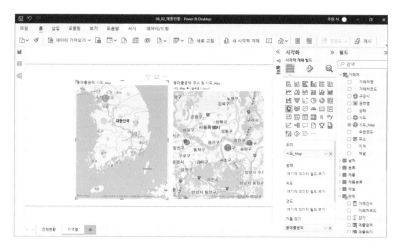

08 | 맵의 거품 크기와 배경 스타일을 변경해 보겠습니다. 주소 맵을 선택하고 [시각적 개체 서식 지정]의 [시각적 개체]에서 [거품형]을 확장합니다. 거품 크기를 '−5'로 설정하면 거품 크기를 조정할 수 있습니다.

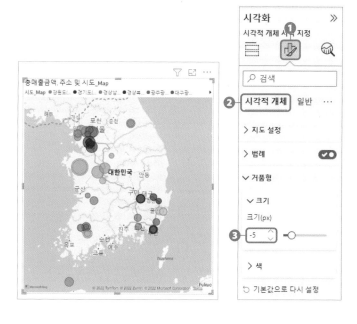

09 [지도 설정]-[스타일]을 '항공, 어둡게, 도로' 등으로 적용할 수 있습니다. 각 스타일을 변경해 보고 다시 '도로'로 설정합니다. [컨트롤]에서 [확대/축소 단추]를 '설정'으로 변경하면 지도에 확대/축소 아이콘이 표시됩니다.

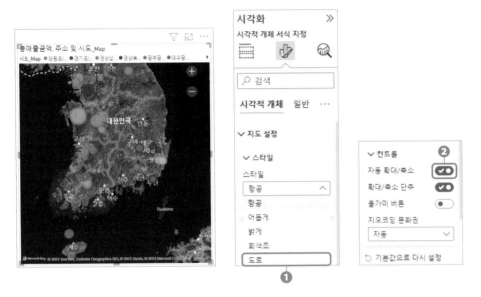

10 보고서에서는 주소 맵만 사용하겠습니다. 시도 맵은 제거하고 주소 맵의 크기와 위치를 적절히 조절합니다. 맵 시각화로 서울, 경기도, 충청도 지역의 매출이 높다는 것을 알 수 있습니다.

• 슬라이서

보고서에서 주요 데이터를 필터링할 경우 슬라이서를 사용할 수 있습니다. 슬라이서는 보고서의 다른 시각적 개체에 표시되는 데이터를 필터링합니다. 슬라이서는 날짜나 숫자 범위, 목록, 드롭다운, 반응형 등으로 구성할 수 있습니다. 날짜, 연도, 시도 등으로 필터링할 수 있도록 슬라이서를 추가해 보겠습니다.

▸ 시각적 개체

▸ 날짜 범위 슬라이서

▸ 숫자 범위 슬라이서

▸ 상대 날짜 슬라이서

▸ 목록 슬라이서   ▸ 드롭다운 슬라이서   ▸ 반응형 슬라이서

▸ 계층 구조 슬라이서

• 목록, 드롭다운 슬라이서

01 '전체현황' 페이지를 선택합니다. 빈 영역을 클릭한 후 [시각화] 창의 [슬라이서]를 클릭합니다. [시각적 개체에 데이터 추가]의 [필드] 영역에 '분류' 테이블의 '분류명' 필드를 추가합니다. 텍스트 형식인 분류명 필드는 '목록' 슬라이서로 표시됩니다.

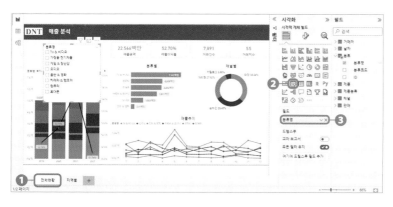

02 ┃ [시각적 개체 서식 지정]의 [시각적 개체]에서 [슬라이서 설정]을 확장합니다. [선택]의 ["모두 선택" 옵션 표시]를 '설정'으로 변경합니다. 이 외에도 [단일 선택]을 적용하여 하나의 항목을 필수 선택하거나 [Ctrl 키를 통한 다중 선택]을 해제하여 여러 항목을 선택할 수도 있습니다.

03 ┃ 텍스트 형식인 '분류명' 필드는 [목록]과 [드롭다운]으로 슬라이서를 표현할 수 있습니다. 슬라이서에 마우스를 이동하면 슬라이서 머리글에 아이콘이 표시됩니다. [슬라이서 유형 선택](∨)을 클릭하고 '목록'이나 '드롭다운'으로 변경할 수 있습니다. [드롭다운]으로 시각화합니다.

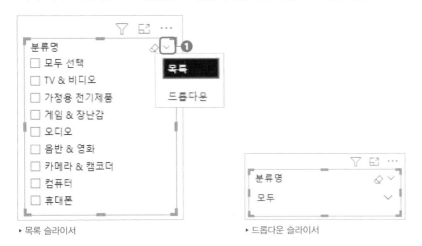

▸ 목록 슬라이서   ▸ 드롭다운 슬라이서

04 | 슬라이서를 화면 상단으로 이동시키고 크기를 조정합니다. 슬라이서에서 [TV & 비디오]를 선택하고 [Ctrl]을 누른 상태에서 [오디오]를 클릭합니다. 페이지의 모든 시각적 개체에 필터가 적용됩니다. 필터를 해제할 경우에는 [선택 항목 지우기](◇)를 클릭하거나 목록에서 [모두 선택]을 클릭하면 됩니다.

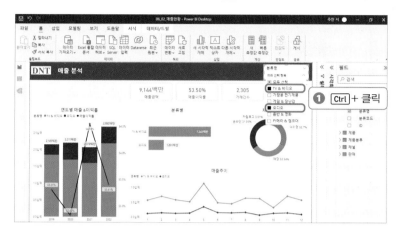

05 | 연도와 월을 슬라이서로 추가해 보겠습니다. 보고서의 빈 영역을 클릭한 후 [시각화] 창의 [슬라이서]를 클릭합니다. [시각적 개체에 데이터 추가]의 [필드] 영역에 '날짜' 테이블의 '연도' 필드를 추가합니다. 숫자 형식 데이터는 시작 값과 종료 값을 조정할 수 있는 '사이' 슬라이서로 추가됩니다. 슬라이서의 크기를 조정하고 위치를 이동합니다.

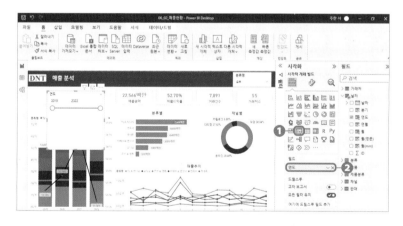

06 | 마찬가지로 [슬라이서 유형 선택](∨)을 클릭하여 '목록, 드롭다운, 사이' 등으로 변경할 수 있습니다. '연도' 슬라이서는 [드롭다운]으로 설정합니다.

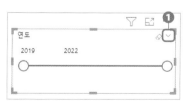

07 | 슬라이서의 크기와 위치를 조정합니다. [시각적 개체 서식 지정]의 [시각적 개체]에서 [슬라이서 설정]-[선택]의 ["모두 선택" 옵션 표시]를 '설정'으로 변경합니다.

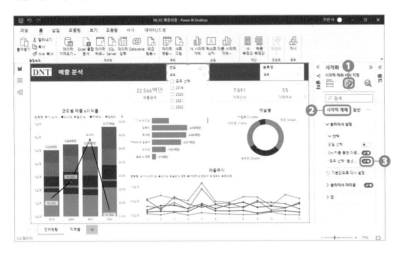

08 | '월' 슬라이서는 '연도' 슬라이서를 복사해서 사용합니다. '연도' 슬라이서를 선택한 후 복사(Ctrl +C), 붙여넣기(Ctrl+V)합니다. 복사한 슬라이서의 [필드] 영역에 '날짜' 테이블의 '월' 필드를 추가합니다. 작성된 슬라이서를 이용해 필터를 적용하여 데이터를 탐색합니다.

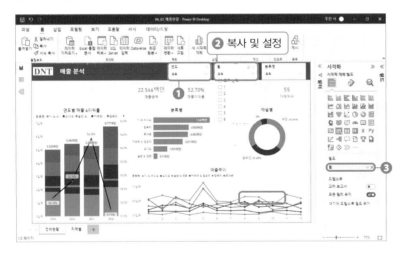

• 날짜 슬라이서

날짜 범위로 필터링할 수 있는 슬라이서를 추가해 보겠습니다.

01 | 보고서의 빈 영역을 클릭하고 [시각화] 창의 [슬라이서]를 클릭합니다. [시각적 개체에 데이터 추가]의 [필드] 영역에 '날짜' 테이블의 '날짜' 필드를 추가합니다. 시작일과 종료일을 변경할 수 있는 '날짜 범위' 슬라이서가 표시됩니다. 슬라이서의 크기 및 위치를 조정합니다.

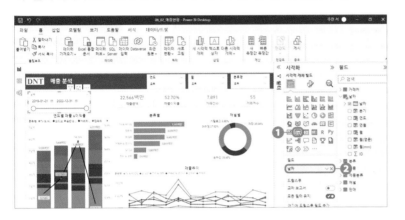

02 | '날짜 범위' 슬라이서는 날짜 입력란을 클릭하여 달력에서 날짜를 선택할 수 있습니다. 또한 [슬라이서 유형 선택](⌄)을 클릭하여 '사이, 이전, 이후, 목록' 등으로 변경할 수 있습니다.

03 | 슬라이더 컨트롤을 조정하면 보고서의 시각화에 날짜 범위 필터링이 적용됩니다.

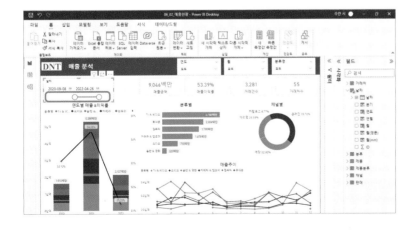

슬라이서의 서식 옵션 중 반응형을
해제하면 시작과 종료 표시 단추를
간단히 표현할 수 있습니다. 다음
그림은 [시각적 개체 서식 지정]의
[시각적 개체]에서 [슬라이더]의 색
을 변경하고 [일반]의 [속성]-[고
급 옵션]에서 [반응형] 설정을 해제
해서 슬라이더 컨트롤을 변경한 슬
라이서입니다.

• 반응형 슬라이서

'목록' 슬라이서는 '반응형(단추)' 슬라이서로 변경할 수 있습니다. '반응형' 슬라이서는 가로, 세로 크기
에 따라 슬라이서의 값이 자동 정렬됩니다. '시도' 필드를 '반응형' 슬라이서로 추가해 보겠습니다.

01 │ 보고서에서 '지역별' 페이지를 선택한 후 [시각화] 창의 [슬라이서]를 클릭합니다. [시각적 개체에
데이터 추가]의 [필드] 영역에 '거래처' 테이블의 '시도' 필드를 추가하면 '목록' 슬라이서로 표시됩니다.

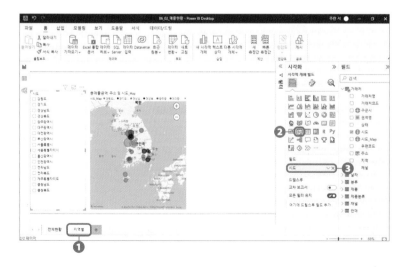

02 │ [시각적 개체 서식 지정]의 [시각적 개체]에서 [슬라이서 설정]을 확장합니다. [옵션]−[방향]을 '가로'로 변경하고 ["모두 선택" 옵션 표시]를 '설정'으로 변경하면 목록이 단추 모양으로 변경됩니다.

03 │ 슬라이서 크기를 변경하면 단추 배열이 변경되고 값이 자동 정렬됩니다. 슬라이서에 필터를 적용하여 데이터를 탐색합니다.

데이터 시각화

• 슬라이서 복사

슬라이서를 복사해서 다른 페이지에 붙여넣으면 동기화 여부 대화상자가 표시됩니다. 보고서에 필터 적용 방식에 따라 동기화 설정을 선택할 수 있습니다.

01 ｜ '전체현황' 페이지에 있는 '연도'와 '월' 슬라이서를 선택하여 복사(Ctrl+C)합니다.

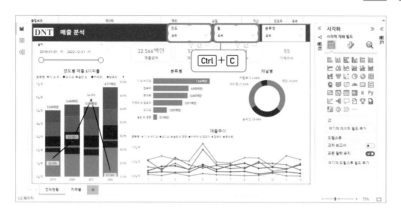

02 ｜ '지역별' 페이지에 붙여넣기(Ctrl+V)하면 [시각적 개체 동기화] 대화상자가 나타납니다. 원본 슬라이서와 동기화 상태를 유지하려면 [동기화]를 클릭하고 동기화 상태를 해제하려면 [동기화 안 함]을 클릭합니다. 현재는 [동기화 안 함]을 클릭합니다.

03 ｜ 페이지에 슬라이서가 추가됩니다. 슬라이서의 위치를 조정합니다.

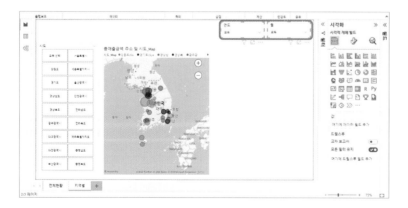

Tip **계층 구조 슬라이서**

슬라이서에 여러 필드를 추가하여 '계층 구조' 슬라이서를 작성할 수 있습니다. 슬라이서의 [필드] 영역에 '분류명, 제품분류명' 필드를 추가하여 제품 계층별로 필터를 적용할 수 있습니다.

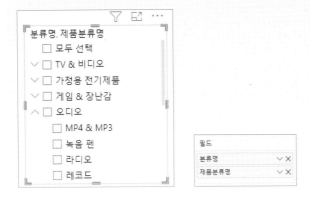

• 트리맵(Treemap)

트리맵(Treemap)은 측정값을 기준으로 사각형의 크기를 표시합니다. 사각형은 크기순으로 가장 큰 항목이 왼쪽 위, 가장 작은 항목이 오른쪽 아래에 정렬됩니다. 계층 데이터를 중첩된 사각형의 집합으로 표시하며 전체 데이터 중 각 항목들의 크기를 비교하는 데 사용합니다. 분류별로 매출현황을 확인해 보겠습니다.

01 │ 보고서에서 '지역별' 페이지를 선택합니다. 빈 영역을 클릭한 후 [시각화] 창의 [트리맵(Treemap)]을 클릭합니다. [시각적 개체에 데이터 추가]의 [범주] 영역에 '분류' 테이블의 '분류명' 필드, [자세히] 영역에 '제품분류명' 테이블의 '제품분류명' 필드, [값] 영역에 '판매' 테이블의 '총매출금액' 측정값을 추가합니다. 크기를 조정하고 적절한 위치로 이동합니다.

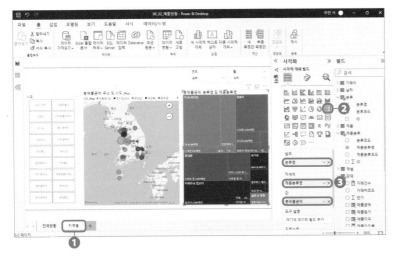

02 | 분류별로 사각형 크기로 구분되며 그룹별로 제품분류명이 시각화됩니다. 분류명 중에서 'TV & 비디오' 항목의 매출이 가장 높고 '음반 & 영화' 항목의 매출이 가장 낮습니다. [시각적 개체 서식 지정]의 [시각적 개체]에서 [데이터 레이블]을 적용하고 [표시 단위]에서 '백만'으로 설정합니다.

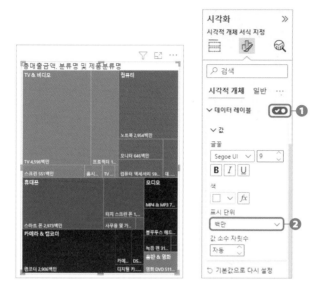

03 | '연도'와 '시도' 슬라이서에 필터를 적용해 봅니다. 2022년도 서울 지역의 매출이 가장 높은 제품은 'TV & 비디오'로 'TV, 프로젝터, 홈시어터' 등의 제품분류별로 매출을 확인할 수 있습니다.

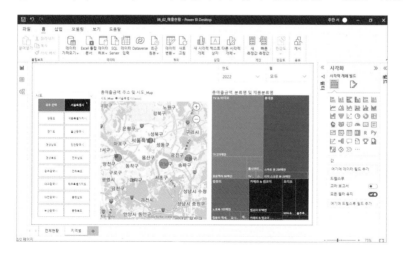

• 테이블

테이블은 데이터 범주를 행 그룹으로 구성하고 범주별로 세부 데이터를 표시합니다. 거래처별로 거래건수, 총수량, 총매출금액 비율을 표시해 보겠습니다.

01 보고서에 새 페이지를 추가하여 페이지 이름을 '거래처별'로 설정합니다. '전체현황' 페이지의 '연도'와 '월' 슬라이서를 복사하여 붙여넣습니다.

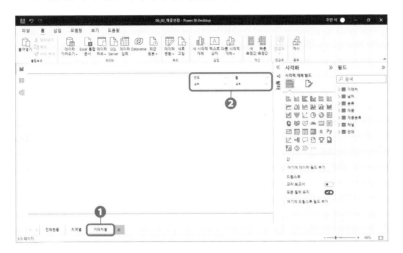

02 [시각화] 창의 [테이블]을 클릭합니다. [시각적 개체에 데이터 추가]의 [열] 영역에 '거래처' 테이블의 '거래처명' 필드, '판매' 테이블의 '거래건수, 총수량, 총매출금액' 측정값을 추가합니다. 테이블의 열머리글을 클릭하면 오름차순 정렬이나 내림차순 정렬을 적용할 수 있습니다. 총매출금액을 클릭하여 내림차순으로 변경하고 열 너비를 조정합니다.

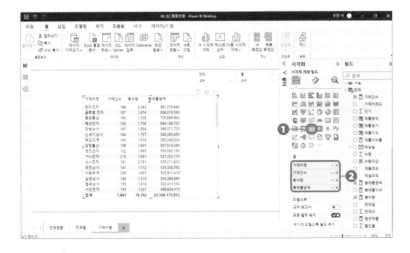

03 | 거래처별 총매출금액의 비율을 표시해 보겠습니다. '판매' 테이블의 '총매출금액' 측정값을 [열] 영역에 추가한 후 ⌄(아래 화살표)를 클릭합니다. [다음으로 값 표시]−[총합계의 백분율]을 클릭합니다.

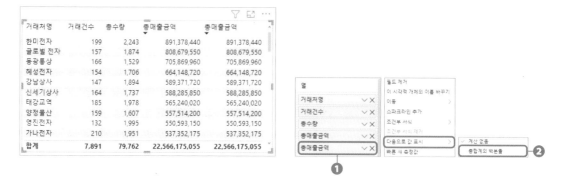

04 | 거래처별 매출 비율이 표시됩니다. '총매출금액' 측정값을 더블클릭하여 필드명을 '비율'로 변경합니다.

05 | 테이블의 스타일, 텍스트 크기, 행 높이 등의 서식을 변경해 보겠습니다. [시각적 개체 서식 지정]의 [시각적 개체]에서 [스타일 사전 설정]의 '대체 행'을 적용합니다. [눈금]−[옵션]에서 [전역 글꼴 크기]를 '14'로 변경, [행 안쪽 여백]을 '5'로 조정하여 행 높이를 설정합니다.

06 [열 머리글]-[텍스트]-[맞춤]을 '가운데'로 설정합니다. 테이블은 필터가 적용되면 열 너비가 자동으로 조정됩니다. 고정된 열 너비를 사용하기 위해 [열 머리글]-[옵션]에서 [자동 크기 너비]의 설정을 해제합니다.

07 테이블의 크기 및 위치를 적절히 조정합니다. 테이블로 거래처별 매출현황을 자세히 알 수 있습니다.

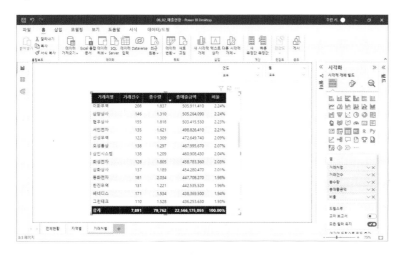

● **행렬**

행렬은 피벗 테이블이나 크로스 탭과 같이 행과 열로 그룹화된 데이터 집계 정보를 표시합니다. 행/열에
여러 필드를 추가하면 행 머리글의 계단형 레이아웃 표시 형식을 변경하거나 시각화 머리글의 드릴 다
운을 이용해 행/열 머리글의 계층 구조를 모두 확장해서 데이터를 표시합니다. 분류명과 제품분류명으
로 연도별, 월별 매출금액을 비교하는 행렬을 작성해 보겠습니다.

01 | 보고서에 새 페이지를 추가하여 페이지 이름을 '제품별'로 설정합니다. '전체현황' 페이지의 '연도'
와 '월' 슬라이서를 복사하여 붙여넣습니다. 보고서의 빈 영역을 클릭한 후 [시각화] 창의 [행렬]을 클릭
하고 크기를 조정합니다.

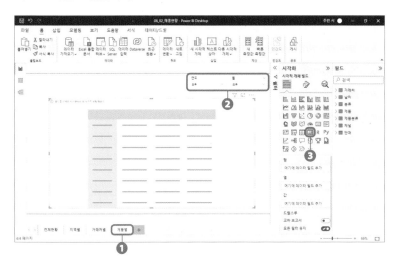

02 | [시각적 개체에 데이터 추가]의 [행] 영역에 '분류' 테이블의 '분류명' 필드, [열] 영역에 '날짜' 테이
블의 '연도' 필드, [값] 영역에 '판매' 테이블의 '총매출금액' 측정값을 추가합니다. 분류별/연도별 매출금
액이 표시됩니다.

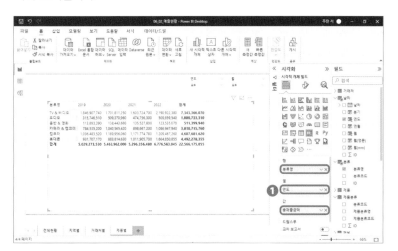

03 | [행] 영역에 '제품분류' 테이블의 '제품분류명' 필드, [열] 영역에 '날짜' 테이블의 '월(mm)' 필드를 추가합니다. 두 개 이상의 필드를 [행/열] 영역에 추가하면 행 머리글에 ⊞(확장), 시각화 머리글에 드릴온 행✔ 이 표시됩니다. 행 머리글의 ⊞(확장), ⊟(축소)로 데이터를 탐색할 수 있습니다.

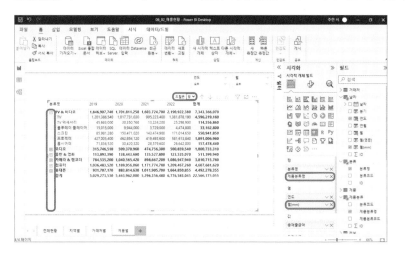

04 | [시각적 개체 서식 지정]의 [시각적 개체]에서 [스타일 사전 설정]의 '굵은 헤더'를 적용, [눈금]에서 [세로 눈금선]을 적용합니다. 그 외 텍스트 크기, 열 머리글 정렬 등의 서식은 적절히 조정합니다.

05 | 행 머리글에 제품분류명을 표시해 보겠습니다. 시각적 개체의 머리글에 있는 [드릴온]을 '행'으로 놓고 (계층 구조에서 한 수준 아래로 모두 확장)을 클릭합니다. 행 머리글이 다음 수준인 '제품분류명'이 표시됩니다. (드릴 업)을 클릭하여 이전 수준으로 이동할 수 있습니다. [시각적 개체 서식 지정]의 [시각적 개체]에서 [행 머리글]-[계단형 레이아웃 들여쓰기]를 '30'으로 변경하면 두 번째 제목 수준에 들여쓰기 간격이 조정됩니다.

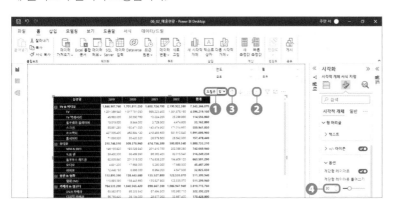

06 | 행 머리글을 분리해서 표시하려면 [계단형 레이아웃]을 해제합니다.

07 | 열 머리글의 '월'을 표시해 보겠습니다. 시각적 개체의 머리글에 있는 [드릴온]을 '열'로 놓고 (계층 구조에서 한 수준 아래로 모두 확장)을 클릭합니다. 열 머리글에 다음 수준인 월이 표시됩니다. (드릴 업)을 클릭하여 이전 수준으로 이동할 수 있습니다.

08 | '연도' 슬라이서에 '2022' 선택, '월' 슬라이서에 '1, 2, 3' 값을 선택해서 필터링합니다. 기간별로 제품분류별 매출현황을 한눈에 파악할 수 있습니다.

Tip   **행렬 소계 지우기**

행렬의 계층을 확장하면 열과 행 소계가 계층별로 표시됩니다. 수준별로 특정 계층의 행/열 소계를 제거할 수 있습니다. 월과 제품분류명의 소계를 해제해 보겠습니다.

- [시각적 개체]의 [열 소계]-[열 수준별]을 '설정'으로 변경합니다. [계열]에서 '월(mm)'을 선택, [열]-[부분합 표시]의 '설정'을 해제합니다.

- [시각적 개체]의 [행 소계]-[행 수준별]을 '설정'으로 변경합니다. [계열]에서 '제품분류명'을 선택, [행]-[부분합 표시]의 '설정'을 해제합니다.

05 상호 작용

Power BI의 유용한 기능 중 하나는 보고서 페이지의 모든 시각적 개체가 상호 연결되는 방식입니다. 하나의 시각적 개체에서 데이터 요소를 선택하면 페이지에서 해당 데이터를 포함하는 다른 모든 시각적 개체에 필터링이나 강조되어 표시됩니다. 상호 작용 도구를 이용해 페이지마다 시각적 개체가 서로 상호 작용하는 방법을 편집할 수 있습니다.

● 상호 작용

시각적 개체의 데이터 요소를 클릭하거나 슬라이서에서 조건을 클릭하면 페이지 내의 다른 시각적 개체에 필터나 강조 표시가 됩니다. 상호 작용 동작 방식을 살펴보겠습니다.

01 '전체현황' 페이지의 막대형 차트(분류별)에서 데이터 요소(TV & 비디오)를 클릭합니다. 도넛형 차트(채널별)나 콤보형(연도별 매출 & 이익률)에는 강조 표시, 카드나 꺾은선형 차트(매출추이)는 필터가 적용됩니다. 막대형 차트의 필터를 해제합니다.

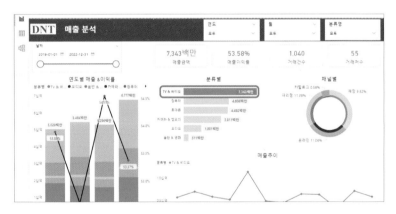

02 도넛형 차트(채널별)에서 데이터 요소(매장)를 클릭하면 다른 시각화에 매장 매출에 대해 강조나 필터가 적용됩니다. 도넛형 차트의 필터를 해제합니다.

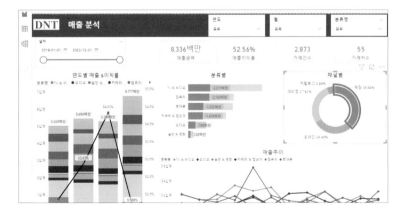

03 │ '연도'와 '월' 슬라이서에 필터를 적용하면 콤보형 차트나 꺾은선형 차트는 해당 연도와 월만 표시됩니다. 슬라이서의 필터를 해제합니다.

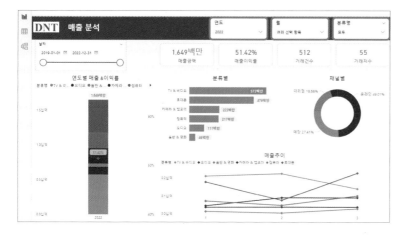

● 상호 작용 편집

상호 작용 편집으로 한 페이지의 시각적 개체들이 필터 및 강조되는 동작을 사용자가 원하는 흐름으로 편집할 수 있습니다. 시각화 머리글에 표시되는 ▥(필터), ▥(강조 표시), ◎(없음) 을 이용하여 동작을 변경할 수 있습니다. 막대형 차트와 도넛형 차트의 상호 작용을 필터로 변경하고 '연도, 월' 슬라이서의 필터 적용을 해제해 보겠습니다.

01 │ 막대형 차트(분류별)를 선택한 후 [서식] 탭-[상호 작용] 그룹에서 [상호 작용 편집]을 클릭합니다. 시각적 개체 머리글에 ▥(필터)와 ▥(강조 표시), ◎(없음)이 표시됩니다.

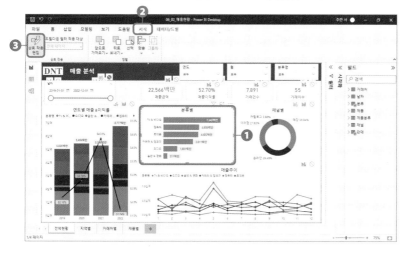

Power BI란?

Power BI Desktop

데이터 가져오기

파워 쿼리 편집기

데이터 모델링

데이터 시각화

02 막대형 차트를 선택하면 콤보형과 도넛형 차트는 강조 표시가 되어 있습니다. 콤보형 차트와 도넛형 차트의 ☰(필터)를 클릭합니다.

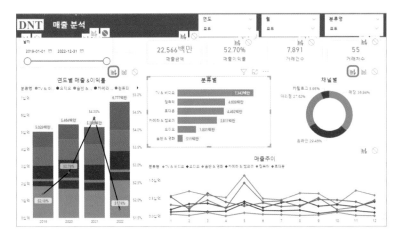

03 도넛형 차트를 선택하면 콤보형 차트와 막대형 차트는 강조 표시가 되어 있습니다. 콤보형 차트와 막대형 차트의 ☰(필터)를 클릭합니다.

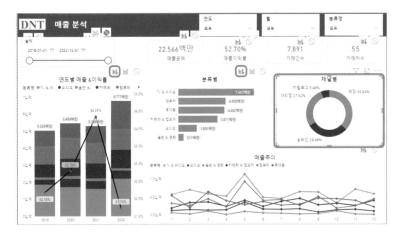

04 ┃ '연도' 슬라이서를 선택한 후 콤보형 차트의 ◎(없음)을 클릭하여 필터를 해제합니다.

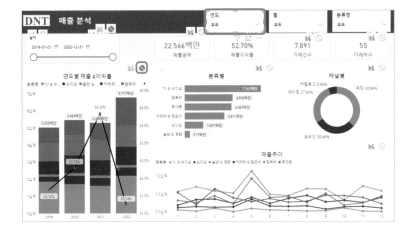

05 ┃ '월' 슬라이서를 선택한 후 꺾은선형 차트의 ◎(없음)을 클릭하여 필터를 해제합니다.

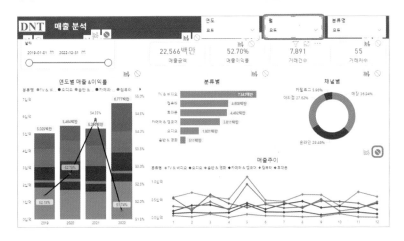

06 ┃ 슬라이서나 막대형 차트, 도넛형 차트에서 필터를 적용하면 다른 시각적 개체의 동작 방식을 확인할 수 있습니다. [서식] 탭-[상호 작용] 그룹에서 [상호 작용 편집]을 해제합니다.

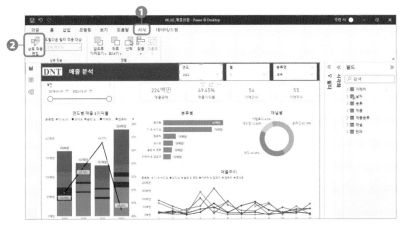

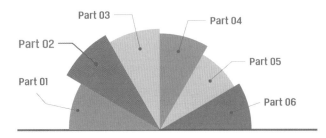

POWER BI : 이론편

Power BI 활용

Power BI Desktop에서는 파워 쿼리 편집기를 이용하여 여러 파일을 결합하거나 데이터를 추가하여 하나로 통합할 수 있습니다. '전월비, 전년비 증감률' 등과 같은 복잡한 수식을 다양한 DAX 함수를 활용하여 사용할 수 있습니다. 또한, Power BI Desktop에서 작성된 보고서를 다른 조직 구성원들과 협업하기 위해 Power BI 서비스에 게시 및 공유해서 사용할 수 있습니다.

Chapter
07 | 파워 쿼리 편집기 활용

일반적으로 Power BI Desktop에서 데이터를 연결하는 강력한 기능 중 하나는 동일한 스키마의 여러 파일을 하나의 테이블로 결합하는 것입니다. 여러 파일이나 시트를 하나로 결합할 수 있으며 결합하려는 파일 구조와 형식은 동일해야 합니다. 또한, 테이블을 복제 및 참조하거나 그룹화하여 테이블을 집계할 수 있습니다. 이제 파일 결합과 복제, 참조 등의 쿼리 작업을 수행해 보겠습니다.

예제 파일 Part 02 \ Chapter 07 \ 07_쿼리 편집.pbix

01 파일 결합

데이터 가져오기에서 '폴더'를 이용해서 한 폴더에 저장된 여러 파일을 결합할 수 있습니다. 파일 결합은 파일 구조와 형식(확장자)이 동일해야 합니다. 파일 형식에 따라 작업 방식에 차이가 있는데 Excel 파일을 결합할 경우 몇 가지 쿼리 단계를 거쳐야 합니다. 이제 폴더에 저장된 자료를 하나로 결합해 보겠습니다.

• CSV 파일 결합

폴더에 저장된 CSV 파일을 하나의 테이블로 결합해 보겠습니다. 예제의 '연도별' 폴더에는 연도별로 (2020~2022) 매출 정보가 저장되어 있고 이를 하나의 파일로 결합해 보겠습니다.

Part II › Chapter 07 › 연도별		∨ ⟳	🔍 연도별 검색
☐ 이름 ^	유형		크기
📄 FY2020.csv	Microsoft Excel 쉼표로 구분된 값 파일		98KB
📄 FY2021.csv	Microsoft Excel 쉼표로 구분된 값 파일		102KB
📄 FY2022.csv	Microsoft Excel 쉼표로 구분된 값 파일		108KB

판매ID	판매일	거래처코드	거래처명	제품코드	단가	수량	할인율	금액
5749	2022-01-03	1	한미전자	NT150595	628,600	8	0.1	4,525,920
5751	2022-01-03	1	한미전자	CA280194	105,000	8	0	840,000
5754	2022-01-03	35	에이빌	PC170591	423,700	1	0	423,700
6026	2022-02-19	50	프로시스템즈	PJ200619	401,500	19	0	7,628,500
6030	2022-02-19	7	삼화상사	PA220305	36,300	7	0	254,100
6152	2022-03-10	47	삼인시스템	CA270410	581,500	4	0	2,326,000
6155	2022-03-12	18	우주전산	SP320700	932,200	10	0	9,322,000
6217	2022-03-23	33	신성무역	MT180404	540,100	25	0	13,502,500
6265	2022-04-02	28	서진전자	MP010002	242,700	23	0	5,582,100
6271	2022-04-03	11	서주무역	PJ190609	992,800	18	0	17,870,400

01 '07_쿼리 편집.pbix' 파일을 엽니다. [홈] 탭–[데이터] 그룹에서 [데이터 가져오기]를 클릭합니다.

02 [데이터 가져오기] 대화상자에서 [파일]의 [폴더]를 선택하고 [연결]을 클릭합니다.

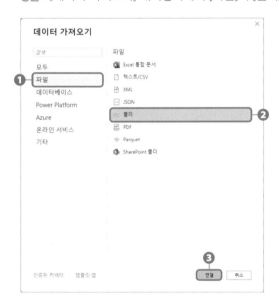

03 [폴더] 대화상자에서 [찾아보기]를 클릭하여 준비된 예제의 [연도별] 폴더를 선택한 후 [확인]을 클릭합니다.

04 대화상자가 나타나고 선택한 폴더의 파일 목록과 파일 정보가 표시됩니다. 파일을 통합하기 위해 [결합]-[데이터 결합 및 변환]을 클릭합니다.

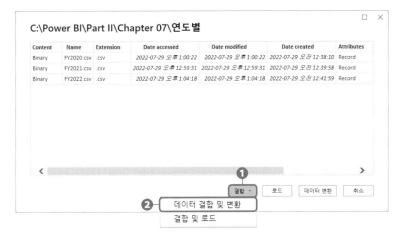

05 [파일 병합] 대화상자에 파일 원본, 구분 기호로 구분된 샘플 파일이 미리 보기됩니다. CSV 나 TXT 파일 형식을 가져올 때 한글이 깨지는 형태가 발생하면 파일 원본을 '949한국어, 65001 유니코드(UTF-8)' 등의 형식으로 설정합니다. [확인]을 클릭합니다.

06 가져오기가 완료되면 파워 쿼리 편집기가 나타냅니다. [쿼리] 창의 [연도별에서 파일 변환] 그룹은 파일 결합을 수행한 함수 쿼리이고, [다른 쿼리]의 '연도별' 쿼리로 결합된 결과를 반영합니다.

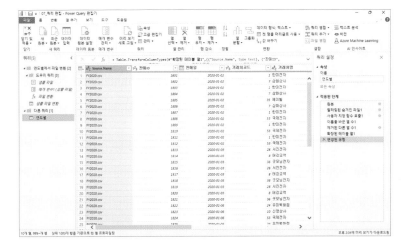

폴더로 통합하는 단계 중 파일 병합은 파일에서 추출 단계를 수행하는 쿼리를 작성합니다. 이진 파일을 매개 변수화하는 함수 쿼리를 작성하고 이를 수행하는 쿼리 그룹을 자동으로 수행합니다.

07 | '연도별' 쿼리의 'Source.Name' 열 머리글의 필터 단추(▼)를 클릭해서 [추가 로드]를 선택하면 결합한 파일 정보가 표시됩니다. [홈] 탭-[닫기 및 적용]을 클릭하여 Power BI Desktop으로 이동합니다.

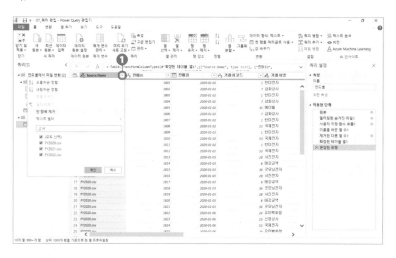

08 | 보고서의 '1페이지' 페이지에서 [시각화] 창의 [묶은 세로 막대형 차트]를 클릭합니다. [시각적 개체에 데이터 추가]에서 [X축] 영역에 '연도별' 테이블의 '판매일' 필드, [Y축] 영역에 '금액' 필드를 추가합니다. 시각적 개체의 ⬆️(드릴 업)을 클릭하여 X축을 연도 단위로 탐색합니다. 연도별 폴더의 전체 CSV 파일이 결합된 결과를 알 수 있습니다.

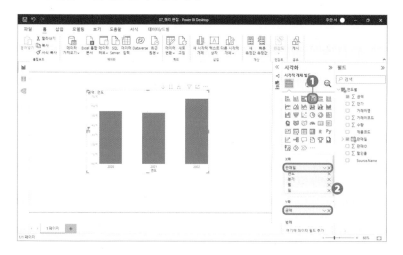

09 | [연도별] 폴더에 'FY2019.CSV' 파일을 추가한 후 [필드] 창의 '연도별' 테이블에서 마우스 오른쪽 단추를 클릭하여 [데이터 새로 고침]을 선택합니다. 쿼리에 파일 정보가 추가되어 막대형 차트에 반영됩니다.

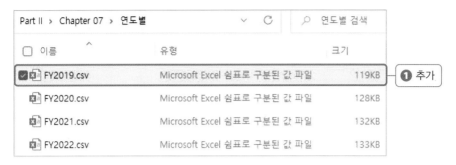

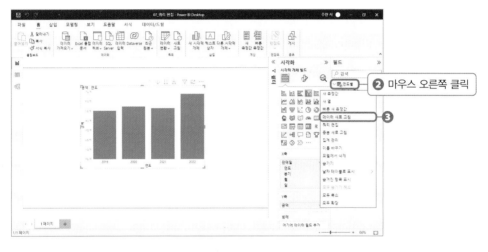

● Excel 파일 결합

폴더에 저장된 Excel 파일을 하나의 테이블로 통합해 보겠습니다. 준비된 예제의 [서울 지역] 폴더에는 월별로 매출 정보가 저장되어 있는데 이를 하나의 매출로 결합해 보겠습니다.

01 | 보고서에 새 페이지를 추가합니다. [홈] 탭–[데이터] 그룹에서 [데이터 가져오기]를 클릭합니다.

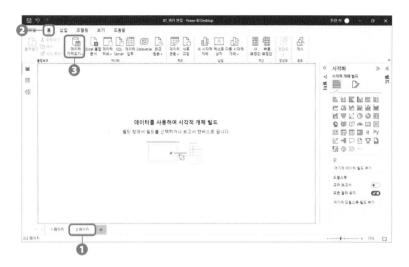

02 | [데이터 가져오기] 대화상자에서 [파일]의 [폴더]를 선택하고 [연결]을 클릭합니다.

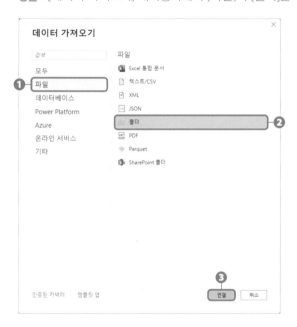

03 | [폴더] 대화상자에서 [찾아보기]를 클릭하여 준비된 예제의 [서울 지역] 폴더를 선택하고 [확인]을 클릭합니다.

04 | 대화상자가 나타나고 선택한 폴더의 파일 목록과 파일 정보가 표시됩니다. [결합]-[데이터 결합 및 변환]을 클릭합니다.

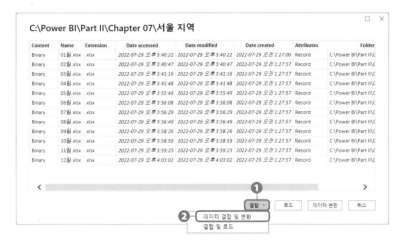

05 | [파일 병합] 대화상자가 나타납니다. 폴더에 저장된 파일 목록을 매개 변수로 받아 쿼리를 작성하는 단계입니다. '매개 변수2(1)'를 선택하고 [확인]을 클릭합니다.

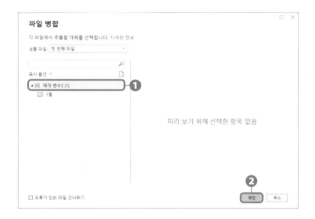

06 | 가져오기가 완료되면 파워 쿼리 편집기가 나타냅니다. [쿼리] 창의 [서울 지역에서 파일 변환] 그룹은 파일 병합을 수행한 함수 쿼리이고, [다른 쿼리]의 '서울 지역' 쿼리로 결합된 결과를 반영합니다. 결합된 파일 정보를 보면 동일한 파일 목록이 2개씩 표시됩니다. 'Name' 필드에 파일 정보 외에 '_xlnm_FilterDatabase' 항목이 표시되는 데 이는 Excel에서 필터 등의 작업을 수행하면 함께 저장되는 숨겨진 정보입니다. 이 정보가 포함되면 파일 결합할 때 오류가 발생하므로 제거하겠습니다.

07 | 마지막 'Hidden' 열 머리글에서 필터 단추(▼)를 클릭하여 [True]의 체크를 해제한 후 [확인]을
클릭합니다.

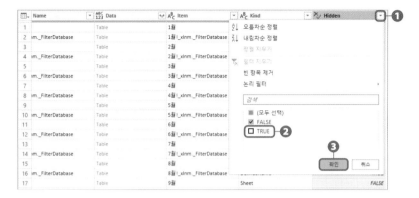

08 | 'Data' 필드 이외의 다른 필드는 제거하기 위해 'Data' 열 머리글에서 마우스 오른쪽 버튼을 클릭
한 후 [다른 열 제거]를 선택합니다.

09 | 'Data' 필드의 'Table'에는 파일의 정보가 포함되어 있습니다. 'Table'을 확장하기 위해 열 머리글
의 ↔(확장)을 클릭한 후 [확인]을 클릭합니다.

10 | 각 파일에 저장된 정보가 표시되고 행 머리글이 'Data.Column1'과 같이 표시됩니다. 1행을 열 머리글로 변환하기 위해 [홈] 탭-[변환] 그룹에서 [첫 행을 머리글로 사용]을 클릭합니다.

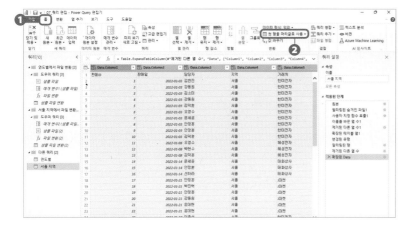

11 | 2월, 3월,··· 데이터의 열 머리글은 행으로 남아있습니다. 필드명을 쉽게 찾아 지울 수 있는 '지역' 열 머리글의 필터 단추(▼)를 클릭하여 목록에서 [지역]의 체크를 해제하고 [확인]을 클릭합니다.

12 | 이제 각 필드의 데이터 형식을 변환합니다. '판매일' 열 머리글의 (데이터 형식 변환)을 클릭하여 [날짜]로 변환, '단가, 수량, 금액' 필드는 [정수]로 변환, '할인율'은 [10진수]로 설정합니다. 쿼리 이름은 '서울'로 변경하고 [홈] 탭-[닫기 및 적용]을 클릭합니다.

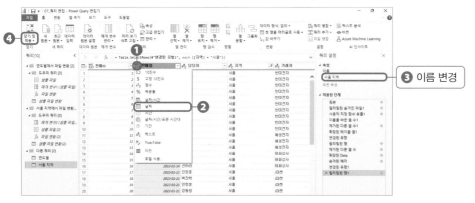

13 | [시각화] 창의 [꺾은선형 차트]를 클릭합니다. [시각적 개체에 데이터 추가]의 [X축] 영역에 '서울' 테이블에서 '판매일' 필드, [Y값] 영역에 '서울' 테이블의 '금액' 필드를 추가합니다. 1월~12월까지 통합된 서울 지역의 매출금액을 확인할 수 있습니다.

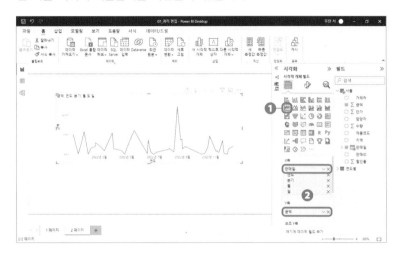

⑫ 쿼리 추가와 결합

테이블 구조나 파일 형식이 다를 경우 [쿼리 추가]나 [쿼리 병합]으로 쿼리를 결합할 수 있습니다. 쿼리 추가는 행으로, 쿼리 결합은 열로 데이터를 추가합니다. 두 작업은 기존 쿼리에 추가할 수도 있고 새 항목으로 쿼리를 추가할 수 있습니다.

• 쿼리 추가

파워 쿼리 편집기에서 쿼리에 다른 쿼리를 추가할 경우 [쿼리 추가]를 이용합니다. '서울' 쿼리에 '광주'와 '부산' 지역의 매출을 추가해 보겠습니다. 다음 가져올 파일 스키마를 보면 광주 매출은 CSV 형식이며 주문날짜가 '연도, 월, 일'로 분리되어 있고, 할인율은 'Discount'로 되어있습니다. 또한 'ProductCategory, Category'는 다른 테이블에 없는 필드입니다. 부산 매출은 필드 순서가 다른 테이블과 다르게 구성되어 있습니다. 이런 구조의 데이터를 결합하려면 필드명과 데이터 형식을 일치시킨 후 결합합니다.

서울.XLSX	광주.CSV	부산.XLSX
판매ID	판매ID	판매ID
판매일	연도	판매일
담당자	월	제품코드
지역	일	담당자
거래처	담당자	지역
제품코드	지역	거래처
단가	거래처	단가
수량	제품코드	수량
할인율	단가	할인율
금액	수량	금액
	Discount	
	금액	
	ProductCategory	
	Category	

파워 쿼리 편집기 활용

DAX 함수

대시보드 서비스화

맵 시각화

보고서 편집

Power BI 서비스

01 새 페이지에서 [홈] 탭–[쿼리] 그룹의 [데이터 변환]을 클릭합니다.

02 파워 쿼리 편집기에서 데이터를 가져오기 위해 [홈] 탭–[새 원본]을 이용하여, 준비된 예제의 [지역별] 폴더에서 '부산.xlsx'와 '광주.cvs' 파일을 각각 가져옵니다. 가져오기 방법은 CHAPTER 03을 참고합니다.

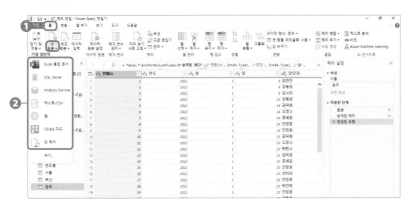

03 '부산' 쿼리에서 '금액' 필드는 '원'이 입력되어 있어 텍스트 형식으로 인식됩니다. [값 바꾸기]로 텍스트 '원'을 제거하겠습니다. '금액' 열 머리글을 선택하고 [변환] 탭–[열] 그룹에서 [값 바꾸기]를 클릭합니다.

04 | [값 바꾸기] 대화상자에서 [찾을 값]에 '원'을 입력하고 [바꿀 항목]은 공백으로 둡니다. [확인]을 클릭합니다.

05 | '금액' 열 머리글의 (데이터 형식:텍스트)을 클릭하여 데이터 형식을 [정수]로 변환합니다.

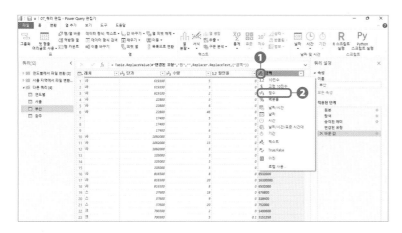

06 | '광주' 쿼리에서는 '연도, 월, 일' 필드를 '연-월-일' 열 형식으로 병합해 보겠습니다. '연도' 열 머리글을 클릭하고 Ctrl 을 누른 후 '월, 일' 필드를 차례로 선택합니다. [변환] 탭-[텍스트] 그룹에서 [열 병합]을 클릭합니다.

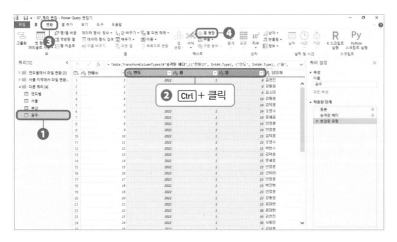

07 | [열 병합] 대화상자에서 [구분 기호]는 '사용자 지정'으로 선택하고, 입력란에 '–'(하이픈)을 입력, [새 열 이름]에 '판매일'을 입력한 후 [확인]을 클릭합니다.

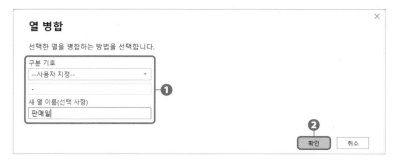

08 | 선택한 필드가 병합되어 '판매일'로 변환됩니다. '판매일' 열 머리글의 ▲ᶜ(데이터 형식:텍스트)을 클릭하여 데이터 형식을 [날짜]로 변환합니다.

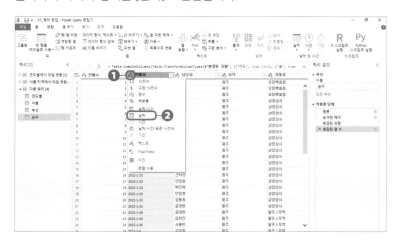

09 | 'Discount' 열 머리글은 더블클릭하여 '할인율'로 이름을 변경합니다. 'ProductCategory, Category' 필드는 마우스 오른쪽 버튼을 클릭한 후 [열 제거]를 선택하여 삭제합니다.

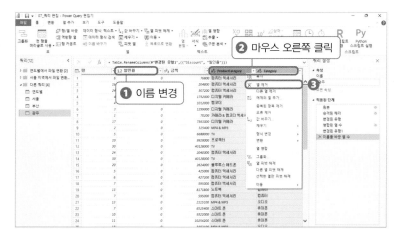

10 | '서울, 부산, 광주' 쿼리를 결합하여 새 쿼리를 생성하겠습니다. 파워 쿼리 편집기의 [홈] 탭-[결합] 그룹에서 [쿼리 추가]-[쿼리를 새 항목으로 추가]를 클릭합니다.

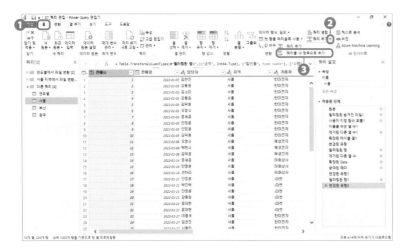

Tip

- [쿼리 추가]-[쿼리 추가]는 선택한 테이블에 다른 테이블의 행을 추가합니다.
- [쿼리 추가]-[쿼리를 새 항목으로 추가]는 새로운 테이블(추가1)을 생성하여 행을 추가합니다.

11 | [추가] 대화상자가 나타납니다. 여러 개의 쿼리를 결합하기 위해 [3개 이상의 테이블]을 선택합니다. 추가할 테이블에 '서울, 부산, 광주'를 추가하고 [확인]을 클릭합니다.

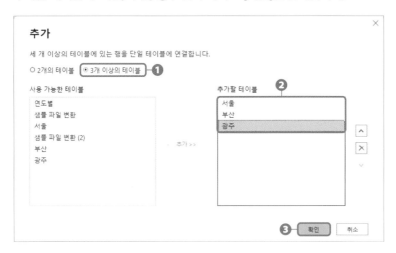

Tip [추가] 대화상자에서 테이블을 추가한 후 ⌄ ⌃ 아이콘을 클릭하여 테이블 순서를 변경할 수 있습니다.

12 │ 추가 쿼리가 실행되면 '추가1' 쿼리가 생성됩니다. '지역' 열 머리글의 필터 단추(▼)를 클릭하면 '서울, 부산, 광주' 쿼리가 결합되었음을 알 수 있습니다.

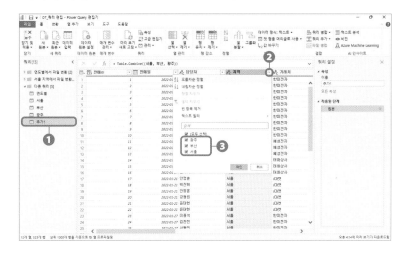

● **쿼리 병합**

파워 쿼리 편집기의 [쿼리 병합]으로 다른 쿼리의 정보를 열로 병합할 수 있습니다. 선택한 두 쿼리에 기준 열을 선택하여 쿼리를 병합하고, 조인 종류에 따라 행 표시 방법을 변경할 수 있습니다. '추가1' 테이블에는 제품에 관한 상세 정보는 포함되어 있지 않습니다. 준비된 예제 폴더에서 '제품정보.cvs' 파일을 가져와 병합해 보겠습니다.

01 │ 파워 쿼리 편집기에서 [홈] 탭-[새 원본]-[텍스트/CSV]를 클릭하여 CHAPTER 07 폴더의 '제품목록.cvs' 파일의 데이터를 가져옵니다.

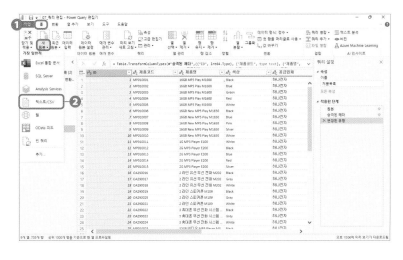

02 '추가1' 쿼리를 선택하고 [홈] 탭-[결합] 그룹에서 [쿼리 병합]-[쿼리를 새 항목으로 병합]을 클릭합니다.

03 [병합] 대화상자가 나타나면 병합할 테이블과 일치시킬 열을 선택합니다. 첫 번째 테이블에는 '추가1'을 선택하고 일치할 필드로 '제품코드'를 클릭합니다. 두 번째 테이블에 '제품목록'을 선택하고 일치할 필드로 '제품코드'를 클릭합니다. [조인 종류]에 '왼쪽 외부(첫 번째의 모두, 두 번째의 일치하는 행)'을 선택합니다. 왼쪽 외부 조인은 첫 번째 테이블은 전체 행을 표시하고 두 번째 테이블은 일치하는 행을 표시합니다. [확인]을 클릭합니다.

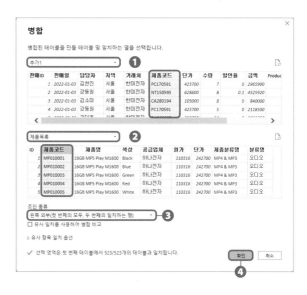

> **Tip** **조인 종류**
>
> 두 테이블을 병합할 때 병합한 열의 행 표시 방법을 나타냅니다.
>
> 왼쪽 외부(첫 번째의 모두, 두 번째의 일치하는 행)
> 오른쪽 외부(두 번째의 모두, 첫 번째의 일치하는 행)
> 완전 외부(양쪽의 모든 행)
> 내부(일치하는 행만)
> 왼쪽 앤티(첫 번째의 행만)
> 오른쪽 앤티(두 번째의 행만)

조인 종류	설명
왼쪽 외부	첫 번째 테이블은 전체 행, 두 번째 테이블은 일치하는 행만 표시
오른쪽 외부	두 번째 테이블은 전체 행만 표시, 첫 번째 테이블은 일치하는 행만 표시
내부	두 테이블의 일치하는 행만 표시
완전 외부	두 테이블의 모든 행 표시
왼쪽 엔티	첫 번째 테이블에서 두 번째 테이블과 일치하지 않는 행만 표시
오른쪽 엔티	두 번째 테이블에서 첫 번째 테이블과 일치하지 않는 행만 표시

04 ¦ '병합1' 쿼리가 생성되고 '제품목록' 필드가 나타납니다. '제품목록' 필드에는 'Table'에 정보가 저장되어 있으며 이를 확장시켜 정보를 표시해야 합니다. '제품목록' 열 머리글의 ⬌(확장)을 클릭하여 [제품명, 색상, 분류명]을 체크합니다. [원래 열 이름을 접두사로 사용]을 해제하고 [확인]을 클릭합니다.

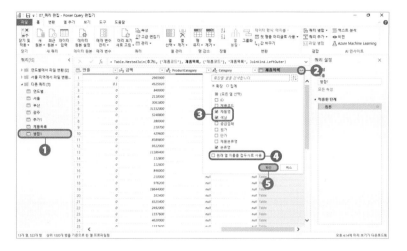

05 ¦ '병합1' 쿼리의 '제품코드' 필드의 데이터와 일치하는 열이 표시됩니다. '제품명, 색상, 분류명' 필드를 드래그하여 '제품코드' 필드 오른쪽으로 이동시킵니다.

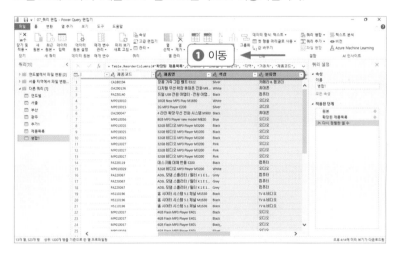

03 쿼리 복제와 참조

작업 중인 쿼리를 복제하거나 참조해서 새 쿼리를 작성할 수 있습니다. 동일한 쿼리를 여러 개 구성해야 할 경우 쿼리를 복제하면 원본 쿼리와 별개의 동일한 쿼리가 생성됩니다. 참조는 원본과 연결된 쿼리를 생성합니다.

• 복제

쿼리를 복제하면 원본과 동일한 쿼리가 생성됩니다. 편집한 쿼리는 그대로 두고 추가 작업을 해야 할 경우 쿼리를 복제합니다.

01 ㅣ '서울' 쿼리를 복제해 보겠습니다. [쿼리] 창에서 '서울' 쿼리를 선택하고 [홈] 탭-[쿼리] 그룹에서 [관리]-[복제]를 클릭합니다.

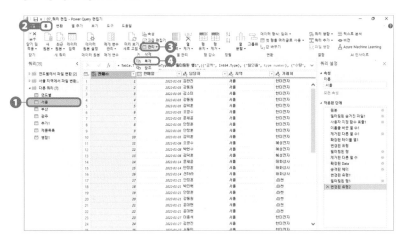

02 ㅣ [쿼리] 창에 복제된 '서울(2)' 쿼리가 생성됩니다.

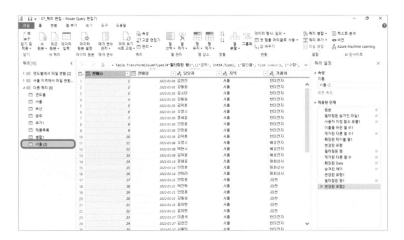

03 | '서울' 쿼리에서 담당자가 [김덕훈, 김소미]인 경우만 필터합니다.

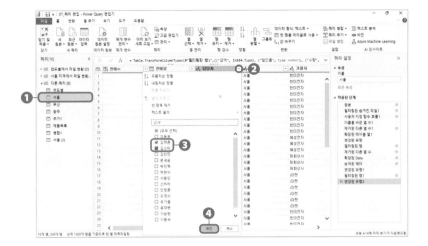

04 | 복제된 '서울(2)' 쿼리에는 '서울' 쿼리에서 적용된 필터가 영향을 주지 않습니다. 이렇듯 [복제]는
원본 쿼리와 별도로 사용할 수 있습니다.

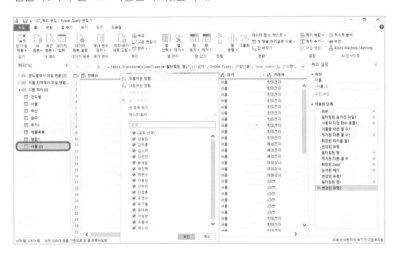

● 참조

참조는 복제와 마찬가지로 새 쿼리를 생성하지만, 복제와 달리 수식을 사용해 원본 쿼리와 연결된 쿼리를 생성합니다. 참조 쿼리는 원본 쿼리가 수정되면 함께 변경됩니다.

01 | '부산' 쿼리를 참조로 복사해 보겠습니다. [쿼리] 창에서 '부산' 쿼리를 선택하고 [홈] 탭-[쿼리] 그룹에서 [관리]-[참조]를 클릭합니다.

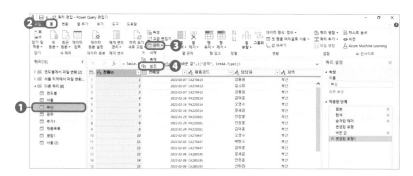

02 | [쿼리] 창에 참조된 '부산(2)' 쿼리가 생성됩니다. 수식 입력줄에 '=부산'으로 작성된 수식을 확인할 수 있습니다.

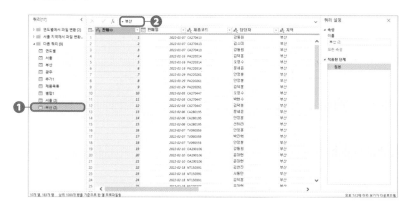

03 | '부산' 쿼리에서 담당자가 '김소미'인 경우만 필터합니다.

04 │ 참조된 '부산(2)' 쿼리에 '부산' 쿼리에서 적용된 필터가 반영됩니다. 이처럼 [참조]는 원본 쿼리와 연결된 상태로 사용할 수 있습니다.

● 로드 사용 해제

파워 쿼리 편집기에서 작업한 쿼리 중 시각화할 대상이 아닌 경우 Power BI Desktop에 로드하지 않고 사용할 수 있습니다.

01 │ [쿼리] 창에서 '서울(2)' 쿼리를 마우스 오른쪽 버튼으로 클릭한 후 [로드 사용]을 선택하여 해제합니다.

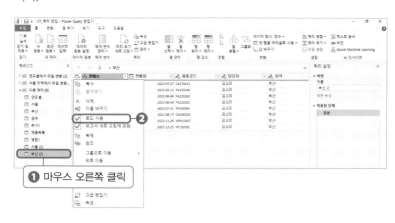

02 │ 대화상자가 나타나면 [계속]을 클릭합니다.

파워 쿼리 편집기 활용

DAX 함수

데이터 시각화

맵 시각화

보고서 관리

Power BI 서비스

03 로드 제거가 적용된 쿼리는 기울임꼴로 표시됩니다. '서울(2), 부산(2)' 쿼리는 로드 사용을 해제합니다.

📍 04 행 그룹화

쿼리에서 선택한 열의 값을 기준으로 행을 그룹화하여 '합계, 평균, 개수'와 같은 집계 테이블을 구성할 수 있습니다. 행 그룹화를 수행하면 선택한 쿼리에서 그룹화한 열과 집계 결과만 남고 다른 열은 모두 사라지기 때문에 참조 쿼리를 만들어 놓고 수행합니다.

01 담당자별로 주문건수와 매출금액을 요약해 보겠습니다. [쿼리] 창에서 '병합1' 쿼리를 선택한 후 [홈] 탭-[쿼리] 그룹에서 [관리]-[참조]를 클릭합니다.

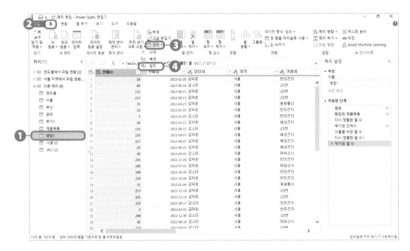

02 ┃ '병합1(2)' 쿼리의 '담당자' 열 머리글을 선택하고 [홈] 탭-[변환] 그룹에서 [그룹화]를 클릭합니다.

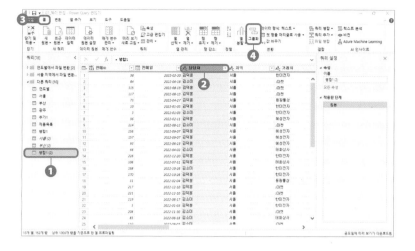

03 ┃ [그룹화] 대화상자가 나타나면 그룹화 기준으로 사용할 열과 요약 결과를 설정할 수 있습니다. 여러 필드를 기준으로 집계 결과를 표시하기 위해 [고급]을 선택합니다. 그룹화 기준에 선택한 '담당자' 필드가 표시됩니다. 첫 번째 [새 열 이름]에 '주문건수' 입력, [연산]에서 '행 카운트'를 선택합니다. [집계 추가]를 클릭하여 두 번째 [새 열 이름]에 '매출금액' 입력, [연산]에서 '합계'를 선택, [열]에서 '금액'을 선택하고 [확인]을 클릭합니다.

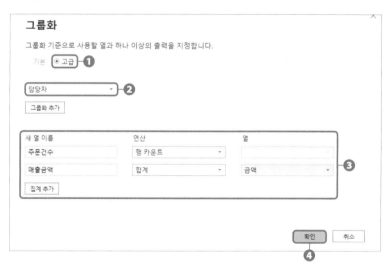

04 | 담당자별 요약 쿼리가 생성됩니다. 이 쿼리는 원본(병합1) 쿼리와 연결되어 있기 때문에 '서울, 광주, 부산' 쿼리에 업데이트가 발생하면 언제든지 변경될 수 있습니다. [쿼리 설정] 창에서 이름에 '담당자별 매출'을 입력하고 Enter 를 누릅니다.

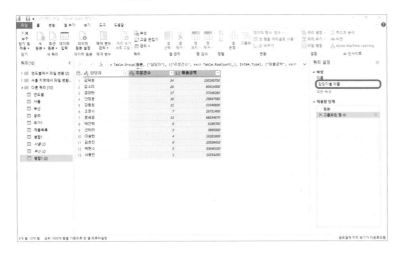

🔵05 쿼리 새로 고침

파워 쿼리 편집기의 미리 보기 화면은 원본 쿼리와 연결되어 있지만 원본 쿼리의 수정 사항을 즉시 반영하지 않습니다. 미리 보기 화면의 데이터가 언제 업데이트되었는지 확인하려면 상태 표시줄의 시간을 확인하고, 필요한 경우 쿼리 편집기에서 데이터 새로 고침을 적용합니다.

01 | '추가1' 쿼리를 선택하면 파워 쿼리 편집기의 상태 표시줄 오른쪽에 시간 미리 보기 내용이 표시되어 있습니다. 파워 쿼리 편집기에 데이터를 연결한 시간이 표시됩니다.

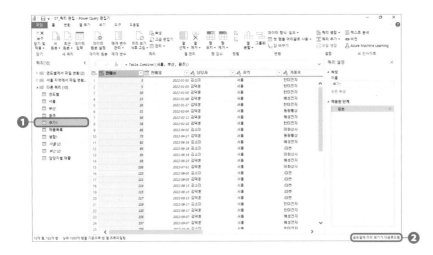

02 ▎ [홈] 탭-[쿼리] 그룹에서 [미리 보기 새로 고침]-[미리 보기 새로 고침]을 클릭합니다. [미리 보기 새로 고침]은 선택한 쿼리만 업데이트되며, [모두 새로 고침]을 선택하면 모든 테이블이 업데이트됩니다. 상태 표시줄에 표시되는 시간도 업데이트됩니다.

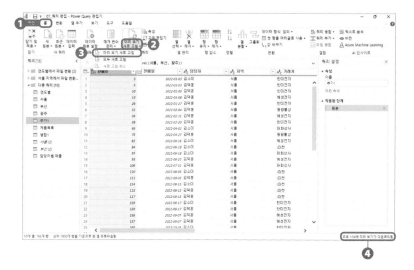

Chapter 08 | DAX 함수 활용

데이터 모델링에서 중요한 것 중 하나는 DAX 함수를 활용한 수식 작성입니다. 데이터 모델에서 분석에 필요한 값을 가지고 있지 않으면 일반적으로 DAX 수식으로 작성합니다. 날짜 테이블 구성, 조건식 판단, 전년대비 증감률, 새 빠른 측정값 등을 작성하는 방법에 대해 살펴보겠습니다. 이번 챕터에서 사용하는 수식은 예제 폴더의 파일(수식_Calendar.txt, 08_수식_DAX 함수 활용.txt)을 참고하여 작성합니다.

예제 파일 Part 02 \ Chapter 08 \ 08_날짜 테이블 만들기.pbix, 08_DAX 수식 활용.pbix, 수식_Calendar.txt, 08_수식_DAX 함수 활용.txt

01 날짜 테이블 만들기

Power BI Desktop에서 새로운 데이터 원본을 가져와 보고서를 작성할 때마다 날짜 테이블을 작성하려면 매우 번거롭습니다. 데이터 세트마다 날짜 테이블을 새롭게 작성하거나 분석에 따라 날짜 테이블을 여러 개 구성해서 사용할 경우 DAX 함수를 사용해 새 테이블로 날짜 테이블을 구성해서 사용하면 편리합니다.

• CALENDAR, ADDCOLUMNS 함수

DAX 함수 중 CALENDAR와 ADDCOLUMNS 함수를 사용해 날짜 테이블을 구성할 수 있습니다. 새 테이블을 작성해 CALENDAR 함수로 필요한 기간만큼 Date 필드를 구성하고, ADDCOLUMNS 함수로 연도, 분기, 월, 요일 등의 날짜 정보를 함께 날짜 테이블에 표현할 수 있습니다.

CALENDAR 함수는 시작일부터 종료일까지의 날짜를 포함하는 'Date'라는 필드가 있는 테이블을 반환합니다.

구문 : CALENDAR(⟨start_date⟩, ⟨end_date⟩)

인수	설명
⟨start_date⟩	Datetime을 반환하는 DAX 식
⟨end_date⟩	Datetime을 반환하는 DAX 식

ADDCOLUMNS 함수는 지정된 테이블이나 테이블 식에 계산 열을 추가합니다.

구문 : ADDCOLUMNS(⟨table⟩, ⟨name⟩, ⟨expression⟩,···)

인수	설명
⟨table⟩	테이블을 반환하는 DAX 식
⟨name⟩	열 이름으로 큰 따옴표(" ")로 묶어서 사용
⟨expression⟩	테이블 각 행에 대해 계산된 표현식

• 날짜 테이블 만들기

새로운 테이블로 날짜 테이블을 구성해 보겠습니다. [테이블 도구] 탭-[새 테이블]을 이용하여 CAL-ENDAR나 SUMMARIZE와 같은 함수를 사용하여 새 테이블을 작성할 수 있습니다.

01 │ 준비된 '08_날짜 테이블 만들기.pbix' 파일을 엽니다. [데이터](⊞) 보기의 [테이블 도구] 탭-[계산] 그룹에서 [새 테이블]을 클릭합니다.

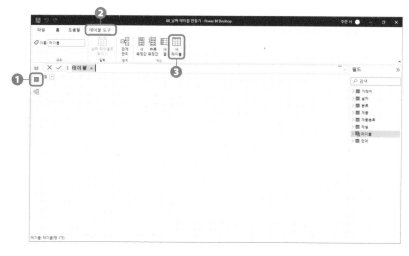

02 | 수식 입력줄에 아래 수식을 입력하고 [Enter]를 누릅니다. 이 수식은 DATE 함수로 2022-01-01~ 2022-01-31까지 연속되는 날짜 데이터를 생성하며, 'DimDate' 테이블에 'Date' 필드가 추가됩니다.

DimDate = CALENDAR(DATE(2022,01,01), DATE(2022,01,31))

03 | 'DimDate' 테이블에 연도, 분기, 월 등의 정보를 추가해 보겠습니다. 준비된 예제 폴더에서 '수식_Calendar.txt' 파일의 전체 수식을 복사([Ctrl]+[C])한 후, Power BI Desktop의 'DimDate' 테이블의 수식 입력줄에 붙여넣기([Ctrl]+[V]) 합니다.

이 수식은 CALENDAR 함수로 '판매' 테이블의 '판매일' 필드를 기준으로 연속적인 날짜를 포함하도록 DATE 함수를 사용하여 시작일(2019-01-01)과 종료일(2022-12-31)을 포함하는 'DimDate' 테이블의 'Date' 필드를 생성합니다. 그리고 ADDCOLUMNS 함수로 'DimDate' 테이블에 열 머리글 '연도, 분기, 연월, 월No, 월, 월(영문), 요일, 요일No, 주' 열 머리글과 수식의 결과를 반환합니다. 'Date' 열 머리글의 필터 단추([▼])를 클릭하여 오름차순 정렬을 적용하면 2019-01-01부터 시작하는 정보를 확인할 수 있습니다.

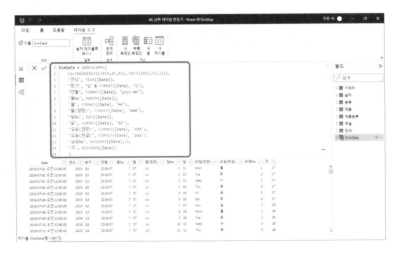

04 │ 시각화에서 날짜 정보는 'DimDate' 테이블을 사용하기 위해 테이블 관계를 다시 설정합니다. [모델]( ) 보기에서 기존의 '날짜' 테이블과 '판매' 테이블의 관계를 삭제합니다. 'DimDate' 테이블의 'Date' 필드와 '판매' 테이블의 '판매일' 필드를 관계 설정합니다.

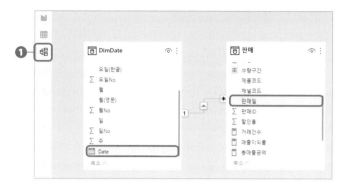

05 │ [데이터]( ) 보기에서 'DimDate' 테이블을 선택합니다. 'Date' 필드는 [열 도구] 탭-[서식] 그룹에서 '*2001-03-14(Short Date)' 형식으로 변경합니다.

06 │ 영문월(Jan, Feb, Mar..)이나 요일(월, 화, 수…) 순서로 시각화하기 위해 [열 도구] 탭의 [열 기준 정렬]을 이용하여 '월(영문)' 필드를 '월No'로, '요일(한글), 요일(영문)' 필드는 '요일No'로 열 기준 정렬을 설정합니다. '날짜' 테이블은 더 이상 사용하지 않으므로 보고서 뷰에서 숨깁니다.

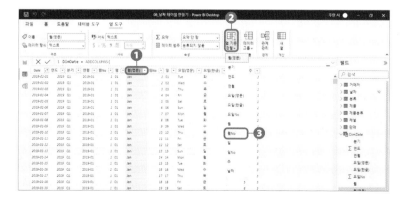

07 [보고서]( ) 보기에서 페이지에 [시각화] 창의 [꺾은선형 차트]를 추가합니다. [시각적 개체에 데이터 추가]의 [X축] 영역에 'DimDate' 테이블의 'Date' 필드, [Y축] 영역에 '판매' 테이블의 '총매출금액' 측정값을 추가합니다. 시각화 머리글의 ↑(드릴 업)을 클릭하여 X축을 월 단위까지 표시합니다.

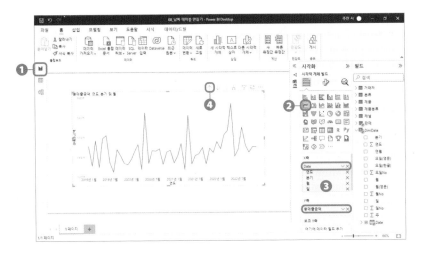

⑫ 측정값 관리

수식 작성 시 계산 열은 각 테이블에 추가하지만, 측정값은 특정 테이블에 포함시킬 필요는 없습니다. 하지만 측정값만 따로 관리하면 수식 참조나 편집이 효율적입니다. 새로운 테이블을 만들어 측정값을 관리해 보겠습니다.

● 새 테이블 만들기

Power BI Desktop에서 새 테이블을 작성할 때 [홈] 탭–[데이터 입력]을 사용하면 수식없이 새 테이블을 만들거나 데이터를 입력할 수 있습니다.

01 준비된 '08_DAX_수식 활용.pbix' 파일을 엽니다. [홈] 탭–[데이터] 그룹에서 [데이터 입력]을 클릭합니다.

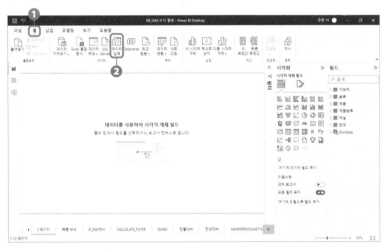

02 [테이블 만들기] 대화상자가 나타납니다. 빈 테이블을 작성하기 위해 데이터는 입력하지 않고 테이블 이름에 '_측정값'이라고 입력한 후 [로드]를 클릭합니다.

03 | 작성된 '_측정값' 테이블이 [필드] 창의 맨 위쪽에 표시됩니다. 추가된 테이블에는 기본으로 '열1'을 포함하고 있습니다.

● 측정값 이동

'판매' 테이블에 작성한 여러 측정값을 새로운 '_측정값' 테이블로 이동시켜 보겠습니다.

01 | '판매' 테이블의 '총매출금액' 측정값을 선택하고 [측정 도구] 탭-[구조] 그룹에서 [홈 테이블]-[_측정값]을 클릭합니다.

02 | '총매출금액' 측정값의 위치가 '_측정값' 테이블로 이동됩니다. 동일한 방법으로 '거래건수, 매출이익률, 총매출이익, 총수량, 평균매출' 측정값도 '_측정값' 테이블로 이동시킵니다. 이렇게 측정값을 관리하면 시각적 개체에 측정값을 추가하거나 참조하기가 수월합니다.

03 유용한 DAX 함수

데이터를 분석할 때 DAX 함수를 활용해 복잡한 계산식을 작성할 수 있습니다. 조건을 판단하거나, 필터가 적용된 합계, 또는 전월/전년대비 증감률 등은 DAX 함수를 사용해 계산 열이나 측정값으로 구성합니다. 다음은 Power BI에서 제공하는 대표 함수입니다. DAX 함수에는 날짜/시간, 시간 인텔리전스, 정보, 논리, 수학, 통계, 필터 함수와 같은 범주의 함수가 포함되어 있습니다.

함수 종류	설명
집계 함수	COUNT, SUM, AVERAGE, MIN, MAX 등
날짜/시간 함수	YEAR, MONTH, DAY, TODAY, DATE, TIME, CALENDAR 등
필터 함수	ALL, ALLSELECTED, CALCULATE, FILTER, LOOKUPVALUE, SELECTEDVALUE 등
재무 함수	FV, IPMT, NPER, PMT, PPMT, PV, RATE 등
정보 함수	HASONEFILTER, ISBLANK, ISERROR, ISFILTERED 등
논리 함수	AND, OR, IF, TRUE, FALSE, IFERROR, SWITCH 등
수학 및 삼각 함수	ABS, DIVIDE, INT, ROUNT, SIGN, SQRT, TRUNC 등
부모/자식 함수	PATH, PATHCONTAINS 등
관계 함수	CROSSFILTER, RELATED, RELATEDTABLE 등

통계 함수	COMBIN, MEDIAN, NORM.DIST, PERCENTILE.EXC, RANK.EQ, RANKX 등
테이블 조작 함수	ADDCOLUMNS, DISTINCT, FILTERS, GROUPBY, ROW, SUMMARIZE, TOPN 등
텍스트 함수	CONCATENATE, FIND, FORMAT, LEFT, MID, RIGHT 등
시간 인텔리전스 함수	DATEADD, DATESBETWEEN, DATESYTD, FIRSTDATE, LASTDATE, SAMEPERIODLASTYEAR등
기타 함수	BLANK, ERROR

아래 링크에서 자세한 DAX 함수 구문과 사용법을 확인할 수 있습니다.

https://docs.microsoft.com/en-us/dax/dax-function-reference

• IF, SWITCH

IF와 SWITCH 함수를 사용하여 조건에 따라 다른 식을 수행할 수 있습니다. Excel의 IF 함수처럼 True_Value, False_Value를 표현합니다. 여러 조건에 따라 다양한 표현식을 구현하려면 다중 IF를 사용해도 되지만, SWITCH 함수를 사용하면 편리합니다.

IF 함수는 첫 번째 조건식에 따라 조건식이 True이면 True_Value, 조건식이 False이면 False_Value 를 반환합니다.

구문: IF(〈logical_test〉, 〈value_if_true〉, 〈value_if_false〉)

인수	설명
〈logical_test〉	True나 False로 제공되는 조건식
〈value_if_true〉	조건식이 True일 경우 반환되는 값, 생략하면 True 값 반환
〈value_if_false〉	조건식이 False일 경우 반환되는 값, 생략하면 False 값 반환

SWITCH 함수는 식을 판단하여 제공된 값 목록 중 하나를 반환합니다.

구문: SWITCH(〈expression〉, 〈value〉, 〈result〉[, 〈value〉, 〈result〉]…[, 〈else〉])

인수	설명
〈expression〉	DAX 표현식
〈value〉	표현식 결과와 일치할 상수 값
〈result〉	표현식 결과가 value와 일치할 경우 계산할 식
〈else〉	표현식 결과가 value와 일치하지 않는 경우 계산할 식

CHAPTER 05에서 데이터 그룹으로 작성했던 권역명과 수량구간을 수식으로 작성해 보겠습니다. 매출 분석에서 거래처 지역을 수도권과 기타 지역으로 구분하기 위해 시도에서 서울특별시, 경기도, 인천광역시는 수도권으로, 그 외 지역은 지역(기타)으로 표현해 보겠습니다. 권역별로 수도권, 경상권 등으로 구분하기 위해 계산 열로 권역명을 표시합니다.

01 [데이터](▦) 보기에서 '거래처' 테이블을 선택하고, [테이블 도구] 탭-[계산] 그룹에서 [새 열]을 클릭합니다.

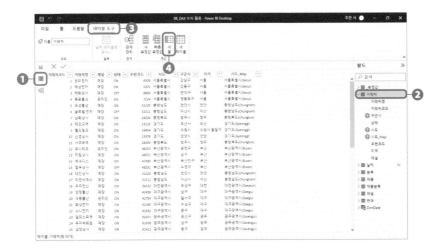

02 수식 입력줄에 다음과 같이 수식을 입력하고 Enter 를 누릅니다. '서울특별시'는 '수도권'으로 표시하고, 그 외는 '지역(기타)'로 표시합니다.

권역명 = IF([시도]="서울특별시", "수도권", "지역(기타)")

03 다음과 같이 수식을 수정합니다. 시도가 '서울특별시', '인천광역시', '경기도'를 '수도권', 그 외는 '지역(기타)'로 표시합니다. IF 함수에서 여러 조건을 OR(또는)로 판단하려면 || (더블 파이프라인) 기호를 사용합니다.

권역명 = IF([시도]="서울특별시" || [시도]="인천광역시" || [시도]="경기도", "수도권", "지역(기타)")

> **Tip** 수식에서 사용한 ||(더블 파이프라인)은 키패드의 ₩(원화) 기호와 함께 위치한 | 기호입니다. DAX 수식을 작성할 때 OR 함수 대신 사용할 수 있습니다.

> **Tip** DAX 수식에서 IN { } 구문으로 OR 조건을 판단할 수 있습니다. 다음 수식은 시도가 '서울특별시', '인천광역시', '경기도'인 경우 '수도권', 그 외는 '지역(기타)'로 표시합니다.

권역명 = IF([시도] IN {"서울특별시","인천광역시","경기도"}, "수도권", "지역(기타)")

04 [보고서](📊) 보기의 'IF_SWITCH' 페이지를 클릭합니다. 첫 번째 테이블 시각적 개체를 선택하고, [시각적 개체에 데이터 추가]의 [열] 영역에 '거래처' 테이블의 '권역명' 필드를 추가합니다. 열 머리글이 수도권과 지역(기타)으로 구분되어 매출을 표시합니다.

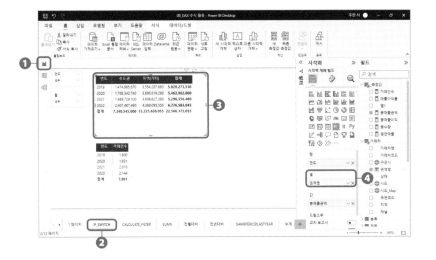

05 SWITCH 함수로 '판매' 테이블의 '수량' 필드 값을 10 미만, 20 미만 등으로 그룹화해 보겠습니다. [데이터](📊) 보기에서 '판매' 테이블을 선택하고, [테이블 도구] 탭-[계산] 그룹에서 [새 열]을 클릭합니다.

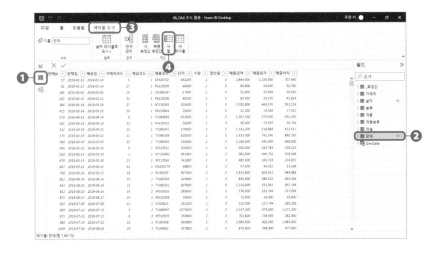

파워 쿼리 편집기 활용

DAX 함수

다양한 시각화

맵 시각화

보고서 관리

Power BI 서비스

06 | 수식 입력줄에 다음 수식을 입력하고 `Enter`를 누릅니다. 이 수식은 조건식이 True에 속하면 결과 값을 반환하는 수식으로 수량이 10보다 작으면 '10미만', 10~19사이이면 '20미만'과 같이 구간명을 반환합니다.

> 수량구간 = SWITCH(TRUE(), [수량]<10, "10미만",
> [수량]>=10 && [수량]<20, "20미만", [수량]>=20 && [수량]<30, "30미만",
> [수량]>=30 && [수량]<40, "40미만", [수량]>=40 && [수량]<50, "50미만",
> "50이상")

> **Tip** 더블 앰퍼샌드(&&)는 AND 함수 대신 사용할 수 있습니다.

07 | [보고서](📊) 보기의 'IF_SWITCH' 페이지에서 두 번째 테이블 시각적 개체를 선택하고, [시각적 개체에 데이터 추가]의 [열] 영역에 '판매' 테이블의 '수량구간' 필드를 추가합니다. 구간별로 총수량이 표시됩니다.

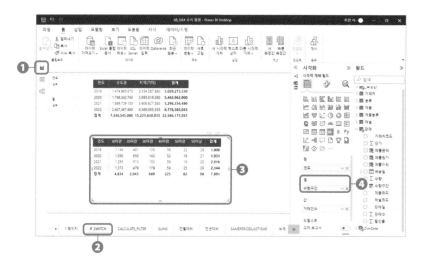

• CALCULATE, FILTER

필터된 값을 대상으로 합계나 평균을 구할 경우 CALCULATE 함수와 FILTER 함수를 사용합니다. FILTER 함수를 사용하여 테이블에서 필터 컨텍스트(행)를 반환하고, CALCULATE 함수로 합계나 평균 등을 계산 결과를 반환합니다. Excel의 SUMIFS, AVERAGEIFS 등의 조건 판단 함수와 동일한 결과를 반환합니다.

CALCULATE 함수는 지정된 필터로 수정한 컨텍스트에서 식을 계산하고 결과 값을 반환합니다.

구문: CALCUALTE(〈expression〉, 〈filter1〉, 〈filter2〉..)

인수	설명
〈expression〉	SUM, AVERAGE 등과 같은 평가할 식
〈filter1〉, 〈filter2〉	필터를 정의하는 테이블 식 또는 부울 식

FILTER 함수는 다른 테이블 또는, 식의 하위 집합을 나타내는 테이블을 반환하는 함수로 필터링된 행만 포함되는 테이블을 반환합니다. FILTER 함수를 사용하여 작업 중인 테이블의 행 수를 줄이고 특정 데이터만 계산해서 사용합니다. 이 함수는 독립적으로 사용되지 않고 테이블을 인수로 사용하는 다른 함수에 포함하여 사용됩니다.

구문: FILTER(〈table〉, 〈filter〉)

인수	설명
〈table〉	필터링할 테이블
〈filter〉	테이블의 각 행에 대해 평가할 부울 수식

아래 수식은 '분류' 테이블의 분류명이 '휴대폰'인 경우에 '판매' 테이블의 '매출금액'의 합계를 반환하는 측정값입니다. '매출_휴대폰'은 CALCULATE 함수에 필터식을 적용했고, '매출_휴대폰_FILTER'는 FILTER 함수를 사용해 필터식을 적용했습니다.

매출_휴대폰 = CALCULATE(SUM('판매'[매출금액]), '분류'[분류명]="휴대폰")
매출_휴대폰_FILTER = CALCULATE(SUM('판매'[매출금액]), FILTER('분류', [분류명]="휴대폰"))

테이블로 분류명 기준으로 휴대폰 매출금액을 시각화한 결과입니다. 휴대폰 매출의 결과는 모두 동일하나 CALCULATE 함수만 사용한 '휴대폰_매출'은 테이블의 분류명이 일치하지 않아도 측정값 결과를 우선 반환합니다. 또한 매출이 발생하지 않은 분류명에도 측정값 결과를 반환합니다. '휴대폰_매출_FIL-TER'는 '휴대폰' 값만 필터링했기 때문에 분류명과 비교해서 휴대폰이 아닌 경우에는 값을 반환하지 않습니다. 간단한 필터식은 CALCULATE 함수로 식을 작성하고 복잡한 필터식은 FITER 함수를 함께 사용하면 유용합니다.

분류명	총매출금액	매출_휴대폰	매출_휴대폰_FILTER
TV & 비디오	7,343,366,070	4,492,278,355	
가정용 전기제품		4,492,278,355	
게임 & 장난감		4,492,278,355	
오디오	1,800,733,310	4,492,278,355	
음반 & 영화	511,399,940	4,492,278,355	
카메라 & 캠코더	3,810,715,760	4,492,278,355	
컴퓨터	4,607,681,620	4,492,278,355	
휴대폰	4,492,278,355	4,492,278,355	4,492,278,355
합계	22,566,175,055	4,492,278,355	4,492,278,355

01 | '거래처' 테이블의 '권역명' 필드 데이터를 '수도권'과 '기타'로 구분해서 매출합계를 측정값으로 작성해 보겠습니다. [보고서]( ) 보기에서 'Calculate_Filter' 페이지를 클릭합니다. '_측정값' 테이블을 선택하고 [테이블 도구] 탭-[계산] 그룹에서 [새 측정값]을 클릭합니다.

02 | 수식 입력줄에 다음 수식을 입력하고 `Enter`를 누릅니다. FILTER 함수로 '거래처' 테이블의 '권역명' 필드에서 '수도권'인 경우를 필터하고, 매출금액의 합계를 반환합니다. CALCULATE 함수의 표현식에 SUM 함수를 사용하지 않고 '총매출금액' 측정값으로 대신 사용합니다. [측정 도구] 탭에서 🔘 (천 단위 구분 기호 적용), 소수점 자릿수(🔢 0)를 '0'으로 설정합니다.

매출_수도권 = CALCULATE([총매출금액], FILTER('거래처', [권역명]="수도권"))

03 | [테이블 도구] 탭-[계산] 그룹에서 [새 측정값]을 클릭하고 다음과 같이 수식을 작성합니다. '거래처' 테이블의 '권역명' 필드에서 '수도권'과 같지 않은 데이터를 필터하고, 매출금액의 합계를 반환합니다. [측정 도구] 탭에서 🔘 (천 단위 구분 기호 적용), 소수점 자릿수(🔢 0)를 '0'으로 설정합니다.

매출_기타 = CALCULATE([총매출금액], FILTER('거래처', [권역명]◇"수도권"))

04 | 페이지의 두 번째 시각적 개체를 선택하고, [열] 영역에 '_측정값' 테이블의 '매출_수도권, 매출_기타' 측정값을 추가합니다. 수도권과 지역(기타)로 구분되어 매출을 표시합니다.

• SUMX

ITERATOR(또는 "X") 함수를 사용하면 테이블의 각 행에서 동일한 계산식을 반복한 다음 결과에 집계(SUM, AVERAGE, MAX 등)를 수행합니다. 테이블에 새 열을 추가하고 각 행의 값을 계산한 다음 합계, 평균을 집계하는 방식과 동일합니다. SUMX, AVERAGEX, MAXX 등의 함수에 FILTER 함수를 사용해 특정 값만 필터해서 계산식을 수행할 수도 있습니다. SUMX 함수는 지정된 테이블에서 평가된 식의 합계를 반환합니다.

구문: SUMX(⟨table⟩, ⟨expression⟩)

인수	설명
⟨table⟩	식을 계산할 행이 포함된 테이블
⟨expression⟩	테이블의 각 행에 대해 계산할 식

01 주요 거래처별 매출을 측정값으로 작성해 보겠습니다. [보고서]( ) 보기의 'SUMX' 페이지에서 '_측정값' 테이블을 선택하고, [테이블 도구] 탭-[계산] 그룹에서 [새 측정값]을 클릭합니다.

02 수식 입력줄에 다음 수식을 입력하고 **Enter** 를 누릅니다. 이 수식은 '판매' 테이블의 각 행을 대상으로 [단가]*[수량]*(1-[할인율])을 계산 후 합계를 구합니다. [측정 도구] 탭에서 **9** (천 단위 구분 기호 적용), 소수점 자릿수( )를 '0'으로 설정합니다.

매출_SUMX = SUMX('판매', [단가]*[수량]*(1-[할인율]))

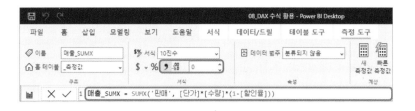

03 [테이블 도구] 탭–[계산] 그룹에서 [새 측정값]을 클릭하고 다음 수식을 작성합니다. 이 수식은 '판매' 테이블의 '거래처코드' 필드에서 '1'을 필터해서 '매출금액' 필드의 합계를 표시합니다. [측정 도구] 탭에서 **9**(천 단위 구분 기호 적용), 소수점 자릿수(0)를 '0'으로 설정합니다.

매출_거래처별_SUMX = SUMX(FILTER('판매', [거래처코드]=1), [매출금액])

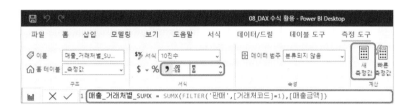

04 'SUMX' 페이지의 테이블 시각적 개체를 선택하고 [시각적 개체에 데이터 추가]의 [열] 영역에 '_측정값' 테이블의 '매출_SUMX, 매출_거래처별_SUM' 측정값을 추가합니다. 이전에 작성한 '총매출금액'과 '매출_SUMX' 측정값 결과가 동일한 걸 확인할 수 있습니다. 또한, 거래처코드가 '1'은 한미전자로 주요 거래처 매출만 필터할 수 있습니다.

• 전월대비 증감률, 전년대비 증감률

시간 인텔리전스에 속하는 DAX 함수로 현재 컨텍스트(행)를 기준으로 특정 기간의 데이터를 가져올 수 있습니다. 데이터 시각화에 전월비이나 전년대비, 특정 기간의 값을 가져와 비교할 경우 DATEADD나 SAMEPERIODLASTYEAR, DATESBETWEEN 함수 등을 활용할 수 있습니다.

DATEADD 함수는 현재 컨텍스트(날짜 행)에서 전월, 전년도, 다음 월, 다음 연도 등의 날짜 데이터를 가져옵니다. 전월이나 전년도 매출을 이용해 전월대비 증감률, 전년대비 증감률을 함께 구할 수 있습니다. DATEADD 함수는 현재 컨텍스트의 날짜에서 지정된 간격 수만큼 앞, 뒤로 이동된 날짜 열이 포함된 테이블을 반환합니다.

구문: DATEADD(〈dates〉, 〈number_of_intervals〉, 〈interval〉)

인수	설명
〈date〉	날짜가 포함된 열. 연속된 간격을 형성하는 날짜 열
〈number_of_intervals〉	날짜에 더하거나 뺄 정수. 양수이면 날짜가 이후 시간으로 이동, 음수이면 이전 시간으로 이동
〈interval〉	날짜를 이동시킬 간격으로 year, quarter, month, day 중 하나

수식	설명
=DATEADD('DimDate'[Date], −1, month)	현재 컨텍스트에 있는 날짜의 1개월 전의 날짜 계산
=DATEADD('DimDate'[Date], −1, year)	현재 컨텍스트에 있는 날짜의 1년 전의 날짜 계산

01 전월 매출과 전년도 매출을 측정값으로 작성해 보겠습니다. [보고서]( ) 보기에서 'DATEADD' 페이지를 클릭합니다. '_측정값' 테이블을 선택하고 [테이블 도구] 탭-[계산] 그룹에서 [새 측정값]을 클릭합니다.

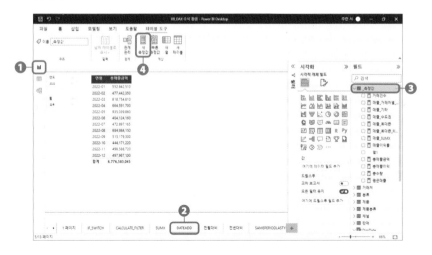

02 │ 수식 입력줄에 다음 수식을 작성합니다. 이 수식은 보고서의 시각화에 적용된 날짜를 기준으로 'DimDate' 테이블의 'Date' 필드에서 1개월 전의 날짜를 계산하여 총매출금액을 반환합니다. [측정 도구] 탭의 **9**(천 단위 구분 기호 적용), 소수점 자릿수(📊 0 ⌄)를 '0'으로 설정합니다.

매출_전월 = CALCULATE([총매출금액], DATEADD('DimDate'[Date], −1, month))

03 │ [테이블 도구] 탭-[계산] 그룹에서 [새 측정값]을 클릭하고 다음 수식을 작성합니다. 이 수식은 보고서의 시각화에 적용된 날짜를 기준으로 'DimDate' 테이블의 'Date' 필드에서 1년 전의 날짜를 계산하여 총매출금액을 반환합니다. [측정 도구] 탭의 **9**(천 단위 구분 기호 적용), 소수점 자릿수(📊 0 ⌄)를 '0'으로 설정합니다.

매출_전년도 = CALCULATE([총매출금액], DATEADD('DimDate'[Date], −1, year))

04 │ 전월대비 증감률(MoM%)과 전년대비 증감률(YoY%)을 측정값으로 작성해 보겠습니다. [테이블 도구] 탭-[계산] 그룹에서 [새 측정값]을 클릭하고 다음 수식을 작성합니다. 총매출금액에서 전월 매출을 빼고, 그 값을 전월 매출로 나누면 전월대비 증감률을 구할 수 있습니다. 전월 매출이 없는 경우 '1', 당월 매출이 없는 경우 '−1'을 반환합니다. [측정 도구] 탭의 **%**(백분율 스타일)을 적용하고, 소수점 자릿수(📊 0 ⌄)를 '2'로 설정합니다.

전월대비 증감률 = DIVIDE([총매출금액]−[매출_전월], [매출_전월],1)

![전월대비 증감률 측정값 작성 화면](08_DAX 수식 활용 - Power BI Desktop)

05 [테이블 도구] 탭-[계산] 그룹에서 [새 측정값]을 클릭하고 다음 수식을 작성합니다. 총매출금액에서 전년도 매출을 빼고, 그 값을 전년도 매출로 나누어 전년대비 증감률을 계산합니다. 전년도 매출이 없는 경우 '1', 당해 연도 매출이 없는 경우 '−1'을 반환합니다. [측정 도구] 탭의 **%** (백분율 스타일)을 적용, 소수점 자릿수(◫ ⁰ ⁝)를 '2'로 설정합니다.

전년대비 증감률 = DIVIDE([총매출금액] − [매출_전년도], [매출_전년도],1)

06 [테이블 도구] 탭-[계산] 그룹에서 [새 측정값]을 클릭하고 다음 수식을 작성합니다. 총매출금액에서 전년도 매출을 빼 매출 차이를 반환합니다. [측정 도구] 탭의 **,** (천 단위 구분 기호 적용), 소수점 자릿수(◫ ⁰ ⁝)를 '0'으로 설정합니다.

매출차이 = [총매출금액] − [매출_전년도]

07 [보고서](📊) 보기에서 'DATEADD' 페이지를 클릭합니다. 테이블 시각적 개체를 선택하고 [시각적 개체에 데이터 추가]의 [열] 영역에 '_측정값' 테이블의 '매출_전월, 전월대비 증감률, 매출_전년도, 전년대비_증감률' 측정값을 추가합니다. 연월을 기준으로 전월, 전년동월 매출과 증감률을 반환합니다. 즉, 연월(2022-01)을 기준으로 전월(2021-12) 매출, 전년 동월(2021-01) 날짜를 계산해서 매출을 반환한 결과입니다. DATEADD 함수는 시작일과 종료일을 자동으로 계산합니다.

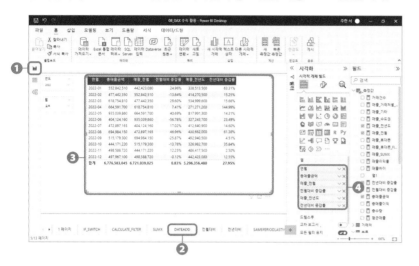

08 측정값을 이용해 행렬, 막대형 차트로 시각화해 보겠습니다. '전월대비' 페이지의 테이블 시각적 개체를 선택하고 [시각적 개체에 데이터 추가]의 [값] 영역에 '_측정값' 테이블의 '매출_전월, 전월대비 증감률' 측정값을 순서대로 추가합니다. 슬라이서에 필터를 적용하여 측정값 결과를 확인합니다. 전월이나 당월 매출이 없는 경우 '1' 또는, '-1'로 반환합니다.

09 │ '전년대비' 페이지의 막대형 차트를 선택한 후 [시각적 개체에 데이터 추가]의 [X축] 영역에 '_측정값' 테이블의 '매출_전년도, 매출차이' 측정값을 추가합니다. 슬라이서에 필터를 적용해 분류별 매출과 전년도와의 차이를 탐색할 수 있습니다.

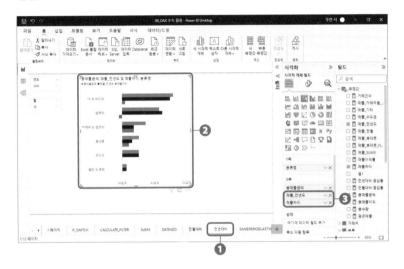

Tip **SAMEPERIODLASTYEAR 함수**

SAMEPERIODLASTYEAR 함수는 현재 컨텍스트(날짜 행)에서 1년 전으로 이동한 날짜 열이 포함된 테이블을 반환합니다. 전년도 날짜를 반환하며, DATEADD('DimDate'[Date], -1, year)와 같은 결과를 반환합니다.

다음 측정값을 작성합니다. 테이블에 연월 기준으로 전년동월 매출을 시각화해보면 DATEADD 함수와 동일한 결과를 확인할 수 있습니다.

> 매출_전년동월 = CALCULATE([총매출금액], SAMEPERIODLASTYEAR('DimDate'[Date]))

연월	총매출금액	매출_전년도	매출_전년동월
2022-01	552,842,510	338,513,500	338,513,500
2022-02	477,442,350	414,270,500	414,270,500
2022-03	618,754,810	534,999,600	534,999,600
2022-04	664,591,700	271,271,200	271,271,200
2022-05	935,039,860	817,991,300	817,991,300

• 월간 누계, 연간 누계

DATESMTD, DATESYTD 함수를 사용하면 특점 시점까지의 당월 누계와 연도별 누계 값을 표시할 수 있습니다. 특정 시점은 시각화의 날짜 기준으로 연도, 월, 일의 기준일에 따라 누계를 표시합니다.

DATESMTD 함수는 선택한 날짜(현재 컨텍스트)의 월에서 1일부터 선택한 날짜까지 열이 포함된 날짜 테이블을 반환합니다.

구문 : DATESMTD(⟨dates⟩)

인수	설명
⟨date⟩	날짜가 포함된 열

DATESYTD 함수는 선택한 날짜(현재 컨텍스트)의 연도에서 1월 1일부터 현재 날짜까지 열이 포함된 날짜 테이블을 반환합니다.

구문 : DATESYTD(⟨dates⟩)

인수	설명
⟨date⟩	날짜가 포함된 열

01 | 월간 누계와 연간 누계를 측정값으로 작성해 보겠습니다. '누계_월' 페이지를 선택하고 '_측정값' 테이블에서 [테이블 도구] 탭-[계산] 그룹의 [새 측정값]을 클릭합니다.

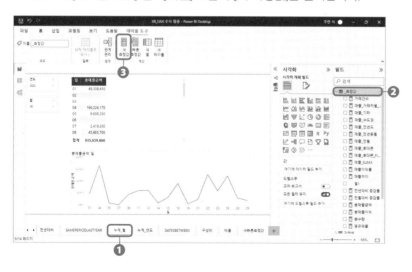

02 수식 입력줄에 다음 수식을 작성합니다. 이 수식은 'DimDate' 테이블의 'Date' 필드에서 당월(선택월)의 1일부터 월 매출 누계를 반환합니다. [측정 도구] 탭의 🔻(천 단위 구분 기호 적용), 소수점 자릿수(🔢 0 ⬧)를 '0'으로 설정합니다.

> 누계_월 = CALCULATE([총매출금액], DATESMTD('DimDate'[Date]))

03 [테이블 도구] 탭-[계산] 그룹에서 [새 측정값]을 클릭하고 다음 수식을 입력합니다. 이 수식은 'DimDate' 테이블의 'Date' 필드에서 당해 연도(선택 연도)의 1월 1일부터 연간 매출 누계를 반환합니다. [측정 도구] 탭의 🔻(천 단위 구분 기호 적용), 소수점 자릿수(🔢 0 ⬧)를 '0'으로 설정합니다.

> 누계_연도 = CALCULATE([총매출금액], DATESYTD('DimDate'[Date]))

04 '누계_월' 페이지의 테이블 시각적 개체를 선택하고 [시각적 개체에 데이터 추가]의 [열] 영역에 '_측정값' 테이블의 '누계_월' 측정값을 추가합니다. 꺾은선형 차트를 선택하고, [시각적 개체에 데이터 추가]의 [Y축] 영역에 '_측정값' 테이블의 '누계_월' 측정값을 추가합니다. 슬라이서 필터를 기준으로 월 누계를 탐색할 수 있습니다.

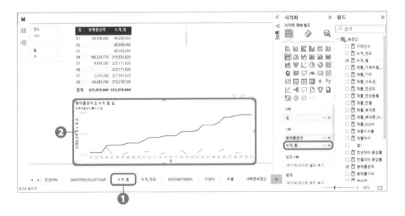

05 '누계_연도' 페이지의 테이블 시각적 개체를 선택하고 [시각적 개체에 데이터 추가]의 [열] 영역에 '_측정값' 테이블의 '누계_연도' 측정값을 추가합니다. 꺾은선형 차트를 선택하고 [시각화] 창의 [Y축] 영역에 '_측정값' 테이블의 '누계_연도' 측정값을 추가합니다. 슬라이서 필터를 기준으로 연간 누계를 탐색할 수 있습니다.

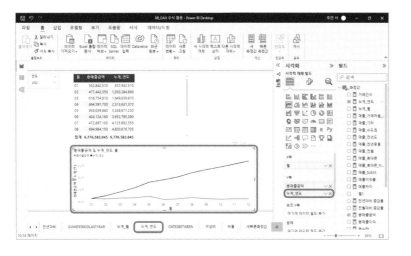

TOTALMTD, TOTALYTD 함수를 사용하여 월간 누계, 연간 누계를 계산할 수 있습니다. DATESMTD, DATESYTD 함수와 동일한 결과를 반환합니다.

```
누계_월_TOTALMTD = TOTALMTD([총매출금액],'DimDate'[Date])
누계_연도_TOTALYTD = TOTALYTD([총매출금액],'DimDate'[Date])
```

● 변수를 사용하여 수식 향상

변수를 사용하면 강력한 DAX 수식을 작성할 수 있습니다. 변수에 계산식의 결과를 저장한 다음 측정값에서 변수를 인수로 전달합니다. DAX 수식의 어디서든 변수를 선언할 수 있으며 다른 수식에서 변수가 참조되더라도 변수 값은 변하지 않습니다.

변수는 VAR 함수를 사용하며 구문은 다음과 같습니다.

　　구문 : VAR 〈name〉 = 〈expression〉

용어	
name	변수 이름 영문(a~z, A~Z), 숫자(0~9)로 구성하며 영문으로 시작 예약어 사용 불가 공백은 '_' (underbar)로 연결
expression	DAX 식

RETURN 문을 사용하여 구문 뒤에 오는 수식의 결과를 측정값에 반환합니다.

　　구문 : RETURN 변수명 or DAX 식

전년대비 증감률을 계산하기 위해 추가한 '총매출금액, 전년도 매출, 증감률' 측정값은 변수(VAR)와 RETURN 구문을 사용하면 하나의 측정값으로 구성할 수 있습니다. 다음 수식은 전년대비 증감률(YoY%)을 변수를 선언해서 작성한 DAX 식입니다.

변수 'Total_Sales'에 '판매' 테이블의 '매출금액' 필드의 합계를 저장하고 변수 'Sales_Last_Year'에는 전년동기간 매출을 저장합니다. RETURN 구문 뒤에 있는 DIVIDE 식의 결과를 YoY%에 반환합니다.

변수를 사용하면 동일한 결과를 더 쉽게 작성할 수 있으며 변수를 사용할 때마다 다시 계산할 필요가 없기 때문에 측정값의 성능이 향상됩니다.

• 기간별 매출

DATESBETWEEN 함수는 특정 기간에 속하는 날짜 열이 포함된 테이블을 반환합니다. 지난 3개월이나 지난 1년간의 기간별 매출을 계산할 때 사용할 수 있습니다. DATESBETWEEN 함수는 날짜 필드에서 시작일과 종료일 사이의 날짜 데이터 열을 반환합니다.

구문 : DATESBETWEEN(〈dates〉, 〈start_date〉, 〈end_date〉)

인수	설명
〈date〉	날짜가 포함된 열
〈start_date〉	시작일
〈end_date〉	종료일

01 | 지난 3개월의 매출을 표시해 보겠습니다. 'DATESBETWEEN' 페이지를 선택하고, '_측정값' 테이블에서 [테이블 도구] 탭-[계산] 그룹에서 [새 측정값]을 클릭합니다.

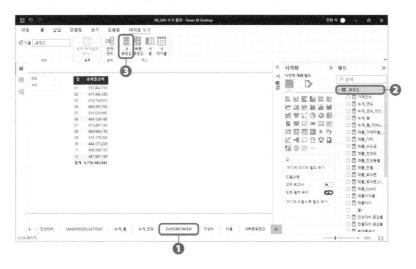

02 | 수식 입력줄에 다음 수식을 작성하고 [측정 도구] 탭의 🔳(천 단위 구분 기호 적용), 소수점 자릿수(🔳 0)를 '0'으로 설정합니다. 이 수식은 'DimDate' 테이블의 'Date' 필드를 기준으로 지난 3개월 사이의 총매출금액을 반환합니다.

변수 'Start_Date'에 3개월 전의 첫 번째 날짜(FIRSTDATE), 'End_Date'에 1개월 전의 마지막 날짜(LASTDATE)를 저장합니다. 'Result'에 두 날짜 사이의 총매출금액을 저장하고, 그 값을 RETURN을 통해 'Sales_Last3Months' 측정값에 반환합니다.

```
1  Sales_Last3Months =
2      VAR Start_Date = FIRSTDATE(DATEADD('DimDate'[Date], -3, month))
3      VAR End_Date = LASTDATE(DATEADD('DimDate'[Date], -1, month))
4      VAR Result = CALCULATE([총매출금액], DATESBETWEEN('DimDate'[Date], Start_Date, End_Date))
5      RETURN Result
```

03 | 테이블 시각적 개체를 선택하고 [시각적 개체에 데이터 추가]의 [열] 영역에 '_측정값' 테이블의 'Sales_Last3Months' 측정값을 추가합니다. 1월, 2월, 3월의 합계가 Sales_Last3Months의 4월에 나타납니다. DATESBETWEEN 함수를 사용하면 특정 기간의 합계를 표시할 수 있습니다.

● ALL, ALLSELECTED

ALL과 ALLSELECTED 함수를 활용해 적용된 필터를 해제하고 측정값을 작성할 수 있습니다. ALL 함수는 적용된 필터를 모두 해제합니다. ALLSELECTED 함수는 적용된 필터를 모두 해제하지만, 보고서에(슬라이서, 시각적 개체 필터 등) 적용된 필터는 반영합니다.

ALL 함수는 테이블의 행 및 열에 적용된 필터를 모두 해제합니다.

구문 : ALL([⟨table⟩ | ⟨column⟩[, ⟨column⟩..)

인수	설명
⟨table⟩	필터를 지우려는 테이블
⟨column⟩	필터를 지우려는 열

ALLSELECTED 함수는 테이블의 행 및 열에 적용된 필터는 모두 해제하면서 슬라이서나 시각적 개체에 적용된 필터는 유지합니다.

구문: ALLSELECTED([⟨tableName⟩ | ⟨columnName⟩[, ⟨columnName⟩..)

인수	설명
⟨tableName⟩	필터를 지우려는 테이블
⟨columnname⟩	필터를 지우려는 열

파워 쿼리 편집기 활용

DAX 함수

다양한 시각화

맵 시각화

보고서 관리

Power BI 서비스

행렬로 분류별/연도별 총매출금액을 비율로 시각화한 결과입니다. 행렬의 [값] 영역에서 [총합계의 백분율]을 적용하면 쉽게 비율을 표현할 수 있습니다.

필터를 적용해 보면 비율이 변경되는 걸 확인할 수 있습니다. 총합계의 백분율로 계산된 비율은 슬라이서나 시각적 개체에서 선택한 값으로 필터가 적용되어 비율이 계산됩니다.

분류명	2022	합계
TV & 비디오	32.33%	32.33%
오디오	7.39%	7.39%
음반 & 영화	1.82%	1.82%
카메라 & 캠코더	16.04%	16.04%
컴퓨터	17.85%	17.85%
휴대폰	24.57%	24.57%
합계	100.00%	100.00%

01 측정값으로 비율을 작성해 보겠습니다. 'ALL_ALLSELECTED' 페이지에서 '_측정값' 테이블을 선택하고 [테이블 도구] 탭-[계산] 그룹에서 [새 측정값]을 클릭합니다.

02 | 다음 수식을 작성한 후 [측정 도구] 탭에서 **%**(백분율 스타일)을 적용, 소수점 자릿수(▦ 0 ↕)를 '2'로 설정합니다. 수식에서 'ALL('판매')'는 '판매' 테이블에 적용된 필터를 모두 해제합니다. DIVIDE 함수의 첫 번째 인수인 '총매출금액'은 필터가 적용되고 두 번째 인수 '총매출금액'은 '판매' 테이블에 필터가 해제된 전체 총매출금액으로 나누기하는 수식입니다.

비율_ALL = DIVIDE([총매출금액], CALCULATE([총매출금액], ALL('판매')), 0)

03 | '_측정값' 테이블에 [테이블 도구] 탭-[계산] 그룹에서 [새 측정값]을 클릭하고 다음 수식을 작성합니다. [측정 도구] 탭에서 **%**(백분율 스타일)을 적용, 소수점 자릿수(▦ 0 ↕)를 '2'로 설정합니다. 수식에서 'ALLSELECTED('판매')'는 '판매' 테이블에 적용되었을 필터를 모두 해제합니다. 하지만 슬라이서와 같은 보고서에서 적용한 필터는 유지합니다.

비율_ALLSELECTED = DIVIDE([총매출금액], CALCULATE([총매출금액], ALLSELECTED('판매')), 0)

04 | 첫 번째 테이블 시각적 개체의 [값] 영역의 비율을 삭제하고 '_측정값' 테이블의 '비율_ALL' 측정값을 추가합니다. 두 번째 테이블 시각적 개체의 [값] 영역의 비율을 삭제하고 '_측정값' 테이블의 '비율_ALLSELECTED' 측정값을 추가합니다.

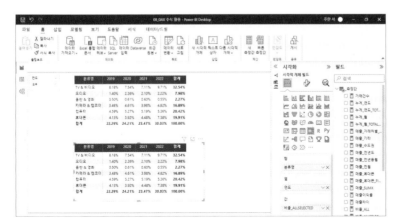

05 '연도' 슬라이서에서 '2022'로 필터를 적용해 보면 '비율_ALL' 측정값은 전체 데이터를 기준으로 비율이 표시되고 '비율_ALLSELECTED' 측정값은 슬라이서의 필터가 적용되어 비율이 변경됩니다. ALLSELECTED 함수는 '총합계의 백분율'과 동일한 결과입니다.

연도 ⌄
2022 ⌄

분류명	2022	합계
TV & 비디오	9.71%	9.71%
오디오	2.22%	2.22%
음반 & 영화	0.55%	0.55%
카메라 & 캠코더	4.82%	4.82%
컴퓨터	5.36%	5.36%
휴대폰	7.38%	7.38%
합계	30.03%	30.03%

분류명	2022	합계
TV & 비디오	32.33%	32.33%
오디오	7.39%	7.39%
음반 & 영화	1.82%	1.82%
카메라 & 캠코더	16.04%	16.04%
컴퓨터	17.85%	17.85%
휴대폰	24.57%	24.57%
합계	100.00%	100.00%

• 구성비, 비율 계산하기

구성비나 비율을 계산할 경우 행이나 열을 기준으로 계산식을 작성할 수 있습니다. 수도권과 기타 지역의 매출 구성비를 표시하거나, 총합계의 비율을 전체 데이터나 필터에 따라 표시할 수 있습니다.

01 분류별 매출 중 수도권과 기타 지역의 구성비를 측정값으로 작성해 보겠습니다. '구성비' 페이지를 클릭하고, '_측정값' 테이블에서 [테이블 도구] 탭-[계산] 그룹의 [새 측정값]을 클릭합니다.

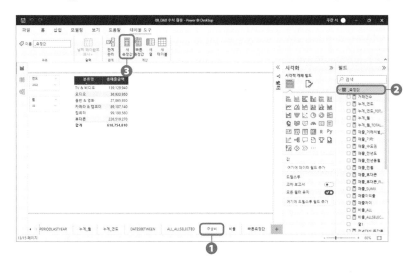

02 수식 입력줄에 다음 수식을 작성하고 [측정 도구] 탭에서 **%**(백분율 스타일)을 적용, 소수점 자릿수(0)를 '2'로 설정합니다. 수도권 매출을 총매출금액으로 나누어 구성비를 표시합니다.

구성비_수도권 = DIVIDE([매출_수도권], [총매출금액], 0)

03 [새 측정값]으로 다음 수식을 작성한 후 [측정 도구] 탭에서 **%**(백분율 스타일)을 적용, 소수점 자릿수(0)를 '2'로 설정합니다. 매출_기타를 총매출금액으로 나누어 구성비를 표시합니다.

구성비_기타 = DIVIDE([매출_기타], [총매출금액],0)

04 테이블 시각적 개체를 선택하고 [시각적 개체에 데이터 추가]의 [열] 영역에 '매출_수도권, 매출_기타, 구성비_수도권, 구성비_기타' 측정값을 추가합니다. 분류별로 지역별 구성비를 파악할 수 있습니다. 2022년 3월의 'TV&비디오'는 총매출금액 중 수도권이 87.49%, 기타 지역이 12.51%의 비중을 나타냅니다.

05 수도권과 기타 지역의 비율을 측정값으로 작성해 보겠습니다. '비율' 페이지를 클릭하고, '_측정값' 테이블을 선택하고 [테이블 도구] 탭-[계산] 그룹에서 [새 측정값]을 클릭합니다.

06 수식 입력줄에 다음 수식을 작성한 후 [측정 도구] 탭에서 **%**(백분율 스타일)을 적용, 소수점 자릿수(![0])를 '2'로 설정합니다. 매출_수도권을 전체 수도권 매출로 나누어 비율을 표시합니다.

비율_수도권 = DIVIDE([매출_수도권], CALCULATE([매출_수도권], ALLSELECTED('판매')),0)

07 [새 측정값]으로 다음 수식을 작성한 후 [측정 도구] 탭에서 **%**(백분율 스타일)을 적용, 소수점 자릿수(![0])를 '2'로 설정합니다. 매출_기타를 전체 기타 매출로 나누어 구성비를 표시합니다.

비율_기타 = DIVIDE([매출_기타], CALCULATE([매출_기타], ALLSELECTED('판매')), 0)

08 ┃ 테이블 시각적 개체를 선택하고 [시각적 개체에 데이터 추가]의 [열] 영역에 '매출_수도권, 매출_기타, 비율_수도권, 비율_기타' 측정값을 추가합니다. 2022년 3월의 수도권 매출에서 TV&비디오가 37.88%, 오디오 7.00%, 휴대폰 27.41%의 점유율을 나타냅니다.

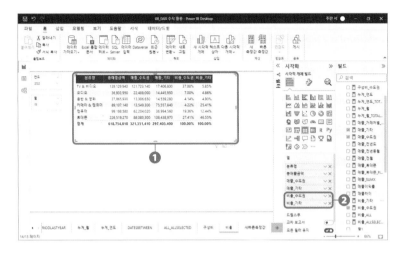

④ 빠른 측정값

빠른 측정값을 사용하여 일반적인 계산을 빠르고 쉽게 수행할 수 있습니다. 빠른 측정값은 사용자가 대화상자에 입력한 내용에 따라 내부적으로 DAX 명령을 실행한 후 결과를 보고서에 표시합니다. 빠른 측정값으로 작성된 DAX를 참조하여 수식을 확장할 수도 있습니다. 앞서 작성한 전월대비 증감률, 전년대비 증감률이나 누계, 상관계수 등의 계산식을 빠른 측정값으로 계산할 수 있습니다.

01 ┃ 빠른 측정값으로 전년대비 증감률을 계산해 보겠습니다. '빠른 측정값' 페이지에서 '_측정값' 테이블을 선택하고 [테이블 도구] 탭-[계산] 그룹에서 [빠른 측정값]을 클릭합니다.

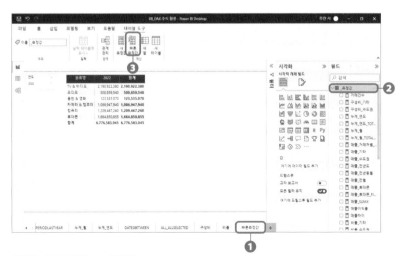

02 | [빠른 측정값] 대화상자가 나타납니다. [계산식 선택]을 클릭하면 다양한 측정식을 작성할 수 있는 목록을 제공합니다. '시간 인텔리전스'의 '전년도 대비 변화'를 클릭합니다.

03 | [기준 값]에 '_측정값' 테이블의 '총매출금액' 측정값 추가, [날짜]에 'DimDate' 테이블의 'Date' 필드 추가. [기간 수]를 '1'로 설정하고 [확인]을 클릭합니다. 기간 수 '1'은 전년도를 의미합니다.

04 | '_측정값' 테이블에 '총매출금액YoY%' 측정값이 추가됩니다. 주요식은 DATEADD 함수를 사용하여 전년도의 총매출금액을 _PREV_YEAR 변수에 할당하고, DIVIDE 식의 결과를 RETURN 함수를 사용하여 총매출금액YoY%로 반환합니다.

05 | 5행 수식의 DATEADD('DimDate'[Date].[Date], −1, YEAR))에서 '.[DATE]'를 삭제합니다.

```
1  총매출금액YoY% =
2  IF(
3      ISFILTERED('DimDate'[Date]),
4      ERROR("시간 인텔리전스 빠른 측정값은 Power BI에서 제공하는 날짜 계층 구조 또는 기본 날짜 열을
   통해서만 그룹화하거나 필터링할 수 있습니다."),
5      VAR __PREV_YEAR = CALCULATE([총매출금액], DATEADD('DimDate'[Date], -1, YEAR))
6  RETURN
7      DIVIDE([총매출금액] - __PREV_YEAR, __PREV_YEAR)
8  )
```

> **Tip** 'DimDate' 테이블의 'Date' 필드와 같이 계층 구조 날짜를 사용하는 경우, '.[Date]'와 함께 표시합니다. 이는 시각화에서 오류가 발생할 수 있으므로 삭제합니다.

06 | 테이블 시각적 개체를 선택하고 [시각적 개체에 데이터 추가]의 [값] 영역에 '_측정값' 테이블의 '매출_전년도', '총매출금액YoY%' 측정값을 추가합니다. [빠른 측정값]을 사용하면 DAX 수식을 쉽게 작성할 수 있습니다.

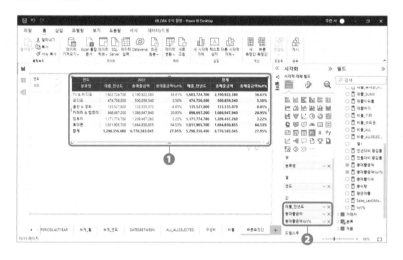

⑤ **DAX 참조, 빠른 측정 갤러리**

지금까지 DAX 수식이나 새 빠른 측정값 작성에 대해 살펴보았습니다. 데이터를 계속해서 탐색하려면 분석에 필요한 계산 결과를 빠르고 정확하게 작성할 필요가 있습니다. Power BI Community에서는 커뮤니티 구성원이나 개발자들이 수식에 필요한 팁을 제공합니다. 필요한 경우 커뮤니티를 잘 활용하면 아주 유용한 정보를 얻을 수 있습니다. 다음의 URL에서는 DAX 식에 대해 질문을 하거나 이미 올라온 질문에 대한 답변을 참조할 수 있습니다.

https://community.powerbi.com/t5/DAX-Commands-and-Tips/bd-p/DAXCommands

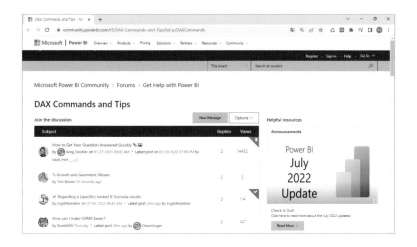

빠른 측정 갤러리(QuickMeasuresGallery)에서는 다양한 빠른 측정 시나리오를 확인하고, 유용한 정보
는 다운받아 사용할 수 있습니다.

https://community.powerbi.com/t5/Quick-Measures-Gallery/bd-p/QuickMeasuresGallery

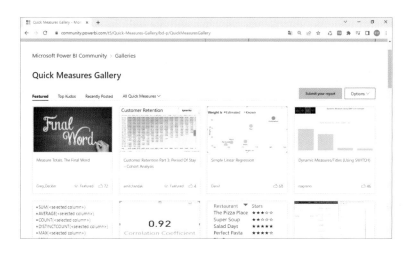

Tip Power BI 도움말

Power BI Desktop의 리본 메뉴 [도움말]에서 설명서, Power BI 블로그, 커뮤니티 등을 클릭하여 Power
BI에 관한 다양한 정보를 빠르게 확인할 수 있습니다.

Chapter 09 | 다양한 시각화

시각화의 드릴 모드로 데이터를 쉽게 탐색하고, 테이블에 다양한 조건부 서식과 스파크라인을 설정할 수 있습니다. 계기 차트나 분산형, 분해 트리 이외에도 새 시각적 개체를 추가해서 시각화할 수 있습니다. 데이터에서 인사이트를 찾고, 더 효과적으로 시각화하는 방법에 대해 살펴보겠습니다.

예제 파일 : Part 02 \ Chapter 09 \ 09_매출현황.pbix

01 계층 구조

시각적 개체의 축에 한 개 이상의 필드를 추가하면 계층 구조를 생성하게 됩니다. 이런 계층 구조는 시각화 드릴 모드를 이용해 데이터를 빠르게 탐색할 수 있으며, 자주 사용하는 필드 목록은 계층 구조로 그룹화하여 사용할 수 있습니다.

● 시각화 드릴 모드

시각화에 계층 구조가 있는 경우 추가 세부 정보를 드릴다운할 수 있습니다. 시각화의 축에 여러 필드를 추가하면 계층 구조로 표시되며, 시각화 제목 위에 시각화 드릴 모드 컨트롤이 나타납니다. 드릴다운으로 한 수준씩 아래로 이동하거나 드릴업으로 한 수준씩 위로 이동하며 데이터를 탐색할 수 있습니다.

01 '09_매출현황.pbix' 파일을 엽니다. [보고서](🖿) 보기의 '계층 구조' 페이지에서 [시각화] 창의 [꺾은선형 및 묶은 세로 막대형 차트]를 추가합니다. [시각적 개체에 데이터 추가]의 [X축] 영역에 'Dim-Date' 테이블의 '연도, 분기, 월' 필드, [열 y값] 영역에 '_측정값' 테이블의 '총매출금액' 측정값, [선 y값] 영역에 '매출이익률' 측정값을 추가합니다. 시각적 개체 머리글에 시각화 드릴 모드 컨트롤이 표시됩니다. 기타 서식은 적절히 조정합니다.

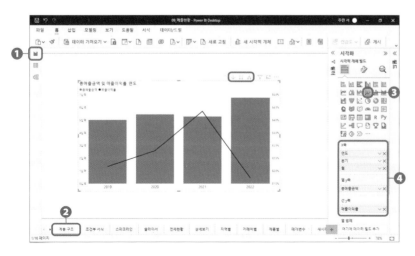

02 시각적 개체에서 ⇅(계층 구조에서 다음 수준으로 이동)을 클릭하면 '분기', '월' 순으로 표시됩니다. 이전 수준으로 이동할 때는 ↑(드릴업)을 클릭합니다.

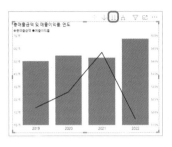 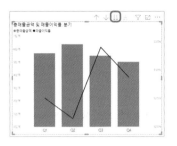 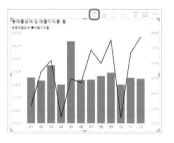

03 시각화 개체에서 ⬦(계층 구조에서 한 수준 아래로 모두 확장)을 클릭하면, 계층 구조 레이블이 '2019 Q1 01'과 같이 이전 수준과 함께 표시됩니다.

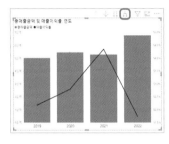 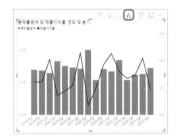 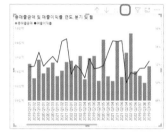

04 하나의 데이터 요소를 집중해서 탐색하려면 [드릴다운 모드 켜기]를 사용합니다. 시각화 개체에서 ↓(드릴다운을 켜려면 클릭)을 클릭하면 ⬇(드릴 모드 켜짐)으로 변경됩니다. 데이터 요소 중 '2022' 를 클릭하면 다음 계층인 분기 데이터를 표시합니다. 'Q1'을 클릭하면 하위 계층인 '월'을 표시합니다.

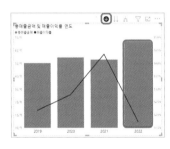 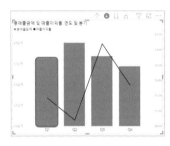 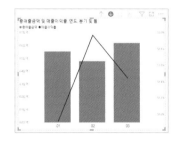

• 인라인 계층 구조 레이블

계층 구조를 모두 확장해서 표시하면 축 레이블이 인라인(연도–분기–월) 계층구조 레이블로 표시됩니다. 이러한 계층 구조 레이블을 기준으로 정렬할 수 있습니다.

01 | 꺾은선형 및 묶은 세로 막대형 차트에서 ⬇(계층 구조에서 한 수준 아래로 모두 확장)을 클릭합니다. 연도와 분기, 월 레이블을 인라인으로 표시합니다.

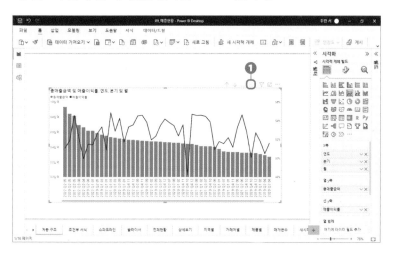

02 | [⋯](추가 옵션)의 [축 정렬]에서 [연도 분기 월] 기준으로 [오름차순 정렬]을 적용합니다. X축의 날짜가 오름차순 정렬됩니다.

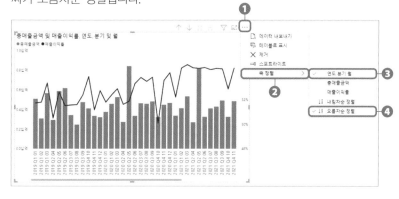

03 | X축 제목 중 연도와 분기가 반복 표시되므로 축이 복잡해 보입니다. X축 레이블의 인라인을 해제하면 날짜 정보를 좀 더 쉽게 파악할 수 있습니다. [시각적 개체 서식 지정]의 [시각적 개체]에서 [X축]-[레이블 연결]을 해제합니다. 시각적 개체의 X축의 연도와 분기가 줄바꿈되어 표시됩니다.

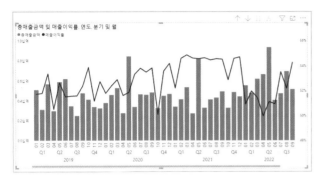

● 계층 구조 만들기

시각화 드릴 모드로 데이터를 탐색할 경우, 자주 사용하는 필드는 결합해서 사용하면 편리합니다. '시도, 구군시, 거래처명' 순으로 지역별 거래처 매출을 분석하거나, '분류, 제품분류, 제품명'으로 제품별 정보를 탐색할 경우 여러 필드를 계층 구조로 구성할 수 있습니다. 계층 구조를 작성하려면 관련 필드가 한 테이블에 저장되어 있어야 합니다.

01 | [데이터](▦) 보기에서 '제품' 테이블을 클릭합니다. 이 테이블에는 RELATED 함수를 사용해 '분류명'과 '제품분류명'을 표시해 두었습니다. 제품 계층 구조를 작성하기 위해 '분류명' 필드에서 마우스 오른쪽 버튼을 클릭한 후 [계층 구조 만들기]를 선택합니다.

02 분류명 계층 구조가 생성되고, 분류명이 포함됩니다. 계층 구조는 [아이콘](계층 구조)와 함께 나타납니다.

03 분류명 계층 구조에 '제품분류명' 필드를 추가해 보겠습니다. '제품분류명' 필드에서 마우스 오른쪽 버튼을 클릭, [계층 구조에 추가]-[분류명 계층 구조]를 선택합니다.

04 분류명 계층 구조에 '제품분류명'이 포함됩니다. 동일한 방법으로 '제품명'도 '분류명 계층 구조'에 포함시킵니다.

05 분류명 계층 구조에서 마우스 오른쪽 버튼을 클릭한 후 [이름 바꾸기]를 선택합니다. '제품 계층'을 입력하고 **Enter** 를 누릅니다.

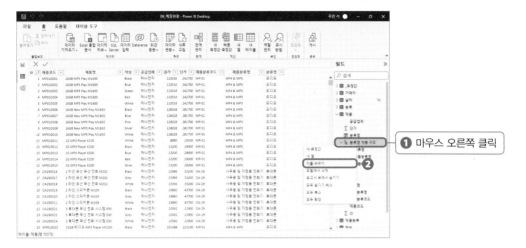

❶ 마우스 오른쪽 클릭

06 작성된 '제품 계층'을 테이블에 추가해 보겠습니다. [보고서](📊) 보기에서 '제품별' 페이지의 행렬을 선택합니다. [시각적 개체에 데이터 추가]에서 [행] 영역의 필드를 제거하고 '제품' 테이블의 '제품 계층' 필드를 [행] 영역에 추가합니다. 시각화 개체 머리글의 [드릴온]을 '행'으로 선택하고 📐(계층 구조에서 한 수준 아래로 모두 확장)을 클릭하여 계층 구조를 모두 확장시키면 제품 정보가 모두 표시됩니다.

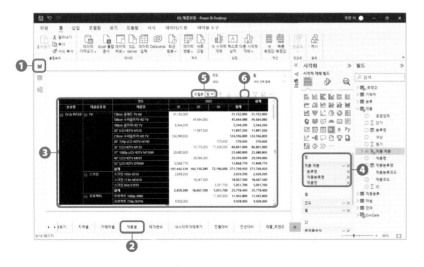

파워 쿼리 편집기 활용

DAX 함수

다양한 시각화

앱 시각화

보고서 관리

Power BI 서비스

02 조건부 서식

테이블이나 막대형 차트에 조건부 서식을 적용하여 데이터를 강조할 수 있습니다. 데이터 값을 기준으로 배경색이나 글꼴 색, 데이터 막대, 아이콘, 웹 URL 등을 적용할 수 있습니다. 조건부 서식은 편집이 가능하며 스타일을 그라데이션, 규칙, 필드 값으로 적용하거나 값만, 값 및 합계, 합계만 등으로 서식을 적용할 수 있습니다.

테이블에 다음과 같이 조건부 서식을 적용해 보겠습니다. 총수량은 아이콘, 총매출금액은 데이터 막대, 총매출이익은 배경색, 매출이익률은 글꼴색을 적용했습니다.

분류명	총수량		총매출금액	총매출이익	매출이익률
TV & 비디오	▲	11,499	7,343,366,070	3,934,557,174	53.58%
컴퓨터	●	21,306	4,607,681,620	2,470,409,004	53.62%
휴대폰	●	20,070	4,492,278,355	2,254,103,135	50.18%
카메라 & 캠코더	▲	10,608	3,810,715,760	2,002,765,756	52.56%
오디오	▲	12,642	1,800,733,310	957,659,986	53.18%
음반 & 영화	◆	3,637	511,399,940	273,700,724	53.52%
합계		79,762	22,566,175,055	11,893,195,779	52.70%

● 데이터 막대 설정

01 '조건부서식' 페이지의 첫 번째 테이블 시각적 개체를 선택합니다. [시각적 개체 서식 지정]의 [시각적 개체]에서 [셀 요소]를 확장합니다.

02 | '총매출금액'에 조건부 서식의 데이터 막대를 적용해 보겠습니다. [셀 요소]에서 [계열]을 '총매출금액'으로 선택하고 [데이터 막대]를 '설정'으로 변경합니다. 값이 높을수록 막대 길이가 길게 표시됩니다. 서식을 변경하기 위해 f_x (조건부 서식)을 클릭합니다.

03 | [데이터 막대] 대화상자가 나타납니다. 데이터 막대는 최소값과 최대값을 기준으로 시각화합니다. [양수 막대]의 색상을 '테마 3, 40% 더 밝게'로 변경하고 [확인]을 클릭합니다.

04 | 수정된 데이터 막대 서식이 '총매출금액'에 적용됩니다.

● 배경색 설정

테이블의 '총매출이익'에 배경색을 적용해 보겠습니다.

01 | [셀 요소]의 [계열]을 '총매출이익'으로 선택하고 [배경색]을 '설정'으로 변경합니다. 총매출이익에 배경색이 표시되고 값이 높을수록 파랑, 값이 낮을수록 연한 파랑으로 적용됩니다. 서식을 변경하기 위해 ㈜(조건부 서식)을 클릭합니다.

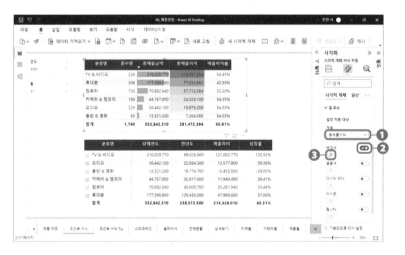

02 [배경색] 대화상자가 나타납니다. [서식 스타일]은 '그라데이션', [적용 대상]은 '값만'으로 설정되어 있습니다. 배경색은 최소값(연한 파랑)과 최대값(파랑)을 그라데이션으로 표현합니다. [중간 색 추가]를 체크하면 가운데 색상을 지정할 수 있습니다. 기본 옵션은 그대로 유지하고 [확인]을 클릭합니다.

03 수정된 배경색이 '총매출이익'에 적용됩니다.

[조건부 서식] 대화상자에서 서식 스타일 기준은 다음과 같습니다.

- 그라데이션 : 최소값, 최대값을 기준으로 색 지정
- 규칙 : 사용자가 설정한 규칙에 맞추어 서식 지정
- 필드 값 : 필드의 값 또는 측정값을 기준으로 서식 지정

- 값만 : 테이블의 값에만 서식 적용
- 값 및 합계 : 테이블의 값과 부분합, 합계에 서식 적용
- 합계만 : 테이블의 합계만 서식 적용

● 글꼴색 설정

테이블의 '매출이익률'에 글꼴색을 적용해 보겠습니다.

01 │ [셀 요소]의 [계열]을 '매출이익률'로 선택하고 [글꼴색]을 '설정'으로 변경합니다. 매출이익률에 글꼴색이 변경되고 값이 높을수록 파랑, 값이 낮을수록 연한 파랑으로 적용됩니다. 서식을 변경하기 위해 fx (조건부 서식)을 클릭합니다.

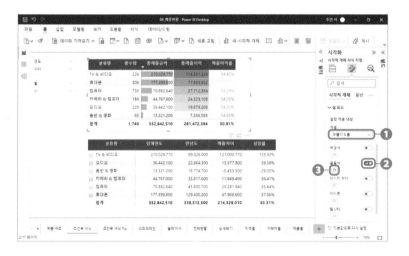

02 [글꼴색] 대화상자가 나타납니다. 글꼴색 서식은 배경색 서식과 동일한 옵션을 제공합니다. 최소값 색은 '테마 색1, 파랑'으로 변경, 최대값 색은 '테마 색2, 진한 파랑'으로 설정하고 [확인]을 클릭합니다.

03 수정된 글꼴색이 '매출이익률'에 적용됩니다.

• 아이콘 설정

테이블의 '총수량'에 조건부 서식의 아이콘을 적용해 보겠습니다.

01 │ [셀 요소]에서 [계열]을 '총수량'으로 선택하고 [아이콘]을 '설정'으로 변경합니다. 값을 상한값, 중간 값, 하한값으로 구분한 아이콘이 표시됩니다. 서식을 변경하기 위해 fx (조건부 서식)을 클릭합니다.

02 │ [아이콘] 대화상자가 나타납니다. 아이콘 위치, 스타일 등을 변경할 수 있으며 [새 규칙]을 클릭하여 여러 조건을 추가할 수 있습니다. 33% 미만, 67% 미만, 100% 이하 구간으로 설정된 아이콘이 표시됩니다. 기본 옵션을 유지하고 [확인]을 클릭합니다.

03 테이블 시각적 개체의 '총수량'에 3색 도형으로 67% 이상은 ●, 33% 이상은 ▲, 그 외는 ◆ 아이콘 스타일로 표시됩니다.

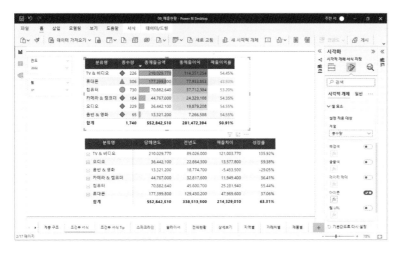

● 사용자 지정 조건부 서식

매출 성장률이 양수(0~9999)인 경우 파랑색, 음수(-9999~0)인 경우 빨간색으로 글꼴색을 변경하고 화살표 아이콘을 적용해 보겠습니다.

01 페이지의 두 번째 테이블 시각적 개체를 선택합니다. [시각적 개체 서식 지정]에서 [시각적 개체]의 [셀 요소]를 확장합니다. [계열]을 '성장률'로 변경하고 [글꼴색]을 '설정'으로 변경합니다. 서식을 변경하기 위해 *fx*(조건부 서식)을 클릭합니다.

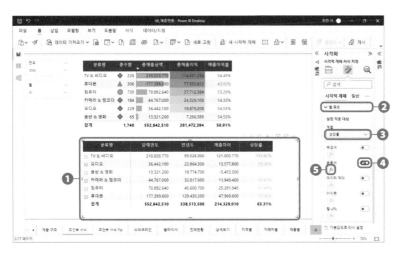

02 │ [글꼴색] 대화상자가 나타납니다. [서식 스타일]을 '규칙'으로 설정합니다. 첫 번째 If 값에 '규칙1'을 의 내용을 추가합니다. [새 규칙]을 클릭한 후 두 번째 If 값에 '규칙2'의 내용을 추가합니다. [적용 대상]을 '값 및 합계'로 변경하고 [확인]을 클릭합니다.

- 규칙1 : 〉(보다 큼), 0, 숫자, 〈=(보다 작거나 같음), 9999, 숫자, 파란색(테마색 1)
- 규칙2 : 〉=(보다 크거나 같음), -9999, 숫자, 〈(보다 작음), 0, 숫자, 빨간색(테마색 8)

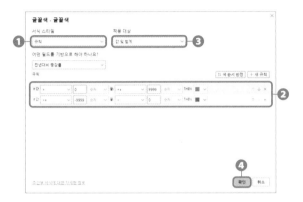

> **Tip** 조건부 서식 대화상자에서 [적용 대상]을 '값 및 합계'로 변경하면 규칙 요소인 숫자를 변경할 수 없습니다. 규칙을 모두 추가한 후 적용 대상을 '값 및 합계'로 설정합니다.

03 │ 글꼴색이 양수는 파란색, 음수는 빨간색으로 변경됩니다. [셀 요소]의 [아이콘]을 '설정'으로 변경합니다. 서식을 변경하기 위해 🔲(조건부 서식)을 클릭합니다.

04 | [아이콘] 대화상자가 나타납니다. [서식 스타일]을 '규칙'으로 설정되어 있습니다. 첫 번째 If 값에 '규칙1'의 내용을 추가합니다. [새 규칙]을 클릭한 후 두 번째 If 값에 '규칙2'의 내용을 추가하고 '규칙3'은 삭제합니다. [적용 대상]을 '값 및 합계'로 변경하고 [확인]을 클릭합니다.

- 규칙1 : 〉(보다 큼), 0, 숫자, 〈=(보다 작거나 같음), 9999, 숫자, ▲
- 규칙2 : 〉=(보다 크거나 같음), -9999, 숫자, 보다 작음, 0, 숫자, ▼

05 | 두 번째 테이블 시각적 개체에 글꼴색과 아이콘 스타일이 적용되어 성장률(전월대비 증감률)의 상승/하락을 쉽게 파악할 수 있습니다.

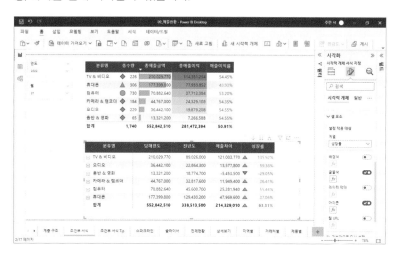

'제품' 테이블의 '색상' 필드에 Black, White, Red, Orange 등과 같은 데이터로 조건부 서식을 적용할 수 있습니다. [조건부 서식] 대화상자의 [서식 스타일]에서 '필드 값'을 선택하고, [필드 기준]은 '처음 색상일, [요약]은 '첫 번째'로 적용하면 데이터와 동일한 색상이 배경색이나 글꼴색으로 적용됩니다.

• 조건부 서식 제거

조건부 서식을 제거할 때는 필드에 적용된 전체 또는, 하나의 조건부 서식을 제거할 수 있습니다.

01 | 테이블 시각적 개체를 선택하고 [시각적 개체에 데이터 추가]에서 [열] 영역의 '총매출금액' 필드에서 ☑(아래 화살표) 클릭해서 조건부 서식을 적용하거나 제거할 수 있습니다. [조건부 서식 제거]-[모두]를 클릭하면 전체 조건부 서식을 제거합니다.

파워 쿼리 편집기 활용

DAX 함수

다양한 시각화

맵 시각화

보고서 관리

Power BI 서비스

⑬ 스파크라인

테이블 또는, 행렬에 스파크라인을 추가하면 추세를 빠르게 확인하고 비교할 수 있습니다. 월별 증가 또는 감소, 경제 주기와 같은 값에 추세를 표시하거나 최대값과 최소값을 강조 표시할 수도 있습니다. 스파크라인은 테이블이나 행렬의 셀에 표시되는 차트로 날짜 기준으로 선이나 열 차트로 구성합니다.

• 스파크라인 추가

월별로 매출금액 추세를 스파크라인으로 추가해 보겠습니다.

01 '스파크라인' 페이지의 테이블 시각적 개체를 선택합니다. [삽입] 탭-[스파크라인] 그룹에서 [스파크라인 추가]를 클릭합니다.

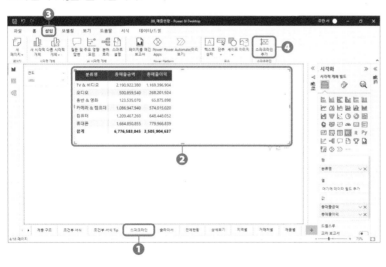

02 [스파크라인 추가] 대화상자가 나타납니다. 요약 값을 [Y축]에 추가하고, [X축]에는 일반적으로 날짜 필드를 추가합니다. [Y축]에 '_측정값' 테이블의 '총매출금액' 측정값 선택, [X축]에 'DimDate' 테이블의 '월' 필드를 선택하고 [만들기]를 클릭합니다.

03 '총매출금액, 월' 스파크라인이 추가되며 월별 추세를 확인할 수 있습니다.

04 월별로 '총매출이익' 추세를 스파크라인으로 추가해 보겠습니다. 스파크라인은 [시각적 개체에 데이터 추가]의 [값] 영역에서 추가할 수도 있습니다. [값] 영역의 '총매출이익' 필드에서 ▽(아래 화살표)를 클릭, [스파크라인 추가]를 선택합니다.

05 [스파크라인 추가] 대화상자의 [Y축]에 '총매출이익' 측정값이 포함됩니다. [X축]에 'DimDate' 테이블의 '월' 필드 추가하고 [만들기]를 클릭합니다.

06 '총매출이익,월' 스파크라인이 추가되며 월별 추세를 확인할 수 있습니다.

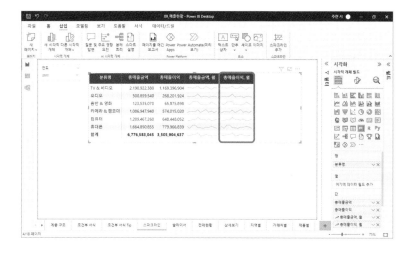

• 스파크라인 편집

스파크라인의 속성을 변경할 수 있습니다. 스파크라인은 선과 열로 차트 유형을 변경하거나 선 굵기, 표식, 색상 등을 변경해 보겠습니다.

01 | 테이블 시각적 개체를 선택하고 [시각적 개체 서식 지정]에서 [시각적 개체]-[스파크라인]을 확장합니다. [설정 적용 대상]은 '총매출금액, 월' 선택, [너비]를 '2'로 설정합니다. [이러한 표식 표시]에서 유형별 표식을 표시할 수 있습니다. [최상위], [최하위]에 체크하고 [색, 형식, 크기]를 설정합니다.

02 | [설정 적용 대상]을 '총매출이익, 월'로 설정합니다. [차트 유형]을 '열'로 변경, [데이터 색상]을 '테마 색3'으로 설정합니다.

04 다양한 시각화

데이터를 탐색하기 위해 슬라이서 유형을 다양하게 변경하거나, 계기 차트나 KPI 시각화를 이용해 목표 대비 달성이나 핵심성과지표(KPI)를 표시할 수 있습니다. 분산형 차트로 두 숫자 값 사이의 관계를 표시하거나 분해 트리를 이용해 특정 기준에 따라 드릴다운하면서 값을 탐색할 수 있습니다.

● 슬라이서

CHAPTER 06에서 슬라이서로 데이터를 필터링하는 방법에 대해 알아보았습니다. 이번에는 상대 날짜 필터와 슬라이서 동기화하는 방법에 대해 살펴보겠습니다.

상대 날짜 슬라이서

날짜 형식 필드를 슬라이서에 추가하면 사이, 이전, 이후, 상대로 다양한 기간을 설정할 수 있습니다. 상대 날짜 슬라이서 유형은 달력 단위나 오늘 날짜를 기준으로 마지막, 다음, 이번과 같은 동적인 날짜를 적용할 수 있습니다. 당해 연도나 오늘 날짜를 기준으로 3개월 전 등의 날짜를 표시해 보겠습니다.

01 '슬라이서' 페이지에서 [시각화] 창의 [슬라이서]를 추가합니다. [시각적 개체에 데이터 추가]의 [값] 영역에 'DimDate' 테이블의 'Date' 필드를 추가하면 슬라이서 유형이 '사이'로 표시됩니다.

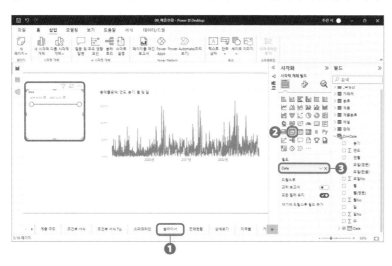

02 | 슬라이서에서 [슬라이서 유형 선택](∨)을 클릭하면 [사이, 이전, 이후, 목록, 드롭다운, 상대 날짜, 상대 시간] 유형으로 변경할 수 있습니다. [이전]은 선택한 날짜 이전까지 필터링하고, [이후]는 선택한 날짜 이후를 필터링합니다. [상대 날짜]를 클릭합니다.

03 | [상대 날짜] 유형에서 [마지막]을 클릭하면, [마지막, 다음, 이번] 목록이 제공됩니다. [선택]을 클릭하면 [일, 주, 개월, 개월(달력), 년, 년(달력)]과 같은 목록이 제공됩니다.

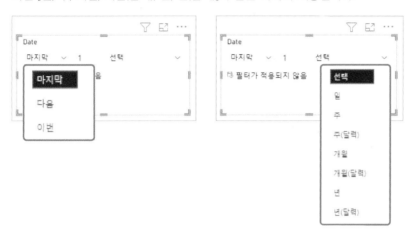

04 | 슬라이서를 '마지막, 3, 개월'로 설정하면 현재 날짜(2022−08−01)부터 3개월 전까지의 날짜를 필터링합니다. 기준 날짜를 변경하기 위해 [시각적 개체 서식 지정]의 [시각적 개체]에서 [값]을 확장합니다. [기준 날짜]에 '2022−12−31'을 입력하면 기준 날짜의 3개월 전의 데이터를 가져옵니다. [오늘 포함]을 해제하면 기준 날짜의 하루 전부터 3개월 전의 데이터를 가져옵니다.

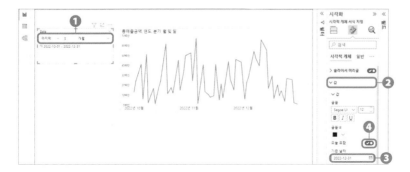

05 | 슬라이서의 조건을 '마지막, 3, 개월(달력)'으로 설정하면 이전 3개월의 날짜를 필터링합니다. 당월은 포함하지 않습니다.

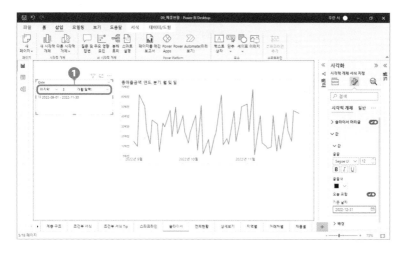

슬라이서 동기화

슬라이서는 여러 페이지에 동기화해서 사용할 수 있습니다. 슬라이서에서 필터링한 값이 다른 페이지에서도 함께 필터링되도록 슬라이서 동기화를 사용할 수 있습니다. 슬라이서를 복사해서 붙여넣기할 때 동기화하거나 [슬라이서 동기화] 대화상자를 이용하여 슬라이서 표시 및 동기화를 적용할 수 있습니다.

01 | '전체현황' 페이지의 '연도' 슬라이서를 '상세보기' 페이지에 표시해 보겠습니다. '연도' 슬라이서를 선택하고 복사(Ctrl+C)합니다.

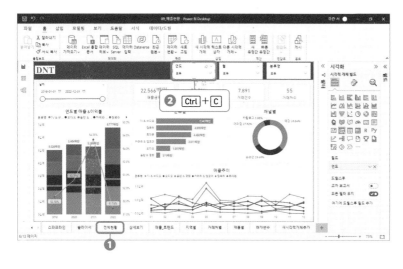

02 | 복사한 슬라이서를 '상세보기' 페이지에 붙여넣기([Ctrl]+[V])합니다. [시각적 개체 동기화] 대화상자가 표시되면 [동기화]를 클릭합니다.

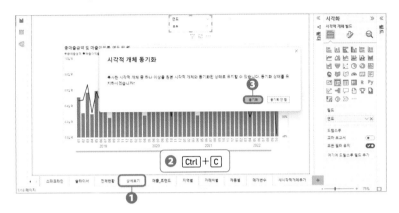

03 | '전체현황' 페이지의 '연도' 슬라이서에 '2022'를 필터링하면 '상세보기' 페이지의 연도가 '2022'로 적용된 걸 확인할 수 있습니다. 동기화된 슬라이서는 어느 페이지에서든 동일한 필터가 적용됩니다.

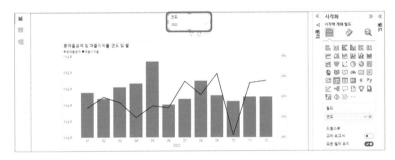

04 | 여러 페이지에 슬라이서를 표시해서 동기화를 설정할 수 있습니다. '상세보기' 페이지의 '연도' 슬라이서를 선택하고 [보기] 탭-[창 표시] 그룹에서 [슬라이서 동기화]를 클릭합니다. [슬라이서 동기화] 창이 나타납니다.

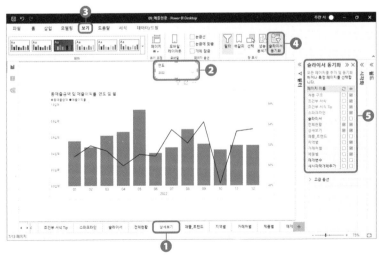

05 | [슬라이서 동기화] 대화상자의 🔄(동기화), 👁(표시)의 확인란을 체크하여 동기화와 표시 여부를 선택할 수 있습니다. '매출_트렌드' 페이지의 [동기화]와 [표시]의 확인란을 모두 체크합니다.

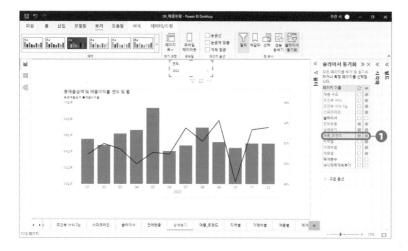

06 | '매출_트렌드' 페이지에 '연도' 슬라이서가 표시되고 '2022'로 동일한 필터가 적용된 것을 확인할 수 있습니다.

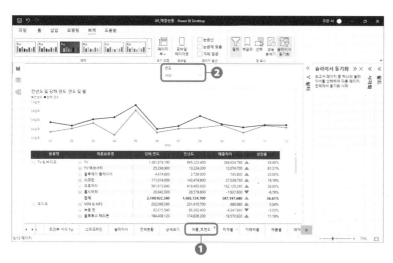

• 계기 차트

계기 차트는 원호 형태로 목표에 대한 진행률이나 KPI(핵심 성과 지표) 값을 표시합니다. 예를 들어, 기업의 월별 목표를 세우고, 계기 차트로 이달의 매출이 목표에 얼마나 도달하고 있는지를 시각화할 수 있습니다.

01 '_측정값' 테이블의 '목표금액' 측정값은 지난 3개월간의 평균매출을 10% 증액한 목표매출입니다. '기타' 페이지에서 [시각화] 창의 [계기 차트]를 추가하고 크기와 위치를 적절히 조정합니다.

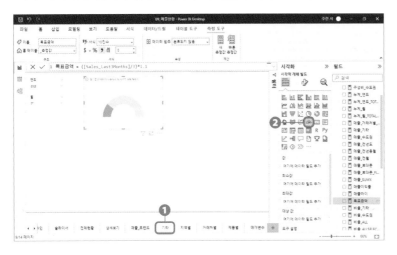

02 [시각적 개체에 데이터 추가]의 [값] 영역에 '_측정값' 테이블의 '총매출금액' 측정값, [대상 값] 영역에 '목표금액' 측정값을 추가합니다. 계기 차트에 당월 매출(2022년10월)이 가운데 숫자로, 목표 값은 선으로 표시됩니다. 최소 '0', 최대는 '총매출금액'의 배수로 설정되고 파란색으로 현재 진행률이 표시됩니다.

03 | 계기 차트의 서식을 변경해 보겠습니다. [시각적 개체 서식 지정]에서 [시각적 개체]의 [색]을 확장합니다. [대상 색상]을 '빨간색(테마 색 8)'으로 설정합니다. [목표 레이블]-[글꼴 크기] '14', [색]을 '빨간색(테마 색 8)'로 설정하고, [설명 값]-[색]을 '파란색(테마 색1)'으로 설정합니다. 목표대비 월 매출의 진행률을 확인할 수 있습니다.

• KPI

KPI(핵심 성과 지표)는 측정 가능한 목표에 대상 값의 진행률을 알리는 시각화입니다. 전년도매출을 목표(대상)로 당해 연도의 매출 진행률을 대해 표시해 보겠습니다.

01 | '_측정값' 테이블의 '전년도매출', '누계_연도' 측정값을 이용해 KPI로 시각화해 보겠습니다. '기타' 페이지의 슬라이서 필터는 해제합니다. 빈 영역을 클릭하고 [시각화] 창의 [KPI]를 선택하고 크기를 조정합니다.

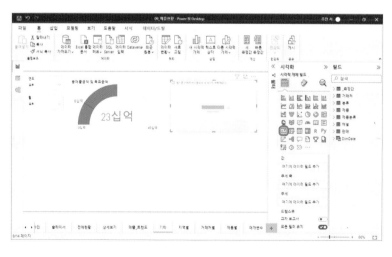

02 [시각적 개체에 데이터 추가]에서 [값] 영역에 '_측정값' 테이블의 '누계_연도' 측정값, [추세 축] 영역에 'DimDate' 테이블의 '연도' 필드, [추세] 영역에 '_측정값' 테이블의 '매출_전년도' 측정값을 추가합니다. KPI 차트에 당해 연도 매출액이 표시되고, 당해 연도 매출이 전년도 매출보다 +27.95% 증가했음을 보여줍니다. KPI는 지표가 대상 목표보다 높으면 '녹색', 보통이면 '노란색', 낮으면 '빨간색'으로 표시합니다.

03 표시 단위 조정을 위해 [시각적 개체 서식 지정]에서 [시각적 개체]-[설명 값]을 확장합니다. [표시 단위]를 '백만', [값 소수 자릿수]를 '0'으로 설정합니다. 데이터에 따라 높은 값이 양호이거나 낮은 값이 양호일 수 있습니다. [추세 축]에서 방향이나 색상을 사용자가 원하는 기준으로 변경할 수 있습니다.

 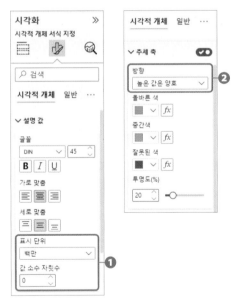

• 분산형 차트

분산형 차트는 두 숫자 값 사이의 관계를 표시하며, 차트에 x 및 y 숫자 값의 교차점이 점으로 표시됩니다. 또한, 거품 크기를 지정하여 데이터 요소를 다차원으로 볼 수 있는 거품형 차트로 나타낼 수 있습니다.

01 평균단가가 높으면 매출이익이 높은지 두 숫자 사이의 관계를 시각화해 보겠습니다. '기타' 페이지에서 [시각화] 창의 [분산형 차트]를 추가합니다.

02 [시각적 개체에 데이터 추가]의 [X축] 영역에 '_측정값' 테이블의 '총매출이익' 측정값, [Y축] 영역에 '평균단가' 측정값, [범례] 영역에 '분류' 테이블의 '분류명' 필드를 추가합니다. 두 숫자 사이의 관계가 점으로 표시됩니다. 평균단가가 높은 'TV&비디오'가 매출이익도 높게 나온 걸 확인할 수 있습니다.

03 ㅣ [크기] 영역에 '_측정값' 테이블의 '총매출금액' 측정값을 추가하면 거품 크기로 데이터 요소를 파악할 수 있습니다.

04 ㅣ [재생 축] 영역에 날짜 정보를 추가하면 시간의 흐름에 따라 매출 흐름을 확인할 수 있습니다. [재생 축] 영역에 'DimDate' 테이블의 '연도' 필드를 추가합니다. 슬라이서의 조건을 해제한 후 분산형 차트의 데이터 요소(TV&비디오)를 선택하고 ▶(재생)을 클릭, 연도별로 매출 흐름을 표시합니다.

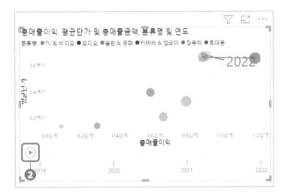 

• 폭포 차트

폭포 차트는 값이 증가하거나 감소할 때의 누계를 보여줍니다. 값이 어떤 요소에 의해 증가 및 감소되는지 효과적으로 분석할 수 있습니다.

01 │ 월별로 총매출금액의 증가 및 감소에 대해 분류명이 어떤 영향을 주는지 시각화해 보겠습니다. '기타' 페이지의 '연도' 슬라이서에 '2022'를 선택합니다. [시각화] 창의 [폭포 차트]를 클릭합니다.

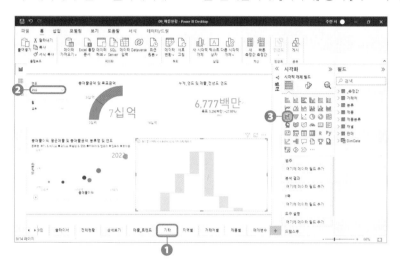

02 │ [시각적 개체에 데이터 추가]의 [범주] 영역에 'DimDate' 테이블의 '월' 필드, [Y축] 영역에 '_측정값' 테이블의 '총매출금액' 측정값을 추가합니다. 월별로 오름차순 정렬하면 다음과 같이 월별로 매출 변화를 확인할 수 있습니다.

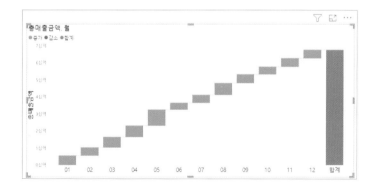

03 | 어떤 원인으로 매출 변화가 크게 증가 및 감소했는지 원인을 파악하려면, 매출 변화에 영향을 주는 필드를 [분석 결과] 영역에 추가합니다. [분석 결과] 영역에 '분류' 테이블의 '분류명' 필드를 추가합니다. 월별로 분류명이 증가 및 감소했는지 색으로 확인할 수 있습니다. 녹색은 '증가', 빨간색은 '감소', '기타'는 노란색으로 표시됩니다.

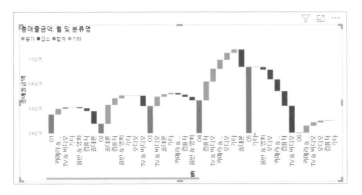

04 | 분석 결과는 상위 5개의 요인을 기본으로 표시합니다. [시각적 개체 서식 지정]의 [시각적 개체]에서 [분석 결과]를 확장합니다. [최대 분석 결과]를 조정하면 결과 항목의 최대값을 변경할 수 있습니다. 최대 분석 결과를 '3'으로 설정하면 상위 3개와 기타로 분석 요인을 표시합니다. 폭포 차트를 통해 기간별로 상위 3개의 매출 트렌드를 파악할 수 있습니다.

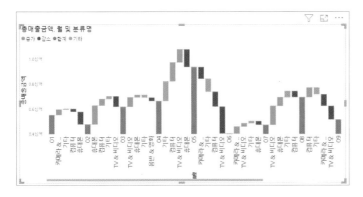

시각적 개체에서 값이 크게 증가 및 감소했다면, 이러한 변동의 원인을 파악할 필요가 있습니다. Power BI Desktop에서 인사이트를 통해, 몇 번의 클릭으로 증가 및 감소 원인을 알 수 있습니다.

시각적 개체에서 2022년 분기별 매출이 계속 감소하고 있습니다. '2022년 분기3'에서 '2022년 분기4' 사이의 매출 감소 영향에 대한 원인을 파악하기 위해 '분기4' 데이터 요소에서 마우스 오른쪽 버튼을 클릭, [분석]-[감소에 대해 설명하세요]를 클릭합니다(X축은 'DimDate' 테이블의 'Date' 필드 사용).

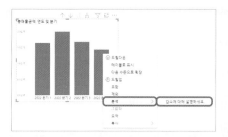

그러면 Power BI Desktop이 데이터에 대한 해당 기계 학습 알고리즘을 실행하고 증가 및 감소에 가장 영향을 주는 범주를 설명하는 시각적 개체 및 설명이 있는 창을 표시합니다. 기본적으로 데이터 요소의 증가 및 감소에 대해 폭포 차트로 제공됩니다.

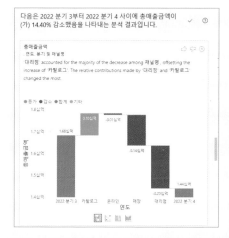

세로 스크롤 막대를 내려보면 다양한 증가 및 감소 원인을 제공하고 분산형 차트나 100% 누적 세로 막대형, 리본 차트로 인사이트를 파악할 수 있습니다.

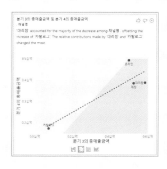
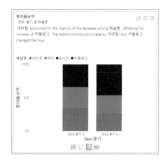

• 분해 트리

분해 트리 시각적 개체를 사용하면 여러 차원에서 데이터를 시각화할 수 있습니다. 분해 트리는 데이터를 자동으로 집계하여 임의 순서로 차원을 드릴다운할 수 있습니다.

01 │ '분해 트리' 페이지에서 [시각화] 창의 [분해 트리]를 추가합니다. 크기와 위치를 적절히 조정합니다.

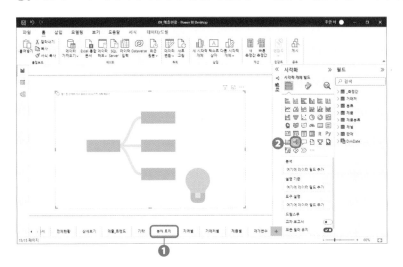

02 │ 분해 트리는 두 가지 유형이 표시되는 데 [분석]은 분석할 메트릭으로 측정값 또는, 집계 필드로 구성하고, [설명 기준]은 드릴다운할 하나 이상의 필드로 구성합니다. [시각적 개체에 데이터 추가]의 [분석] 영역에 '_측정값' 테이블의 '총매출금액' 측정값, [설명 기준] 영역에 'DimDate' 테이블의 '연도' 필드, '채널' 테이블의 '채널명' 필드, '제품분류' 테이블의 '제품분류명' 필드를 추가합니다.

파워 쿼리 편집기 활용

DAX 함수

다양한 시각화

맵 시각화

보고서 관리

Power BI 서비스

03 | 집계된 측정값의 ⊞을 클릭하면 데이터를 분할하려는 필드를 선택할 수 있습니다.

04 | 연도의 노드(2022)에서 채널명으로 확장합니다. 채널명의 노드(매장)에서 제품분류명으로 확장합니다.

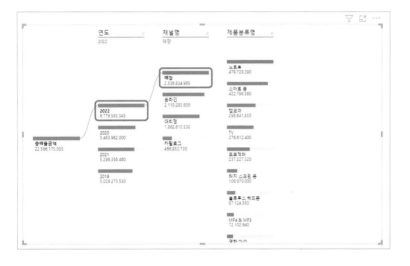

05 | 채널명 수준에서 노드를 선택하면 데이터가 교차 필터되고 이전 노드를 클릭하면 경로가 변경됩니다. 필드명을 제거하면 차원을 축소합니다.

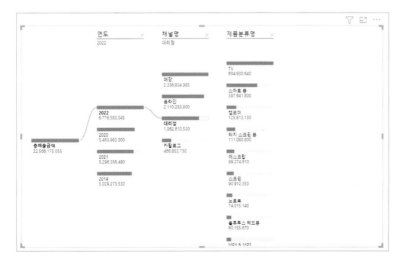

● 스마트 설명

스마트 설명 시각적 개체는 AI를 사용하여 시각적 개체와 보고서의 텍스트 요약을 제공합니다.

01 | '전체현황' 페이지에서 [시각화] 창의 [스마트 설명]을 클릭합니다.

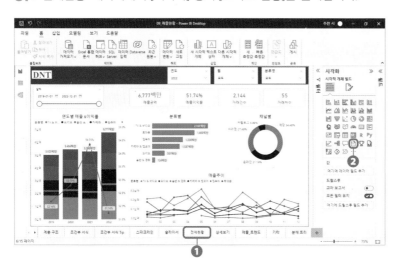

02 | 보고서에 있는 데이터의 흥미 있는 기능을 설명하는 자동 생성 텍스트가 포함된 텍스트 상자가 나타납니다. 스마트 설명의 요약 값은 보고서의 다른 시각적 개체와 상호 작용되어 텍스트와 값이 자동으로 업데이트됩니다.

• 질문과 답변(Q&A)

Q&A 시각적 개체를 사용해 자연어로 질문하고 시각적 개체 형태로 답변을 얻을 수 있습니다. [시각화] 창의 [질문 및 개체]를 클릭하거나, 보고서 빈 영역을 더블클릭하여 질문한 결과를 시각화할 수 있습니다. Q&A 시각적 개체를 만들고 서식 지정 방법에 대해 알아보겠습니다.

01 | 보고서에 새 페이지를 추가하고 [시각화] 창의 [질문 및 답변]을 클릭합니다. 시각적 개체의 크기와 위치를 조정합니다.

02 | 개체에 있는 제안된 질문 중 하나를 선택하거나, 질문 상자에 직접 입력합니다. '총매출금액 by 분류 분류명'을 입력한 결과로 가로 막대형 차트를 제시합니다. ('이 질문 및 답변 결과를 표준 시각적 개체로 바꿉니다')를 클릭하면 보고서에 시각적 개체로 포함됩니다.

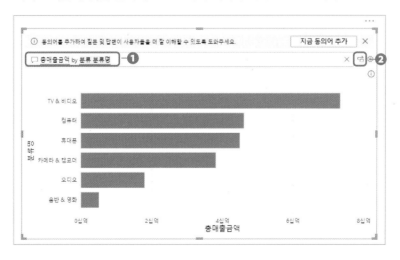

05 새 매개 변수

새 매개 변수는 보고서에 가상(What-if) 매개 변수를 만들고 슬라이서 값을 가상 매개 변수로 할당합니다. 매개 변수는 숫자와 필드 유형으로 작성할 수 있으며 DAX 수식을 작성하여 값의 변화를 시각화해서 볼 수 있습니다. 새 매개 변수의 '필드'를 사용하려면 [파일] 탭-[옵션 및 설정]-[옵션]-[미리 보기 기능]에서 [필드 매개 변수]를 추가해야 합니다.

● 숫자 범위 매개 변수

할인율을 매개 변수로 입력해서 매출금액에 반영해 보겠습니다.

01 '매개 변수' 페이지를 클릭합니다. 새 매개 변수를 작성하려면 [모델링] 탭-[가상] 그룹에서 [새 매개 변수]-[숫자 범위]를 클릭합니다.

02 [가상 매개 변수] 대화상자에서 [이름]에 '매개 변수'를 입력하고 [데이터 형식]을 '10진수'로 설정합니다. 최소값은 '0', 최대값은 '1', 증가에 '0.1'을 입력합니다. 이렇게 하면 0%~100%의 값을 1%씩 증가 및 감소하는 매개 변수를 작성합니다. [이 페이지에 슬라이서 추가]가 체크된 상태에서 [만들기]를 클릭합니다.

03 │ 페이지에 '할인율' 슬라이서가 표시되고, '할인율' 테이블에 '할인율, 할인율 값' 매개 변수가 생성됩니다. 매개 변수에 할인율 값을 사용하며 이는 다음과 같은 DAX 구문으로 이루어져 있습니다.

- 할인율 = GENERATESERIES(0, 1, 0.01)
- 할인율 값 = SELECTEDVALUE('할인율'[할인율])

04 │ '할인율 값'을 이용하여 금액 변동을 파악하는 DAX 수식을 작성해 보겠습니다. '_측정값' 테이블에서 [테이블 도구] 탭 – [새 측정값]으로 다음 두 측정값을 각각 추가합니다. 금액은 할인율이 적용되지 않은 수식으로 할인금액과 비교용으로 사용합니다.

- 금액 = SUMX('판매', [단가] * [수량])
- 할인금액 = SUMX('판매', [단가] * [수량] * (1 – '할인율'[할인율 값]))

05 ⎸ [시각화] 창에서 [묶은 세로 막대형 차트]를 추가하고 [시각적 개체에 데이터 추가]의 [X축] 영역에 'DimDate' 테이블의 '연도, 월' 필드, [값] 영역에 '_측정값' 테이블의 '금액, 할인 금액' 측정값을 추가합니다. X축은 계층 구조를 확장하고 연도, 월 기준으로 오름차순 정렬을 적용합니다. '할인율' 슬라이서의 값을 조정해 보면 차트의 할인금액 데이터 요소가 변동되는 걸 확인할 수 있습니다.

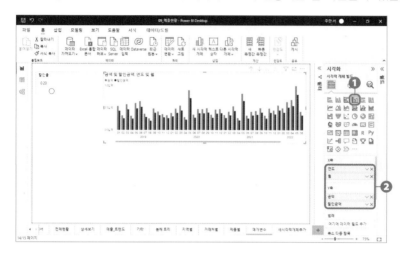

● 필드 매개 변수

필드 값을 매개 변수로 입력해서 시각적 개체에 반영해 보겠습니다.

01 ⎸ [모델링] 탭 – [가상] 그룹에서 [새 매개 변수] – [필드]를 클릭합니다.

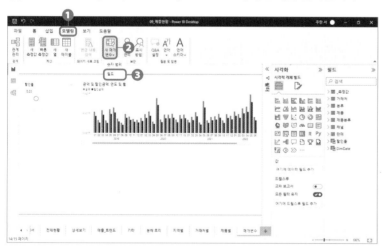

02 │ [가상 매개 변수] 대화상자에서 [이름]에 '필드 매개 변수'를 입력하고 [필드 추가 및 순서 변경]에 'DimDate' 테이블의 '연도' 필드, '채널' 테이블의 '채널명' 필드, '분류명' 테이블의 '분류명' 필드를 추가합니다. [이 페이지에 슬라이서 추가]가 체크된 상태에서 [만들기]를 클릭합니다.

03 │ 페이지에 '필드 매개 변수' 슬라이서가 표시되고, '필드 매개 변수' 테이블에 '필드 매개 변수' 매개 변수가 생성됩니다. 선택한 필드 목록을 매개 변수로 사용하며 이는 다음과 같은 DAX 구문으로 이루어져 있습니다.

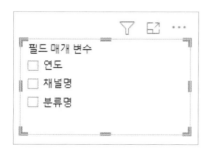

```
1  필드 매개 변수 = {
2      ("연도", NAMEOF('DimDate'[연도]), 0),
3      ("채널명", NAMEOF('채널'[채널명]), 1),
4      ("분류명", NAMEOF('분류'[분류명]), 2)
5  }
```

04 '필드 매개 변수' 슬라이서는 [시각적 개체 서식 지정]에서 [시각적 개체]의 [슬라이서 설정]을 확장하고 [방향]을 '가로'로 설정합니다. 슬라이서의 크기를 적절히 조정합니다.

05 '필드 매개 변수' 슬라이서를 이용해 막대형 차트를 작성해 보겠습니다. [시각화] 창에서 [묶은 가로 막대형 차트]를 추가하고 [시각적 개체에 데이터 추가]의 [Y축] 영역에 '_측정값' 테이블의 '필드 매개 변수' 측정값, [X축] 영역에 '_측정값' 테이블의 '총매출금액' 측정값을 추가합니다. 그 외 [X축, Y축 글꼴 크기, 제목 서식] 등을 조정합니다.

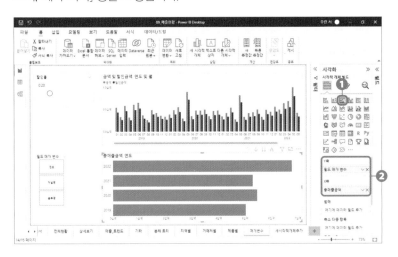

06 | '필드 매개 변수' 슬라이서의 항목을 선택해 보면 묶은 가로 막대형 차트의 Y축 항목이 변동되는 걸 확인할 수 있습니다.

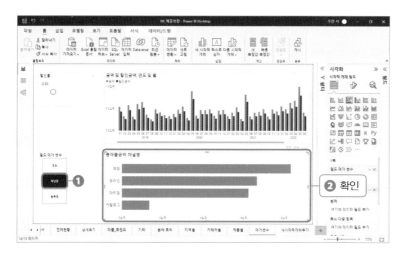

> **Tip** | **필드 목록 매개 변수**

테이블의 필드명을 매개 변수로 할당하여 필요한 필드만 선택해서 시각화할 수 있습니다.

다음은 '필드' 매개 변수로 '제품' 테이블의 필드를 추가한 '제품_매개 변수'입니다.

테이블에 '제품_매개 변수'를 추가한 후 슬라이서에서 시각화하려는 필드를 선택합니다. 매개 변수로 필요에 따라 필드 목록을 변경할 수 있습니다.

🔘 더 많은 시각적 개체 가져오기

Power BI에서는 AppSource(Microsoft 제품에서 사용 가능한 앱 제공)에서 제공하는 다양한 유형의 비즈니스 앱을 추가해 사용할 수 있습니다. AppSource에서 직접 다운받거나 [시각화] 창의 ⋯(더 많은 시각적 개체 가져오기)를 클릭하면 다양하고 특색 있는 시각적 개체를 추가해서 사용할 수 있습니다. AppSource의 시각적 개체를 사용하기 위해서는 Power BI 계정이 필요합니다.

시각적 개체는 다음 세가지 유형으로 제공됩니다.

- 사용자 지정 시각적 개체 – 패키지화한 .pbiviz 파일을 Power BI 보고서로 가져와 사용
- 조직의 시각적 개체 – Power BI 관리자가 조직에서 쉽게 검색, 업데이트 및 사용할 수 있도록 사용자 지정 시각적 개체를 승인 및 배포
- AppSource 시각적 개체 – Microsoft와 커뮤니티 멤버, 개발자들이 사용자 지정 시각적 개체를 구성하고 AppSource 마켓플레이스에 게시, Microsoft에서 개체를 테스트하고 승인된 자료를 다운로드하여 사용

• AppSource에서 가져오기

새 시각적 개체를 추가해 보겠습니다.

01 | Power BI Desktop에서 직접 AppSource에서 다운받아 추가할 수 있습니다. [시각화] 창의 ⋯ (더 많은 시각적 개체 가져오기)를 클릭하고 [더 많은 시각적 개체 가져오기]를 클릭합니다.

02 | [Power BI 시각적 개체] 대화상자가 나타납니다. AppSource와 내 조직에서 제공하는 승인된 시각적 개체를 사용할 수 있습니다. 검색란에서 'Donut'를 검색하고 검색 결과 중 'Advanced Donut Visual(Light Edition)을 추가합니다.

03 | 선택한 시각적 개체에 대한 설명 창이 나타납니다. 사용 방법을 확인하거나 샘플을 다운로드 받아 사용할 수 있습니다. [추가]를 클릭하여 Power BI Desktop에 추가합니다.

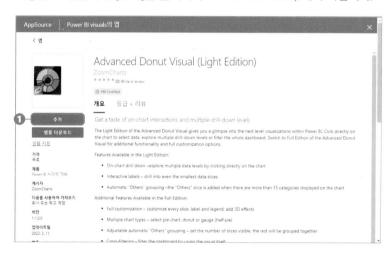

04 | [가져오기 성공] 대화상자에서 [확인]을 클릭합니다. [시각화] 창에 [Drill-Down Donut Chart by ZoomCharts]가 추가됩니다.

> **Tip** 새 시각적 개체를 추가할 때 보고서에 사용했던 개체라면 시각적 개체가 이미 있다고 표시됩니다. 업데이트가 발생된 시각적 개체라면 [업데이트]를 클릭하여 추가합니다.

05 | [보고서]( ) 보기의 '새 시각적 개체' 페이지에서 [시각화] 창의 [Drill-Down Donut Chart]를 추가합니다. [시각적 개체에 데이터 추가] 영역의 [Category]에 '채널' 테이블의 '채널명' 필드, '분류' 테이블의 '분류명' 필드, '제품분류' 테이블의 '제품분류명' 필드, [Values] 영역에 '_측정값' 테이블의 '총매출금액' 측정값을 추가합니다.

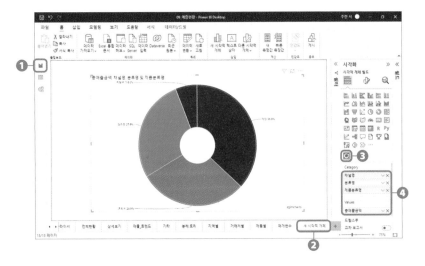

06 | 도넛형 차트의 데이터 요소(매장)를 클릭하면 드릴다운되면서 분류명 계층을 탐색합니다. 도넛형 차트의 원 조각을 클릭하여 드릴다운, 드릴업해서 계층을 탐색할 수 있습니다.

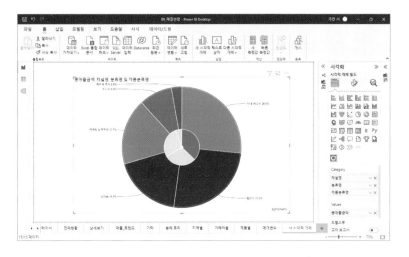

● 파일에서 가져오기

AppSource 사이트에서 다운받은 사용자 지정 시각적 개체가 있다면 파일에서 가져와 추가할 수 있습니다. Power BI 계정이 없다면 제공하는 파일을 추가해 사용합니다.

01 | [시각화] 창의 ⋯(더 많은 시각적 개체 가져오기)를 클릭하고 [파일에서 시각적 개체 가져오기]를 클릭합니다.

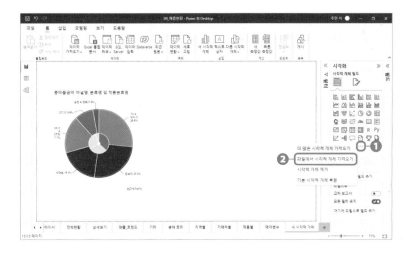

02 | [주의] 대화상자가 나타나면 신뢰할 수 있는 경우에 [가져오기]를 클릭합니다.

03 | 준비된 예제의 [Custom Visuals] 폴더에서 'TextFilter.pbiviz' 파일을 선택하고 [열기]를 클릭합니다.

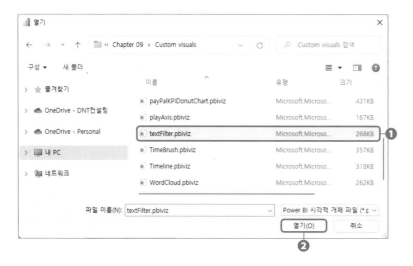

04 | [시각화] 창에 추가된 [Text Filter]를 확인할 수 있습니다. [Text Filter]는 검색어를 입력하여 데이터를 탐색하는 시각적 개체입니다. '거래처별' 페이지에 [Text Filter]를 추가합니다. [시각적 개체에 데이터 추가]의 [Field] 영역에 '거래처' 테이블의 '거래처명' 필드를 추가합니다. 보고서의 'Text Filter' 검색란에 '전자'를 입력하고 Enter 를 누르면 해당 단어를 포함하는 거래처명이 필터됩니다.

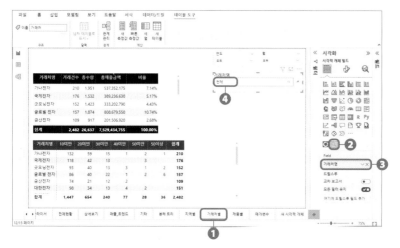

• 시각적 개체 삭제

추가한 시각적 개체는 삭제할 수도 있습니다.

01 [시각화] 창의 ⋯(더 많은 시각적 개체 가져오기)에서 [시각적 개체 제거]를 클릭합니다.

02 대화상자에서 삭제할 시각적 개체 목록을 선택하고 [제거]를 클릭합니다. 추가된 시각적 개체가 제거됩니다.

• AppSource에서 다운받기

AppSource에 게시된 시각적 개체를 다운받아 보겠습니다. AppSource는 Microsoft 소프트웨어에 대한 앱 및 추가 기능을 찾을 수 있는 사이트입니다. Power BI뿐만 아니라 Dynamics 365나 Microsoft 365, Power Platform, Azure 등에 관련된 솔루션을 찾을 수 있습니다. 웹 브라우저에서 다음 URL(https://appsource.microsoft.com)로 이동합니다.

01 | AppSource 사이트의 [자세히]-[앱]으로 이동, [제품]-[Power BI Platform]에서 [Power BI visuals]를 체크합니다. AppSource는 각 사용자 지정 시각적 개체에 대한 타일을 표시합니다. 타일을 클릭하면 간단한 설명과 다운로드 링크가 포함된 시각적 개체 스냅샷이 표시됩니다.

02 | 검색란에 'Infographic'을 입력하면 검색 제안 목록이 나타납니다. 목록에서 'Infographic Designer'를 선택합니다.

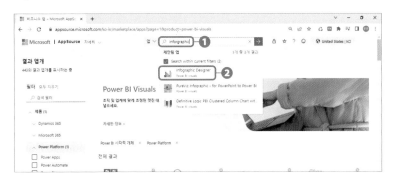

03 | 선택한 시각적 개체에 대해 사용 방법을 설명과 비디오, 오디오 등으로 확인할 수 있습니다. [지금 받기]를 클릭하면 'InfographicDesigner.pbiviz' 파일로 다운로드합니다. 다운로드가 완료되면 파일명을 간단하게 조정합니다. 시각적 개체의 샘플을 미리 다운받아 살펴보고 사용 여부를 결정하려면 [샘플 다운로드]를 클릭하여 확인할 수 있습니다.

● 유용한 시각적 개체 활용

Power BI 보고서에 활용하면 유용한 사용자 지정 시각적 개체를 살펴보겠습니다. Power BI 계정이 없는 경우 준비된 예제의 [Custom visuals] 폴더에서 추가할 수 있습니다.

Chiclet Slicer

01 Chiclet Slicer 시각적 개체는 슬라이서 모양이나 개수, 배경색, 가리킨 색, 이미지 등으로 서식을 적용해서 시각화할 수 있습니다. Chiclet Slicer 샘플 파일을 살펴보면 다음과 같이 이미지로 시각화한 걸 확인할 수 있습니다.

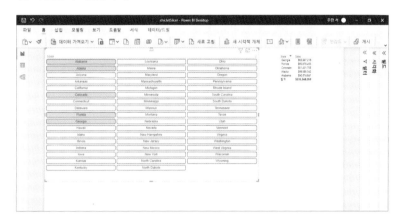

02 준비된 예제의 [Custom visuals] 폴더에서 Chiclet Slicer를 추가합니다. 보고서의 '새 시각적 개체' 페이지에 [Chiclet Slicer]를 추가합니다. [시각적 개체의 데이터 추가]의 [범주] 영역에 '거래처' 테이블의 '시도' 필드를 추가합니다. [시각적 개체 서식 지정]에서 [일반]의 열 개수, [치클릿]에서 배경 색, 가리킨 색 등의 서식을 변경할 수 있습니다.

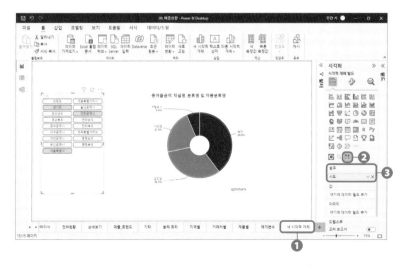

Infographic Designer

Infographic Designer 시각적 개체는 모양, 색상 및 레이아웃을 제어하여 목록, 막대형 및 특정 도형으로 시각화할 수 있습니다. 데이터에 바인딩할 수 있는 사용자 지정 모양과 이미지를 포함할 수도 있습니다.

01 | Infographic Designer 샘플 파일을 살펴보면 다음과 같이 차트 종류별로 레이아웃과 도형으로 모양을 시각화한 걸 확인할 수 있습니다.

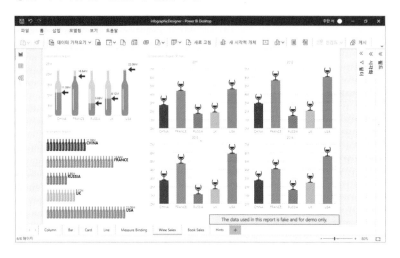

02 | 준비된 예제의 [Custom visuals] 폴더에서 [Infographic Designer]를 추가한 후 새페이지에 [In-fographic Designer]를 삽입합니다. [시각적 개체에 데이터 추가]의 [Category] 영역에 'DimDate' 테이블의 '분기' 필드, [Column By] 영역에 '연도' 필드, [Row By] 영역에 '채널' 테이블의 '채널명' 필드, [Measure]에 '_측정값' 테이블의 '총매출금액' 측정값을 추가합니다. 시각적 개체 위에 마우스를 올리면 ✏️(Edit Marker)가 표시됩니다. [Edit Marker]을 클릭하여 [Format]의 [Shape] 종류를 변경할 수 있으며 이미지를 업로드하여 사용할 수도 있습니다.

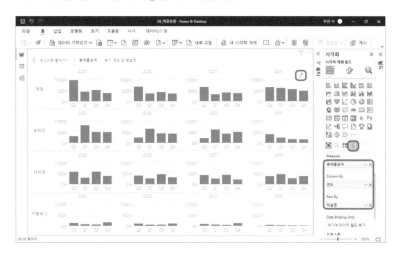

Box and Whisker chart

기술 통계학에서 상자 수염 그림(Box and Whisker) 또는, 상자 그림(Box Plot)은 수치적 자료를 표현하는 그래프입니다. Box and Whisker chart 시각적 개체는 5가지 기본 통계 정보(평균, 중앙값, 사분위수, 최소값, 최대값)로 시각화합니다. 3분위를 박스로, 중앙값을 라인으로 표시하고 평균은 점으로 표시합니다. 박스의 끝은 최소/최대값을 표시하거나 1.5내의 하위 IQR이나 상위 IQR을 표시합니다. 박스사이에 포함되지 않은 모든 데이터는 점과 같은 이상치로 표현하는 시각적 개체입니다.

01 │ Box and Whisker chart 샘플 파일을 살펴보면 다음과 같이 다양하게 기본 통계 결과를 시각화한 걸 확인할 수 있습니다.

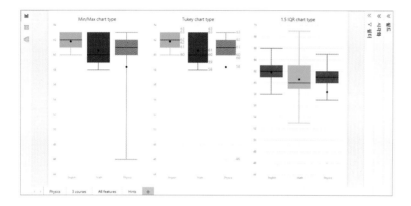

02 │ 준비된 예제의 [Custom visuals] 폴더에서 Box and Whisker chart 시각적 개체를 추가한 후 페이지에 [Box and Whisker chart]를 삽입합니다. [시각적 개체에 데이터 추가]의 [Category] 영역에 '분류' 테이블의 '분류명' 필드, [Sampling] 영역에 '거래처' 테이블의 '거래처명' 필드, [Values] 영역에 '_측정값' 테이블의 '총수량' 측정값을 추가합니다. 거래처별로 주문수량은 중앙값보다 위에 있고, '휴대폰' 데이터 요소는 다른 분류명에 비해 주문수량의 최저와 최고의 차이가 큰 걸 확인할 수 있습니다.

이렇듯 사용자 지정 시각화 개체를 사용하면 다양한 레이아웃과 모양으로 시각화할 수 있습니다. 데이터 유형에 맞는 적합한 시각화 개체를 활용해 보기 바랍니다.

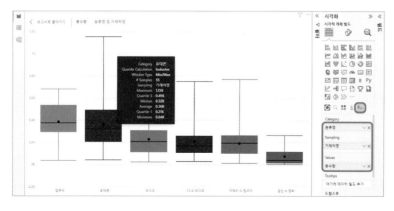

10 | 다양한 맵 시각화

Power BI는 Microsoft사의 Bing Maps와 통합되어 기본 지도 좌표를 제공(지오코딩)해 지도를 쉽게 작성할 수 있습니다. CHAPTER 06에서 지리 정보 데이터를 맵으로 시각화하는 방법에 대해 간단히 알아보았으며 이번 챕터에서는 등치 지역도, 도형 맵, ArcGIS 맵을 살펴보겠습니다.

예제 파일 : Part 02 \ Chapter 10 \ 10_Map.pbix, 10_자전거 대여현황.pbix, 전국_시도.json

01 Power BI 맵 시각적 개체

Power BI에서는 지리적인 정보를 가지고 있으면 다양한 맵으로 시각화할 수 있습니다. 데이터 세트의 위치(시도, 구군시, 장소 등)나 위도/경도 등으로 지리적인 공간에 정보를 표현할 수 있습니다. Power BI 에서 제공하는 맵, 등치 지역도, 도형 맵, ArcGIS 맵 등의 시각적 개체를 제공합니다.

● 맵

맵은 지리적 위치에 거품 크기로 데이터를 시각화합니다. 위치나 위도, 경도 데이터를 Bing에 전송하여 지오코딩을 통해 필요한 좌표를 작성합니다. 지오코딩이란 주소와 같은 고유명칭을 가지고 위도와 경도의 좌표값을 얻는 것을 말합니다.

• 등치 지역도

등치 지역도는 음영 또는 색조, 패턴을 사용하여 특정 값이 지역을 기준으로 어떻게 다른지 다양한 음영으로 상대적 차이를 표시합니다. 등치 지역도 역시 Bing과 통합되어 기본 맵 좌표를 제공합니다.

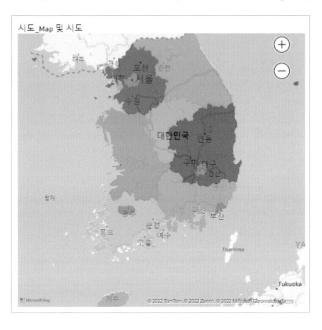

• 도형 맵

도형 맵은 색을 사용하여 맵의 영역을 비교합니다. 도형 맵은 경계 구역으로 지리적 위치를 표시하며, 색을 다르게 지정하여 맵 영역의 상대 비교를 표시하는 데 사용합니다. 도형 맵은 사용자 지정 맵인 TopoJSON 맵을 기반으로 합니다. 다른 맵(셰이프 파일 또는, GeoJSON 파일)은 MapShaper와 같은 온라인 도구에서 TopoJSON 형식으로 변환할 수 있습니다.

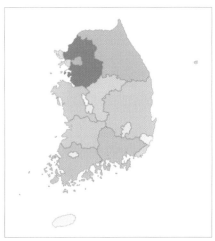

▶ 시도 단위

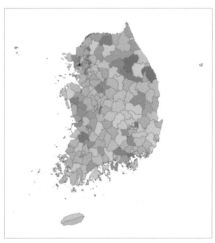

▶ 구군시 단위

• ArcGIS

Power BI용 ArcGIS 맵은 Esri(www.esri.com)에서 제공합니다. ArcGIS 시각적 개체는 기본 지도 외에도 위치 유형, 테마, 기호 스타일 및 참조 계층에서 선택하여 지도로 시각화합니다. 다음은 ArcGIS 맵을 이용해 시각화한 지도입니다.

02 맵 시각화를 위한 Tip

맵 시각화를 만들 때 올바른 지오코딩의 가능성을 높이기 위해 할 수 있는 몇 가지 사항이 있습니다.

• 지리적 필드 재분류

Power BI Desktop에서 위치 정보 필드에 데이터 범주를 설정하면 필드가 올바르게 지오코딩됩니다. [열 도구] 탭-[속성] 그룹에서 [데이터 범주]를 주소, 국가/지역, 시도, 구/군/시 등으로 설정하면 됩니다.

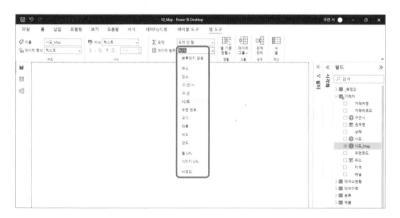

〈그림 1〉은 '거래처' 테이블의 '시도_Map' 필드에 [데이터 범주]를 '시/도'로 설정한 결과입니다. 〈그림 2〉는 '대여소현황' 테이블의 '자치구' 필드를 사용한 결과입니다. '자치구' 필드에는 [데이터 범주]를 설정하지 않았습니다. [데이터 범주]를 '구군시'로 설정하면 '강북구, 노원구' 등의 몇 군데 지역은 지도에 표시되지 않습니다. 시도, 구군시를 맵의 위치에 추가해 보고 적절한 [데이터 범주]를 설정합니다.

▶ 〈그림 1〉 데이터 범주 '시도' 설정

▶ 〈그림 2〉 데이터 범주 미설정

● 위도 및 경도 사용

위도와 경도를 사용하면 위치의 모호성을 제거하고 결과를 신속하게 반환할 수 있습니다.

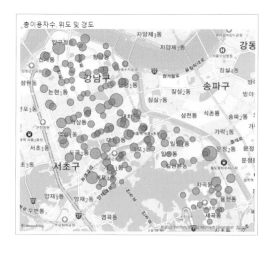

• 전체 위치 정보는 장소 범주 사용

맵은 지리적 계층을 사용하는 것이 좋지만 주소 체계가 다른 경우 모호한 위치를 찾지 못합니다. 이런 경우 전체 지리적 정보가 있는 단일 열을 사용하고 데이터 범주를 주소나 장소로 설정합니다. 만약 단일 열(주소)이 없다면 다른 필드를 결합하여 사용합니다.

다음은 주소라는 새 열을 만들고 '시도'와 '구군시'를 결합한 필드입니다. 이렇게 구성한 필드는 [열 도구] 탭-[속성] 그룹에서 [데이터 범주]를 '장소'로 설정합니다.

  주소 = [시도_map] & " " & [구군시]

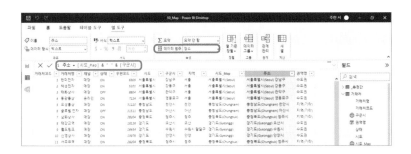

맵의 [위치] 영역에 '주소' 필드를 추가하고 '서울특별시'로 필터링한 결과입니다. 맵의 위치에 구군시만 추가하면 제대로 위치를 찾지 못하는데 '시도' 필드를 결합하여 사용하면 좀 더 많은 위치를 찾아 표시 합니다.

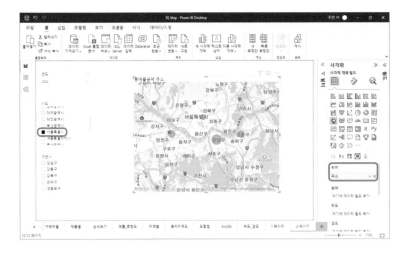

03 등치 지역도

등치 지역도는 음영 또는 색조, 패턴을 사용하여 특정 값의 차이를 다양한 음영으로 표시합니다. 맵과 등치 지역도를 사용하기 위해서는 [옵션] 대화상자에서 [보안]-[맵 및 등치 지역도 시각적 개체] 옵션이 체크되어 있어야 합니다.

'10_Map.pbix' 파일을 엽니다. [보고서]( ) 보기에서 '등치 지역도' 페이지를 클릭하고 [시각화] 창에서 [등치 지역도]를 추가합니다. [시각적 개체에 데이터 추가]의 [위치] 영역에 '거래처' 테이블의 '시도_ Map' 필드, [범례] 영역에 '시도_Map' 필드, [도구 설명] 영역에 '_측정값' 테이블의 '총매출금액' 측정값을 추가합니다. 시도 영역으로 색상이 다르게 표시되며 도구 설명에 지역별 매출금액이 표시됩니다.

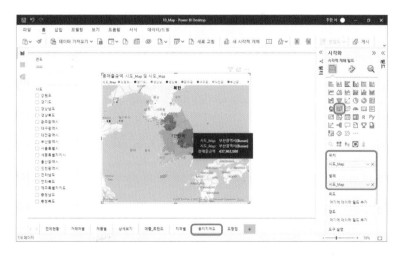

04 도형 맵

도형 맵은 색을 다르게 지정하여 맵 영역의 상대 비교를 표시합니다. 도형 맵을 사용하기 위해서는 시각화하려는 지역의 TopoJSON 파일이 준비되어 있어야 합니다. 도형 맵은 TopoJSON 맵을 기반으로 하며 이는 GeoJSON 계열입니다.

01 준비된 예제의 MAP/전국_시도.json 파일은 다음과 같은 구조로 이루어져 있습니다. TopoJSON의 Type은 'Polygon'이며 'NL_Name_1'의 값과 '거래처' 테이블의 '시도' 필드를 매핑하여 사용합니다.

▶ TopoJSON 구조

02 도형 맵을 사용하기 위해 옵션에서 미리 보기 기능을 사용으로 설정해야 합니다. [파일] 탭-[옵션 및 설정]-[옵션]을 클릭합니다. [전역]의 [미리 보기 기능]에서 [도형 맵 시각화]를 체크하고, Power BI를 다시 시작하면 [시각화] 창에 [도형 맵]이 추가됩니다.

GeoJSON은 위치 정보를 갖는 점을 기반으로 체계적으로 지형을 표현하기 위해 설계된 개방형 공개 표준 형식으로 JSON인 자바스크립트를 사용하는 파일 포맷입니다.

다른 맵 형식인 셰이프(SHP)나 GeoJSON 파일 등을 가지고 있다면 'https://mapshaper.org'에서 Power BI에서 사용 가능한 TopoJSON 파일 형식으로 변환할 수 있습니다.

03 '도형 맵' 페이지를 클릭하고 [시각화] 창의 [도형 맵]을 추가합니다. [시각적 개체에 데이터 추가] 의 [위치] 영역에 '거래처' 테이블의 '시도' 필드, [색 채도] 영역에 '_측정값' 테이블의 '총매출금액' 측정 값을 추가합니다. '거래처' 테이블의 '시도' 필드는 준비된 TopoJSON 파일의 필드 값(NL_Name_1')과 매핑됩니다. 도형 맵은 다른 국가의 도형 맵 정보를 포함하고 있습니다. 기본으로 미국 맵이 표시됩니다.

04 맵 목록에 대한민국 시도 맵을 추가해 보겠습니다. [시각적 개체 서식 지정]의 [시각적 개체]에서 [지도 설정]–[지도 설정]을 확장합니다. [맵 유형]을 '사용자 지정 맵'으로 설정. [맵 유형 추가]의 [찾아보기]를 클릭합니다. 준비된 예제에서 '전국_시도.json' 파일을 추가합니다.

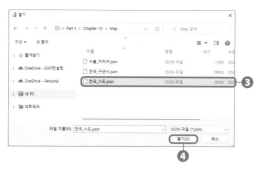

05 │ 도형 맵에 대한민국 시도 단위가 표시됩니다. [맵 유형 키 보기]를 클릭하면 TopoJSON 파일의 키 값과 속성을 확인할 수 있습니다. '전국_시도.json' 파일은 '시도'로 매핑하여 총매출금액의 차이를 색상으로 표현합니다.

06 │ 도형 맵은 값의 크기에 따라 색상을 밝게, 진하게 표시할 수 있고, 매핑되는 지역 데이터가 없으면 기본색(회색)으로 표시됩니다. [색 채우기]를 확장하고 [색]-[그라데이션]을 '설정'으로 변경 후 [최소값], [가운데], [최대값]의 색상을 설정합니다. TopoJSON 파일을 행정구역별로 생성해서 Power BI 보고서에 추가하면 공간 분석을 위한 시각화를 표현할 수 있습니다.

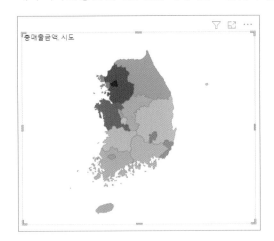

⑤ ArcGIS

ArcGIS 시각적 개체를 이용하여 공간 분석과 심도 있는 데이터를 탐색할 수 있습니다. ArcGIS는 ESRI 사이트(www.esri.com)에서 제공합니다. ArcGIS는 무료와 유료로 사용할 수 있으며, 라이센스를 구독해서 사용하면 전문적인 지도 시각화를 할 수 있습니다. 서울열린데이터광장(data.seoul.go.kr)에서 제공하는 자전거 대여이력과 대여소정보를 이용해 ArcGIS로 시각화해 보겠습니다.

01 │ '10_자전거 대여현황.pbix' 파일을 엽니다. '대여소현황' 테이블에 대여소 위치마다 위도와 경도를 포함하고 있습니다. '대여이력' 테이블의 '자전거번호' 필드 데이터 개수는 자전거 이용자수가 됩니다. 두 테이블은 '대여소번호'로 관계 설정되어 있습니다. 이 데이터 모델로 어느 지역에서 자전거를 많이 이용했는지 살펴보겠습니다.

대여소번호	대여소명	자치구	상세주소	위도	경도
425	DMC첨단산업센터	마포구	서울특별시 마포구 성암로330	37.58450317	126.8855972
722	LG전자베스트샵 신정점	양천구	서울특별시 양천구 신월로 328	37.52151108	126.8573837
729	서부식자재마트 건너편	양천구	서울특별시 양천구 신정동 236	37.51037979	126.8667984
731	서울시 도로환경관리센터	양천구	서울특별시 양천구 목동로 316-6	37.5298996	126.8765411
732	신월동 이마트	양천구	서울특별시 양천구 화곡로 59	37.53955078	126.8283005
733	신정이펜하우스314동	양천구	서울특별시 양천구 신정이펜1로50	37.51409912	126.8310013
734	신트리공원 입구	양천구	서울특별시 양천구 신정동 310-8	37.51395035	126.8560562
735	영도초등학교	양천구	서울특별시 양천구 목동중앙로 70	37.53637695	126.8715134
736	오솔길공원	양천구	서울특별시 양천구 남부순환로70길11-9	37.52219009	126.8367004

▶ 자전거 대여소 현황

자전거번호	대여일시	대여 대여소번호	대여 대여소명	대여거치대
SPB-55469	2022-01-24 오전 8:53:04	113	홍대입구역 2번출구 앞	0
SPB-42300	2022-01-24 오전 8:31:00	145	공덕역 5번출구	0
SPB-50680	2022-01-24 오전 8:40:05	169	북가좌 삼거리	0
SPB-53231	2022-01-24 오전 8:47:31	203	국회의사당역 3번출구 옆	0
SPB-48820	2022-01-24 오전 8:57:15	204	국회의사당역 5번출구 옆	0
SPB-43923	2022-01-24 오전 8:46:09	212	여의도역 1번출구 옆	0
SPB-48474	2022-01-24 오전 8:20:32	227	양평2나들목 보행통로 입구	0
SPB-47183	2022-01-24 오전 8:41:59	230	영등포구청역 1번출구	0
SPB-53949	2022-01-24 오전 8:15:15	240	문래역 4번출구 앞	0

▶ 자전거 대여 이력

02 │ ArcGIS를 사용하려면 [옵션] 대화상자의 [보안]에서 [ArcGIS Maps for Power BI 사용] 이 체크된 상태여야 합니다.

03 | '맵' 페이지에 [시각화] 창의 [ArcGIS]를 추가합니다. ArcGIS 로그인 화면이 나타납니다. 무료로
사용할 수 있는 기능만 사용하므로 따로 로그인이 필요하지는 않습니다.

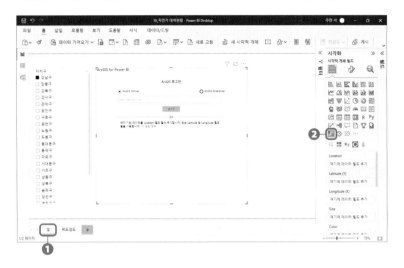

04 | [시각적 개체에 데이터 추가]의 [Latitude (Y)] 영역에 '대여소현황' 테이블의 '위도' 필드, [Longi-
tude (X)] 영역에 '대여소현황' 테이블의 '경도' 필드를 추가합니다. [Size] 영역에 '대여이력' 테이블에서
'총 이용자수' 측정값 추가, [ToolTips] 영역에 '대여소현황' 테이블의 '대여소명' 필드를 추가합니다. 심
볼(원) 크기로 위치를 찾아 자전거 이용자수를 표시합니다.

05 | [맵 도구 펼치기]를 클릭하면 맵의 심볼 종류나 크기, 범위를 변경할 수 있고 심볼을 군집화해서 사용할 수 있습니다. [맵 도구 펼치기]에서 [맵의 레이어 목록 보기]를 클릭합니다. [Coordinates]를 펼치면 총이용자수의 구간을 표시할 수 있습니다. 맵을 다양한 레이아웃으로 탐색하려면 ⋯(레이어 옵션)에서 [심볼]을 선택합니다.

06 | 심볼 스타일이 표시되고 위치, 히트 맵 등으로 변경할 수 있습니다. [개수 및 양(크기)]-[스타일 지정 옵션]을 클릭합니다.

파워 쿼리 편집기 활용

DAX 함수

다양한 시각화

맵 시각화

보고서 관리

Power BI 서비스

07 ┃ 심볼 모양이나 데이터 분류 구간, 크기 등의 옵션을 변경할 수 있습니다. [심볼]-[고급 옵션]에서 심볼 모양을 변경하고 [크기 범위]에서 심볼 크기 범위를 설정합니다.

08 ┃ [Time] 영역에 '대여이력' 테이블의 '대여일자' 필드를 추가합니다. 지도에 Timeline이 표시되고 ▷(재생)을 클릭하면 일자별로 이용자현황을 보여줍니다.

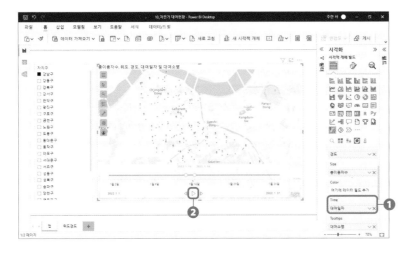

Chapter
11 | 보고서 관리

Power BI Desktop에서 구성한 보고서에 다양한 필터를 적용하고 도구 설명을 통해 시각적 개체에서 인사이트를 찾아낼 수도 있습니다. 또한, 테마를 이용하여 전체 보고서의 색상을 변경할 수 있으며, 페이지 탐색기나 책갈피를 활용하여 보고서를 탐색할 수 있습니다.

예제 파일 : Part 02 \ Chapter 11 \ 11_매출현황.pbix

01 필터

Power BI Desktop에서 계층 구조 드릴다운, 슬라이서 적용 등 필터를 적용하는 방법은 여러 가지가 있습니다. [필터] 창의 시각적 개체 필터, 페이지 필터, 보고서 필터를 이용하거나 페이지를 이동하면서 필터를 적용하는 드릴스루 필터로 다양한 필터를 적용할 수 있습니다.

• 필터 환경

[필터] 창이나 [시각화] 창의 [드릴스루]-[여기에 드릴스루 필드 추가]를 활용해 다양한 필터를 적용할 수 있습니다.

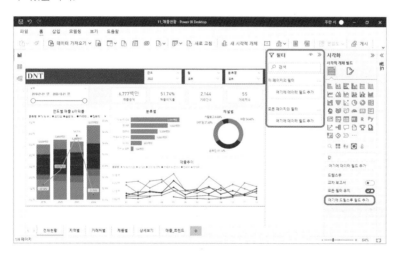

• 시각적 개체 필터

특정한 시각적 개체에만 필터를 적용할 수 있습니다. 보고서 페이지의 시각적 개체를 선택하면 [필터] 창에 [이 시각적 개체의 필터]가 표시되고 시각화에서 사용한 필드 목록이 표시됩니다. 시각적 개체 필터의 필터 형식은 기본 필터링, 고급 필터링, 상위N 필터를 적용할 수 있습니다.

기본 필터링

시각적 개체에 기본 필터링을 적용하여 간단히 필터를 적용할 수 있습니다. 연도가 2021, 2022인 경우만 필터링해 보겠습니다.

01 ｜ '11_매출현황.pbix' 파일을 엽니다. '전체현황' 페이지의 꺾은선형 및 누적 세로 막대형 차트를 선택합니다. [필터] 창의 [이 시각적 개체의 필터]에서 '연도' 필드의 [필터 형식]을 확장합니다.

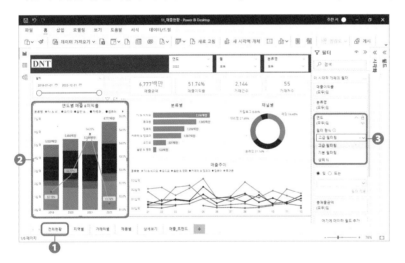

02 ｜ [필터 형식]을 '기본 필터링'으로 변경하고 목록에서 [2021, 2022]를 체크하면 꺾은선형 및 누적 세로 막대형 차트에 필터가 적용됩니다. ◇(필터 지우기)를 클릭하여 적용된 필터를 해제합니다.

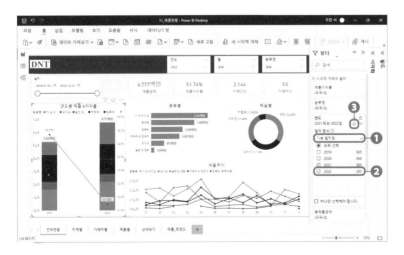

고급 필터링

고급 필터링을 이용하여 포함, 포함하지 않음, 공백임, 공백이 아님 등과 같은 조건을 지정할 수 있습니다. 꺾은선형 차트의 분류명 중 '휴대폰'은 제외해 보겠습니다.

01 꺾은선형 차트를 선택합니다. [필터] 창의 [이 시각적 개체의 필터]에서 '분류명' 필드를 확장하고 [필터 형식]을 '고급 필터링'으로 설정합니다. [다음 값일 경우 항목 표시]에서 '포함하지 않음'으로 설정하고 '휴대폰'을 입력한 후 [필터 적용]을 클릭합니다.

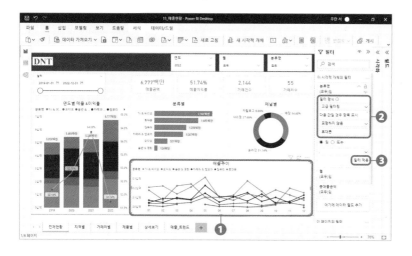

02 범례 중 '휴대폰'은 표시되지 않습니다. ◇(필터 지우기)를 선택하여 적용된 필터를 해제합니다.

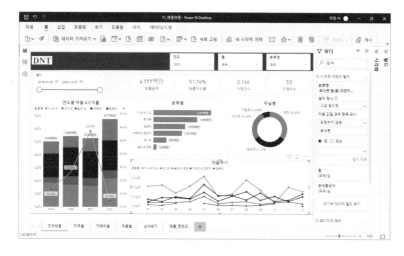

한 테이블의 필드로 시각화할 경우 값이 없는 항목(null)인 경우 축에 이름이 표시되지 않습니다. 다음 시각화에서 '제품명' 필드에 공백이 있다면 [고급 필터링]에서 '비어 있지 않음'을 적용하면 값이 비어 있는 경우는 제외할 수 있습니다.

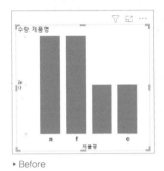

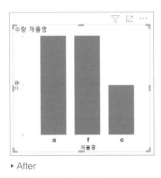

▶ Before　　　　　　　　　　　　　　　　　　　　　　　　　▶ After

관계 설정된 테이블에서 차원(Dimension) 테이블에 없는 값이 팩트(Fact) 테이블에 존재하는 경우 공백으로 표시됩니다. 다음 시각화의 '제품명(Dimension)' 필드에 공백이 표시되는 경우 [고급 필터링]에서 '공백이 아님'을 적용하여 공백을 표시하지 않습니다.

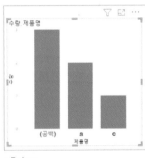

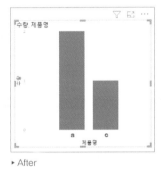

▶ Before　　　　　　　　　　　　　　　　　　　　　　　　　▶ After

상위 N 필터

상위 N 필터를 적용하면 특정 필드를 기준으로 오름차순, 내림차순 정렬한 목록 중 지정한 개수만큼 표시할 수 있습니다. 상위 N 필터는 시각적 개체 필터에서만 사용 가능합니다. 총매출금액이 가장 높은 거래처 5개 업체만 표시해 보겠습니다.

01 ┃ '거래처별' 페이지의 테이블 시각적 개체를 선택합니다. 이 테이블은 총매출금액으로 내림차순 정렬되어 있습니다. [필터] 창의 [이 시각적 개체의 필터]에서 거래처명의 [필터 형식]을 '상위 N'으로 선택합니다.

02 ┃ 거래처명의 [항목 표시]는 '위쪽'으로 하고 '5'를 입력, [값]에 '_측정값' 테이블의 '총매출금액' 측정값을 추가하고 [필터 적용]을 클릭합니다. 다음과 같이 거래처 5개 업체만 표시됩니다. 상위 N 필터로 특정 시각적 개체에 필드마다 하나 또는, 여러 개의 조건을 적용하여 데이터를 필터링할 수 있습니다.

• 페이지 필터와 모든 페이지 필터

현재 페이지나 모든 페이지에 필터를 적용할 수 있습니다. 페이지에 없는 필드로 필터를 적용할 수도 있습니다.

페이지 필터

'전체현황' 페이지에 '서울' 지역만 필터링해보겠습니다.

01 | '전체현황' 페이지의 빈 영역을 클릭합니다. [필터] 창에 [이 페이지의 필터]와 [모든 페이지의 필터] 영역만 표시됩니다.

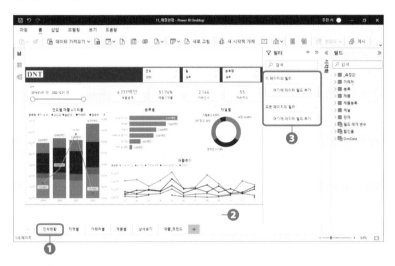

02 | [이 페이지의 필터]의 [여기에 데이터 필드 추가]에 '거래처' 테이블의 '시도' 필드를 추가합니다. [필터 형식]이 '기본 필터링'에서 [서울특별시]를 체크하면 페이지에 필터가 적용됩니다. 적용된 필터를 확인한 후 [이 페이지 필터]의 필터를 제거합니다.

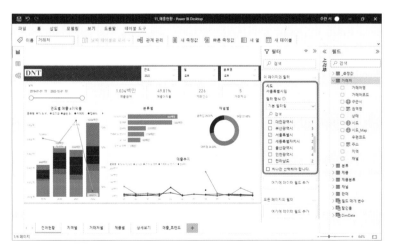

모든 페이지 필터

모든 페이지 필터를 사용하여 동일한 조건을 전체 페이지에 적용할 수 있습니다. 모든 페이지에서 수도권 매출을 확인하기 위해 권역명에 필터를 적용해 보겠습니다.

01 | '전체현황' 페이지의 빈 영역을 클릭합니다. [필터] 창에 [모든 페이지의 필터]에 '거래처' 테이블의 '권역명' 필드를 추가합니다. [필터 형식]이 '기본 필터링'에서 [수도권]을 체크합니다. '전체현황' 페이지에 필터가 적용된 걸 확인합니다.

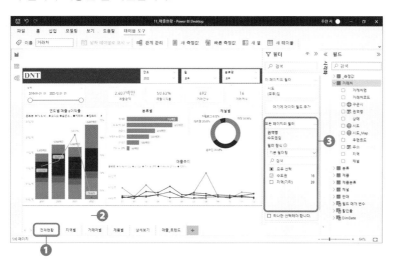

02 | '지역별' 페이지로 이동해보면 동일한 조건이 필터로 적용된 걸 확인할 수 있습니다. 모든 페이지에 적용된 필터를 제거합니다.

• 상대 날짜 필터

페이지 필터나 보고서 필터에도 상대 날짜를 적용할 수 있습니다. 상대 날짜 필터란 특정 일자로부터
일, 주, 개월, 연도로 지난, 현재, 다음 기간을 필터링할 수 있는 방식입니다.

01 ┃ '상세보기' 페이지에 상대 날짜 필터를 적용해 보겠습니다. [필터] 창의 [이 페이지의 필터]에 'Dim-
Date' 테이블의 'Date' 필드를 추가합니다. 상대 날짜 필터는 연-월-일 형식의 필드로 적용할 수 있습
니다. [필터 형식]을 '상대 날짜'로 설정합니다.

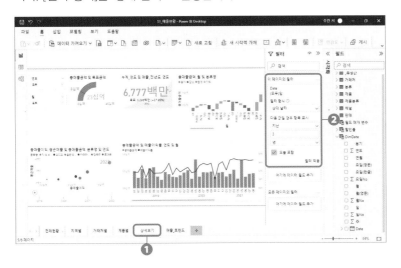

02 ┃ [다음 값일 경우 항목 표시]의 조건을 '지난, 3, 년'으로 설정하고 [오늘 포함]이 체크된 상태에서
[필터 적용]을 클릭합니다. 오늘 날짜로부터 3년 전의 날짜 데이터로 필터됩니다. 조건을 '년'로 지정하
면 오늘 날짜(2022-8-10) 기준으로 3년간의 데이터를 가져옵니다.

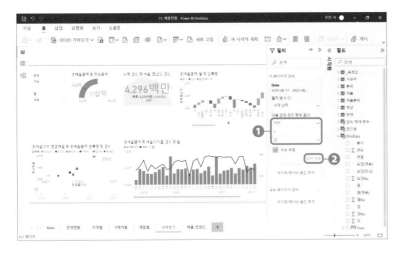

03 | [다음 값일 경우 항목 표시]의 조건을 '지난, 3, 년(달력)'으로 변경하고 [필터 적용]을 클릭합니다. 지난 연도부터 3년 전의 날짜 데이터로 필터링됩니다. 조건을 '년(달력)'으로 지정하면 당해 연도(2022)를 제외한 3년간의 데이터를 필터링합니다. 이외에도 항목의 조건을 현재, 다음 또는 개월, 개월(달력) 등으로 변경해서 필터를 적용해 보면 사용자가 원하는 기간을 필터링할 수 있습니다.

● **드릴스루 필터**

Power BI의 드릴스루를 사용하여 공급업체나 고객, 제조업체와 같은 특정 엔티티에 초점을 맞춘 대상 보고서 페이지를 만들 수 있습니다. 드릴스루 대상 페이지를 구성한 후, 시각적 개체에서 마우스 오른쪽 버튼을 클릭하면 [드릴스루]라는 빠른 메뉴가 나타나고 대상 페이지를 클릭하면 해당 페이지로 이동해서 상세 내용을 확인할 수 있습니다.

01 | 필터를 적용하여 '제품별' 페이지로 이동하는 드릴스루 필터를 적용해 보겠습니다. '분류명'을 사용하고 있는 시각적 개체에서 [드릴스루]를 선택, '제품별' 페이지로 이동하여 상세 정보를 확인할 수 있도록 구성해 보겠습니다. '제품별' 페이지로 이동합니다.

02 | [시각화] 창의 [드릴스루]-[여기에 드릴스루 필드 추가]에 '분류' 테이블의 '분류명' 필드를 추가합니다. 드릴스루 필터에 추가된 필드는 분류명 필드를 사용하는 시각적 개체에서 사용할 수 있습니다. 보고서 페이지 왼쪽 상단에 드릴스루 지정 후 이전 페이지로 이동할 수 있는 ⊖이 생성됩니다.

03 ┃ '전체현황' 페이지로 이동합니다. '분류명' 필드를 사용하고 있는 묶은 가로 막대형 차트의 '휴대폰'
에서 마우스 오른쪽 버튼을 클릭한 후 [드릴스루]-[제품별]을 선택합니다.

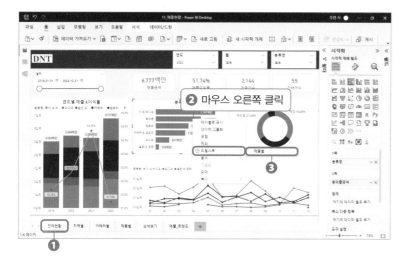

04 ┃ '제품별' 페이지로 이동되고 드릴스루에서 선택한 값으로 필터링된 결과를 확인할 수 있습니다.
Ctrl 을 누른 상태로 페이지 왼쪽 상단의 ⊙을 클릭하면 이전 페이지로 이동합니다. 또한, 드릴스루에
있는 분류명의 조건을 지우면 드릴스루 필터는 삭제됩니다.

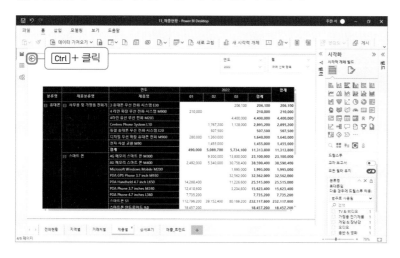

⑫ 보고서 도구 설명

시각적 개체에 도구 설명을 사용할 수 있습니다. 시각적 개체의 데이터 요소에 마우스를 이동시키면 도구 설명에 필터된 데이터가 표시됩니다. 이 도구 설명은 다양한 시각화가 포함된 보고서 도구 설명 페이지를 작성해서 사용할 수 있습니다. 여러 개의 도구 설명 보고서 페이지 작성 후 각 시각적 개체마다 서로 다른 도구 설명 페이지를 적용할 수 있습니다.

● 도구 설명

'전체현황' 페이지의 시각적 개체에 도구 설명을 추가하고 정렬 기준을 변경해 보겠습니다.

01 '전체현황' 페이지의 꺾은선형 및 누적 세로 막대형 차트를 선택합니다. [시각적 개체에 데이터 추가]의 [도구 설명] 영역에 '_측정값' 테이블의 '총매출이익, 매출이익률, 전년대비 증감률' 측정값을 추가합니다. 시각적 개체의 데이터 요소에 마우스를 이동시키면 도구 설명에 추가한 필드 값이 표시됩니다.

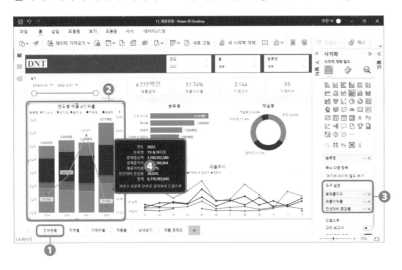

02 도구 설명에 추가한 값으로 정렬 방식을 변경할 수 있습니다. 묶은 가로 막대형 차트의 도구 설명에 '총수량'을 추가하고 시각적 개체의 ⋯(추가 옵션)을 클릭, [축 정렬]에서 총수량 기준으로 내림차순 정렬으로 변경할 수 있습니다.

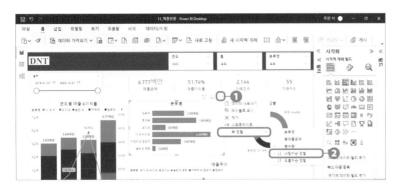

• 보고서 도구 설명 페이지 만들기

보고서 도구 설명 페이지를 시각적 개체에 적용하면 시각적 개체 및 이미지 포함 등 시각적으로 풍부하게 만들 수 있습니다. 또한, 도구 설명 페이지를 여러 개 구성해 시각적 개체마다 다른 도구 설명을 지정할 수 있습니다.

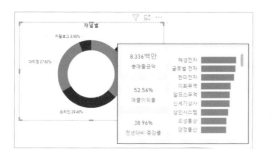

01 보고서에 새 페이지를 추가하고 페이지 이름은 '도구설명1'을 입력합니다. [보고서 페이지 서식 지정]에서 [페이지 정보]의 [도구 설명으로 사용]을 '설정'으로 설정합니다.

02 페이지가 도구 설명용으로 변경되고 페이지 크기로 변경됩니다. 크기 제한은 없지만 시각적 개체 위에 표시되므로 적당한 크기로 표현하는 것이 좋습니다. [캔버스 설정]의 [형식]이 '도구 설명'으로 되어 있고 [세로 맞춤]은 '중간'으로 설정합니다.

Tip 캔버스가 도구 설명으로 되어 있어도 화면 크기가 변하지 않는 경우 [보기] 탭–[크기 조정] 그룹에서 [페이지 뷰]–[실제 크기]를 선택합니다.

03 그림과 같이 도구 설명으로 표현할 시각적 개체(카드, 묶은 가로 막대형 차트)를 추가해서 페이지를 구성합니다. [시각적 개체에 데이터 추가]의 [도구 설명] 영역에 '_측정값' 테이블의 '총매출금액' 측정값을 추가합니다. 이는 '총매출금액' 측정값을 사용하는 다른 페이지의 시각적 개체에서 도구 설명으로 표시하는 역할을 합니다.

04 '전체현황' 페이지에서 '총매출금액' 측정값을 사용하는 시각적 개체에 마우스를 이동하면 사용자 지정 도구 설명이 표시됩니다.

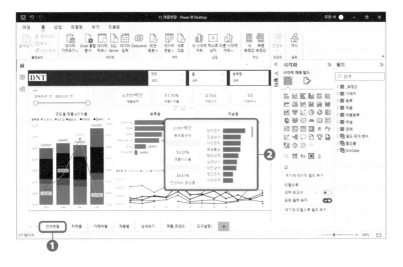

• 다중 보고서 도구 설명 페이지 만들기

보고서 도구 설명을 여러 개 작성해서 시각적 개체마다 도구 설명을 다르게 적용할 수 있습니다.

01 | 새 페이지를 추가한 후 페이지 이름을 '도구설명2'로 설정합니다. [보고서 페이지 서식 지정]에서 [페이지 정보]의 [도구 설명으로 사용]을 '설정'으로 변경합니다. [캔버스 설정]-[형식]을 '사용자 지정'으로 변경하고 [높이] '320', [너비] '450'으로 설정합니다.

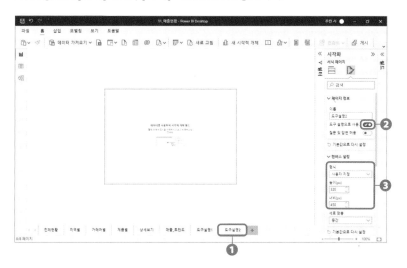

02 | 캔버스 배경색, 테이블을 추가하여 제품별로 시각화합니다. 다음은 테이블을 추가하고 제품코드에 총수량 기준으로 상위 10개의 필터를 적용한 도구 설명 페이지입니다. [시각적 개체에 데이터 추가]의 [도구 설명] 영역에 '_측정값' 테이블의 '총매출금액' 측정값을 추가합니다.

03 | '전체현황' 페이지의 시각적 개체에 마우스를 이동시키면 '도구설명2'가 자동으로 표시됩니다. 마지막에 작성된 도구 설명이 자동으로 연결됩니다.

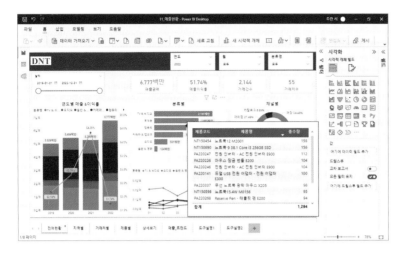

04 | 시각적 개체마다 도구 설명을 다르게 설정해 보겠습니다. '전체현황' 페이지의 도넛형 차트 선택. [시각적 개체의 서식 지정]의 [일반]에서 [도구 설명]을 확장합니다. [형식]은 '보고서 페이지', [페이지]는 '도구설명1'로 설정합니다.

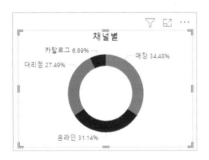

05 | 묶은 가로 막대형 차트를 선택하고 [도구 설명]에서 [형식]은 '보고서 페이지', [페이지]는 '도구설명2'로 설정합니다.

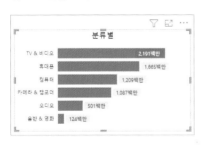

06 꺾은선형 및 누적 세로 막대형 차트는 기본값으로 표시하겠습니다. [도구 설명]에서 [형식]을 '기본값'으로 설정합니다.

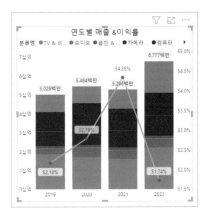 

07 시각적 개체에 마우스를 올리면 도구 설명이 다르게 표시됩니다. 보고서 도구 설명 페이지를 활용하면 불필요한 페이지로 이동할 필요 없이 데이터를 탐색할 수 있습니다.

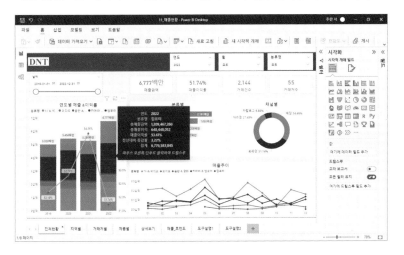

03 보고서 테마

보고서 테마를 사용하여 회사 템플릿 색상을 구성하거나 다양한 테마 색을 전체 보고서에 적용할 수 있습니다. 보고서 테마를 적용하려면 보고서의 모든 시각적 개체의 기본 색을 테마 색을 사용해야 합니다. Power BI Desktop에 포함된 테마를 사용하거나 테마 갤러리에서 다운받아 사용할 수 있습니다.

● 테마 전환

01 │ 보고서의 '전체현황' 페이지에서 [보기] 탭–[테마] 그룹의 [테마]를 클릭합니다. 기본 테마부터 '도시 공원, 클래식, 태양, 일몰' 등 다양한 테마를 제공하며 사용자가 원하는 스타일의 테마를 선택합니다.

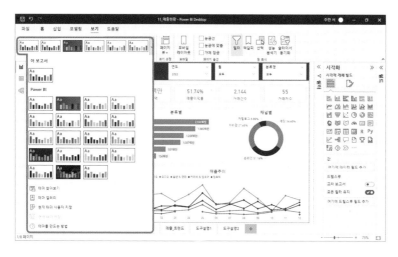

02 │ 테마를 적용한 결과입니다. 다른 페이지의 기본 테마 색도 변경되며 몇 가지 시각적 개체(텍스트나 KPI)는 테마가 적용되지 않을 수 있습니다. 기본 테마로 사용하려면 [테마]에서 '기본값'을 적용하면 됩니다.

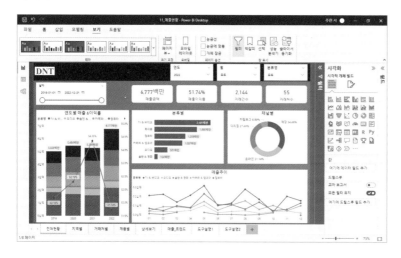

• 테마 갤러리에서 다운받기

테마 갤러리를 활용하면 커뮤니티 구성원이나 개발자들이 업로드한 테마 파일을 다운받아 사용할 수 있습니다.

01 │ [보기] 탭 – [테마] 그룹의 [테마]에서 [테마 갤러리]를 클릭합니다.

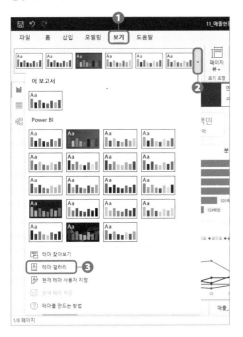

02 │ Power BI 커뮤니티인 테마 갤러리로 이동합니다. 여러 가지 유용한 테마 정보를 확인할 수 있습니다. 사용할 테마 카드 'Nowalls Analytics'를 클릭합니다.

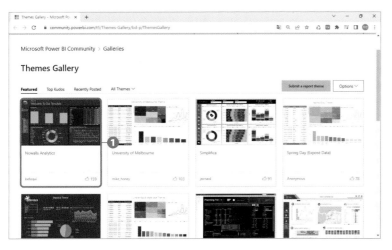

03 | 선택한 테마의 미리 보기가 제공되고 화면 아래에 [Nowalls Analytics Theme.json]의 다운로드를 클릭하여 저장합니다. 다운받은 테마는 적당한 폴더로 이동합니다.

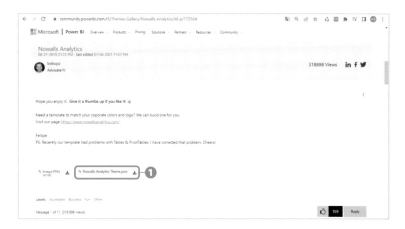

04 | 다운로드 받은 테마를 보고서에 적용해 보겠습니다. [보기] 탭 – [테마] 그룹에서 [테마] – [테마 찾아보기]를 클릭합니다.

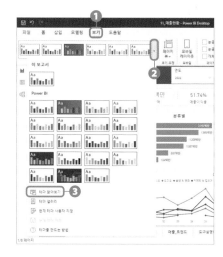

05 | 다운로드 받은 'Nowalls Analytics Theme.json' 파일을 가져오면 다음과 같이 테마 색이 변경됩니다. 준비된 예제의 [테마] 폴더에서 다른 JSON 파일들도 적용해 봅니다.

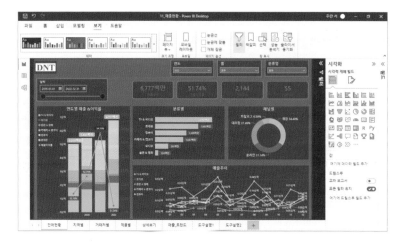

Tip 현재 테마 사용자 지정

현재 보고서에 적용된 보고서의 테마를 사용자가 편집
할 수 있습니다. [보기] 탭-[테마] 그룹에서 [현재 테마
사용자 지정]을 클릭합니다. '이름 및 색', '텍스트', '시
각적 개체' 등의 테마 색에서 색1, 색2..등의 서식을 변
경할 수 있습니다.

---

04 페이지 탐색 단추 만들기

Power BI의 단추를 추가하여 페이지 이동, 드릴스루 등의 다양한 작업을 설정하여 상호 작용할 수 있습니
다. 다양한 단추를 추가할 수 있으며 이전 페이지로 이동하거나 책갈피 연결, 드릴스루 필터로 페이지
이동, 페이지 탐색 등 다양한 작업을 할당할 수 있습니다.

• 페이지 탐색기 추가하기

단추 목록의 [페이지 탐색기]를 추가하면 보고서의 모든 페이지를 단추 그룹으로 사용할 수 있습니다.
페이지 마다 단추를 따로 작성하지 않아도 한 번에 페이지 탐색 단추를 추가할 수 있고 새로운 페이지가
추가되면 자동으로 페이지 탐색기에 단추로 추가됩니다.

01 | 보고서에서 새 페이지를 추가하고 페이지 이름을 'Main'으로 설정합니다. [삽입] 탭-[요소] 그룹에
서 [단추]-[탐색기]-[페이지 탐색기]를 클릭합니다.

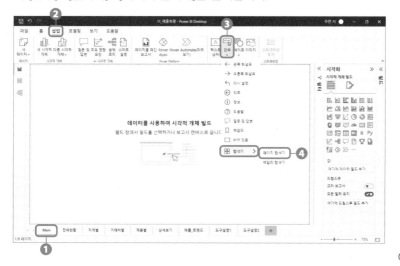

02 | 보고서의 모든 페이지를 단추로 구성합니다. Ctrl 을 누른 상태에서 단추를 클릭하면 해당 페이지로 이동합니다. [서식] 창의 [시각적 개체]에서 도형 서식을 변경할 수 있습니다.

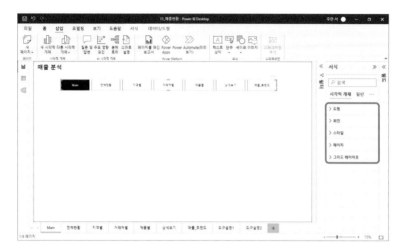

• 도형에 탐색할 페이지 연결하기

단추나 도형을 추가한 후 작업 유형 중 페이지 탐색을 사용하면 책갈피를 사용하지 않고 페이지를 이동하는 단추를 작성할 수 있습니다. '전체현황' 페이지에서 '매출_트렌드' 페이지로 이동하는 단추를 만들어 보겠습니다.

01 | '전체현황' 페이지에서 [삽입] 탭 - [요소] 그룹의 [셰이프] - [모서리가 둥근 직사각형]을 클릭합니다.

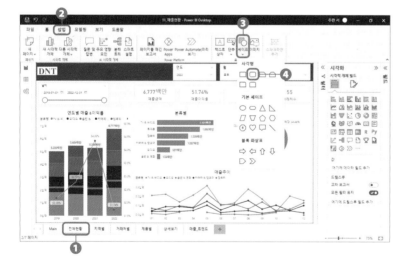

02 | 도형 크기와 위치를 적절히 조정하고, [서식] 창의 [도형]에서 [스타일]을 확장합니다. 채우기 색을 '흰색 10% 더 어둡게' 설정 텍스트에 '매출_트렌드'를 입력하고 글꼴 크기와 색 등의 서식을 적용합니다.

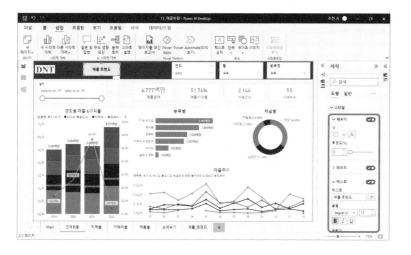

03 | [작업]을 '설정'으로 변경합니다. [유형]을 '페이지 탐색'으로 선택, [대상]에서 '매출_트렌드'를 선택합니다. Ctrl 을 누른 상태로 '매출_트렌드' 단추를 클릭하면 '매출_트렌드' 페이지로 이동합니다.

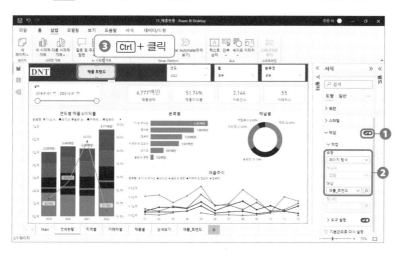

04 '매출_트렌드' 페이지의 [삽입] 탭-[요소] 그룹에서 [셰이프]-[사각형]을 추가합니다. [서식] 창의 [도형]-[스타일]을 확장합니다. [텍스트]에 '전체현황'을 입력하고 글꼴 크기와 색, 배경색, 테두리 등의 서식을 적용합니다.

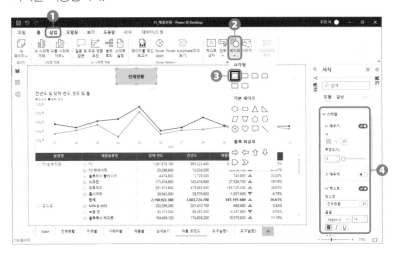

05 [작업]을 '설정'으로 변경합니다. [유형]을 '페이지 탐색'으로 선택, [대상]에서 '전체현황'을 선택합니다. Ctrl 을 누른 상태로 '전체현황' 단추를 클릭하면 '전체현황' 페이지로 이동됩니다.

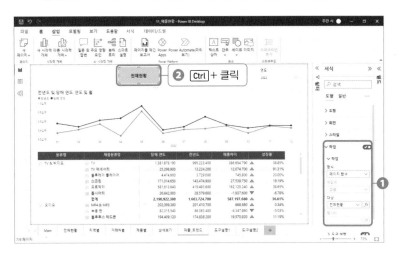

05 책갈피 만들기

Power BI에서 책갈피를 사용해 보고서 페이지의 현재 상태를 캡처하고 저장할 수 있습니다. 책갈피는 현재 필터 및 슬라이서, 정렬 순서, 교차 강조된 시각적 개체 등을 저장합니다. 저장된 책갈피를 선택하여 저장된 상태의 데이터를 탐색할 수 있습니다.

● 책갈피 추가하기

페이지의 여러 슬라이서에 적용된 필터를 해제하려면 슬라이서마다 필터 항목을 지워야 합니다. 이 작업은 번거롭기 때문에 필터가 적용되지 않은 화면을 책갈피로 캡처해서 사용하면 편리합니다. '전체현황' 페이지의 '연도' 슬라이서에 '2022'만 적용되고 다른 필터는 해제되는 책갈피를 추가해 보겠습니다.

01 '전체현황' 페이지의 [보기] 탭-[창 표시] 그룹에서 [책갈피]를 클릭합니다. 화면 오른쪽에 [책갈피] 창이 표시됩니다.

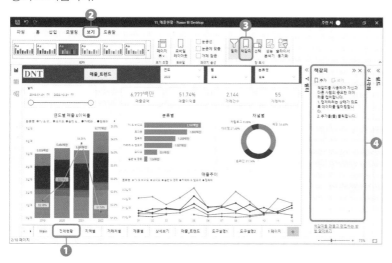

02 현재 페이지에는 '연도' 슬라이서에 '2022'로 설정되어 있습니다. [책갈피] 창의 📄추가를 클릭하면 '책갈피1'이 추가됩니다. 현재 화면을 캡처해서 '책갈피 1'로 저장한 결과입니다.

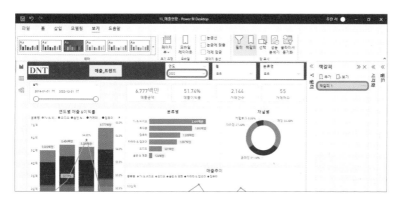

03 | '책갈피1'은 더블클릭하여 이름을 '모두표시'로 설정합니다. 페이지의 슬라이서나 막대형 차트 등에 필터를 적용한 후 [책갈피] 창의 █보기 를 클릭하면 책갈피가 작동합니다.

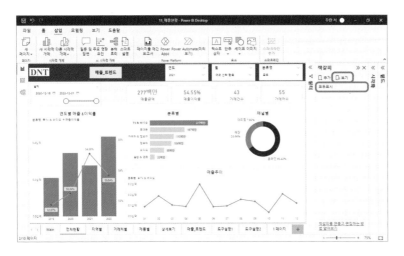

04 | 모든 필터(연도 슬라이서 제외)가 해제된 처음 화면 상태로 되돌아옵니다. [책갈피] 창의 █종료 를 클릭합니다.

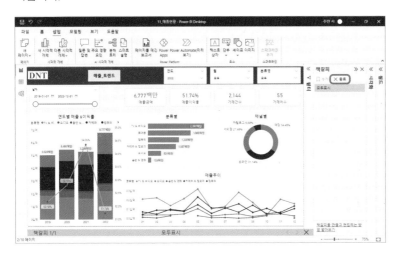

• 책갈피 단추 추가하기

책갈피를 페이지에 단추로 추가해서 사용하면 편리합니다. 책갈피 단추나 도형의 작업에 책갈피를 적용해서 사용할 수 있습니다. '모두표시' 단추를 추가하여 책갈피를 연결해 보겠습니다.

01 | [삽입] 탭-[요소] 그룹에서 [셰이프]-[모서리가 둥근 직사각형]을 추가하여 텍스트를 '모두표시'로 입력하고 글꼴색, 배경색, 테두리 등의 서식을 설정합니다. [서식] 창에서 [도형]의 [작업]을 '설정'으로 변경합니다. [유형]을 '책갈피'로 선택, [책갈피]에서 '모두표시'를 선택합니다.

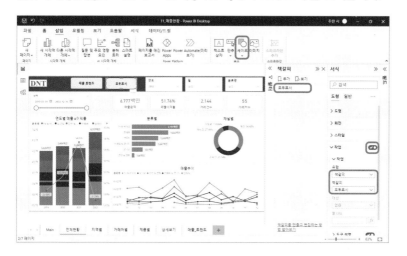

02 | 페이지에 연도, 월, 분류명 등에 필터를 적용합니다. [Ctrl]을 누른 상태에서 '모두표시' 단추를 클릭하면 필터가 해제된 상태로 표시됩니다.

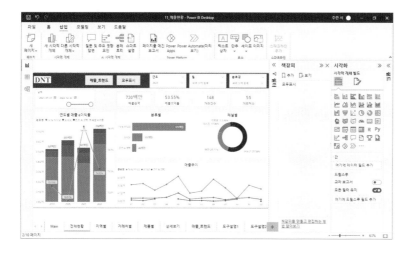

03 [책갈피] 창의 '모두표시'에 있는 ⋯ 을 클릭하면 책갈피를 삭제하거나 업데이트할 수 있습니다. 현재 화면 상태를 다시 캡처하고 싶다면 '모두표시'에 업데이트를 적용합니다.

● 선택 창

선택 창을 이용하여 보고서 페이지에 있는 여러 도형이나 시각적 개체의 표시 또는, 숨기기를 변경할 수 있습니다. 개체의 레이어 순서를 변경하거나 특정 개체를 숨기기 할 때 선택 창을 활용합니다.

01 보고서에서 '책갈피' 페이지를 클릭합니다. 페이지의 묶은 가로 막대형 차트와 도넛형 차트를 겹쳐서 표시하겠습니다. 두 시각적 개체를 선택한 후 [서식] 탭-[정렬]에서 [맞춤]-[왼쪽 맞춤], [위쪽 맞춤]을 클릭한 후 위치를 조정합니다.

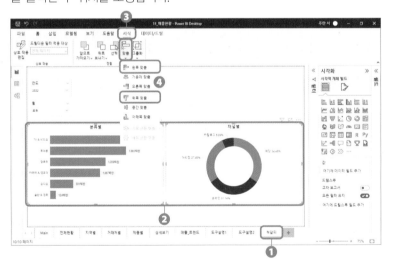

02 | [보기] 탭-[창 표시] 그룹에서 [선택]을 클릭합니다. [선택] 창의 [레이어 순서]에서 페이지의 도형이나 시각적 개체 등의 순서 변경이나 숨기기를 설정할 수 있습니다.

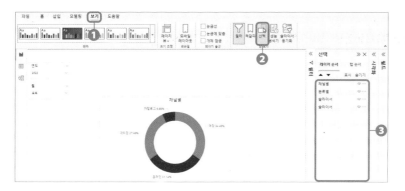

03 | 도넛형 차트를 숨기기 위해 [선택] 창의 [채널별]에서 👁(선택 표시)를 클릭합니다. 도넛형 차트에 숨기기를 적용하면서 뒤에 있던 묶은 가로 막대형 차트가 표시됩니다. 필요에 따라 개체에 표시/숨기기를 적용할 수 있습니다.

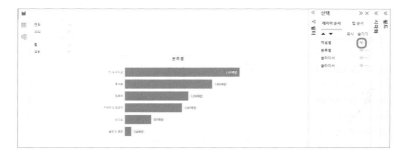

● 책갈피 단추로 시각적 개체 표시하기

책갈피 탐색기로 여러 차트를 교차해서 표시해 보겠습니다. 하나의 시각적 개체를 교대로 숨긴 상태에서 책갈피를 추가하고, 책갈피 탐색기로 단추를 구성할 수 있습니다. [보기] 탭에서 [선택] 창과 [책갈피] 창을 선택합니다.

01 | '책갈피' 페이지에서 [선택] 창의 [채널별]에서 👁(선택 표시)를 클릭하여 숨깁니다. [책갈피] 창의 📑 추가(책갈피 추가)를 클릭하여 화면을 캡처하고 이름을 '분류별'로 변경합니다.

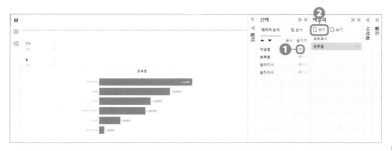

02 [선택] 창의 [분류별]을 숨기기하고 [채널별]을 표시합니다. [책갈피] 창의 ▣추가(책갈피 추가)를 클릭하여 화면을 캡처하고 이름을 '채널별'로 변경합니다.

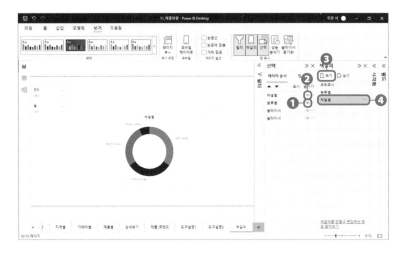

03 [선택] 창과 [책갈피] 창을 닫습니다. 책갈피 탐색기를 이용하여 시각적 개체를 선택해 보겠습니다. [삽입] 탭 – [요소] 그룹에서 [단추]–[탐색기]–[책갈피 탐색기]를 클릭합니다.

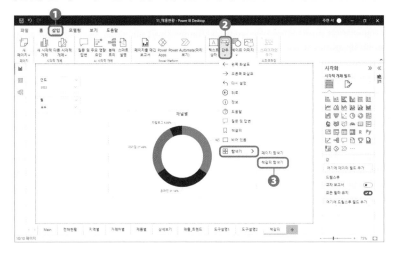

04 │ 책갈피 탐색기의 크기와 위치를 적절히 조정한 후 [서식] 창의 [도형]-[스타일]에서 텍스트 크기(12pt), 채우기의 색(테마 색1, 60% 더 밝게), 투명도(60%)를 적용합니다.

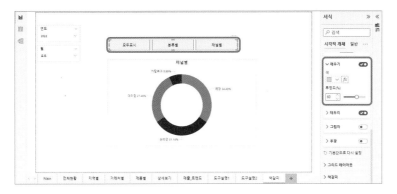

05 │ 책갈피 목록에서 '모두표시'는 삭제하겠습니다. [서식] 창의 [책갈피]에서 '선택 취소 허용'을 설정으로 변경하고 [선택 취소 시 시작]에서 '모두표시'를 선택합니다. '선택 취소 책갈피 숨기기'가 설정으로 적용되어 있으면 '모두표시'는 책갈피 탐색기에서 표시되지 않습니다.

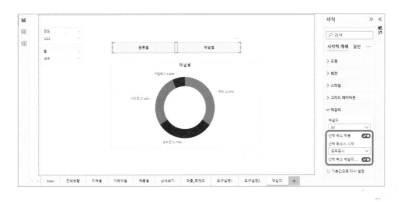

06 │ [Ctrl]을 누른 상태에서 책갈피 탐색기의 '분류별'을 클릭하면 도넛형 차트는 숨겨지고 묶은 가로 막대형 차트가 표시됩니다. 책갈피 단추를 이용해 한 페이지의 여러 시각적 개체를 교차해서 표시할 수 있습니다.

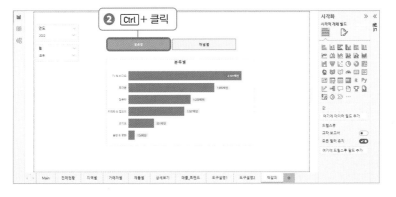

Chapter
12 | Power BI 서비스

Power BI 서비스는 Power BI Desktop의 확장으로 보고서 업로드, 대시보드 만들기, 자연어를 사용한 데이터에 대해 질문하기 등을 사용할 수 있습니다. 또한 조직에서 보고서와 대시보드를 공유 및 구독해서 사용할 수 있으며 주기적으로 데이터 새로 고침을 적용할 수 있습니다. 이제부터 Power BI 서비스에 대해 살펴보겠습니다.

예제 파일 : Part 02 \ Chapter 12 \ FY2022_매출.xlsx, 12_매출현황.pbix

01 Power BI 서비스 살펴보기

Power BI 서비스에 로그인하면 데이터 세트를 가져와 보고서와 대시보드를 작성할 수 있습니다. Power BI Desktop에서 작성한 보고서를 Power BI 서비스에 게시한 후 공유해서 사용합니다. Power BI 계정을 가지고 있다면 Power BI 서비스에 로그인할 수 있습니다.

• Power BI 서비스에 로그인

01 | 웹 브라우저에서 'https://powerbi.microsoft.com'으로 접속한 후 [로그인]을 클릭합니다. 계정이 없다면 회사나 학교 이메일을 무료 등록하여 서비스를 이용합니다. 조직이나 학교 이메일을 사용할 수 있습니다.

02 | [로그인] 창이 나타나면 계정을 입력하고 계속해서 암호 입력 후 로그인합니다.

03 | Power BI 서비스에 로그인됩니다.

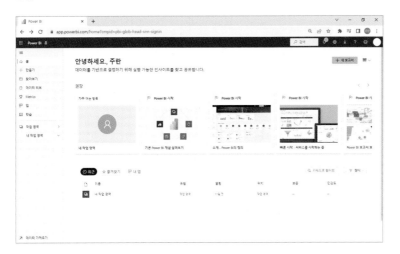

• Power BI 서비스 화면 구성

Power BI 서비스에 로그인하면 홈 화면에서 시작합니다. 화면에 표시되는 요소는 다음과 같습니다.

① **탐색 창** : Power BI 서비스 홈이나 즐겨찾기, 앱, 공유한 항목 등을 표시하며, [내 작업 영역]에 데이터 세트나 보고서, 대시보드를 포함합니다.

② **Office 365 앱 시작 관리자** : Office 365 앱을 관리할 수 있습니다.

③ **Power BI 홈** : Power BI 홈 화면으로 이동합니다.

④ **아이콘** : 알림, 설정, 다운로드, 도움말 및 피드백 포함합니다.

⑤ **검색 상자** : 콘텐츠 검색 상자입니다.

⑥ **로그인 계정** : 로그인한 사용자 정보를 확인할 수 있습니다.

• 데이터 가져오기

Power BI 서비스에서 데이터를 가져와 보고서를 작성해 보겠습니다. Power BI 서비스에서는 데이터 세트를 가져오지만 데이터 전처리나 모델링을 지원하지는 않습니다.

01 │ 탐색 창의 ⬚ 데이터 가져오기 (데이터 가져오기)를 클릭하면 조직에 게시된 응용 프로그램이나 온라인 서비스에서 앱을 가져올 수 있고 파일이나 데이터베이스에서 가져오기도 제공합니다. [파일] 카드에서는 Excel, CSV 형식, Power BI Desktop 파일의 자료를 가져올 수 있습니다. Excel 파일로 저장된 매출 자료를 가져와보겠습니다. [새 콘텐츠 만들기]의 [파일]–[가져오기]를 클릭합니다.

02 │ 가져올 파일의 위치를 선택합니다. 로컬 파일이나 OneDrive, SharePoint 등에서 데이터를 가져올 수 있습니다. [로컬 파일]을 클릭하고 준비된 예제의 'FY2022_매출.xlsx' 파일을 선택합니다.

03 | [가져오기]를 클릭하면 Excel 파일을 데이터 세트로 추가한 후 보고서와 대시보드를 작성할 수 있습니다. [업로드]를 클릭하면 전체 Excel 통합 문서가 Power BI에 업로드되고, Excel Online에서 편집할 수도 있습니다. [가져오기]를 클릭합니다.

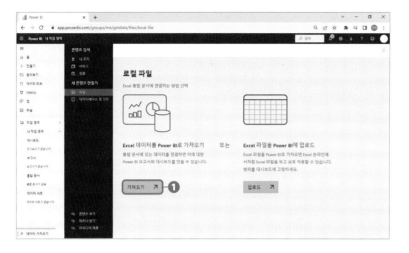

04 | 내 작업 영역에 데이터 세트와 대시보드 목록이 표시됩니다. 데이터 세트에 'FY2022_매출'을 클릭하면 보고서 작성 화면으로 이동합니다.

05 │ 새 보고서 페이지가 나타나고 시각화, 공유, 테이블 창이 표시됩니다.

> **Tip** **Power BI 서비스에서 Excel 파일 가져오기**

Power BI 서비스에서 Excel 파일의 데이터를 가져올 때는 표 서식이 적용되어 있어야 합니다. Excel에서 표 서식 적용 단계는 다음과 같습니다.

가져올 데이터 목록을 선택한 후 [홈] 탭-[서식] 그룹에서 [표 서식]을 클릭합니다(Ctrl + T). [테이블 디자인] 탭-[속성] 그룹에서 [표 이름]을 설정합니다.

• 보고서

Power BI 서비스에서 데이터에 연결한 후 보고서를 작성할 수 있습니다. 자동 생성 보고서를 사용할 수 있고 처음부터 새로 작성할 수 있습니다. 시각적 개체 추가나 필터, 상호 작용 등은 Power BI Desktop에서 작성한 방법과 동일합니다.

• 보고서 자동 생성

보고서 자동 생성을 사용하면 데이터 탐색하여 적합한 시각적 개체를 찾아 시각화한 보고서가 생성됩니다.

01 | 가져온 데이터 세트를 선택하면 보고서 작성 화면으로 이동됩니다. 자동 생성 보고서를 작성하려면 [이 데이터 시각화]의 [+보고서 만들기]-[자동 생성]을 클릭합니다.

02 | 매출 정보에서 분류코드, 판매일을 이용해 단가, 금액을 요약한 보고서가 나타납니다. 이 보고서를 편집하려면 메뉴의 [편집]을 클릭하여 시각적 개체를 편집하거나 추가할 수 있습니다.

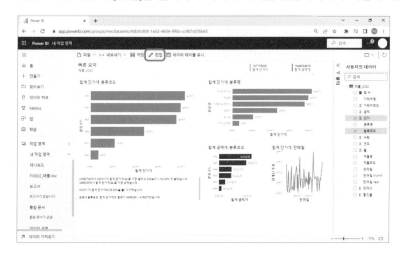

03 ㅣ 메뉴의 [저장]을 클릭하여 보고서 이름에 '매출_자동 생성'을 입력하고 [저장]을 클릭합니다.

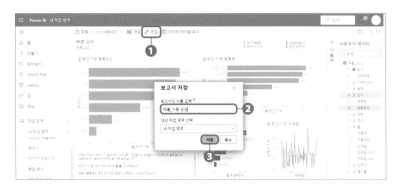

04 ㅣ 탐색 창의 [내 작업 영역]-[보고서]에 저장된 파일이 표시됩니다.

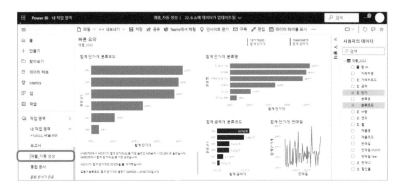

• 새 보고서 만들기

보고서를 직접 작성해 보겠습니다.

01 ㅣ [내 작업 영역]-[데이터 세트]에서 'FY2022_매출'을 선택합니다. [이 데이터 시각화]에서 [+보고서 만들기]-[처음부터 새로 시작]을 클릭합니다.

02 | 보고서 디자인 창이 나타납니다. Power BI Desktop에서 보고서 작성하는 방식과 동일합니다.

03 | [시각화] 창에서 [꺾은선형 차트]를 클릭합니다. [시각적 개체에 데이터 추가]의 [X축] 영역에 '판매일' 필드, [Y축] 영역에 '금액' 필드를 추가합니다. 시각적 개체의 크기와 위치를 적절히 조정합니다.

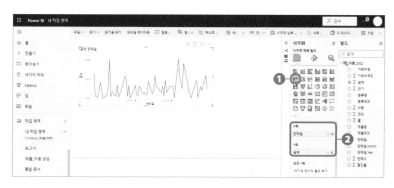

04 | 동일한 방법으로 다양한 시각적 개체를 추가합니다. 작성된 보고서를 저장하기 위해 메뉴에서 [저장]을 클릭합니다. [보고서 저장] 대화상자에 '매출_2022'를 입력하고 [저장]을 클릭합니다.

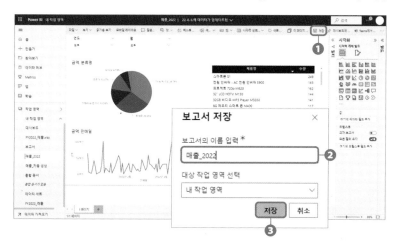

05 | 탐색 창의 [내 작업 영역]에 저장된 보고서를 확인할 수 있습니다.

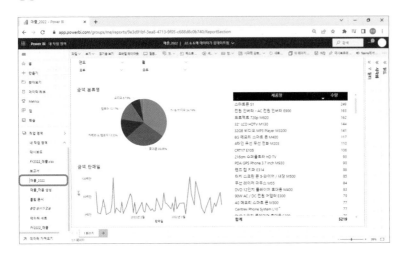

• 대시보드

대시보드란 하나의 캔버스로 보고서의 시각적 개체 중 스토리를 가지고 전달해야 할 시각적 개체의 모음입니다. 대시보드에서는 시각적 개체를 '타일'이라고 하고 사용자가 원하는 스토리로 타일을 배치할 수 있습니다. 보고서에 작성된 시각적 개체를 대시보드에 추가해 보겠습니다.

01 | 내 작업 영역의 [보고서]에서 '매출_2022'를 선택합니다. 도넛형 차트에 마우스를 이동시키고 📌 (시각적 개체 고정)을 클릭합니다. 시각적 개체를 고정하면 대시보드에 저장되고 최신 상태로 유지되므로 최신값을 한눈에 추적할 수 있습니다.

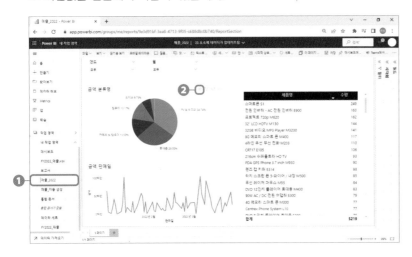

02 | [대시보드에 고정] 대화상자가 나타납니다. [새 대시보드]를 체크하고 대시보드 이름에 '매출_2022'를 입력한 후, [고정]을 클릭합니다.

03 | 오른쪽 위에 표시되는 성공 메시지를 통해 시각화가 타일로 대시보드에 추가되었음을 알 수 있습니다. 동일한 방법으로 꺾은선형 차트와 테이블도 대시보드에 고정합니다.

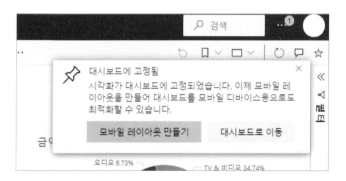

> **Tip** 슬라이서는 대시보드에 고정되지 않습니다. 슬라이서가 포함된 대시보드가 필요한 경우 [라이브 고정 페이지]를 이용합니다.

04 | 내 작업 영역의 [대시보드]에서 '매출_2022'를 선택하여 대시보드로 이동합니다. 추가된 시각적 개체(타일)를 확인할 수 있습니다. 드래그하여 원하는 순서로 배치할 수 있으며 시각적 개체의 ⋯(줄임표)를 클릭하면 [댓글 추가, 포커스 모드에서 열기, 타일 고정, 타일 삭제] 등의 메뉴를 사용할 수 있습니다.

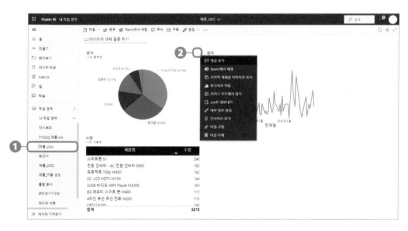

● 데이터에 대해 질문하기

'데이터에 대해 질문하기'를 이용해 데이터의 빠른 탐색을 위해 질문하고 시각적 개체로 결과를 얻을 수 있습니다. 질문 및 답변은 데이터에 대해 자연어 쿼리를 만듭니다.

01 | 대시보드의 [데이터에 대해 질문하기]를 클릭합니다.

02 | 다음과 그림과 같이 화면에 제시된 질문이 나타납니다. 이 항목을 선택하여 시작할 질문으로 빠른 질문에 대한 답변을 얻을 수 있습니다.

03 입력란에 'total 금액 by 담당자'를 입력하면 가로 막대형 차트를 제시합니다. 대시보드에 추가하기 위해 [시각적 개체 고정]을 클릭합니다.

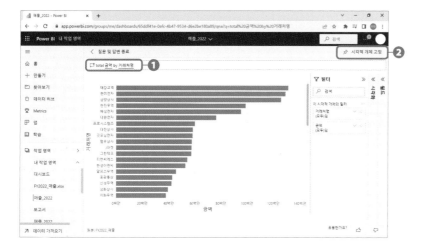

04 [대시보드에 고정] 대화상자가 나타납니다. [기존 대시보드]를 체크, '매출_2022'를 선택한 후 [고정]을 클릭합니다.

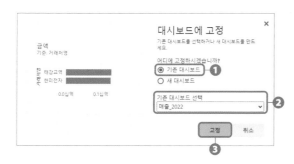

05 대시보드로 이동하고 추가된 타일을 적절한 위치로 이동시킵니다.

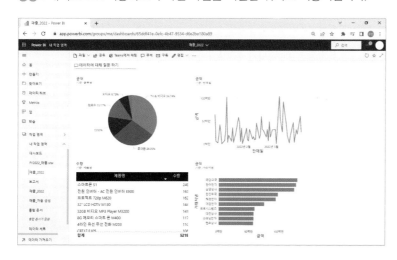

⑫ 보고서 게시와 공유

Power BI Desktop에서 작성한 보고서를 Power BI 서비스로 게시해 조직 구성원들과 공유할 수 있습니다. 보고서와 대시보드의 공유 기능을 사용하려면 Power BI Pro를 구독해야 합니다. Power BI 무료 계정으로 보고서를 공유하려면 웹에 게시(공용)를 사용하여 Embed 태그를 생성한 후 공유할 수 있습니다.

● Power BI 서비스에 보고서 게시

Power BI Desktop에서 작성한 보고서를 Power BI 서비스에 게시하면 데이터 세트와 보고서가 업로드됩니다.

01 | Power BI Desktop에서 준비된 '12_매출현황.pbix' 파일을 엽니다. 사용자 계정으로 로그인한 후 [홈] 탭 – [공유] 그룹에서 [게시]를 클릭합니다.

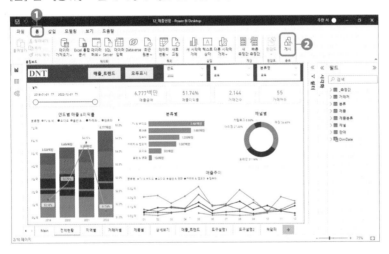

02 | [Power BI에 게시] 대화상자에 Power BI 서비스 작업 영역이 표시됩니다. [내 작업 영역]을 선택하고 [선택]을 클릭합니다. 게시가 끝나면 성공 메시지가 나타납니다. [확인]을 클릭하고 Power BI 서비스로 이동합니다.

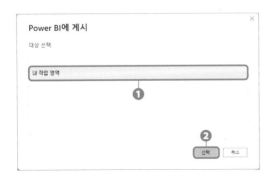

03 | Power BI 서비스에 게시된 보고서입니다. 탐색 창의 [내 작업 영역]에 게시된 데이터 세트와 보고서가 표시됩니다.

● 매출현황 대시보드 구성

매출현황 보고서를 대상으로 대시보드를 구성해 보겠습니다.

01 | '전체현황' 페이지의 묶은 가로 막대형 차트에서 📌(시각적 개체 고정)을 클릭합니다.

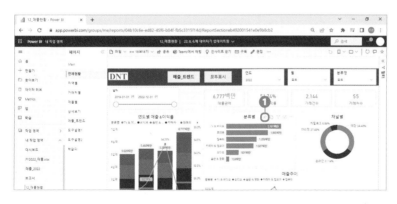

02 | [대시보드에 고정] 대화상자에서 [새 대시보드]를 체크합니다. 대시보드 이름에 '전체 매출현황'을 입력한 후 [고정]을 클릭합니다.

03 │ 다음 그림처럼 카드, 꺾은선형 차트, 테이블, 지도 등 시각적 개체를 대시보드에 추가 후 타일을 적절히 배치합니다.

Tip   **대시보드에 고정으로 대시보드 만들기**

보고서 페이지를 대시보드로 고정하면 페이지 단위로 모든 시각적 개체를 대시보드로 구성할 수 있습니다. Power BI 서비스의 보고서에서 ⋯ (추가 옵션)을 클릭하고 [대시보드에 고정]을 클릭합니다.

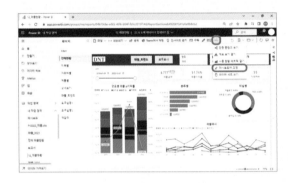

[대시보드에 고정] 대화상자에서 [새 대시보드]를 체크하고 대시보드 이름을 입력한 후 [라이브 고정]을 클릭합니다.

다음과 같이 페이지 단위로 고정된 대시보드를 사용할 수 있습니다. 페이지로 대시보드를 구성하면 타일 단위로 위치 이동은 할 수 없습니다.

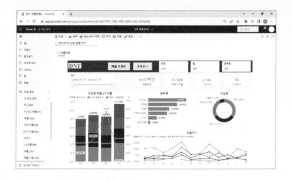

• 보고서 공유

보고서를 조직 구성원과 공유해 보겠습니다. 보고서와 대시보드 공유는 동일한 방법으로 진행하며 여기 서는 보고서 공유만 살펴보겠습니다.

01 | 보고서를 선택하고 메뉴에서 [공유]를 클릭하면 [링크 보내기] 대화상자가 나타납니다. 액세스 권한을 부여할 대상의 이메일 주소를 입력한 후 [보내기]를 클릭하면 보고서 링크가 수신자에게 이메일로 전달됩니다.

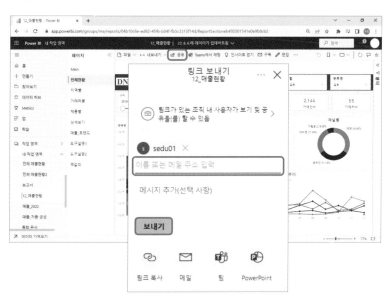

Tip **공유 옵션**

[링크가 있는 조직 내 사용자가 보기 및 공유(를)할 수 있음]을 클릭하면 공유 대상자를 조직 내 사용자나 액세스 권한이 있는 사용자, 특정 사용자로 변경할 수 있습니다.

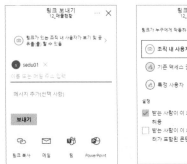 

- [받는 사람이 이 보고서을(를) 공유하도록 허용]의 체크를 해제하면 수신자가 다른 사용자에게 공유할 수 없습니다.
- [받는 사람이 이 보고서과(와) 연결된 데이터가 포함된 콘텐츠를 작성하도록 허용]의 체크를 해제하면 수신자는 공유한 보고서를 편집할 수 없습니다.

• 보고서 공유 해제

보고서 공유 중지가 필요한 경우 액세스 권한을 제거해야 합니다.

01 [링크 보내기] 대화상자의 ⋯(권한 관리)를 클릭합니다.

02 | [권한 관리] 대화상자에서 링크 옆의 ⋯(권한 관리)를 클릭하여 공유 권한을 삭제합니다.

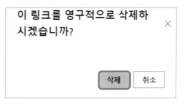

• 웹에 게시

조직 구성원이 아닌 외부 사용자와 Power BI 보고서를 공유할 경우, 웹에 게시를 이용해 URL을 공유할 수 있습니다. 웹에 게시는 Power BI Pro 사용자가 아니어도 사용할 수 있습니다.

01 | 보고서에서 [파일]–[보고서 포함]–[웹에 게시(공용)]을 클릭합니다.

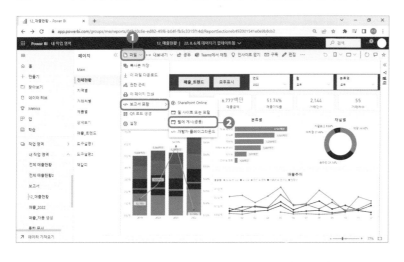

> **Tip** **웹에 게시 제한 사항**
>
> 조직 계정에 따라 웹에 게시가 포함되지 않은 경우도 있으니 회사 관리자에게 문의하기 바랍니다. 또한 보고서에 R을 포함한 시각적 개체, ArcGIS Maps for Power BI 시각적 개체, 보고서 수준의 DAX 함수 등이 포함된 경우 웹에 게시가 불가능합니다. 기타 사항은 아래 사이트를 참조하시기 바랍니다.
>
> https://docs.microsoft.com/ko-kr/power-bi/service-publish-to-web

02 | [공용 웹 사이트에 포함] 대화상자에서 [Embed 태그 만들기]를 클릭한 후 다음 대화상자에서 [게시]를 클릭합니다.

03 | Embed 태그 만들기 성공 창이 나타납니다. 첫 번째 링크는 복사해서 다른 사용자에게 이메일이나 메신저로 전달합니다. 두 번째 링크는 블로그나 웹 사이트에 붙여 넣을 수 있습니다.

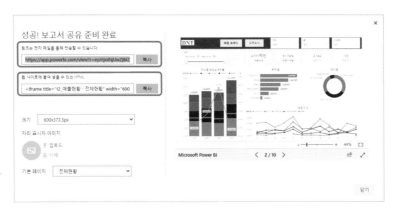

04 | 다음은 첫 번째 링크(URL)를 복사한 후, 웹 브라우저에 붙여 넣은 링크 보고서 화면입니다. 이 링크의 보고서에서도 슬라이서나 상호 작용 등을 사용할 수 있습니다. 웹에 게시 후 원본 데이터가 업데이트되면 공유된 보고서도 업데이트된 결과를 반영합니다.

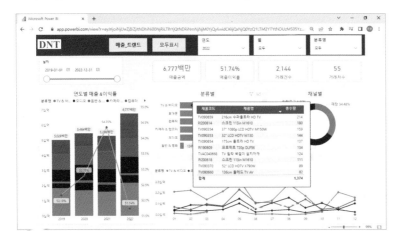

05 │ 외부 사용자가 더 이상 링크에 접근하지 못하도록 권한을 제거할 수 있습니다. 검색 상자 오른쪽의 ⋯(관리)를 클릭하고 [설정]−[Embed 태그 관리]를 클릭합니다.

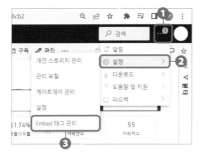

06 │ 생성된 태그 목록이 나타납니다. [삭제]를 클릭하면 더 이상 웹에 게시된 Embed 태그는 유효하지 않습니다.

03 보고서 내보내기

Power BI 서비스의 내보내기를 이용해 Excel에서 분석하거나 PDF 또는, PowerPoint로 내보내기 할 수 있습니다. PowerPoint 내보내기는 이미지만 내보내거나 데이터까지 포함해서 내보내기 할 수 있습니다.

• PowerPoint로 이미지 내보내기

보고서를 PowerPoint에 이미지로 내보내면 전체 페이지를 슬라이드에 이미지로 추가해서 사용할 수 있습니다.

01 | 보고서에서 메뉴의 [내보내기] – [PowerPoint] – [이미지 포함]을 클릭합니다.

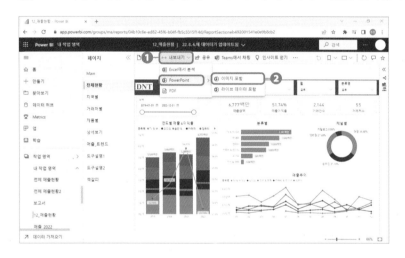

02 | [내보내기] 대화상자가 나타납니다. [함께 내보낼 항목]을 '현재 값'으로 설정하면 보고서에서 탐색한 값으로 내보내기 합니다. [내보내기]를 클릭합니다.

03 | 저장된 PowerPoint 파일을 열면 다음과 같이 보고서 페이지가 슬라이드에 그림으로 추가된 결과를 확인할 수 있습니다.

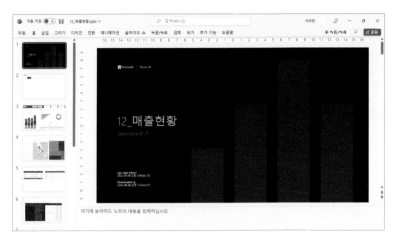

• PowerPoint로 데이터 포함하여 내보내기

라이브 데이터 포함으로 내보내기 하면 PowerPoint에서도 데이터와 상호 작용을 사용할 수 있습니다. 라이브 데이터 포함은 보고서의 특정 페이지를 내보내면 슬라이드에서도 데이터를 탐색할 수 있습니다.

01 | 보고서에서 메뉴의 [내보내기]-[PowerPoint]-[라이브 데이터 포함]을 클릭합니다.

02 | 대화상자에 보고서 페이지 링크가 표시됩니다. 링크를 복사하면 PowerPoint 문서에 직접 추가할 수 있습니다. [PowerPoint에서 열기]를 클릭합니다.

파워 쿼리 편집기 활용

DAX 함수

다양한 시각화

맵 시각화

보고서 관리

Power BI 서비스

03 | 다음은 PowerPoint로 내보내기한 결과입니다. Power BI 보고서의 페이지가 PowerPoint의 슬라이드에 포함되었습니다. 데이터를 포함하고 있기 때문에 필터를 적용하여 데이터 탐색이 가능합니다. [데이터 옵션]을 클릭하여 데이터 새로 고침을 하면 최신 데이터를 가져올 수 있습니다.

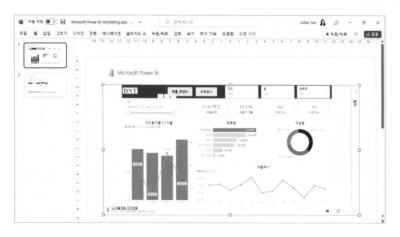

> **Tip** **PowerPoint에서 Power BI 보고서 추가하기**
>
> Power BI 보고서를 프레젠테이션에 직접 추가하여 스토리텔링할 수 있고 다른 조직 구성원에게 BI 보고서를 프레젠테이션할 수 있도록 URL을 전달하여 사용할 수도 있습니다.

Power BI 서비스에서 라이브 데이터 포함으로
내보내기 할 때 생성된 URL을 복사합니다.

PowerPoint의 [삽입] 탭-[Power BI]를 클릭하고 URL을 붙여 넣으면 다른 사용자도 쉽게 Power BI 보고서를 사용할 수 있습니다.

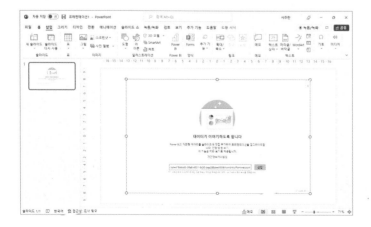

04 데이터 새로 고침

Power BI를 사용하여 보고서 및 대시보드를 작성했다면 데이터가 최신 상태인지 확인해야 합니다. 데이터를 새로 고칠 때마다 Power BI에서 기본 데이터 원본을 쿼리하고, 원본 데이터를 데이터 세트에 로드한 다음, 보고서 또는, 대시보드의 시각화를 업데이트해야 합니다. 데이터 세트의 스토리지 모드에 따라 새로 고침 방법이 달라집니다.

01 ‖ Power BI는 데이터 새로 고침, OneDrive 새로 고침, 쿼리 캐시 새로 고침, 보고서 시각적 개체 새로 고침을 포함하여 여러 가지 새로 고침 유형으로 구성됩니다.

데이터 세트에서 ⋮(열기 메뉴)를 클릭하여 [지금 새로 고침]을 적용하거나, 데이터가 자주 변경되는 경우 새로 고침을 매일 수행해야 할 필요가 있다면 [새로 고침 예약]에서 예약 시간을 설정할 수 있습니다.

02 ‖ 데이터를 가져온 방식에 따라 게이트웨이 설치가 필요할 수 있습니다. 화면 상단의 [다운로드]를 클릭하면 [데이터 게이트웨이]를 다운받아 설치할 수 있습니다.

이외에도 다양한 새로 고침 유형이 있지만 이 책에서는 Power BI 서비스 관리에 관한 부분은 다루지 않습니다. 데이터 새로 고침에 대한 자세한 사항은 아래 사이트를 참고하기 바랍니다.

https://docs.microsoft.com/ko-kr/power-bi/refresh-data

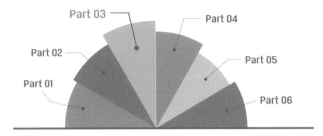

POWER BI : 활용편

PART 03
혼밥족들이
살고 싶은 곳은?

Power BI를 활용한 첫 번째 데이터 분석 주제는 '1인 가구'입니다. 1인 가구는 저출산, 고령화와 함께 대한민국의 현재를 관통하는 주요한 사회 현상입니다. Part 03에서는 행정안전부, 통계청 등 정부기관에서 공개하는 데이터를 이용하여 1인 가구의 현황과 그들의 선호 지역을 분석해 봅니다. 도서와 함께 제공하는 파일(Part 03 〉 Output 〉 Solo.pbix)에서 분석 결과 사례를 확인할 수 있습니다.

Chapter 01 | 분석 개요

특정 분야를 제대로 분석하려면 그 분야에 대한 배경 지식('도메인 지식'이라고도 합니다)이 필요합니다. 이번 챕터에서는 1인 가구에 대한 간단한 배경 지식과 함께 분석 절차와 학습해야 할 내용을 살펴봅니다.

01 분석 배경

1인 가구는 저출산, 고령화와 함께 우리 사회의 인구 구조를 특징짓는 중요한 키워드입니다. 통계청 발표에 의하면, 2021년 기준 우리나라의 1인 가구는 716.6만 가구로 전체 가구 중 33.4%를 차지한다고 합니다.

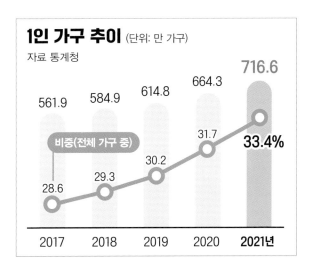

1인 가구 즉, 혼자 생활하는 사람이 늘어나면서 우리 주변의 많은 부분에서 변화가 나타나고 있습니다. 음식점과 주점은 혼밥·혼술러를 위한 공간을 늘리고 여행사는 혼행족을 위한 상품을 내놓고 있습니다. 가족들을 위한 쇼핑 공간인 대형마트는 감소하는 한편 1인 가구를 위한 편의점의 수는 증가하고 있습니다.

가구 형태의 변화는 공공 정책의 변화도 요구하고 있습니다. 청년층 1인 가구를 위한 소형·임대 주택 정책이 필요하고 노년층 1인 가구에 걸맞은 안전·복지 정책이 필요합니다.

이렇듯 1인 가구는 많은 사람들이 관심을 갖는 흥미로운 주제이기도 합니다. 이번 챕터에서는 Power BI의 데이터 시각화와 탐색 기능을 이용하여 1인 가구와 관련한 여러 관심 사항을 분석해 보겠습니다.

02 분석 절차

1. 문제 정의 : 분석의 첫 번째 단계는 해결해야 할 문제의 정의입니다. 정의할 문제는 수집할 수 있는 데이터로 해결할 수 있어야 하며, 많은 사람이 공감할만한 주제여야 합니다.

2. 데이터 수집 : 문제 해결을 위한 데이터를 수집합니다. 본인 또는, 조직이 보유한 데이터와 함께 공공기관이 개방한 데이터도 최대한 활용합니다.

3. 데이터 전처리 : 수집한 데이터를 바로 분석에 사용하는 경우는 많지 않습니다. 데이터 구조를 변경하거나, 데이터 형식을 변환하는 등 데이터 전처리에 꽤 많은 시간을 투자해야 합니다.

4. 데이터 분석 : 여러 시각적 개체를 이용하여 다양한 관점으로 데이터를 시각화하고 탐색합니다. 이 과정에서 정의한 문제를 해결하도록 합니다.

03 분석 특징 및 한계

통계청은 매년 등록 센서스를 실시하고 1인 가구에 대한 조사 결과를 발표합니다. 통계청의 조사 결과는 주택 소유 여부, 결혼 여부 등 다양한 분야를 포함하지만, 지역적 범위가 넓고(서울시 · 경기도 등 시도 단위) 고정적인 기간만을 대상으로 하므로 융통성이 떨어진다는 한계가 있습니다.

등록 센서스는 전국의 모든 가구를 직접 방문하지 않고, 주민등록부, 건축물대장 등 행정 자료를 이용하여 인구 · 가구 · 주택에 대한 통계를 생산하는 새로운 방식의 인구주택총조사를 뜻합니다. 행정 자료를 이용하기 어려운 표본 항목에 대해서 20% 가구 표본을 대상으로 기존과 같은 방식의 현장조사를 실시합니다.

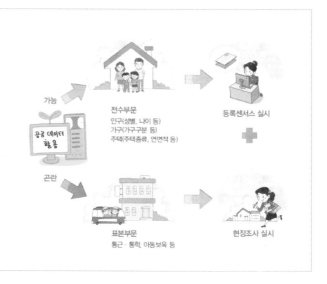

정부는 출생·사망·전입 등 인구와 세대의 변화를 '주민등록' 제도를 통하여 데이터로 기록하고, 일부는 국민에게 개방하고 있습니다. 이런 주민등록 데이터를 분석하면 가구의 변화 추이와 지역의 선호도 등을 확인할 수 있습니다. 이번 파트에서는 주민등록 관련 데이터를 직접 수집하여 1인 가구와 관련된 다양한 사항을 분석합니다.

이번 파트의 분석 주제인 '1인 세대'는 '1인 가구'와 개념적으로 유사하지만, 추계 방법이 서로 달라 데이터가 일치하지 않을 수 있습니다. 따라서 분석 결과도 다를 수 있습니다.

> **Tip** 통계청에서 발표하는 '가구'의 개념을, 주민등록 분야에서는 '세대(世帶)'라고 표현합니다. '가구'와 '세대'는 모두 "1인 또는 2인 이상이 모여서 취사, 취침 등 생계를 같이하는 생활단위"로 정의되며 개념상의 큰 차이는 없습니다. 본 도서에서는 주민등록 데이터만을 사용하므로 이후부터 '가구' 대신 '세대'라는 용어를 사용하겠습니다.

분석의 공간적 범위는 서울시이며, 시간적 범위는 2017년 1월부터 2021년 12월까지 5년간을 기준으로 합니다.

본 도서는 Power BI를 활용하여 데이터를 분석하는 방법을 익히는 것을 목적으로 합니다. 따라서 본 도서의 분석 결과는 신뢰성을 보장할 수 없습니다.

Chapter 02 | 문제 정의

이번 파트에서 분석할 문제를 정의합니다. 1인 가구와 관련, 많은 사람이 공통으로 관심을 가지면서 구체적인 결론을 끌어낼 수 있는 주제를 선정합니다. 문제 정의 시에는 수집 가능한 데이터 범위와 분석 난이도 등을 고려해야 합니다.

01 세대 형태의 변화

부부, 부모와 자식 등 세대를 구성하는 형태는 다양합니다. 과거에는 다수의 가족이 세대를 구성하는 형태가 일반적이었습니다. 하지만 최근에는 혼자 또는, 부부만으로 구성되는 소규모 세대가 많아지고 있습니다. 고령화 · 저출산 시대를 맞아 대한민국의 경제 인구는 급격히 감소 추세에 있습니다. 세대 형태의 변화 추이를 면밀히 파악하고 미래를 예측하는 활동이 무엇보다 필요한 시기입니다. 이러한 이유로 이번 파트의 첫 번째 문제는 '세대 형태의 변화'입니다.

02 1인 세대 주 거주 지역

혼자 생활하는 1인 세대는 2인 이상의 세대와 다른 생활 형태를 보입니다. 마트보다 편의점을 선호하고 혼자서 식사하기 편한 식당을 찾습니다. 도소매업이나 음식점을 창업하려는 사람과 업종 변경을 희망하는 사람에게 1인 세대주 거주 지역에 대한 정보는 중요한 경쟁력 포인트가 될 것입니다. 서울에서 행정 구역의 단위는 '자치구'와 '행정동'입니다. 이러한 행정 구역을 기준으로 '서울에서의 1인 세대 주 거주 지역'이 어디인지를 밝히는 것이 두 번째 문제입니다.

03 1인 세대 특성별 선호 지역

교통과 주택, 그리고 직장 문제는 대도시에 거주하는 시민이라면 누구나 경험하는 문제이며 이는 거주지를 선호하는 기준이 됩니다. 이번 파트의 세 번째 문제는 1인 세대의 선호 지역을 밝혀보는 것입니다. 1인 세대를 성(여성/남성)과 연령별로 세분화하고 거주지 이전 사유와 함께 이전 지역을 살펴봄으로써 1인 세대 특성별 선호 지역을 확인해 봅니다.

Chapter

03 | 데이터 수집

1인 가구 분석에 활용할 데이터를 행정안전부와 통계청의 홈페이지에서 수집합니다. 홈페이지 운영 정책에 따라 데이터 수집 경로와 데이터 형식이 변경될 수 있으므로 본 도서와 함께 제공하는 데이터를 이용하여도 무방합니다. 이번 파트에서 사용하는 모든 데이터는 Part 03 〉 Data 폴더에서 다운로드할 수 있습니다.

인구 및 세대와 관련한 데이터는 많은 공공 기관에서 제공하고 있습니다. 대표적인 정부기관의 사이트는 아래와 같습니다.

▸ 공공데이터 포털(https://www.data.go.kr)

▸ 서울시 열린데이터 광장(http://data.seoul.go.kr)

이번 파트에서는 행정안전부에서 제공하는 '세대원별 세대수' 데이터와 통계청에서 제공하는 '인구이동 통계' 데이터를 활용합니다.

- '세대원별 세대수' 데이터 : 행정안전부 홈페이지(https://www.mois.go.kr)
- '인구이동 통계' 데이터 : 통계 마이크로 데이터 홈페이지(https://mdis.kostat.go.kr)

'세대원별 세대수' 데이터에서 첫 번째 문제와 두 번째 문제를 해결할 수 있는 '지역별 세대 형태'를 확인할 수 있으며, '인구 이동통계' 데이터에서 세 번째 문제 해결을 위한 '세대별 거주지 이동 현황'을 파악할 수 있습니다.

01 '세대원별 세대수' 데이터 수집

주민등록 업무를 담당하는 행정안전부 홈페이지에서는 다양한 '주민등록 인구통계' 관련 데이터를 제공하고 있습니다. 아래 사이트에서 과거 5년 동안의 가구 형태가 기록된 '세대원수별 세대수' 데이터를 다운로드합니다.

01 | 행정안전부 홈페이지(https://www.mois.go.kr)의 상단 메뉴에서 [정책자료 〉 통계 〉 주민등록 인구통계]를 클릭합니다.

02 ┃ 좌측 메뉴에서 [주민등록 인구 기타현황]을 선택하고, [통계표] 탭에서 [지역별 세대원수별 세대수]를 선택합니다. [조회기간]을 '2017년 1월'부터 '2017년 12월'까지로 설정하고 하단의 [전체읍면동현황]을 선택합니다. 하단의 [검색]을 클릭하고 [전체읍면동현황]이 선택되었는지 확인한 후 [CSV 파일 다운로드]을 클릭합니다.

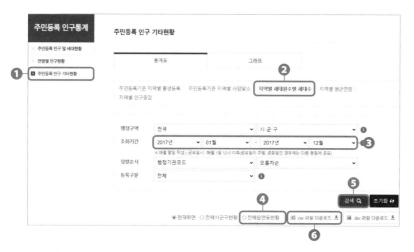

> **Tip** 한 번에 최대 1년의 데이터만 다운로드할 수 있습니다. 다섯 번에 걸쳐서 5년간의 데이터를 다운로드합니다.

03 ┃ 동일한 과정을 반복하여 '2017년 1월'부터 '2021년 12월'까지 5년간 데이터를 다운로드하고 파일 이름을 '2017_세대원수별 세대수.csv'와 같이 변경합니다.

이름	크기
2017_세대원수별 세대수.csv	3,054KB
2018_세대원수별 세대수.csv	3,062KB
2019_세대원수별 세대수.csv	3,049KB
2020_세대원수별 세대수.csv	3,029KB
2021_세대원수별 세대수.csv	3,033KB

02 '인구이동 통계' 데이터 수집

통계청에서는 통계 마이크로 데이터를 제공하는 사이트(https://mdis.kostat.go.kr)를 운영하고 있으며, 이곳에서 '인구이동 통계' 데이터를 수집할 수 있습니다. 이 사이트는 회원에게만 데이터 다운로드를 허용합니다. 회원이 아니라면 사전에 회원가입을 해야 합니다.

01 | 사이트(https://mdis.kostat.go.kr)에 방문하여 회원 아이디로 로그인합니다. 상단 메뉴에서 [자료이용 〉 다운로드 서비스]를 클릭합니다.

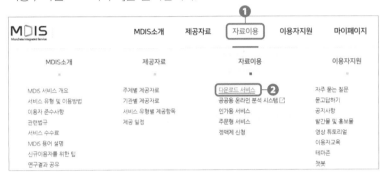

02 | STEP 1의 [조사분야]에서 [주제별]을 체크하고, 왼쪽부터 [인구 〉 국내인구이동통계 〉 세대관련연간자료(제공) 〉 2021]을 선택하고, 하단의 [항목조회]를 클릭합니다.

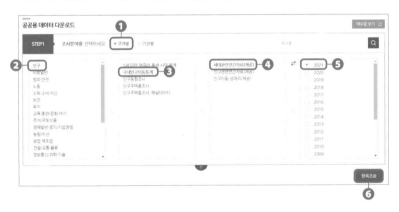

03 | STEP 2에서 모든 항목을 선택[∨]하고, 하단의 [다운로드]를 클릭합니다..

04 | [데이터 다운로드 실행] 창이 나타나면 '제목, 이용목적, 이용목적 내용'을 간단히 입력합니다. [다운로드 옵션]을 [CSV(항목명미포함)]으로 체크하고 [확인]을 클릭합니다.

05 | 아래와 같은 창이 나타나면 [마이페이지 바로가기]를 클릭합니다.

06 | [마이 페이지 〉 데이터다운로드 및 이용현황]에서 추출한 데이터 목록을 클릭합니다.

07 | [처리결과]의 🗒(데이터) 아이콘을 클릭하여 확인 후 PC에 다운로드합니다. 또한, [설명자료]의 [파일설계서(공공용)]_국내인구이동통계_2021(코드집포함).xlsx] 파일을 PC에 다운로드합니다.

08 | 다운로드한 파일의 압축을 해제하고 파일의 이름을 그림과 같이 변경합니다.

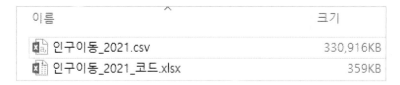

Chapter
04 | 데이터 전처리

대부분의 경우 외부에서 수집한 데이터는 전처리 과정을 거쳐야 분석이 가능합니다. 수집한 데이터의 구조를 확인하고 시각화와 탐색이 가능한 구조로 데이터를 가공합니다.

01 세대원별 세대수 데이터

행정안전부 홈페이지에서 수집한 '세대원별 세대수' 데이터를 전처리합니다.

• 데이터 구조 파악

01 | '세대원별 세대수' 데이터는 연도별로 다섯 개의 파일로 나뉘어져 있으며, 각 파일은 3,800여 개의 행과 133개의 열로 구성되어 있습니다.

133개 열

행정구역	2017.1월_전체세대	2017.1월_1인세대	2017.1월_2인세대	...	2017.1월_10인세대
전국(코드)					
서울시(코드)					
서울시 종로구 청운효자동(코드)					
...					
제주도 서귀포시 예래동(코드)					

3800개 행

02 | 이 형태는 분석에 적합하지 않은 데이터 구조이므로 다음과 같이 변경합니다.

- 열 중심 구조 → 행 중심 구조로 변경
- 합계 행(전국, 서울시 등) 존재 → 합계 행 삭제
- 서울시 외 지역 존재 → 서울시 외 지역 삭제
- 행정구역명이 복잡함(시도+시군구+읍면동+코드) → '읍면동 코드'로 단순화
- 5개의 파일로 존재 → 1개의 파일로 통합

03 | 전처리가 끝난 후의 데이터 구조는 아래와 같습니다.

행정구역	기준일	1인세대	2인세대	3인세대	5인이상 세대
서울시 행정동(코드)	2017-01				
서울시 행정동(코드)	2017-02				
서울시 행정동(코드)	...				
서울시 행정동(코드)	2021-02				

Tip **행정구역**

대한민국 광역 단위 행정구역은 1개의 특별시(서울특별시), 6개의 광역시, 8개의 도, 1개의 특별자치도, 그리고 1개의 특별자치시까지 총 17개 광역 단위로 이루어져 있습니다. 서울특별시는 종로구, 중구부터 송파구, 강동구까지 25개의 기초 단위 행정구역으로 나누어지며 이를 자치구(自治區)라고 합니다. 각 자치구는 다시 행정동(行政洞)으로 구분되는데, 2018년 12월 기준 서울시에는 424개의 행정동이 있습니다. 즉, 서울특별시의 행정구역은 25개 의 자치구와 자치구에 소속된 424개의 행정동으로 구성되어 있습니다.

• 데이터 가져오기

Power BI Desktop을 실행하고 파워 쿼리 편집기로 '세대원수별 세대수' 데이터를 가져와 편집합니다.

01 | Power BI Desktop을 실행하고 [홈] 탭-[데이터] 그룹에서 [데이터 가져오기]-[텍스트/CSV]를 클릭합니다.

02 | [열기] 대화상자에서 '2017_세대원별 세대수.csv' 파일을 선택하고 [열기]를 클릭합니다.

03 │ 그림과 같이 대화상자가 나타나면, [데이터 변환]을 클릭하여 파워 쿼리 편집기를 실행합니다.

● 행정구역 분할 및 코드 추출

테이블의 '행정구역' 열을 계층별로 분할하고 행정구역 코드를 추출합니다.

01 │ '행정구역' 열 머리글을 클릭하고 [홈] 탭-[변환] 그룹에서 [열 분할]-[구분 기호 기준]을 클릭합니다.

02 │ 대화상자의 [구분 기호 선택 또는 입력]은 '공백', [다음 위치에 분할]은 [각 구분 기호에서]를 체크하고 [확인]을 클릭합니다.

03 | '행정구역' 열이 3단계로 분할된 것을 확인할 수 있습니다. '행정구역.3' 열 머리글을 선택하고 [홈] 탭 – [변환] 그룹에서 [열 분할] – [구분 기호 기준]을 클릭합니다.

04 | [구분 기호 선택 또는 입력]은 '사용자 지정'을 선택하고, 아래 항목에 왼쪽 괄호('(')를 입력합니다. [다음 위치에 분할]은 [맨 왼쪽 구분 기호에서]를 선택하고 [확인]을 클릭합니다.

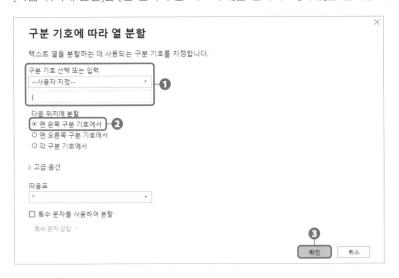

05 | 새로 분할된 '행정구역.3.2' 열 머리글을 선택하고 [변환] 탭 – [열] 그룹에서 [값 바꾸기] – [값 바꾸기]를 클릭합니다.

06 | [값 바꾸기] 대화상자에서 [찾을 값]은 오른쪽 괄호(')')를 입력하고, [바꿀 항목]은 빈 칸으로 둔 상태에서 [확인]을 클릭합니다.

07 | '행정구역' 열이 단계별로 분할되고, 코드가 제대로 추출되었음을 확인합니다.

• 집계 행 제거

테이블에서 불필요한 집계 행(전국, 서울특별시 등)을 삭제합니다.

01 | '행정구역.3.1' 열 머리글의 필터 단추(▼)를 클릭하고, 목록에서 [비어 있음]의 체크를 해제한 후 [확인]을 클릭합니다.

• 서울시 외 지역 제거

테이블에서 서울시 외 다른 지역 행을 제거합니다.

01 │ '행정구역.1' 열 머리글의 필터 단추(▼)를 클릭합니다. [서울특별시]만을 선택하고 [확인] 단추를 클릭합니다.

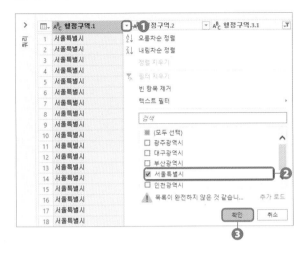

• 불필요한 열 제거

코드 열(행정구역.3.2))을 제외한 모든 행정구역 열은 제거합니다.

01 │ Ctrl 을 누른 상태에서 '행정구역.1', '행정구역.2', '행정구역.3.1' 열 머리글을 차례로 선택합니다. [홈] 탭-[열 관리] 그룹에서 [열 제거]-[열 제거]를 클릭하여 선택한 열을 제거합니다.

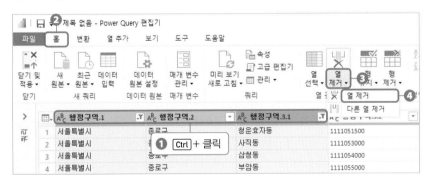

• 행 중심 테이블로 변환

현재 테이블은 날짜와 세대수가 열의 제목으로 구성되어 있습니다. 이를 행으로 변환합니다.

01 | '행정구역.3.2' 열 머리글을 선택하고 [변환] 탭–[열] 그룹에서 [열 피벗 해제]–[다른 열 피벗 해제]를 클릭합니다.

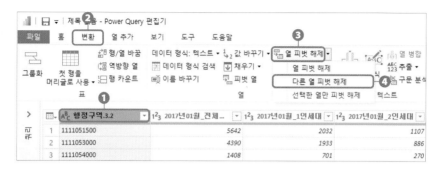

02 | '2017_세대원수별 세대수' 테이블이 행 중심으로 변환되면서, 133개의 열이 세 개의 열로 전환되었음을 확인할 수 있습니다.

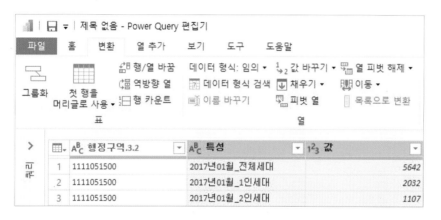

• 날짜와 세대구분 열 분할

'특성' 열에 있는 '날짜'와 '세대구분'을 별도의 열로 분리합니다.

01 | '특성' 열 머리글을 선택하고 [홈] 탭-[변환] 그룹에서 [열 분할]-[구분 기호 기준]을 클릭합니다. [구분 기호 선택 또는 입력]은 '사용자 지정'을 선택하고 아래 칸에 '_'(밑줄)을 입력합니다. [다음 위치에 분할]의 [맨 왼쪽 구분 기호에서]를 선택하고 [확인]을 클릭합니다.

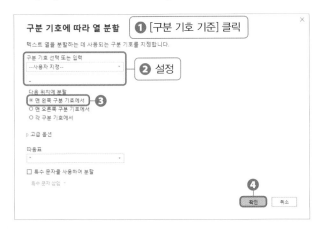

02 | '특성' 열이 '특성.1', '특성.2' 열로 분리되었음을 확인합니다.

• 테이블 피벗팅

세대의 인원이 열의 제목이 되도록 테이블 구조를 변경합니다.

01 | '특성.2' 열 머리글을 선택하고 [변환] 탭-[열] 그룹에서 [피벗 열]을 클릭합니다.

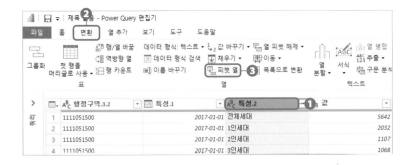

02 | [피벗 열] 대화상자의 [값 열]에서 '값'을 선택하고 [확인]을 클릭합니다.

03 | 세대의 인원이 열의 제목이 되었음을 확인합니다.

	A^B_C 행정구역.3.2 ▼	특성.1 ▼	1²₃ 전체세대 ▼	1²₃ 1인세대 ▼	1²₃ 2인세대 ▼	1²₃ 3인세대 ▼
1	1111051500	2017-01-01	5642	2032	1107	1068
2	1111051500	2017-02-01	5632	2025	1112	1065
3	1111051500	2017-03-01	5568	1986	1102	1051
4	1111051500	2017-04-01	5554	1976	1109	1058
5	1111051500	2017-05-01	5532	1961	1112	1052
6	1111051500	2017-06-01	5525	1949	1116	1060
7	1111051500	2017-07-01	5506	1933	1121	1047

● 열 병합

'5인 세대'부터 '10인 세대'까지 6개의 열은 하나로 합치고, '전체 세대' 열은 제거합니다.

01 | [Ctrl]을 이용하여 '5인 세대'부터 '10인 세대' 열까지 선택하고 [열 추가] 탭-[숫자에서] 그룹에서 [통계]-[합계]를 클릭합니다.

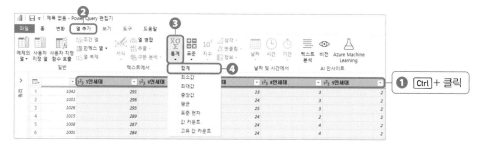

02 | [Ctrl]을 이용하여 '전체 세대' 열과 '5인 세대' 부터 '10인 세대' 열까지 선택하고 [홈] 탭-[열 관리] 그룹에서 [열 제거]-[열 제거]를 클릭하여 선택한 열을 삭제합니다.

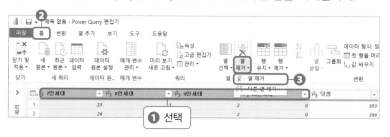

• 열 이름 변경

테이블의 열 이름을 알아보기 쉽게 변경해 봅니다.

01 '행정구역.3.2' 열 머리글을 더블클릭하고 열 이름을 '행정구역코드'로 변경합니다. 동일한 방법으로, '특성.1'의 열 이름을 '기준일'로, '덧셈'의 열 이름을 '5인 이상 세대'로 변경합니다. 완성된 테이블의 형태는 그림과 같습니다.

• 나머지 파일 전처리

복잡한 과정을 거쳐서 '2017_세대원수별 세대수' 데이터 파일의 전처리를 완료했습니다. 나머지 파일들은 고급 편집기를 활용하여 이 과정을 간단하게 반복합니다.

01 파워 쿼리 편집기의 [홈] 탭−[새 원본]−[텍스트/CSV]를 클릭합니다. [열기] 대화상자에서 '2018_세대원별 세대수.csv' 파일을 선택하고 [열기]를 클릭합니다. 대화상자가 나타나면 [확인]을 클릭하여 파일을 불러옵니다.

02 '2018_세대원별 세대수.csv' 파일이 파워 쿼리 편집기로 로드됩니다.

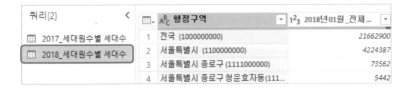

03 | [쿼리] 창에서 '2017_세대원수별 세대수' 쿼리(테이블)를 선택하고, [보기] 탭에서 [고급 편집기]를 클릭합니다.

04 | [고급 편집기] 대화상자의 5행("#구분 기호에 따라 열 분할")부터 마지막 행(#"이름을 바꾼 열 수")까지 선택하고, 마우스 오른쪽 버튼을 클릭한 후 [Copy]를 선택합니다. 복사한 후 에는 [완료]를 클릭하여 대화상자를 닫습니다.

05 | [쿼리] 창에서 '2018_세대원수별 세대수' 테이블을 선택하고, [보기] 탭에서 [고급 편집기]를 클릭하여 [고급 편집기] 대화상자를 불러옵니다.

06 | 4행(#"변경된 유형") 줄 끝에 쉼표(,)를 추가합니다.

07 | 5행(in)부터 나머지 행을 모두 삭제한 후 빈 자리에 마우스 오른쪽 버튼을 클릭한 후 [Paste]를 선택하여 복사한 코드를 붙여 넣습니다.

08 | 붙여넣기(Paste)가 완료된 구문을 확인하고 [완료] 단추를 클릭합니다.

09 | '2018_세대원수별 세대수 테이블(쿼리)이 '2017_세대원수별 세대수' 테이블(쿼리)과 동일한 형태로 전처리 되었음을 확인할 수 있습니다.

10 | 2019년, 2020년, 2021년 파일들도 동일한 방법으로 파일을 불러와서 전처리 작업을 진행합니다.

• 모든 테이블 합치기

전처리가 완료된 5개의 테이블을 1개의 테이블로 통합합니다.

01 | [쿼리] 창에서 '2017_세대원수별 세대수' 테이블을 선택하고 [홈] 탭-[결합] 그룹에서 [쿼리 추가]-[쿼리를 새 항목으로 추가]를 클릭합니다.

02 | [추가] 대화상자에서 [3개 이상의 테이블]을 선택하고 모든 테이블을 추가한 후 [확인]을 클릭합니다.

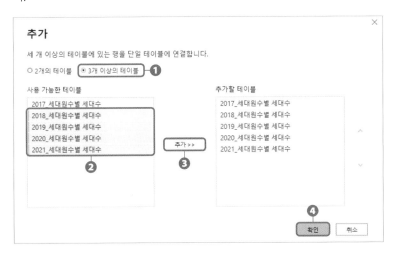

03 | [쿼리] 창에 새로운 '추가1' 테이블이 생성된 것을 확인합니다.

04 | '추가1' 테이블이 선택된 상태에서 [보기] 탭의 [쿼리 종속성]을 클릭하면, '추가1' 테이블의 생성 과정을 확인할 수 있습니다.

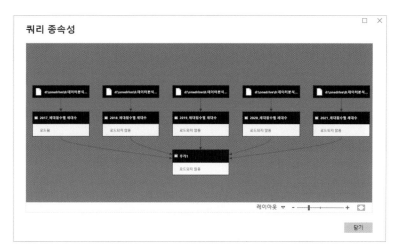

05 | [쿼리] 창의 '추가1' 테이블을 더블클릭하고 이름을 '세대원별 세대수'로 변경합니다. '2017_세대원수별 세대수' 테이블을 마우스 오른쪽 버튼으로 클릭한 후 [로드 사용]의 선택을 해제합니다. 동일한 방법으로 '세대원별 세대수' 테이블을 제외한 나머지 테이블도 [로드 사용]을 해제합니다.

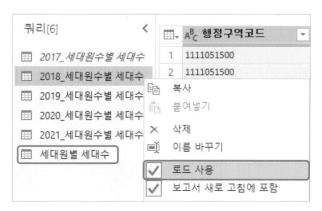

> **Tip** [로드 사용]을 해제하면, Power BI Desktop으로 로딩되는 시간이 감소하고 Power BI Desktop의 화면이 단순해지는 효과가 있습니다.

🔟 인구 이동 데이터

통계청 홈페이지에서 수집한 '인구 이동' 데이터의 구조를 확인하고 전처리하도록 합니다.

● 데이터 구조 파악

01 ｜ '인구이동_2021' 데이터에는 대한민국 국민의 2021년 인구 이동 기록이 담겨 있습니다. 테이블은 6,209,264행 17열의 구조이며 주요 항목은 아래와 같습니다.

행정구역 코드(전입지)			전입일			행정구역코드(전출지)			전입사유코드	세대주 관계	세대주 나이	세대주 성별	세대 구조	이동 인구
시도	시군구	읍면동	연	월	일	시도	시군구	읍면동						

2021년 인구이동(세대관련) 설계서				
순번	항목명	코드	코드명	길이
1	전입행정구역시도코드		**[행정구역코드 등록 및 말소내역]** 시트 참조	2
2	전입행정구역시군구코드		**[행정구역코드 등록 및 말소내역]** 시트 참조	3
3	전입행정구역읍면동코드		**[행정구역코드 등록 및 말소내역]** 시트 참조	5
4	전입연도		○○○○년	4
5	전입월		○○월	2
6	전입일		○○일	2
7	전출행정구역시도코드		**[행정구역코드 등록 및 말소내역]** 시트 참조	2
8	전출행정구역시군구코드		**[행정구역코드 등록 및 말소내역]** 시트 참조	3
9	전출행정구역읍면동코드		**[행정구역코드 등록 및 말소내역]** 시트 참조	5
10	전입사유코드	1	직업	1
		2	가족	
		3	주택	
		4	교육	
		5	주거환경	
		6	자연환경	
		9	기타	
11	세대주관계코드	1	세대주	1
		결측	세대원	
12	세대주만연령		○○○세	3
13	세대주성별코드	1, 3, 9	남자	1
		0, 2, 4	여자	
14	세대관련코드	1	2인이상 세대	1
		2	1인 세대	
15	이동_총인구수		○○명	2
16	이동_남자인구수		○○명	2
17	이동_여자인구수		○○명	2

> **Tip** 6,209,264행은 6,209,264건의 전입신고가 있었음을 의미합니다.

02 ｜ 데이터 전처리는 원본 데이터에서 1인 세대 데이터를 추출하는 과정을 중심으로 이루어지며, 전처리가 끝난 후 최종 데이터 구조는 아래와 같습니다.

전입지 코드	전입일	전출지 코드	전입사유 코드	세대주 나이	세대주 성별

• 데이터 가져오기

파워 쿼리 편집기로 '인구 이동' 데이터를 가져옵니다.

01 | [홈] 탭-[새 원본]-[텍스트/CSV]를 클릭합니다. [열기] 대화상자에서 '인구이동_2021.csv' 파일을 선택하고 [열기]를 클릭합니다. 아래와 같이 대화상자가 나타나면 [확인]을 클릭합니다.

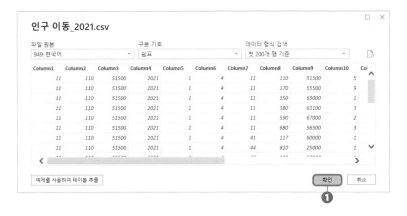

• 행정구역 열 병합

테이블에서 분리되어 있는 행정구역 코드 열을 병합합니다.

01 | 'Column1', 'Column2', 'Column3' 열 머리글을 선택하고 [변환] 탭-[텍스트] 그룹에서 [열 병합]을 클릭합니다.

02 | 대화상자의 [구분 기호]는 '없음'으로 선택하고 [새 열 이름]에는 '전입지 코드'를 입력한 후 [확인]을 클릭합니다.

03 │ 동일한 방법으로 'Column7', 'Column8', 'Column9' 열을 병합하고 [새 열 이름]은 '전출지 코드'로 입력합니다.

● 날짜 열 병합

연, 월, 일로 분리되어 있는 날짜 관련 열을 하나의 열로 병합합니다.

01 │ 동일한 방법으로 'Column4', 'Column5', 'Column6' 열을 병합합니다. 대화상자의 [구분 기호]는 '사용자 지정'을 선택하고, '–' 을 입력합니다. [새 열 이름]에는 '전입일'을 입력합니다.

02 │ '인구 이동_2021' 테이블의 열 병합 결과를 확인합니다.

• 1인 세대 추출

'Column11' 열에서 코드 값 [1]은 세대주를 의미하며, 'Column14' 열에서 코드 값 [2]는 1인 세대를 의미합니다. 2개의 열을 조합하여 1인 세대만 추출합니다.

01 | 'Column11' 열 머리글의 필터 단추(▼)를 클릭하고, 필터 목록에서 [1]만 체크한 후 [확인]을 클릭합니다.

02 | 동일한 방법으로, 'Column14' 열에서 [2]만 선택하고 [확인]을 클릭합니다.

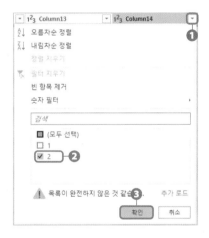

• 열 이름 변경 및 불필요한 열 제거

테이블의 일부 열을 이해하기 쉬운 이름으로 변경하고, 분석에 필요하지 않은 열은 제거합니다.

01 | 'Column10' 열 머리글을 더블클릭하고, 이름을 '전입사유'로 변경합니다. 동일한 방법으로 'Column12'는 '연령', 'Column13'은 '성별'로 변경합니다. 'Column11', 'Column14', 'Column15', 'Column16', 'Column17' 열을 선택하고 [홈] 탭-[열 관리] 그룹에서 [열 제거]-[열 제거]를 클릭하여 삭제합니다.

• 데이터 형식 및 값 변경

이제 '전입일' 열의 데이터 형식을 '날짜'로 변경합니다.

01 '전입일' 열을 선택하고 [변환] 탭 – [열] 그룹에서 [데이터 형식]을 [날짜]로 변경합니다.

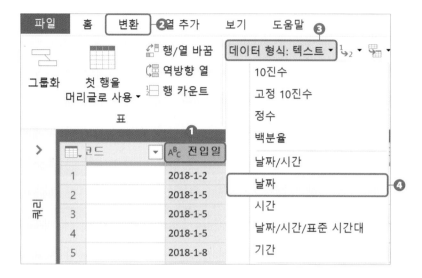

02 '전입사유' 열과 '성별' 열을 선택하고, [변환] 탭 – [열] 그룹에서 [데이터 형식]을 [텍스트]로 변경합니다. 다시 '전입사유' 열을 선택하고 [변환] 탭 – [열] 그룹에서 [값 바꾸기] – [값 바꾸기]를 클릭합니다.

04 [찾을 값]에는 '1', [바꿀 항목]에는 '직업'을 입력하고 [확인]을 클릭합니다.

05 | 동일한 방법으로 아래 표의 코드 번호에 대응하는 값으로 모든 데이터를 변경합니다.

코드 번호	1	2	3	4	5	6	9
값	직업	가족	주택	교육	교통	건강	기타

06 | '성별' 열을 선택하고 [변환] 탭 – [열] 그룹에서 [값 바꾸기] – [값 바꾸기]를 클릭하고 아래의 표를 참조하여 모든 코드의 값을 변경합니다.

코드 번호	1	2	3	4
값	남성	여성	남성	여성

07 | '인구이동_2021' 테이블의 데이터 형식과 값을 변경한 결과는 아래와 같습니다.

	ABC 전입지 코드	ABC 전입일	ABC 전출지 코드	ABC 전입사유	1,2,3 연령	ABC 성별
1	1111051500	2021-1-4	1111051500	교통	33	남성
2	1111051500	2021-1-4	1117055500	기타	93	여성
3	1111051500	2021-1-4	1135063000	직업	53	남성

● 연령대 그룹화

'인구 이동_2021' 테이블의 '연령'은 0세부터 119세까지 다양합니다. 19세 이하와 70세 이상을 제외하고 나머지 연령은 5세 간격의 10개 그룹으로 구분합니다.

01 | [열 추가] 탭 – [일반] 그룹에서 [조건 열]을 클릭합니다.

02 | [조건 열 추가] 대화상자에서 [새 열 이름]은 '연령대'로 입력하고 다음 조건을 추가합니다. 마지막 조건까지 추가하고 [기타]에 '70세 이상'을 입력한 후 [확인]을 클릭합니다

코드 번호	열 이름	연산자	값	출력
조건	연령	보다 작거나 같음	19	19세 이하
다음	연령	보다 작거나 같음	24	20–24세
다음	연령	보다 작거나 같음	29	25–29세
다음	연령	보다 작거나 같음	34	30–34세
다음	연령	보다 작거나 같음	39	35–39세
다음	연령	보다 작거나 같음	44	40–44세
다음	연령	보다 작거나 같음	49	45–49세
다음	연령	보다 작거나 같음	54	50–54세
다음	연령	보다 작거나 같음	59	55–59세
다음	연령	보다 작거나 같음	64	60–64세
다음	연령	보다 작거나 같음	69	65–69세
기타	70세 이상			

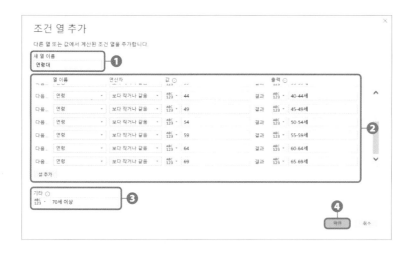

Tip [절 추가]를 클릭하면, 새로운 행(조건)을 입력할 수 있습니다.

03 | 다음 그림과 같이 '연령대' 열이 추가된 것을 확인합니다.

⑱ '행정구역 코드' 데이터 전처리

행정구역 코드를 활용하기 위하여 통계청 홈페이지에서 수집한 '인구 이동_2021_코드' 데이터를 전처리합니다

• 데이터 가져오기

파워 쿼리 편집기로 '행정구역 코드' 데이터를 가져옵니다.

01 | [홈] 탭-[새 원본]-[Excel 통합 문서]를 클릭하고 '인구 이동_2021_코드.xlsx' 파일을 선택한 후 [열기]를 클릭합니다. 탐색 창이 나타나면 [행정구역코드 등록 및 말소 내역]을 체크하고, [확인]을 클릭하여 파워 쿼리 편집기로 데이터 파일을 불러옵니다.

● 행정구역 코드 정리

'행정구역코드 등록 및 말소 내역' 테이블의 불필요한 행과 열을 삭제하고 이름을 변경합니다

01 | [쿼리] 창에서 '행정구역코드 등록 및 말소 내역' 테이블을 선택합니다. '행자부코드', '시도', '시군구' 등의 값이 포함된 행이 머리글이 될 때까지 [홈] 탭-[변환] 그룹에서 [첫 행을 머리글로 사용]-[첫 행을 머리글로 사용]을 클릭합니다.

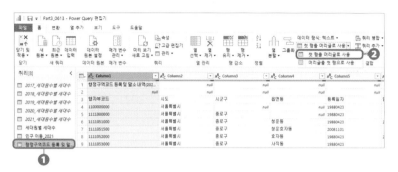

02 | '읍면동' 열 머리글의 필터 단추(▼)를 클릭하고, 필터 목록에서 [Null]의 체크를 해제한 후 [확인]을 클릭합니다.

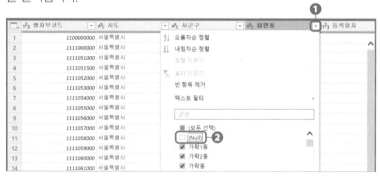

03 | '행자부코드' 열을 선택하고 [변환] 탭-[열] 그룹에서 [데이터 형식]을 [텍스트]로 변경합니다. '등록일자', '말소일자' 열을 삭제합니다. [쿼리] 창에서 테이블 이름을 더블클릭하고 이름을 '행정구역코드'로 변경한 후 전처리가 완료된 결과를 확인합니다.

(04) 닫기 및 적용

데이터의 전처리 과정이 완료되었으므로 파워 쿼리 편집기를 닫고 Power BI Desktop으로 전환합니다.

01 | [홈] 탭-[닫기 및 적용]-[닫기 및 적용]을 클릭합니다.

> **Tip** 데이터의 파일 크기가 크고 여러 개이면 전처리 결과를 Power BI Desktop에 적용하는 과정에 많은 시간이 소요됩니다. 지나치게 많은 시간이 걸린다면 파일을 최소화하거나 컴퓨터의 사양을 높여야 합니다.

05 | 세대 구성 형태의 변화 분석

2021년 12월을 기준으로 과거 5년 동안 서울의 세대수 형태의 변화를 파악합니다. Power BI Desktop 보고서 하단의 페이지 이름('1페이지')을 더블클릭하고 이름을 '세대 구성 형태'로 변경합니다.

이번 챕터의 시각화 결과물은 아래의 그림과 같습니다.

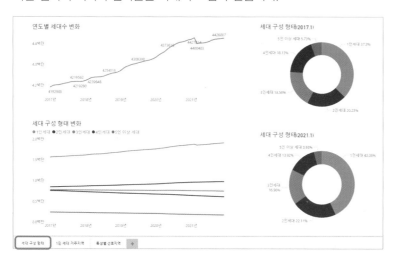

01 세대수의 변화 시각화

전체 세대수를 집계한 열을 추가한 후 꺾은선형 차트로 세대수의 변화 추이를 시각화합니다.

• 세대수 합계 열 추가

01 | [데이터](▦) 보기에서 '세대원별 세대수' 테이블을 선택하고 [홈] 탭-[계산] 그룹에서 [새 열]을 클릭합니다.

02 ¦ 수식 입력줄에 다음과 같이 DAX 수식을 입력하고 ☑(커밋)을 클릭합니다.

> • 세대합계 = [1인세대] + [2인세대] + [3인세대] + [4인세대] + [5인 이상 세대]

• 세대수 변화 시각화

꺾은선형 차트를 이용하여 전체 세대수의 변화 추세를 살펴봅니다.

01 ¦ [보고서](📊) 보기의 [시각화] 창에서 [꺾은선형 차트]를 클릭하여 캔버스에 배치합니다. [시각화 –
시각적 개체 빌드]의 [X축] 영역에 '세대원별 세대수' 테이블의 '기준일' 필드를 추가합니다. [Y축] 영역에
는 '세대원별 세대수' 테이블의 '세대합계' 필드를 추가합니다.

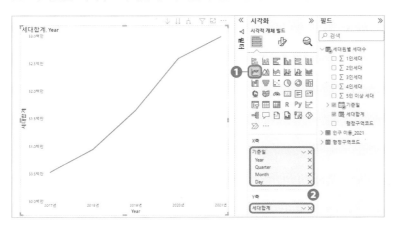

02 | [시각화-시각적 개체 서식 지정]의 [시각적 개체]에서 다음과 같이 설정합니다.

- [X축]-[제목] : 비활성화
- [Y축]-[제목] : 비활성화
- [데이터 레이블] : 활성화
- [데이터 레이블]-[값]-[표시 단위] : 없음

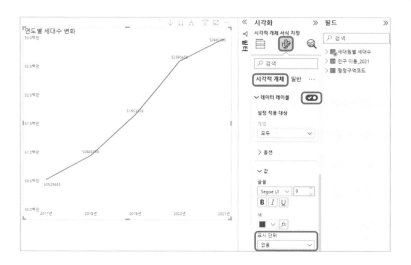

03 | [시각화-시각적 개체 서식 지정]의 [일반]에서 다음과 같이 설정합니다.

- [제목]-[텍스트] : 연도별 세대수 변화

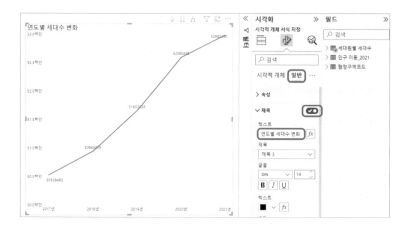

세대 구성 형태의 변화 시각화

꺾은선형 차트와 도넛형 차트를 이용하여 세대를 구성하는 형태의 변화를 시각화합니다.

• 세대원별 세대수 변화 시각화(꺾은선형 차트)

01 | [시각화] 창에서 [꺾은선형 차트]를 클릭하여 캔버스에 배치합니다. [시각화 – 시각적 개체 빌드]의 [X축] 영역에 '세대원별 세대수' 테이블의 '기준일' 필드를 추가합니다. [Y축] 영역에는 '세대원별 세대수' 테이블의 '1인 세대', '2인 세대', '3인 세대', '4인 세대', '5인 이상 세대' 필드를 차례로 추가합니다.

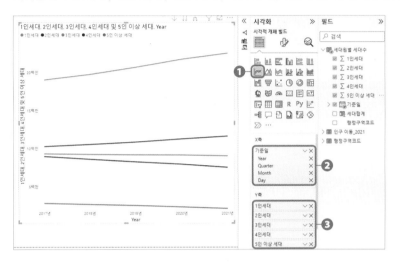

02 | [시각화 – 시각적 개체 서식 지정]의 [시각적 개체]에서 다음과 같이 설정합니다.

- [X축] – [제목] : 비활성화
- [Y축] – [제목] : 비활성화

03 | [시각화 – 시각적 개체 서식 지정]의 [일반]에서 다음과 같이 설정합니다.

- [제목] – [텍스트] : 세대 구성 형태 변화

• 세대원별 세대수 변화 시각화(도넛형 차트)

01 | [시각화] 창에서 [도넛형 차트]를 클릭하여 캔버스에 배치합니다. [시각화 – 시각적 개체 빌드]의 [값] 영역에 '세대원별 세대수' 테이블의 '1인 세대', '2인 세대', '3인 세대', '4인 세대', '5인 이상 세대' 필드를 차례로 추가합니다.

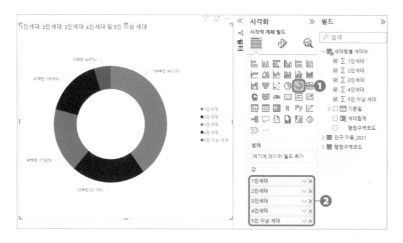

02 | [시각화 – 시각적 개체 서식 지정]의 [시각적 개체]에서 다음과 같이 설정합니다.

- [범례] : 비활성화
- [세부 정보 레이블] – [레이블 내용] : 범주, 총 퍼센트

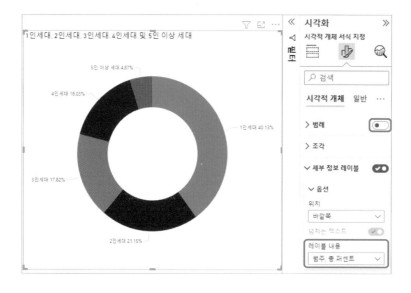

03 | [시각화 – 시각적 개체 서식 지정]의 [일반]에서 다음과 같이 설정합니다.

> • [제목]–[텍스트] : 세대 구성 형태(2017.1)

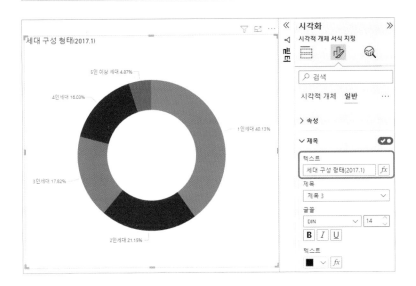

04 | [필터] 창의 [이 시각적 개체의 필터]–[여기에 데이터 필드 추가]에 '세대원별 세대수' 테이블의 '기준일' 필드를 추가하고 [기본 필터링]에서 [2017년 1월 1일]을 체크합니다.

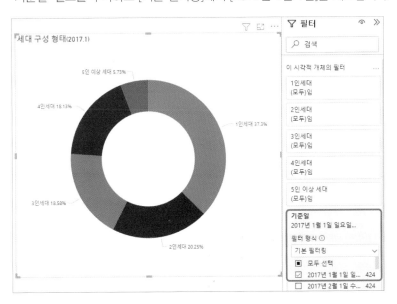

05 '세대 구성 형태(2017.1)' 시각적 개체를 복사(Ctrl + C)한 후 붙여넣기(Ctrl + V)합니다. 붙여 넣은 시각적 개체를 이동시키고 [이 시각적 개체의 필터]의 '기준일' 필드에서 [2021년 12월 1일]로 설정합니다. [시각화 – 시각적 개체 서식 지정]의 [일반]은 다음과 같이 설정합니다.

- [제목] – [텍스트] : 세대 구성 형태(2021.1)

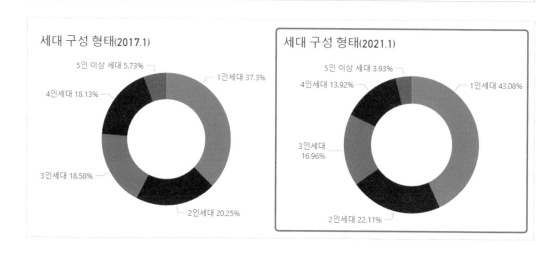

03 세대수 및 형태의 변화 탐색

세대수와 세대 형태의 변화와 관련된 데이터를 시각화한 결과물을 탐색합니다.

● 인구는 줄지만 세대수는 증가

01 '연도별 세대수 변화' 시각적 개체에서 표시되는 값은 연도별 합계입니다. 특정 시점의 세대수를 확인하려면 '월 '수준으로 확장할 필요가 있습니다.

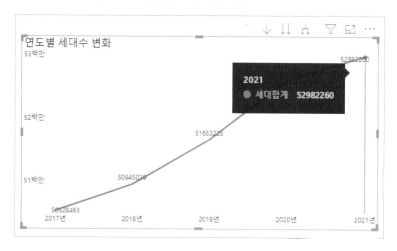

02 │ '연도별 세대수 변화' 시각적 개체에서 [계층 구조에서 한 수준 아래로 모두 확장]을 클릭하여 월 단계까지 확장합니다.

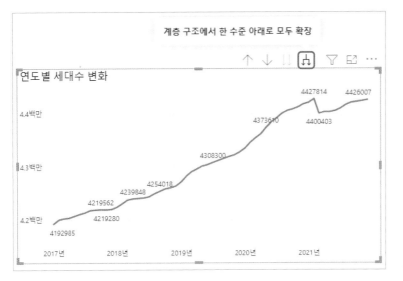

03 │ 지난 5년간 서울시에서는 총 233,022세대가 증가하였음을 알 수 있습니다(2017년 1월 4,192,985세대 → 2021년 12월 4,426,007세대). 하지만 서울시 통계 자료에 의하면, 같은 기간동안 서울시의 인구수는 지속적으로 감소하였습니다. 즉, 과거 5년 동안 서울의 인구는 줄었지만 세대수는 증가했다는 사실을 알 수 있습니다.

기간	구분	계		
		소계	남자	여자
2017	인구추이	10,124,579	4,957,857	5,166,722
2018	인구추이	10,049,607	4,910,849	5,138,758
2019	인구추이	10,010,983	4,877,725	5,133,258
2020	인구추이	9,911,088	4,816,522	5,094,566
2021	인구추이	9,736,027	4,721,977	5,014,050

• 1인 세대가 전체 세대의 43% 이상 차지

'세대 구성 형태' 시각적 개체를 통해서 과거 5년간(2017년부터 2021년까지)의 세대 구성 형태 비율을 비교할 수 있습니다. 아울러 '세대 구성 형태 변화' 시각적 개체로부터 증감 추이를 확인할 수 있습니다.

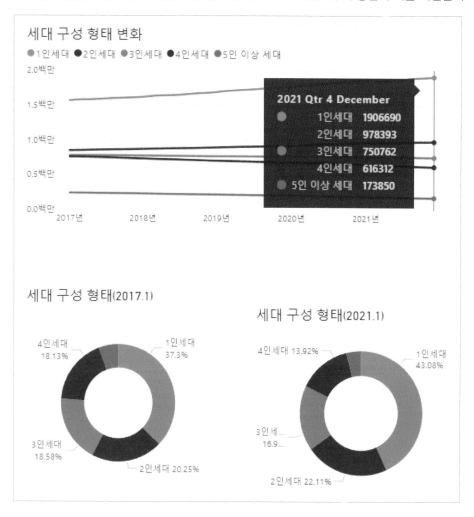

서울에서 3인 이상 세대수는 감소하는 반면에 1인 세대와 2인 세대수는 지속적인 증가 추세에 있습니다. 예를 들어, 1인 세대는 2017년 1월 1,564,077세대에서 2021년 1월 1,906,690세대로 342,613세대가 증가했습니다. 상대적인 비율도 37.3%에서 43.08%로 증가하여 5.78%가 증가했음을 확인할 수 있습니다.

다양한 시각화 개체를 이용하여 서울에서 1인 세대가 많이 살고 있는 지역을 파악해 봅니다. 캔버스에 새 페이지를
추가한 후 이름을 '1인 세대 거주지역'으로 변경합니다.

이번 챕터의 시각화 결과물은 아래 그림과 같습니다.

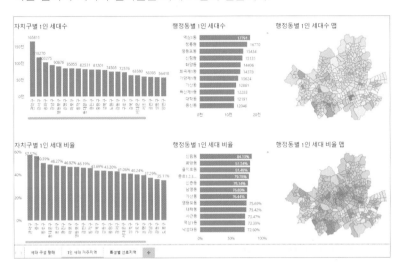

01 테이블 관계 및 필터 설정

'세대원별 세대수' 테이블의 '행정구역코드' 필드는 숫자로만 이루어져 있어 해당 지역이 어딘지 유추하
기 어렵습니다. '행정구역코드' 테이블에 있는 지역명을 활용하기 위하여 두 개의 테이블을 연결합니다.
아울러 이번 페이지의 모든 시각적 개체가 2021년 12월의 데이터가 적용되도록 [필터]를 설정합니다.

• 테이블 관계 설정

[모델]( ) 보기에서 '세대원
별 세대수' 테이블의 '행정구
역코드' 필드를 드래그하여
'행정구역코드' 테이블의 '행
자부코드' 필드에 연결합니
다.

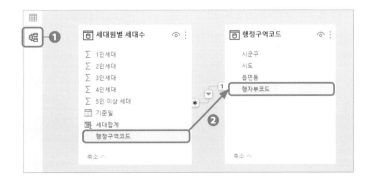

• 페이지 필터 설정

[보고서]( ) 보기에서 [필터] 창의 [이 페이지의 필터]에 '세대원별 세대
수' 테이블의 '기준일' 필드를 추가합니다. '기본 필터링' 상태에서 [2021
년 12월 1일]을 선택합니다. 이제 이 페이지의 모든 시각적 개체는
[2021년 12월 1일]의 값만 표시합니다.

02 1인 세대 많은 지역 시각화

'세대원별 세대수' 테이블을 활용하여 서울에서 '1인 세대수'가 많은 지역과 '1인 세대 비율'이 높은 지역
을 자치구와 행정동 단위로 시각화해 보겠습니다. '1인 세대 비율'은 '전체 세대' 대비 '1인 세대'로, 1인
세대의 상대적 비율을 의미합니다. 이를 위하여 '세대원별 세대수' 테이블에 '1인 세대 비율' 필드를 추
가합니다.

• 1인 세대수 많은 지역 시각화(자치구)

01 | [보고서]( ) 보기의 [시각화] 창에서 [묶은 세로 막대형 차트]를 클릭하여 캔버스에 배치합니다.
[시각화 – 시각적 개체 빌드]의 [X축] 영역에 '행정구역코드' 테이블의 '시군구' 필드를 추가합니다. [Y축]
영역에는 '세대원별 세대수' 테이블의 '1인세대' 필드를 추가합니다.

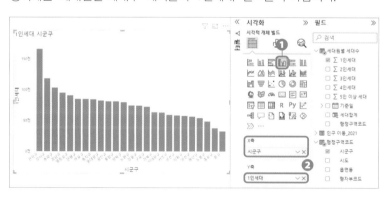

02 [시각화 – 시각적 개체 서식 지정]의 [시각적 개체]에서 다음과 같이 설정합니다.

• [X축] – [제목] : 비활성화
• [Y축] – [제목] : 비활성화
• [데이터 레이블] : 활성화
• [데이터 레이블] – [값] – [표시 단위] : 없음

[시각화 – 시각적 개체 서식 지정]의 [일반]에서 다음과 같이 설정합니다.

• [제목] – [텍스트] : 자치구별 1인 세대수

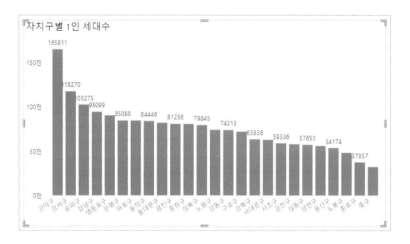

• 1인 세대수 많은 지역 시각화(행정동)

01 [보고서]( ) 보기의 [시각화 – 시각적 개체 빌드]에서 [누적 가로 막대형 차트]를 클릭하여 캔버스에 배치합니다. [시각화 – 시각적 개체 빌드]의 [X축] 영역에 '행정구역코드' 테이블의 '읍면동' 필드를 추가합니다. [Y축] 영역에는 '세대원별 세대수' 테이블의 '1인세대' 필드를 추가합니다.

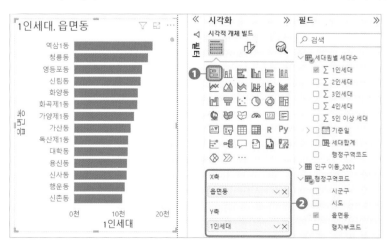

02 | [시각화-시각적 개체 서식 지정]의 [시각적 개체]에서 다음과 같이 설정합니다.

- [데이터 레이블] : 활성화, [값]-[표시 단위] : 없음
- [X축]-[제목] : 비활성화
- [Y축]-[제목] : 비활성화

[시각화-시각적 개체 서식 지정]의 [일반]에서 다음과 같이 설정합니다.

- [제목]-[텍스트] : 행정동별 1인 세대수

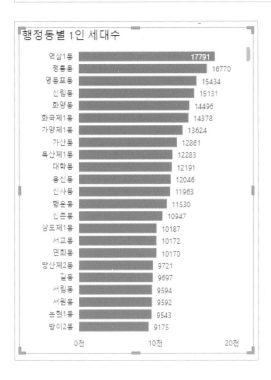

• 1인 세대 비율 높은 지역 시각화(자치구)

01 | [데이터](▦) 보기에서 '세대원별 세대수' 테이블을 선택하고 [홈] 탭-[새 열]을 클릭합니다.

02 | 수식 입력줄에 다음과 같이 DAX 수식을 입력하고 ☑(커밋)을 클릭합니다.

> • 1인세대비율 = [1인세대] / [세대합계]

03 | [보고서](📊) 보기의 [시각화] 창에서 [묶은 세로 막대형 차트]를 클릭하여 캔버스에 배치합니다. [시각화 – 시각적 개체 빌드]의 [X축] 영역에 '행정구역코드' 테이블의 '시군구' 필드를 추가합니다. [Y축] 영역에는 '세대원별 세대수' 테이블의 '1인세대비율' 필드를 추가하고 아래 화살표(☑)를 클릭하여 [평균]을 선택합니다.

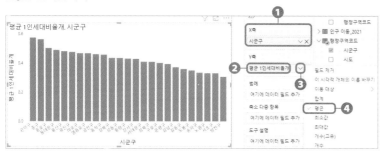

04 | [시각화 – 시각적 개체 서식 지정]의 [시각적 개체]에서 다음과 같이 설정합니다.

> • [X축] – [제목] : 비활성화
> • [Y축] – [제목] : 비활성화
> • [데이터 레이블] : 활성화

[시각화 – 시각적 개체 서식 지정]의 [일반]에서 다음과 같이 설정합니다.

> • [제목] – [텍스트] : 자치구별 1인 세대 비율

[필드] 창에서 '세대원별 세대수' 테이블의 '1인 세대비율' 필드를 선택하고 [열 도구] 탭 – [서식] 그룹에서 **%**(백분율)을 지정합니다.

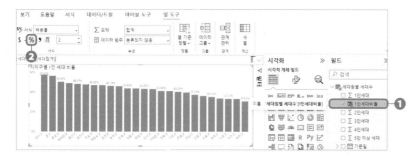

• 1인 세대 비율 높은 지역 시각화(행정동)

01 | [보고서](📊) 보기의 [시각화] 창에서 [누적 가로 막대형 차트]를 클릭하여 캔버스에 배치합니다. [시각화 – 시각적 개체 빌드]의 [X축] 영역에 '행정구역코드' 테이블의 '읍면동' 필드를 추가합니다. [Y축] 영역에는 '세대원별 세대수' 테이블의 '1인세대비율' 필드를 추가하고 아래 화살표(﹀)를 클릭하여 [평균]을 선택합니다. [시각화 – 시각적 개체 서식 지정]의 [시각적 개체]에서 다음과 같이 설정합니다.

- [X축] – [제목] : 비활성화
- [Y축] – [제목] : 비활성화
- [데이터 레이블] : 활성화

[시각화 – 시각적 개체 서식 지정]의 [일반]에서 다음과 같이 설정합니다.

- [제목] – [텍스트] : 행정동별 1인 세대 비율

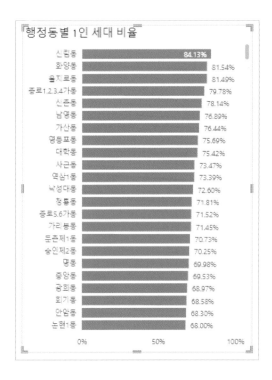

🔘 도형 맵 활용

Power BI Desktop에서 제공하는 도형 맵을 이용하면 행정구역(자치구, 행정동 등) 데이터 값의 차이를 직관적으로 비교할 수 있습니다. 도형 맵을 이용하여 '1인 세대수'와 '1인 세대 비율'을 시각화합니다.

● 도형 맵 설치

도형 맵은 아직 미리 보기 기능 상태에 있으므로 Power BI Desktop의 [옵션]에서 설정해야 합니다.

01 [파일] 탭-[옵션 및 설정]-[옵션]을 클릭합니다. [전역]에서 [미리 보기 기능]의 [도형 맵 시각화]를 선택하고 [확인]을 클릭합니다. 설정이 끝난 후 Power BI Desktop을 다시 실행해야 합니다.

02 Power BI Desktop을 다시 실행하면 [시각화] 창에 [도형 맵]이 나타난 것을 확인할 수 있습니다.

• 행정동 공간 파일 다운로드

도서와 함께 제공되는 파일 폴더(Part 03 〉 Data)에서 '서울시_행정동_20220101.json' 파일을 다운로드합니다.

• 1인 세대수 시각화

01 | [보고서](📊) 보기의 [시각화] 창에서 [도형 맵]을 클릭하여 캔버스에 배치합니다. [시각화 – 시각적 개체 빌드]의 [위치] 영역에 '행정구역코드' 테이블의 '행자부코드' 필드를 추가합니다. [색 채도] 영역에는 '세대원별 세대수' 테이블의 '1인 세대' 필드를 추가하고 아래 화살표(∨)를 클릭하여 [평균]을 선택합니다. [도구 설명] 영역에는 '행정구역코드' 테이블의 '읍면동' 필드를 추가합니다.

02 | [시각화 – 시각적 개체 서식 지정]의 [시각적 개체]에서 다음과 같이 순서대로 설정합니다.

> • [지도 설정] – [지도 설정] – [맵 유형] : 사용자 지정 맵
> • [지도 설정] – [지도 설정] – [맵 유형 추가] : 서울시_행정동_20220101.json

03 | [시각화 – 시각적 개체 서식 지정]의 [일반]에서 다음과 같이 설정합니다.

• [제목]–[텍스트] : 행정동별 1인 세대수 맵

• 1인 세대 비율 시각화

01 | '행정동별 1인 세대수 맵' 시각적 개체를 선택하고 복사(Ctrl + C)한 후 붙여넣기(Ctrl + V)합니다. [시각화 – 시각적 개체 빌드]의 [색 채도] 영역을 '세대원별 세대수' 테이블의 '1인 세대비율' 필드로 변경하고, [평균]을 선택합니다. [시각화 – 시각적 개체 서식 지정]의 [일반]에서 [제목]–[텍스트]를 '행정동별 1인 세대 비율 맵'으로 변경합니다.

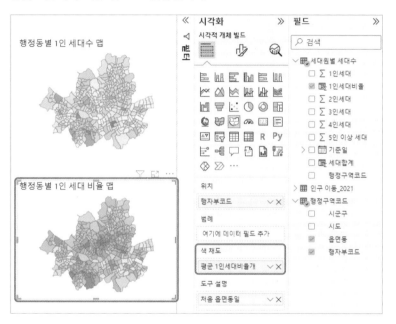

Tip

도형 맵이 제대로 나타나지 않으면 다음 사항을 확인하기 바랍니다.

• '행정구역코드' 테이블의 '행자부코드' 필드의 데이터 형식이 '텍스트'여야 합니다.
• '세대원별 세대수' 테이블과 '행정구역코드' 테이블의 관계가 설정되어 있어야 합니다.

04 1인 세대 많은 지역 탐색

1인 세대수와 비율을 시각화한 결과물로부터 서울 지역에서 1인 세대가 많은 지역을 탐색합니다.

● 상호 작용 편집 설정

상호 작용 편집에 대한 설명은 449페이지 '1인 세대 특성별 선호 지역 탐색'에서 합니다.

01 '자치구별 1인 세대수' 시각적 개체를 선택하고 [서식] 탭의 [상호 작용 편집]을 클릭합니다. '행정동별 1인 세대수' 시각적 개체에 있는 [필터] 아이콘을 클릭합니다.

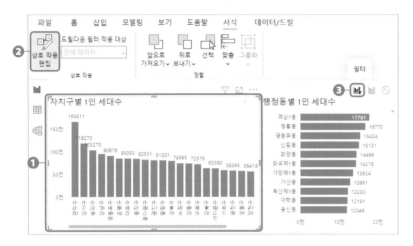

동일한 방법으로 '자치구별 1인 세대 비율' 시각적 개체를 선택하고 '행정동별 1인 세대 비율' 시각적 개체의 [필터] 아이콘을 클릭합니다.

• 1인 세대가 많은 행정동은 강남구 역삼1동

'행정동별 1인 세대수' 시각적 개체를 통하여 1인 세대가 가장 많은 행정동은 강남구 역삼1동(17,791세대)임을 알 수 있습니다. 가장 적은 강동구 둔촌제1동(58세대)에 비하여 약 300배가 많습니다.

자치구별로 따지면 1인 세대가 가장 많은 지역은 관악구입니다. '자치구별 1인 세대수' 시각적 개체에서 '관악구'를 선택하면, '행정동별 1인 세대수' 시각적 개체에 관악구에 해당되는 행정동만 표시됩니다. 관악구의 청룡동 · 신림동 · 대학동 · 행운동은 1인 세대수가 10,000세대가 넘습니다.

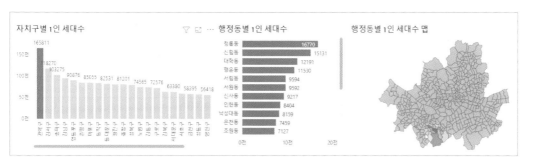

• 1인 세대 비율이 높은 지역은 관악구 신림동

강남구 역삼1동에 1인 세대가 많지만 비율로 따지면 관악구 신림동(84.13%), 광진구 화양동(81.54%), 중구 을지로동(81.49%) 순으로 비율이 높습니다.

중구(56.41%)의 경우 인구가 적기 때문에 절대적인 1인 세대수는 적지만, 상대적인 1인 세대 비율은 관악구(57.57%) 다음으로 높습니다. 관악구를 제외하고 1인 세대 비율이 높은 지역은 중구 · 종로구 · 동대문구 · 용산구 등 시내 중심 지역에 위치합니다.

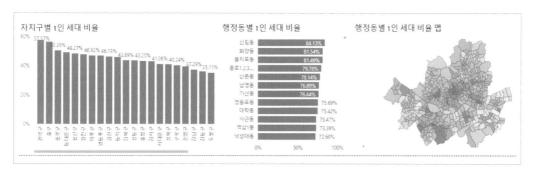

Chapter

07 | 1인 세대 특성별 선호 지역

'인구 이동' 데이터에는 성(性)·연령·지역 등 다양한 속성 정보가 포함되어 있습니다. 이번 챕터에서는 이런 '인구 이동' 데이터를 활용하여 1인 세대의 특성별 선호 지역을 분석합니다. 캔버스에 새 페이지를 추가한 후 이름을 '특 성별 선호 지역'으로 변경합니다.

이번 챕터의 시각화 결과물은 아래 그림과 같습니다.

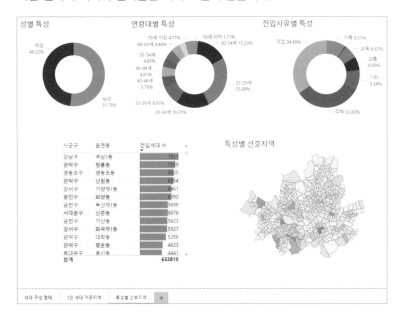

01 관계 및 필터 설정

'인구이동_2021' 테이블의 '전입지 코드' 필드가 가리키는 행정구역을 표시하기 위하여 '행정구역코드' 테이블을 연계합니다. 아울러 1인 세대의 특성별 선호 지역을 서울시로 한정하기 위하여 [페이지 필터] 를 설정합니다.

• 테이블 관계 설정

[모델]( ) 보기에서 '인구 이동_2021' 테이블의 '전입지 코드' 필드와 '행정구역코드' 테이블의 '행자부 코드' 필드를 연결합니다.

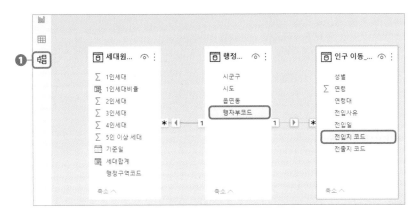

• 페이지 필터 설정

[보고서]( ) 보기의 [필터] 창에 있는 [이 페이지의 필터]에 '행정구역코드' 테이블의 '시도' 필드를 추가 하고 [기본 필터링] 상태에서 [서울특별시]를 체크합니다. 이제 이 페이지의 모든 시각적 개체는 '서울특별시'의 값만 표시하게 됩니다.

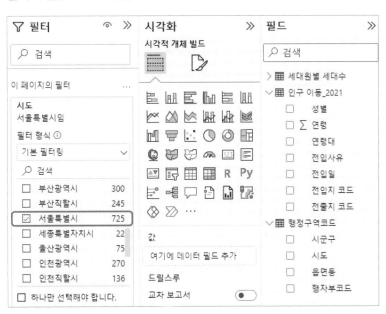

02 특성별 선호 지역 시각화

서울시에 주소를 이전한 1인 세대의 성(性)별, 연령대별, 이전 사유별 세대수를 시각화합니다.

● 성별 특성

01 [시각화] 창에서 [도넛형 차트]를 클릭하여 캔버스에 배치합니다. [시각화 – 시각적 개체 빌드]의 [값] 영역과 [자세히] 영역에 '인구 이동_2021' 테이블의 '성별' 필드를 추가합니다.

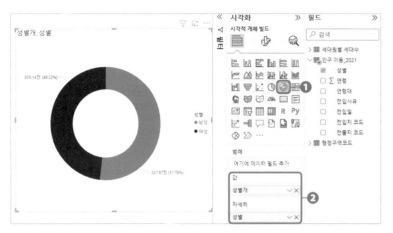

02 [시각화 – 시각적 개체 서식 지정]의 [시각적 개체]에서 다음과 같이 설정합니다.

- [범례] : 비활성화
- [세부 정보 레이블] – [레이블 내용] : 범주, 총 퍼센트

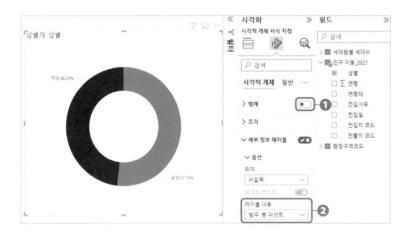

03 | [시각화 – 시각적 개체 서식 지정]의 [일반]에서 다음과 같이 설정합니다.

• [제목] – [텍스트] : 성별 특성

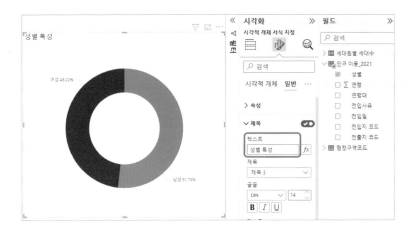

● 연령대별 특성

01 | [시각화] 창에서 [도넛형 차트]를 클릭하여 캔버스에 배치합니다. [시각화 – 시각적 개체 빌드]의 [값] 영역과 [자세히] 영역에 '인구 이동_2021' 테이블의 '연령대' 필드를 추가합니다. [시각화 – 시각적 개체 서식 지정]의 [시각적 개체]에서 다음과 같이 설정합니다.

• [범례] : 비활성화
• [세부 정보 레이블] – [레이블 내용] : 범주, 총 퍼센트

[시각화 – 시각적 개체 서식 지정]의 [일반]에서 다음과 같이 설정합니다.

• [제목] – [텍스트] : 연령대별 특성

● 이전 사유별 특성

01 | [시각화] 창에서 [도넛형 차트]를 클릭하여 캔버스에 배치합니다. [시각화 – 시각적 개체 빌드]의 [값] 영역과 [자세히] 영역에 '인구 이동_2021' 테이블의 '전입사유' 필드를 추가합니다. [시각화 – 시각적 개체 서식 지정]의 [시각적 개체]에서 다음과 같이 설정합니다.

• [범례] : 비활성화
• [세부 정보 레이블] – [레이블 내용] : 범주, 총 퍼센트

[시각화 – 시각적 개체 서식 지정]의 [일반]에서 다음과 같이 설정합니다.

> • [제목] – [텍스트] : 전입사유별 특성

• 지역 시각화(테이블)

01 | [시각화] 창에서 [테이블]을 클릭하여 캔버스에 배치합니다. [시각화 – 시각적 개체 빌드]의 [열] 영역에 '행정구역코드' 테이블의 '시군구', '읍면동' 필드와 '인구 이동_2021' 테이블의 '전입지 코드' 필드를 추가합니다.

02 | '전입지 코드' 필드를 확장하여 [이 시각적 개체의 이름 바꾸기]에서 이름을 '전입세대수'로 변경하고, 다시 한번 확장하여 [개수]를 선택합니다.

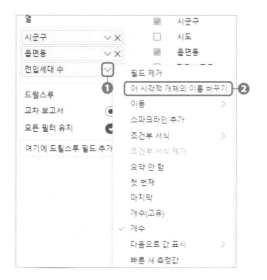

03 | '전입세대수' 필드의 아래 화살표(∨)를 클릭하여 [조건부 서식]에서 [데이터 막대]를 선택합니다.

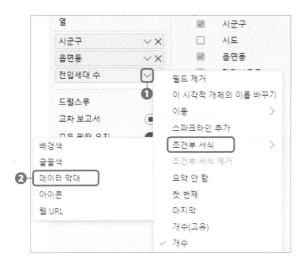

04 | [데이터 막대 – 전입세대수] 대화상자에서 내용 확인 후 [확인]을 클릭합니다.

● 지역 시각화(도형 맵)

01 ┃ [보고서](📊) 보기의 [시각화] 창에서 [도형 맵]을 클릭하여 캔버스에 배치합니다. [시각화 – 시각적 개체 빌드]의 [위치] 영역에 '행정구역코드' 테이블의 '행자부코드' 필드를 추가합니다. [색 채도] 영역에는 '인구 이동_2021' 테이블의 '전입지 코드' 필드를 추가하고 아래 화살표(✓)를 클릭하여 [개수]를 선택합니다. [도구 설명] 영역에는 '행정구역코드' 테이블의 '읍면동' 필드를 추가합니다.

02 ┃ [시각화 – 시각적 개체 서식 지정]의 [시각적 개체]에서 다음의 순서대로 설정합니다.

> • [지도 설정] – [지도 설정] – [맵 유형] : 사용자 지정 맵
> • [지도 설정] – [지도 설정] – [맵 유형 추가] : 서울시_행정동_20220101.json

03 [시각화 – 시각적 개체 서식 지정]의 [일반]에서 다음과 같이 설정합니다.

> • [제목] – [텍스트] : 특성별 선호지역

③ 1인 세대 특성별 선호 지역 탐색

성별, 연령대별, 전입사유별로 1인 세대가 많이 이사한 지역을 시각화한 결과물로부터 서울 지역에서 1인 세대가 선호하는 지역을 탐색합니다.

● 상호 작용 편집 설정

'시각적 상호 작용'은 보고서 페이지의 모든 시각적 개체를 상호 연결하기 위하여 사용합니다. 기본적으로 보고서 페이지에 있는 하나의 시각적 개체에서 하나의 데이터 요소를 선택하면 이 페이지에 있는 다른 시각적 개체도 교차 필터링되거나 교차 강조 표시됩니다. 교차 필터링 및 교차 강조 표시는 데이터에서 하나의 값이 다른 값에 어떻게 기여하는지 살펴볼 때 유용합니다. '시각적 상호 작용'은 세 가지의 옵션이 있습니다.

> • 필터 : 시각적 개체의 교차 필터링에 사용
> • 강조 표시 : 시각적 개체의 교차 강조 표시에 사용
> • 없음 : 시각적 개체 간에 영향을 주지 않을 때에 사용

시각적 상호 작용을 편집하려면, ① 특정 시각적 개체를 선택하고, ② [서식] 탭의 [상호 작용 편집]을 클릭한 후 ③ 상호 작용할 시각적 개체의 '필터' 또는 '강조 표시'를 선택하면 됩니다(아래 그림에서는 ① '성별 특성'을 선택하고 ② [상호 작용 편집]을 클릭한 후 ③ '연령대별 특성'은 [필터]를 적용하고 '전입사유별 특성'은 [강조 표시]를 적용하였음).

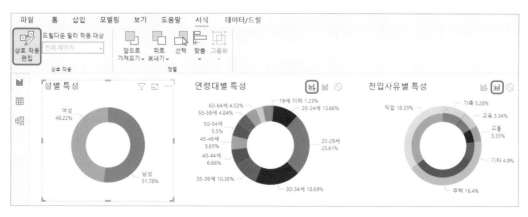

• 30대의 여성 1인 세대가 가장 선호하는 지역은 강남구 역삼1동

'연령대별 특성' 시각화 개체에서 Ctrl 을 누른 상태로 '30–34세'와 '35–39세'를 선택하고 '성별 특성' 시각적 개체에서 '여성'을 선택합니다. '테이블' 시각적 개체와 '도형 맵' 시각적 개체에서 상호 작용되어 필터링된 지역을 확인합니다.

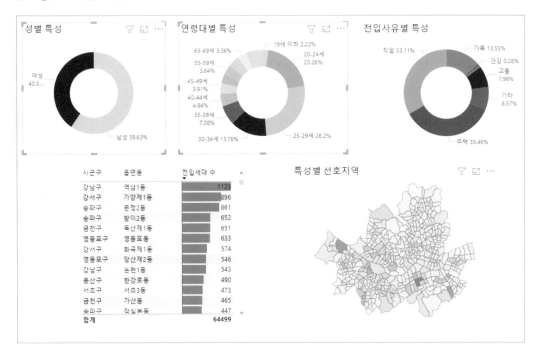

탐색 결과, 30대의 여성 1인 세대는 주택(35.46%)과 직업(33.11%)의 이유로 강남구 역삼1동(1,129세대)과 강서구 가양제1동(896세대) 등을 선호한다는 사실을 확인할 수 있습니다.

Tip 키보드의 Ctrl 을 이용하면 시각화 개체에서 여러 개의 요소를 동시에 선택할 수 있습니다.

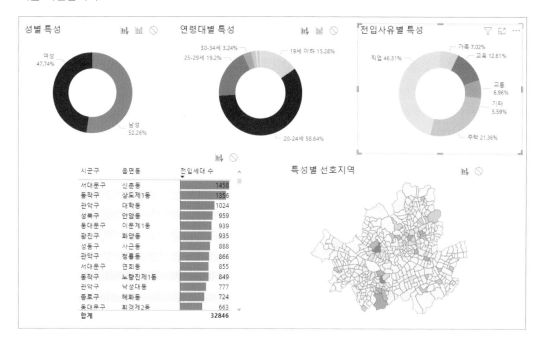

• 교육 목적의 20대가 선호하는 지역은 서대문구 신촌동

'전입사유별 특성' 시각화 개체에서 '교육'을 선택하고 '연령대별 특성' 시각적 개체에서 '20-24세'와 '25-29세'를 선택합니다. '테이블' 시각적 개체와 '도형 맵' 시각적 개체에서 상호 작용되어 필터링된 지역을 확인합니다.

탐색 결과, 교육을 목적으로 지역을 선택하는 20대의 1인 세대는 서대문구 신촌동(1,458세대)과 동작구 상도제1동(1,356세대), 관악구 대학동(1,024) 등을 선호한다는 사실을 확인할 수 있습니다.

이번 파트에서는 행정안전부와 통계청에서 제공하는 데이터를 활용하여 세대 형태의 변화와 1인 세대가 많이 사는 지역을 분석하였습니다.

첫 번째 문제(세대 형태의 변화)를 해결하기 위하여 과거 5년간의 주민등록 데이터를 꺾은선형 차트와 도넛형 차트를 이용하여 시각화하고 탐색했습니다.

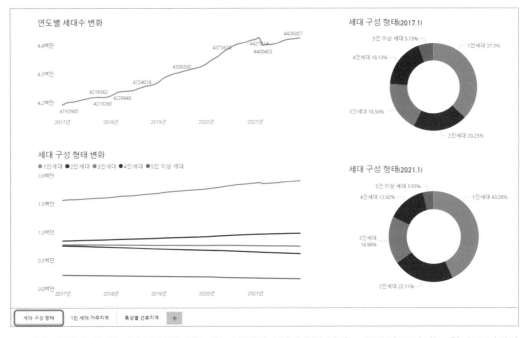

그 결과, 서울의 세대는 3인 이상은 감소하는 반면에 1인과 2인 세대는 꾸준히 증가하는 형태로 변화하는 것으로 나타났습니다. 특히 2021년에는 1인 세대가 전체 세대의 43% 이상을 차지하는 것으로 확인되었습니다.

두 번째 문제인 '1인 세대 주 거주 지역'은 2021년 12월 기준 서울시에 거주하는 1인 세대의 거주 지역을 막대형 차트와 도형 맵으로 시각화하고 탐색하면서 확인했습니다.

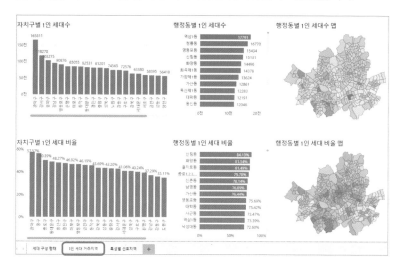

서울시에서 1인 세대의 수가 가장 많은 지역은 자치구 단위로는 관악구이고 행정동 단위 로는 강남구 역삼1동입니다. 상대적 비율이 높은 곳은 관악구와 관악구 신림동입니다. 특히, 관악구 신림동은 1인 세대의 비율이 84.13%나 되는 것으로 나타났습니다.

세 번째 문제인 '1인 세대 특성별 선호 지역'은 2021년 인구 이동 데이터를 활용, 도넛형 차트와 테이블 등으로 시각화하고 탐색했습니다.

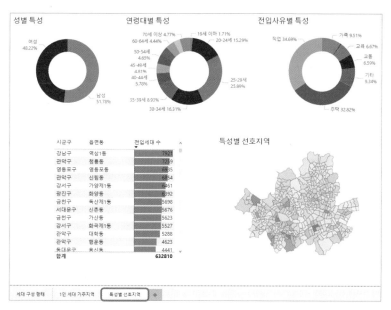

서울 지역에서 1인 세대가 선호하는 지역은 강남구 역삼1동과 관악구 청룡동인 것으로 확인되었습니다. 아울러 시각적 개체를 성별과 연령별, 전입사유별로 필터링하면서 특성별로 선호하는 지역이 어디인 지를 확인할 수 있었습니다.

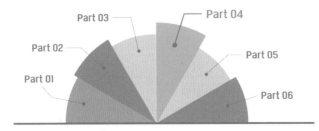

Part 01   Part 02   Part 03   Part 04   Part 05   Part 06

POWER BI : 활용편

PART 04
서울의 미세먼지
탈탈 털어보자!

미세먼지 문제가 우리 사회의 중요한 문제로 대두됨에 따라 미세먼지의 원인을 밝히기 위한 연구가 활발히 이루어지고 있습니다. 이번 파트에서는 공개된 데이터를 이용하여 미세먼지와 관련한 궁금증을 직접 해결해 보겠습니다. 도서와 함께 제공하는 파일(Part 04 〉 Output 〉 Dust.pbix)에서 분석 결과 사례를 확인할 수 있습니다.

Chapter
01 | 분석 개요

공공 데이터를 이용하여 미세먼지와 관련한 궁금증을 분석하기 위한 절차와 학습 내용을 알아봅니다. 아울러 미세먼지 농도 기준과 용어에 대해서도 알아보겠습니다.

01 분석 배경

미세먼지에 대한 시민들의 관심이 갈수록 커지고 있습니다. 미세먼지에 대한 검색 건수를 구글 트렌드(https://trends.google.com/trends)에서 확인해 보면, 아래 그림과 같이 미세먼지에 대한 관심이 지속해서 증가하는 것을 확인할 수 있습니다.

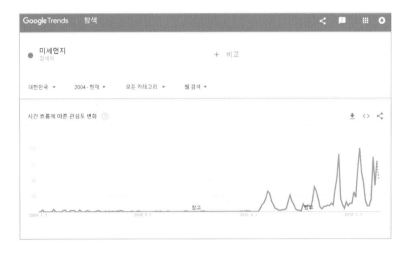

사람들의 관심이 많은 만큼, 여러 기관에서 미세먼지 관련 분석 결과를 내놓고 있습니다. 하지만 이러한 분석 결과가 사람들의 모든 궁금증을 해소하기에는 한계가 있어 보입니다.

▸ 출처 : 서울신문 기사

서울시를 비롯한 많은 기관에서 미세먼지 측정 데이터를 제공하고 있습니다. 이러한 데이터를 잘 활용한다면, 자신이 원하는 내용의 분석을 직접 수행할 수 있습니다. 이번 파트에서는 미세먼지 관련 데이터를 수집하고, Power BI의 시각화 및 탐색 기능을 이용하여 미세먼지와 관련된 궁금증을 직접 해소해 보겠습니다.

02 분석 절차

우선 미세먼지와 관련된 기본적인 지식을 습득해야 합니다. 미세먼지와 초미세먼지를 구분할 수 있어야하고 미세먼지의 농도가 사람에게 끼치는 영향을 이해해야 합니다.

그 후에 수집 가능한 데이터의 종류와 분석에 투입할 수 있는 시간 등을 고려하여 해결해야 할 문제를 정의합니다.

문제 정의가 이루어지면 문제 해결에 필요한 데이터를 수집하고, 분석에 알맞게 전처리 작업을 해야 합니다. 대부분의 경우 이 과정에 가장 많은 시간이 소요됩니다.

데이터의 수집과 전처리가 이루어지면 미세먼지 관련 데이터를 시각화합니다. 이때 시기와 위치 등 다양한 관점으로 데이터를 탐색하면서 앞서 정의한 문제를 해결합니다.

03 분석의 특징 및 한계

분석의 공간적 범위는 서울시이며, 시간적 범위는 2021년 1월 1일부터 2021년 12월 31일까지 1년입니다(일부는 2012년 1월 1일부터 2021년 12월 31일까지 10년간을 대상으로 합니다).

- 미세먼지의 근본적인 원인을 찾기 위하여 많은 전문기관에서 연구를 진행하고 있으나, 아직 명확한 원인을 밝히지 못한 상태입니다.
- 미세먼지에 대한 관심이 큰 만큼. 여러 곳에서 미세먼지 수집을 위한 센서를 추가 설치하고 데이터를 개방할 예정입니다. 향후 보다 세밀한 분석이 가능하리라 생각합니다.
- 본 도서는 Power BI를 활용하여 데이터를 분석하는 방법을 익히는 것을 목적으로 합니다. 따라서 본 도서의 분석 결과는 신뢰성을 보장할 수 없습니다.

04 미세먼지의 이해

본격적인 분석에 앞서, 미세먼지의 기본 개념과 기준을 알아보겠습니다.

• 미세먼지의 개념

흔히 미세먼지를 다시 미세먼지와 초미세먼지로 구분하곤 합니다. 하지만 환경정책기본법은 입자의 크기가 10㎛ 이하인 먼지는 '미세먼지(PM-10)'로, 입자의 크기가 2.5㎛ 이하인 먼지는 '미세먼지 (PM-2.5)'로 정의하고 있습니다. 즉, '미세먼지'라는 용어는 동일하게 사용하되, ( )안의 숫자로 먼지의 크기를 표현합니다.

미세먼지의 크기 단위인 ㎛는 1m보다 1백만분의 1만큼 작다는 의미입니다. 사람의 머리카락과 비교할 때 미세먼지(PM-10)는 1/6, 미세먼지(PM-2.5)는 1/20~1/30 수준의 크기입니다.

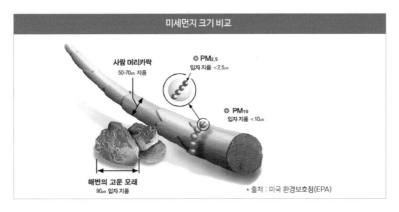

미세먼지(PM-10, PM-2.5)는 눈에 보이지 않을 정도로 매우 작습니다. 따라서 공기 중에 머물러 있다가 우리가 호흡할 때 호흡기를 거쳐 폐 등에 침투하거나 혈관을 따라 체내로 이동해 들어가게 됩니다. 미세먼지(PM-10)는 호흡기 질환을 유발하는 반면, 미세먼지(PM-2.5)는 심혈관 질환 및 뇌질환까지 관계가 있는 것으로 알려져 있습니다.

• 미세먼지의 기준 및 예보

미세먼지(PM-10, PM-2.5)는 연평균과 일평균의 값을 기준으로 합니다. 우리나라의 기준은 세계보건기구(WHO)와 유럽연합(EU)의 권고기준보다 높은 수준입니다.

구분		한국	WHO 권고기준	EU 권고기준
PM-10(μg/㎥)	연평균	50	20	40
	24시간 평균	100	50	50
PM-2.5(μg/㎥)	연평균	15	10	25
	24시간 평균	35	25	−

▸ 우리나라, WHO, EU의 대기환경기준

우리나라에서는 미세먼지의 농도에 따라 좋음/보통/나쁨/매우 나쁨의 4단계의 등급으로 대기질을 예보하고 있습니다.

구분	환경기준 (일평균, μg/㎥)	예보 등급(일평균, μg/㎥)			
		좋음	보통	나쁨	매우 나쁨
PM-10	100	0~30	31~80	81~100	151~
PM-2.5	35	0~15	16~35	36~75	76~

본 도서에서는 '미세먼지'와 '초미세먼지'라는 용어 대신 '미세먼지(PM-10)'와 '미세먼지(PM-2.5)'를 사용합니다. 또한 '미세먼지'는 '미세먼지(PM-10)'와 '미세먼지(PM-2.5)'를 합친 개념으로 사용합니다.

도서 표기	일반적 사용
미세먼지(PM-10)	미세먼지
미세먼지(PM-2.5)	초미세먼지
미세먼지	미세먼지 + 초미세먼지

분석 개요

문제 정의

데이터 수집

데이터 전처리

PM-10과 PM-2.5

미세먼지 농도 변화

Chapter 02 | 문제 정의

많은 사람이 미세먼지에 대하여 보편적으로 가질 수 있는 궁금증을 분석 문제로 정의합니다. 이때 관련 데이터의 수집 가능성과 Power BI의 분석 기능을 고려해야 합니다.

01 미세먼지(PM-10)과 미세먼지(PM-2.5)의 상관관계는?

일반적으로 미세먼지(PM-10)이 증가하면 미세먼지(PM-2.5)도 증가할 것으로 생각합니다. 그런 생각이 맞는지 미세먼지(PM-10)과 미세먼지(PM-2.5)의 상관관계를 확인해 봅니다.

02 미세먼지는 계속 나빠지고 있을까?

과거와 비교하여 미세먼지 상황이 더 나빠졌다고 생각하는 사람들이 많습니다. 과연 현재의 미세먼지 상황이 과거에 비하여 나빠졌는지 데이터를 이용하여 직접 확인합니다.

03 기후 요소는 미세먼지에 어떤 영향을 끼칠까?

경험적으로 바람이 많이 부는 날은 미세먼지의 농도가 낮을 것으로 생각합니다. 온도 · 습도 · 바람 등 기후 요소와 미세먼지 농도와의 상관관계를 확인해보고 이로부터 미세먼지의 농도에 영향을 끼치는 기후 요인을 확인해 봅니다.

04 내가 사는 동네의 미세먼지 농도는?

서울은 사방이 산으로 둘러싸여 있으며 곳곳에 고층 빌딩이 자리 잡고 있습니다. 이러한 지역적 특징은 미세먼지의 농도에 영향을 미칠 것으로 예상됩니다. 서울의 지역별로 미세먼지 농도의 차이를 확인해 봅니다.

Chapter
03 | 데이터 수집

이번 파트에서 사용하는 모든 데이터는 해당 공공기관 웹사이트에서 다운로드 가능하며, 도서와 함께 제공하는 폴더(Part 04 〉 Data)에서도 다운로드할 수 있습니다.

01 미세먼지 측정 데이터

미세먼지 측정 데이터는 서울시에서 운영하는 열린데이터광장(http://data.seoul.go.kr)에서 다운로드할 수 있습니다.

01 | 열린데이터광장 검색 창에서 '대기오염'을 검색하면, 그림과 같은 대기오염 관련 데이터를 확인할 수 있습니다. 검색 결과 화면에서 [서울특별시 대기오염 측정정보]를 클릭합니다.

02 │ 상세 화면이 나타나면, [파일내려받기]에서 2021년 데이터(AIR_ HOUR_2021.zip) 파일을 다운로드하고 압축을 해제합니다.

서울시 대기오염 측정정보

서울특별시 보건환경연구원 대기오염측정망시스템에서 제공하는 대기오염 측정정보입니다.
1시간평균 측정값을 보정 후 매시 5분에 제공합니다.
각 자치구의 측정소에서 측정된 결과를 바로 보정후 직접제공하여 보다 빠른 데이터를 제공합니다.
측정기 상태 : "0" : 정상 "1" : 교정,"2" : 비정상,"4" : 전원단절 ,"8" : 보수중,"9" : 자료이상

전체 설명보기

파일내려받기 　　*파일에 이상이 있는 경우 '오류신고'를 통해 운영자에게 알려주세요. **오류신고**

NO	항목	파일명	용량(MB)	수정일	내려받기
1	데이터	AIR_HOUR_2021.zip	23.49	2022.02.03	⬇
2	데이터	AIR_HOUR_2020.zip	5.67	2021.11.08	⬇
3	데이터	AIR_HOUR_2019.zip	5.95	2021.11.08	⬇
4	데이터	AIR_HOUR_2018.zip	4.89	2019.02.20	⬇
5	데이터	AIR_HOUR_2017.zip	4.93	2019.02.20	⬇

전체 파일보기

Tip 2012년부터 2021년까지 10년간의 데이터는 용량이 크고 일부 필드 구조가 일치하지 않은 연도가 있습니다. 따라서 본 도서에서는 전처리 과정을 거쳐서 크기를 최소화하고 필드 구조를 일치시킨 10년간의 파일을 별도로 제공합니다. 파일 위치와 이름은 아래와 같습니다.

• Part 04 〉 Data 〉 AIR_HOUR_10YEAR.csv

① 미세먼지 측정소 데이터

미세먼지 측정소 위치 데이터도 서울시 열린데이터광장에서 다운로드합니다.

01 | 대기오염 검색 결과 중 [서울시 대기오염 측정소 정보]를 클릭합니다.

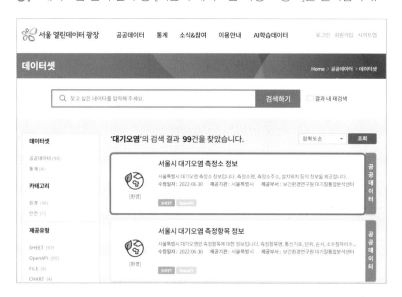

02 | [미리보기]에서 [내려받기(CSV)]를 클릭하여 파일을 다운로드하면서 파일 이름을 'AIR_LOCA-TION.csv'로 변경합니다.

03 기후 관련 데이터

온도, 풍속 등 기후 데이터는 기상청에서 운영하는 기상자료개방포털 사이트에서 다운로드할 수 있습니다. 단, 사전에 회원 가입을 해야 합니다.

01 | 기상자료개방포털 사이트(https://data.kma.go.kr)를 방문하여 [데이터]를 클릭합니다.

02 | 종관기상관측 검색조건 화면에서 다음과 같이 선택하고 [조회]를 클릭합니다. 조회가 완료되면 [CSV]를 클릭하여 데이터를 다운로드합니다. 파일의 이름을 'CLIMATE_HOUR_2021.csv'로 변경합니다.

- 자료 형태 : 시간 자료
- 기간 : 2021.01.01 00:00 ~ 2021.12.31 23:00
- 지점 : 서울특별시 〉 서울
- 요소 : 기온, 풍속, 풍향, 습도

Chapter 04 | 데이터 전처리

다운로드한 파일들은 데이터 시각화 및 탐색에 적합한 구조가 아닙니다. 데이터 전처리 과정을 통하여 시각화와 탐색에 용이한 구조로 변경해 봅니다.

01 대기오염 측정 데이터

대기오염 측정 데이터는 미세먼지 농도 값이 포함되어 있는 데이터입니다. 분석에 사용하지 항목은 제거하고 결측값은 보정합니다.

• 데이터 가져오기

01 | Power BI Desktop을 실행하고 [홈] 탭-[데이터] 그룹에서 [데이터 가져오기]-[텍스트/CSV]를 클릭합니다.

02 | [열기] 대화상자에서 앞서 다운로드한 파일 중 'AIR_HOUR_2021.csv' 파일을 선택하고, [가져오기] 대화상자가 나타나면 [로드]를 클릭합니다.

• 데이터 구조 확인

분석하려는 데이터의 개략적인 구조를 파악해 봅니다.

01 | [데이터](▦) 보기에서 'AIR_HOUR_2021' 테이블의 '측정일시' 필드를 선택하면, 화면 아래의 정보로부터 '측정일시' 필드의 고유 값은 8,760개임을 확인할 수 있습니다. 이로부터 이 데이터는 1년 동안 시간별로 측정한 값임을 알 수 있습니다(365일 * 24시간 = 8,760).

02 | 동일한 방법으로 모든 열의 고유 값을 확인합니다.

- 측정소 코드 : 25
  - 25개 자치구의 측정소에서 측정한 값임을 의미
- 측정항목 코드 : 6
  - 측정 항목이 6개임을 의미

코드	항목	표기	측정 단위
1	아황산가스	SO2	ppm
3	이산화질소	NO2	ppm
5	일산화탄소	CO	ppm
6	오존	O3	ppm
8	미세먼지	PM10	$\mu g/m^3$
9	초미세먼지	PM2.5	$\mu g/m^3$

- 평균값 : 1,410
  - 측정한 평균값이 1,410개가 있음을 의미
- 측정기 상태 : 6
  - 데이터 측정 시, 6개의 측정기 상태가 있음을 의미

코드 번호	0	1	2	4	8	9
의미	정상	교정	비정상	전원단절	보수 중	자료 이상

03 '대기오염 측정' 데이터 구조는 아래와 같이 요약할 수 있습니다.

열 이름	전체 개수	고유값 개수	데이터 형식	데이터 구분	비고
측정일시	1,314,000	8,760	날짜/시간	숫자형	
측정소 코드	"	25	정수	범주형	
측정항목 코드	"	6	정수	범주형	
평균값	"	1,410	10진수	숫자형	
측정기 상태	"	6	정수	범주형	

> **Tip** '국가 기준초과 구분', '지자체 기준초과 구분', '저장일시' 필드는 사용하지 않습니다.

● 파워 쿼리 편집기 실행

본격적인 데이터 전처리 작업은 파워 쿼리 편집기에서 수행합니다.

01 [홈] 탭-[쿼리] 그룹에서 [데이터 변환]을 클릭하여 파워 쿼리 편집기를 실행합니다.

● 측정 항목 선택 추출

01 6개의 측정 항목 중에서 '미세먼지'와 '초미세먼지'만 사용하므로 나머지 항목은 제거합니다. 대기오염 측정 항목은 표와 같이 6개입니다.

코 드	항 목	표 기	측정 단위
1	아황산가스	SO2	ppm
3	이산화질소	NO2	ppm
5	일산화탄소	CO	ppm
6	오존	O3	ppm
8	미세먼지	PM10	µg/m³
9	초미세먼지	PM2.5	µg/m³

01 '측정항목 코드' 열 머리글의 필터 단추(▼)를 클릭합니다. 필터 목록에서 [모두 선택]의 체크를 해제하고 [8]과 [9]만 선택한 후 [확인]을 클릭합니다.

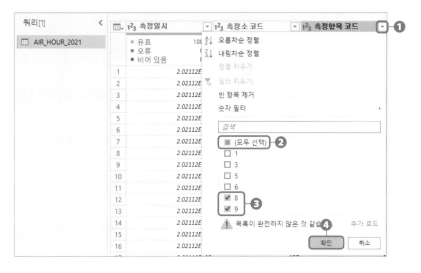

● 측정기 상태 선택 추출

6개의 측정기 상태 중 '정상'을 의미하는 0번 코드 외의 항목은 모두 제거합니다.

01 '측정기 상태' 열 머리글의 필터 단추(▼)를 클릭합니다. 필터 목록에서 [모두 선택]의 체크를 해제하고 [0]만 선택한 후 [확인]을 클릭합니다.

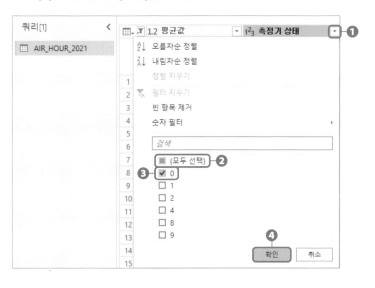

• 불필요한 열 제거

분석에 사용하지 않는 모든 열을 삭제하겠습니다.

01 ┃ Ctrl 과 마우스를 이용하여 '측정기 상태', '국가 기준초과 구분', '지자체 기준 초과 구분', '저장일시' 열 머리글을 선택하고 [홈] 탭-[열 관리] 그룹에서 [열 제거]를 클릭합니다.

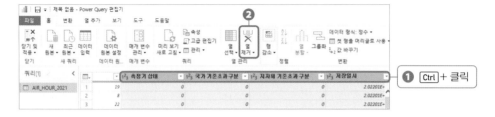

• 날짜 형식 변경

정수형인 '측정일시' 열의 데이터 형식을 날짜와 시간으로 변경합니다.

01 ┃ '측정일시' 열 머리글을 선택하고 [변환] 탭-[열] 그룹에서 [데이터 형식]을 [텍스트]로 변경합니다.

02 ┃ '측정일시' 열 머리글을 선택하고 [변환] 탭-[텍스트] 그룹에서 [열 분할]-[문자 수 기준]을 클릭합니다.

03 | [문자 수]에 '8'을 입력하고 [확인]을 클릭합니다.

04 | '측정일시' 열이 2개의 열로 분할되었음을 확인합니다.

	1²₃ 측정일시.1	1²₃ 측정일시.2	1²₃ 측정소 코드	1²₃ 측정항목 코드	1.2 평균값
1	20211231	230000	108	8	19
2	20211231	230000	108	9	8
3	20211231	230000	103	8	22

05 | '측정일시.1' 열이 [변환] 탭 – [열] 그룹에서 [데이터 형식]을 [날짜]로 변경합니다.

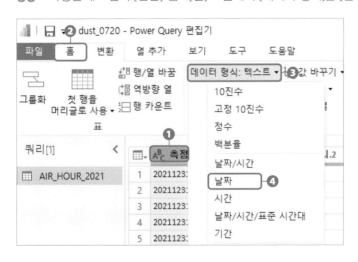

06 | '측정일시.2' 열 머리글을 선택하고 [변환] 탭 – [열] 그룹에서 [데이터 형식]을 [시간]으로 변경합니다. '측정일시.1' 열의 이름은 '날짜'로 변경하고 '측정일시.2' 열의 이름은 '시간'으로 변경합니다.

	날짜	시간	1²₃ 측정소 코드	1²₃ 측정항목 코드	1.2 평균값
1	2021-12-31	오후 11:00:00	108	8	19
2	2021-12-31	오후 11:00:00	108	9	8
3	2021-12-31	오후 11:00:00	103	8	22

• 피벗팅

피벗팅은 행(row) 중심의 테이블을 열(column) 중심의 테이블로 변환하는 작업입니다. 피벗팅을 이용하면 대규모의 데이터를 시각적으로 이해하기 쉬운 구조로 만들 수 있습니다.

하지만 피벗팅 작업 시 다음과 같이 두 가지 형태의 오류가 발생할 수 있으므로 유의해야 합니다.

- 누락 : 그룹이 되는 열의 값이 누락된 경우, 피벗팅을 하면 null로 표시됩니다. 예를 들어, 아래 그림의 원본 테이블에서 [2019-01-06 초미세먼지] 값이 없으므로 피벗팅 테이블에서 null 값이 발생하게 됩니다. 이 경우, 피벗팅이 끝난 후 결측값 보정이 필요합니다.
- 중복 : 그룹이 되는 열의 값이 중복된 경우, 피벗팅을 하면 의도하지 않는 값이 표시됩니다. 예를 들어, 원본 테이블에서 [2019-01-09 미세먼지] 값이 중복 값으로 입력되어 있어 피벗팅 테이블에서 중복 값이 발생하게 됩니다. 이 경우, 피벗팅의 고급 옵션에서 설정이 필요합니다.

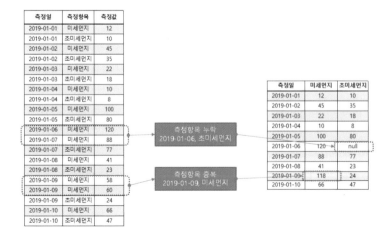

01 | '측정항목 코드' 열을 선택하고 [변환] 탭 – [열] 그룹에서 [피벗 열]을 클릭합니다.

02 | [피벗 열] 대화상자의 [값 열]에서 '평균값'을 선택합니다. [고급 옵션]의 [값 집계 함수]에서 '평균'을 선택하고 [확인]을 클릭합니다.

03 | 피벗팅이 완료되면, '8' 열의 이름은 '미세먼지(PM-10)'로 변경하고 '9' 열의 이름은 '미세먼지(PM-2.5)'로 변경합니다.

● 결측값 보정

결측값(value unknown at present) 보정은 데이터 전처리 과정에서 자주 발생하는 작업입니다. 결측값은 다양한 원인에 의하여 발생하며 보정 방법은 다음과 같습니다.

- 결측값 삭제 : 결측값이 발생한 행을 삭제하는 방법입니다. 가장 간편한 방법이지만, 데이터의 개수가 줄어들어 분석에 나쁜 영향을 끼칠 수 있습니다.
- 다른 값으로 대체 : 결측값을 다른 행의 평균, 최빈값, 중간값 등으로 대체하는 방법입니다. 모든 행의 평균 값 등으로 대체하는 일괄 대체 방법과 범주형 변수를 활용해 유사한 유형의 평균값 등으로 대체하는 유사 유형 대체 방법이 있습니다.
- 예측값 삽입 : 결측값이 없는 데이터를 학습시켜 모델을 만들고, 이 모델을 이용하여 결측값을 예측하고 삽입하는 방법입니다.

여기서는 동일 측정소에서 인접한 시간의 측정값은 유사할 것이라는 가정하에, 동일 측정소의 이전 시간 측정값으로 결측값을 대체합니다.

01 | 테이블을 '측정소 코드', '날짜', '시간' 순으로 정렬하기 위하여, 먼저 '측정소 코드' 열 머리글의 필터 단추(▼)를 클릭하고 [오름차순 정렬]을 선택합니다.

02 | '날짜' 열 머리글의 필터 단추(▼)를 클릭하고 [오름차순 정렬]을 선택합니다. '날짜' 열의 정렬이 완료되면 '시간' 열 머리글의 필터 단추(▼)를 클릭하고 [오름차순 정렬]을 선택합니다. '미세먼지(PM-10)' 열과 '미세먼지(PM-2.5)' 열을 선택하고, [변환] 탭-[채우기]-[아래로]를 클릭하여 결측값(null)을 이전 행의 값으로 채웁니다.

● 닫기 및 적용

파워 쿼리 편집기에서 전처리 작업이 끝났으므로 [홈] 탭-[닫기 및 적용]-[닫기 및 적용]을 클릭하여 Power BI Desktop에 변경 내용을 적용합니다.

② 기후 데이터

기후 데이터는 기온, 습도, 풍속 등의 기후 요인과 미세먼지 농도와의 관계를 파악하기 위하여 사용합니다. 분석에 사용하지는 않은 열은 제거하고 풍향에 대한 열을 추가합니다.

• 데이터 가져오기

기후 관련 데이터를 Power BI Desktop으로 가져옵니다.

01 | Power BI Desktop의 [홈] 탭 – [데이터] 그룹에서 [데이터 가져오기] – [텍스트/CSV]를 클릭합니다. [열기] 대화상자에서 'CLIMATE_HOUR_2021.csv' 파일을 선택하고, [가져오기] 대화상자가 나타나면 [로드]를 클릭합니다.

• 데이터 구조 확인

기후 관련 데이터의 구조를 알아보겠습니다.

01 | 분석하려는 데이터의 개략적인 구조를 파악하기 위해 [데이터](▦) 보기에서 'CLIMATE_HOUR_2021' 테이블을 선택합니다. 이 테이블은 '지점'을 포함한 7개의 열과 8,760행으로 구성되어 있습니다.

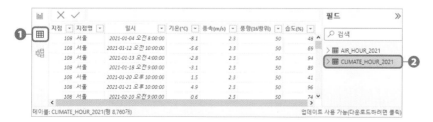

02 | 'CLIMATE_HOUR_2021' 테이블의 데이터 구조는 아래와 같이 요약할 수 있습니다.

열명	전체 개수	고유값 개수	형식	구분	비고
지점	8,760	1	정수	범주형(명목형)	삭제 대상
지점명	〃	〃	텍스트	〃	〃
일시	〃	8,760	날짜/시간	숫자형(이산형)	
기온	〃	525	10진수	숫자형(연속형)	
풍속	〃	76	〃	〃	
풍향		18	정수	범주형(명목형)	전처리 필요
습도	〃	82	정수	숫자형(연속형)	

참고로, 지점(108)은 '서울시 종로구 송월길 52'에 위치한 서울기상관측소를 나타내는 코드로써 서울 지역을 대표합니다.

▶ 출처 : 〈https://data.kma.go.kr/tmeta/stn/selectStnList.do?pgmNo=123〉

● 풍향명 열 추가

'CLIMATE_HOUR_2021' 테이블의 '풍향
(16방위)' 열의 값은 그림과 같이 16방위의
각도를 나타냅니다.

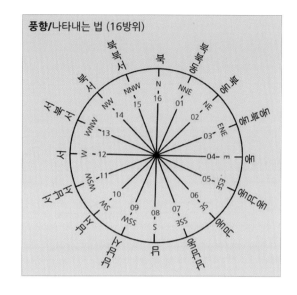

풍향/나타내는 법 (16방위)

보다 직관적인 바람의 방향을 나타내기 위하여 아래의 표와 같이 '풍향명' 열을 추가합니다.

풍향	풍향명	풍향	풍향명
0	북	200	남남서
20	북북동	230	남서
50	북동	250	서남서
70	동북동	270	서
90	동	290	서북서
110	동남동	320	북서

01 | [홈] 탭-[쿼리] 그룹에서 [데이터 변환]을 클릭하여 파워 쿼리 편집기를 실행합니다. 'CLIMATE_
HOUR_2021' 테이블을 선택하고, [열 추가] 탭에서 [조건 열]을 클릭합니다.

02 [조건열 추가] 대화상자의 [새 열 이름]에는 '풍향명'을 입력하고 아래와 같이 17개의 값을 입력합니다. 마지막의 [기타]에는 'null'을 입력한 후 [확인]을 클릭합니다.

열 이름	연산자	값	출력
풍향(16방위)	같음	0	북
풍향(16방위)	같음	20	북북동
풍향(16방위)	같음	50	북동
풍향(16방위)	같음	70	동북동
풍향(16방위)	같음	90	동
풍향(16방위)	같음	110	동남동
풍향(16방위)	같음	140	남동
풍향(16방위)	같음	160	남남동
풍향(16방위)	같음	180	남
풍향(16방위)	같음	200	남남서
풍향(16방위)	같음	230	남서
풍향(16방위)	같음	250	서남서
풍향(16방위)	같음	270	서
풍향(16방위)	같음	290	서북서
풍향(16방위)	같음	320	북서
풍향(16방위)	같음	340	북북서
풍향(16방위)	같음	360	북

분석 개요

문제 정의

데이터 수집

데이터 전처리

PM-10과 PM-2.5

미세먼지 농도 변화

• 열 제거 및 닫기

'지점' 열과 '지점명' 열은 분석에 사용하지 않으므로 [홈] 탭의 [열 제거]를 이용하여 삭제합니다. 파워 쿼리 편집기에서의 전처리 작업이 끝났으므로 [홈] 탭의 [닫기 및 적용]–[닫기 및 적용]을 클릭하여 Power BI Desktop에 변경 내용을 적용합니다.

03 대기오염 측정소 데이터

지도상에서 서울의 자치구별 미세먼지 농도 차이를 표현하기 위하여 자치구 코드를 추가하고 사용하지 않는 열은 제거합니다.

• 데이터 가져오기

'대기오염 측정소' 데이터를 Power BI Desktop으로 불러옵니다.

01 | [홈] 탭–[데이터 가져오기]–[텍스트/CSV]를 클릭합니다. [열기] 대화상자에서 앞 단계에서 다운로드한 'AIR_LOCATION.csv' 파일을 선택하고 [열기]를 클릭합니다. 대화상자가 나타나면 내용을 확인하고 [로드]를 클릭합니다.

• 데이터 구조 확인

분석하려는 데이터의 구조를 알아보겠습니다.

01 | 분석하려는 데이터의 개략적인 구조를 파악하기 위해 [데이터](▦) 보기에서 'AIR_LOCATION' 테이블을 선택합니다.

02 | 'AIR_LOCATION' 테이블은 '측정소 코드'를 포함한 5개의 열과 25개의 행으로 구성되어 있으며 구조는 아래와 같이 요약할 수 있습니다.

열명	전체 개수	고유 값 개수	형식	구분	비고
측정소 코드	25	25	정수	숫자형(이산형)	
측정소 이름	"	"	문자	범주형(명목형)	
측정소 주소	""	25	문자	"	

> **Tip** '표시순서', '공인코드' 열은 사용하지 않습니다.

• 자치구 코드 열 추가

도형 맵을 이용하여 자치구의 미세먼지 농도를 시각화하려면 자치구 코드가 필요합니다. 'AIR_LOCATION' 테이블에 자치구 코드를 추가합니다.

01 | [홈] 탭-[쿼리] 그룹의 [데이터 변환]을 클릭하여 파워 쿼리 편집기를 실행합니다. [홈] 탭-[새 원본]-[Excel 통합 문서]를 클릭합니다. [열기] 대화상자가 나타나면 도서와 함께 제공하는 파일 폴더(Part 04 〉 Data)에서 '인구이동_2021_코드.xlsx' 파일을 엽니다. 탐색 창에서 [행정구역코드 등록 및 말소 내역]을 체크하고 [확인]을 클릭합니다.

02 | [쿼리] 창에서 '행정구역코드 등록 및 말소 내역' 쿼리를 선택하고 [홈] 탭–[변환] 그룹에서 [첫 행을 머리 글로 사용]을 클릭하여 열 머리글이 '행자부코드', '시도' 등이 되도록 합니다.

03 | [쿼리] 창에서 'AIR_LOCATION' 쿼리를 선택하고 [홈] 탭–[결합] 그룹에서 [쿼리 병합]–[쿼리 병합]을 클릭합니다.

04 | [병합] 대화상자의 'AIR_LOCATION' 테이블에서 '측정소 이름' 열을 선택합니다. 병합 대상으로 '행정구역코드 등록 및 말소 내역' 테이블을 선택하고, '시군구' 열을 선택합니다. [조인 종류]는 '왼쪽 외부(첫 번째의 모두, 두 번째의 일치하는 행)'을 선택하고 [확인]을 클릭합니다.

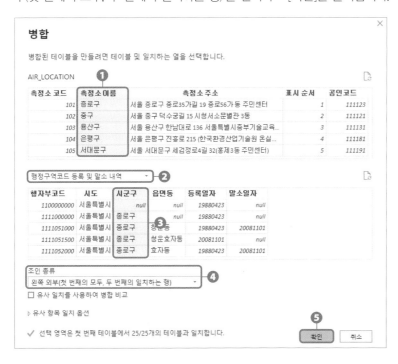

05 새로 추가된 '행정구역코드 등록 및 말소 내역' 열의 확장 단추를 클릭합니다. [행자 부코드], [시도]만 체크하고, [원래 열 이름을 접두사로 사용]은 체크 해제한 후 [확인]을 클릭합니다.

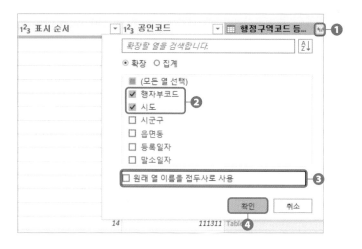

06 [시도] 열의 필터 단추(▼)를 클릭하고, [서울특별시]만을 체크한 후 [확인]을 클릭합니다.

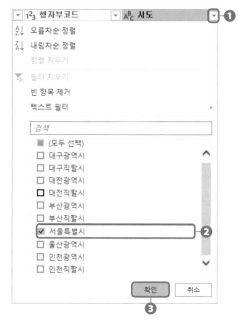

07 '행자부 코드' 열의 왼쪽부터 5자리의 코드를 취합니다. '행자부코드' 열을 선택한 후 [변환] 탭 – [숫자] 그룹의 [표준] – [정수로 나누기]를 클릭합니다.

08 | [정수로 나누기] 대화상자의 [값]에 '100000'을 입력하고 [확인]을 클릭합니다.

• 중복 행 제거

쿼리 병합의 결과로 중복된 행이 많이 발생했습니다. 이제 측정소 이름을 기준으로 중복된 행을 제거합니다.

01 | '측정소 이름' 열을 선택하고, [홈] 탭-[행 감소] 그룹에서 [행 제거]-[중복된 항목 제거]를 클릭합니다.

• 열 제거 및 닫기

01 | '표시 순서', '공인코드', '시도' 열을 선택하고 [홈] 탭의 [열 제거]-[열 제거]를 클릭하여 불필요한 열을 삭제합니다. '행정구역코드 등록 및 말소 내역' 쿼리는 분석에 사용하지 않으므로 로드하지 않습니다. [쿼리] 창의 '행정구역코드 등록 및 말소 내역' 쿼리를 마우스 오른쪽 버튼으로 클릭한 후 [로드 사용]을 해제합니다 [홈] 탭의 [닫기 및 적용]-[닫기 및 적용]을 클릭합니다.

05 | 미세먼지(PM-10)과 미세먼지(PM-2.5)의 상관관계

꺾은선형 차트와 분산형 차트를 이용하여 미세먼지(PM-10)과 미세먼지(PM-2.5)의 상관관계를 시각화합니다. Power BI Desktop 캔버스의 페이지 이름([1페이지])을 더블클릭하고 이름을 '미세먼지 상관관계'로 변경합니다.

이번 챕터의 시각화 결과물은 아래와 같습니다.

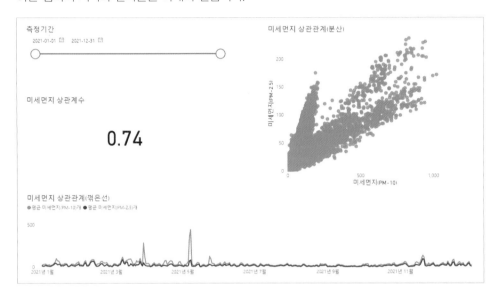

01 상관분석의 이해

상관분석은 서로 독립적이거나 상관된 관계일 수 있는 두 변수 간의 선형적 관계를 분석하는 방법입니다. 상관계수는 상관관계가 있는 두 변수 간의 관계 강도를 나타내는 함수이며 식은 다음과 같습니다.

$$r = \frac{\sum(x - \bar{x})(y - \bar{y})}{\sqrt{\sum(x - \bar{x})^2 \times \sum(y - \bar{y})^2}}$$

위의 식에서 r의 절대값이 클수록(1 또는, −1에 가까울수록) 두 변수의 값들은 직선 가까이에 위치하며 두 변수의 상관관계는 커집니다. r의 값이 0이면 두 변수의 선형적 상관성은 없습니다.

일반적으로 상관계수에 따른 상관관계는 다음 표와 같이 설명할 수 있습니다.

상관계수	상관관계
±0.9 이상	상관관계가 아주 높다
±0.7~0.9	상관관계가 높다
±0.4~0.7	상관관계가 있다
±0.2~0.4	상관관계가 있으나 낮다

산포도(Scatter plot)는 2차원 공간에서 변수 X(가로축)와 Y(세로축)에 대한 위치값을 나타내는 시각화 도구로써, 산포도를 이용하면 두 변수의 상관관계 방향과 강도를 시각화할 수 있습니다. 산포도에서 두 변수의 위치에 따른 상관관계는 그림과 같습니다.

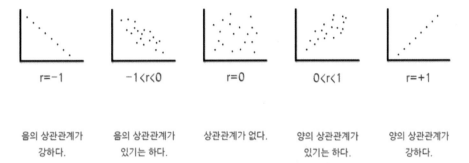

r=-1	-1<r<0	r=0	0<r<1	r=+1
음의 상관관계가 강하다.	음의 상관관계가 있기는 하다.	상관관계가 없다.	양의 상관관계가 있기는 하다.	양의 상관관계가 강하다.

분석 개요

문제 정의

데이터 수집

데이터 전처리

PM-10과 PM-2.5

미세먼지 농도 변화

02 미세먼지의 상관관계 시각화

Power BI에서 산포도와 동일한 기능을 하는 분산형 차트와 꺾은선형 차트를 활용하여 미세먼지(PM-10)과 미세먼지(PM-2.5)의 상관관계를 시각화합니다.

• 꺾은선형 차트

01 | [보고서](📊) 보기의 [시각화] 창에서 [꺾은선형 차트]를 클릭하여 캔버스에 배치합니다. [시각화-시각적 개체 빌드]의 [X축] 영역에 'AIR_HOUR_2021' 테이블의 '날짜' 필드를 추가합니다. [Y축] 영역에는 'AIR_HOUR_2021' 테이블의 '미세먼지(PM-10)' 필드와 '미세먼지(PM-2.5)' 필드를 추가하고 각각 아래 화살표(⌄)를 클릭하여 [평균]을 선택합니다.

02 | [시각화-시각적 개체 서식 지정]의 [시각적 개체]에서 다음과 같이 설정합니다.

- [X축]-[제목] : 비활성화
- [Y축]-[제목] : 비활성화
- [데이터 레이블] : 활성화

03 | [시각화-시각적 개체 서식 지정]의 [일반]에서 다음과 같이 설정합니다.

- [제목]-[텍스트] : 미세먼지 상관관계(꺾은선)

04 | '미세먼지 상관관계(꺾은선)' 개체의 [계층 구조에서 한 수준 아래로 모두 확장]을 클릭하여 [일] 단계까지 확장합니다.

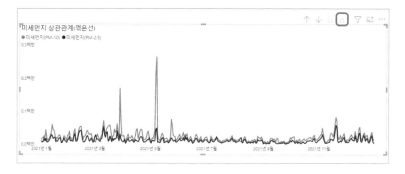

● 분산형 차트

01 | [보고서]( ) 보기의 [시각화] 창에서 [분산형 차트]를 클릭하여 캔버스에 배치합니다. [시각화 – 시각적 개체 빌드]의 [X축] 영역에 'AIR_HOUR_2021' 테이블의 '미세먼지(PM-10)' 필드를 추가하고 아래 화살표( )를 클릭하여 [요약 안 함]을 선택합니다. [Y축] 영역에는 'AIR_HOUR_2021' 테이블의 '미세먼지(PM-2.5)' 필드를 추가하고 아래 화살표( )를 클릭하여 [요약 안 함]을 선택합니다.

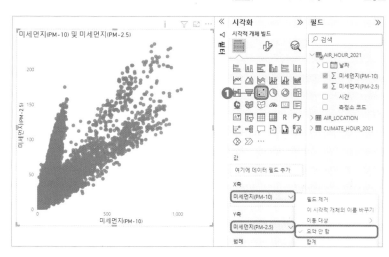

02 | [시각화 – 시각적 개체 서식 지정]의 [일반]에서 다음과 같이 설정합니다.

• [제목] – [텍스트] : 미세먼지 상관관계(분산)

03 상관계수 계산

시각화 차트만으로 구체적인 상관 정도를 파악하기 어려운 경우, 구체적인 값을 숫자로 표현할 수 있는 상관계수를 활용합니다.

01 | [필드] 창의 'AIR_HOUR_2021' 테이블을 선택한 상태에서, [홈] 탭 - [계산] 그룹에 있는 [빠른 측정 값]을 클릭합니다.

02 | [빠른 측정값] 대화상자를 다음과 같이 설정하고 [확인]을 클릭합니다.

> • [계산식 선택] : 수학 연산 - 상관 계수
> • [범주] : 'AIR_HOUR_2021' 테이블의 '날짜' 필드 추가
> • [측정값 X] : 'AIR_HOUR_2021' 테이블의 '미세먼지(PM-10)' 필드 추가 후, 아래 화살표(∨)를 클릭하여 [평균]으로 변경
> • [측정값 Y] : 'AIR_HOUR_2021' 테이블에서 '미세먼지(PM-2.5)' 필드 추가 후, 아래 화살표(∨)를 클릭하여 [평균]으로 변경

03 | [필드] 창에 새로운 측정값 필드가 생성되었음을 확인할 수 있습니다.

04 | [보고서]( ) 보기의 [시각화] 창에서 [카드]를 클릭하여 캔버스에 배치합니다. [시각화 – 시각적 개체 빌드]의 [필드] 영역에 'AIR_HOUR_2021' 테이블에서 새로 생성된 '날짜에 대한 평균…' 측정값을 추가합니다.

05 | [시각화 – 시각적 개체 서식 지정]의 [시각적 개체]에서 다음과 같이 설정합니다.

- [범주 레이블] : 비활성화

06 | [시각화 – 시각적 개체 서식 지정]의 [일반]에서 다음과 같이 설정합니다.

- [제목] : 활성화
- [제목] – [텍스트] : 미세먼지 상관계수

> **Tip** [필드] 창의 각 필드는 유형에 따라 고유의 아이콘으로 표시됩니다.
> - Σ : 집계가 가능한 숫자형 필드
> - 🗓 : 빌트인 된 날짜형 필드
> - 🔢 : 변경이 불가능한 측정값 필드

🔵 상관관계 탐색

연간 미세먼지 상관관계와 슬라이서를 활용한 시기별 상관관계를 확인합니다.

● 슬라이서 배치

01 [보고서](📊) 보기의 [시각화] 창에서 [슬라이서]를 클릭하여 캔버스에 배치합니다. [시각화 – 시각적 개체 빌드]의 [필드] 영역에 'AIR_HOUR_2021' 테이블의 '날짜' 필드를 추가합니다.

02 [시각화 – 시각적 개체 서식 지정]의 [시각적 개체]에서 다음과 같이 설정합니다.

- [슬라이서 머리글] : 비활성화
- [슬라이더] : 활성화

03 [시각화 – 시각적 개체 서식 지정]의 [일반]에서 다음과 같이 설정합니다.

- [제목] : 활성화
- [제목] – [텍스트] : 측정기간

• 미세먼지 상관관계

'측정 기간' 슬라이서를 2021년 1월 1일부터 12월 31일까지 1년간으로 설정하고 1년간의 상관관계를 살펴봅니다. '미세먼지 상관관계(분산)'의 시각화 결과는 두 개의 직선 군집이 다른 방향으로 향하고 있는 누운 V 형태입니다. 연간 '미세먼지 상관계수'는 0.74로 미세먼지(PM-10)과 미세먼지(PM-2.5)의 상관관계가 높다는 사실을 알 수 있습니다. '미세먼지 상관관계(꺾은선)'을 자세히 살펴보면 시기별로 상관관계의 정도가 다르다는 것을 발견할 수 있습니다.

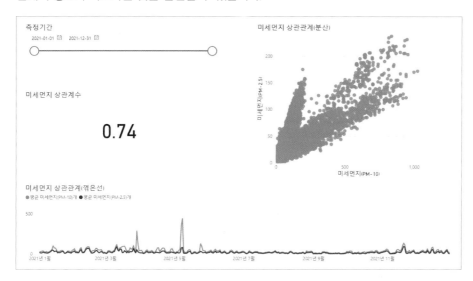

'측정 기간' 슬라이서를 2021년 1월 1일부터 6월 30일까지 6개월간으로 설정하고 상관관계를 살펴봅니다. 2021년 상반기의 '미세먼지 상관관계(꺾은선)'을 살펴보면 미세먼지(PM-10)과 미세먼지(PM-2.5) 농도의 패턴이 살짝 다르다는 사실을 발견할 수 있습니다. 아울러 상관계수도 0.70으로 다소 낮아졌다는 사실도 확인됩니다.

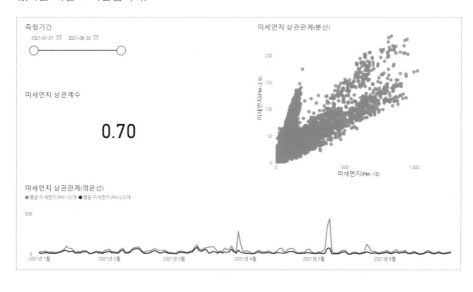

'측정 기간' 슬라이서를 2021년 7월 1일부터 12월 31일까지 6개월간으로 설정하고 상관관계를 살펴봅니다. '미세먼지 상관관계(분산)'의 그래프는 45도 방향으로 선명하게 분포되어 있으며 '미세먼지 상관관계(꺾은선)'의 미세먼지 농도도 일정한 패턴임을 알 수 있습니다. 아울러 상관계수는 0.97이므로 '상관관계가 아주 높다'는 사실을 확인할 수 있습니다.

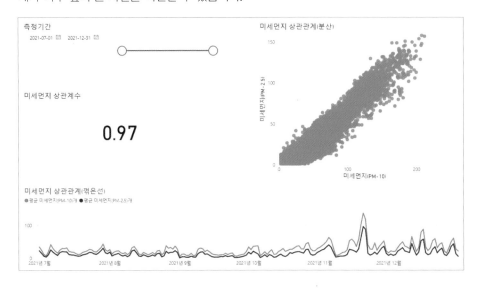

미세먼지는 계속 나빠지고 있을까?

이번 챕터에서는 10년간의 미세먼지 데이터를 이용하여 서울에서의 미세먼지 농도 변화를 파악해 봅니다. Power BI Desktop 캔버스에 새 페이지를 추가한 후 페이지 이름을 더블클릭하여 '미세먼지 변화추이'로 변경합니다.

이번 챕터의 시각화 결과물은 아래와 같습니다.

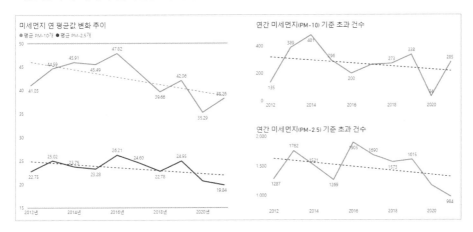

01 데이터 가져오기

10년간의 미세먼지 데이터는 약 640Mbyte로 일반 PC 환경에서 처리하려면 많은 시간이 소요됩니다. 본 도서에서는 미리 전처리 과정을 거쳐 크기를 최소화한 데이터 파일을 제공합니다. 도서와 함께 제공하는 파일 폴더(Part 04 〉 Data)에서 'AIR_HOUR_10YEARS.csv' 파일을 다운로드합니다.

01 [홈] 탭-[데이터 가져오기]-[텍스트/CSV]를 클릭합니다. [열기] 대화상자에서 'AIR_HOUR_10YEAR.csv' 파일을 선택합니다. [가져오기] 대화상자가 나타나면 내용을 확인하고 [로드]를 클릭합니다.

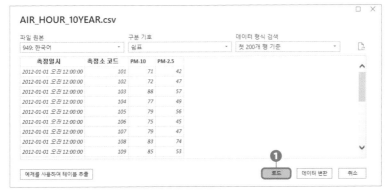

02 연 평균값의 변화

2012년부터 2021년까지 연도별 미세먼지 평균값 변화 추이를 시각화합니다.

참고로 미세먼지의 연 평균 기준은 아래와 같습니다.

구분	한국	WHO 권고기준	EU 권고기준
PM-10(μg/m³)	50	20	40
PM-2.5(μg/m³)	15	10	25

01 | [보고서]( ) 보기의 [시각화] 창에서 [꺾은선형 차트]를 클릭하여 캔버스에 배치합니다. [시각화 - 시각적 개체 빌드]의 [X축] 영역에 'AIR_HOUR_10YEAR' 테이블의 '측정일시' 필드를 추가합니다. [Y축] 영역에는 AIR_HOUR_10YEAR' 테이블의 'PM-10' 필드와 'PM-2.5' 필드를 추가하고 확장하여 [평균]을 선택합니다.

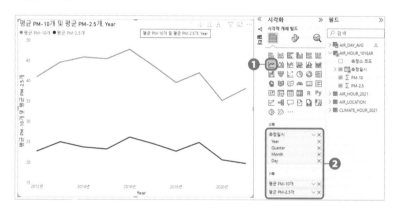

02 | [시각화 - 시각적 개체 서식 지정]의 [시각적 개체]에서 다음과 같이 설정합니다.

- [X축] - [제목] : 비활성화
- [Y축] - [제목] : 비활성화
- [데이터 레이블] : 활성화

03 | [시각화 - 시각적 개체 서식 지정]의 [일반]에서 다음과 같이 설정합니다.

- [제목] - [텍스트] : 미세먼지 연 평균값 변화 추이

04 │ [시각적 개체에 추가 분석 추가]에서 다음과 같이 설정합니다.

- [추세선] : 활성화
- [추세선] – [계열 결합] : 비활성화

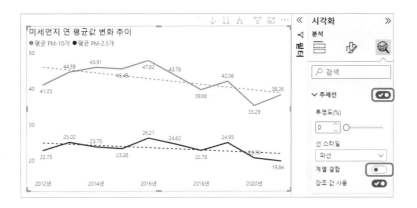

05 │ [시각적 개체에 추가 분석 추가]에서 [Y축 상수 선] – [+줄 추가]를 클릭하고 다음과 같이 설정합니다.

- [선] – [값] : 50
- [선] – [색] : 테마 색 8(붉은 색)
- [선] – [스타일] : 실선

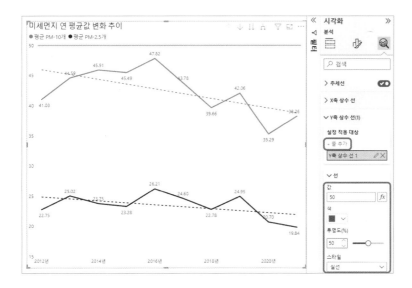

06 [Y축 상수 선]-[+줄 추가]를 한번 더 클릭하고 다음과 같이 설정합니다.

- [선]-[값] : 15
- [선]-[색] : 테마 색 8(붉은 색)
- [선]-[스타일] : 실선

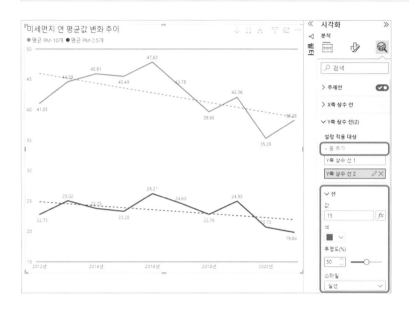

⑬ 일 기준 초과 건수

이번에는 2012년부터 2021년까지 일 평균값이 기준을 초과한 건수를 시각화합니다. 미세먼지의 일 평균 기준은 아래와 같습니다.

구분	한국	WHO 권고기준	EU 권고기준
PM-10($\mu g/m^3$)	100	50	50
PM-2.5($\mu g/m^3$)	35	25	−

● 일 평균 테이블 생성

'AIR_HOUR_10YEAR' 테이블의 각 행은 매시간 평균값을 나타냅니다. SUMMARIZE 함수를 이용하여 각 행의 값이 일 평균값인 테이블을 생성합니다.

01 | [데이터](⊞) 보기의 [홈] 탭-[새 테이블]을 클릭하고, 수식 입력줄에 다음과 같이 DAX 식을 입력합니다.

```
AIR_DAY_AVG =
SUMMARIZE(
    AIR_HOUR_10YEAR,
    AIR_HOUR_10YEAR[측정일시].[Year],
    AIR_HOUR_10YEAR[측정일시].[MonthNo],
    AIR_HOUR_10YEAR[측정일시].[Day],
    AIR_HOUR_10YEAR[측정소 코드],
    "PM-10", AVERAGE(AIR_HOUR_10YEAR[PM-10]),
    "PM-2.5", AVERAGE(AIR_HOUR_10YEAR[PM-2.5])
)
```

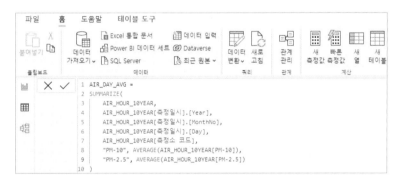

> **Tip** Alt + Enter 를 누르면 줄바꿈하면서 수식을 작성할 수 있습니다.

02 | 수식 입력 후 ✓(커밋)을 클릭하면, 'AIR_DAY_AVG' 테이블이 생성되는 것을 확인할 수 있습니다.

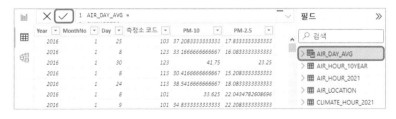

• 미세먼지(PM-10) 초과 건수

'AIR_DAY_AVG' 테이블을 이용하여 미세먼지(PM-10)의 일 평균값 초과 건수를 시각화합니다.

01 | [보고서](🔲) 보기의 [시각화] 창에서 [꺾은선형 차트]를 클릭하여 캔버스에 배치합니다. [시각화 – 시각적 개체 빌드]의 [X축] 영역에 'AIR_DAY_AVG' 테이블의 'Year' 필드를 추가합니다. [Y축] 영역에는 'AIR_DAY_AVG' 테이블의 'PM-10' 필드를 추가하고 아래 화살표(🔽)를 클릭하여 [개수]를 선택합니다.

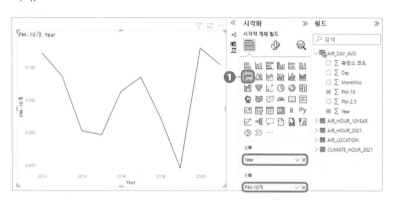

02 | [시각화 – 시각적 개체 서식 지정]의 [시각적 개체]에서 다음과 같이 설정합니다.

> • [X축] – [제목] : 비활성화
> • [Y축] – [제목] : 비활성화
> • [데이터 레이블] : 활성화

03 | [시각화 – 시각적 개체 서식 지정]의 [일반]에서 다음과 같이 설정합니다.

> • [제목] – [텍스트] : 연간 미세먼지(PM-10) 기준 초과 건수

04 | [필터] 창의 [이 시각적 개체의 필터]에 'AIR_DAY_AVG' 테이블의 'PM-10' 필드를 추가한 후 다음과 같이 설정하고 [필터 적용]을 클릭합니다.

> • [필터 형식] : 고급 필터링
> • [다음 값일 경우 항목 표시] : 보다 큼. 100

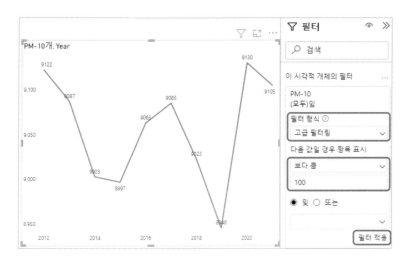

05 | [시각적 개체에 추가 분석 추가]에서 다음과 같이 설정합니다.

- [추세선] : 활성화

• 미세먼지(PM-2.5) 초과 건수

'AIR_DAY_AVG' 테이블을 이용하여 미세먼지(PM-2.5)의 일 평균값 초과 건수를 시각화합니다.

01 | [보고서](📊) 보기의 [시각화] 창에서 [꺾은선형 차트]를 클릭하여 캔버스에 배치합니다. [시각화 – 시각적 개체 빌드]의 [X축] 영역에 'AIR_DAY_AVG' 테이블의 'Year' 필드를 추가합니다. [Y축] 영역에는 'AIR_DAY_AVG' 테이블의 'PM-2.5' 필드를 추가하고 아래 화살표(∨)를 클릭하여 [개수]를 선택합니다.

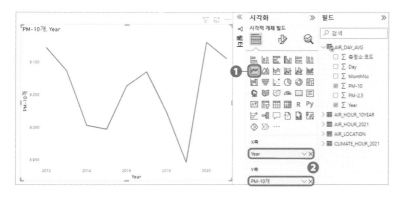

02 [시각화 – 시각적 개체 서식 지정]의 [시각적 개체]에서 다음과 같이 설정합니다.

- [X축]–[제목] : 비활성화
- [Y축]–[제목] : 비활성화
- [데이터 레이블] : 활성화

03 [시각화 – 시각적 개체 서식 지정]의 [일반]에서 다음과 같이 설정합니다.

- [제목]–[텍스트] : 연간 미세먼지(PM–2.5) 기준 초과 건수

04 [필터] 창의 [이 시각적 개체의 필터]에 'AIR_DAY_AVG' 테이블의 'PM–2.5' 필드를 추가한 후 다음과 같이 설정하고 [필터 적용]을 클릭합니다.

- [필터 형식] : 고급 필터링
- [다음 값일 경우 항목 표시] : 보다 큼, 35

05 [시각적 개체에 추가 분석 추가]에서 다음과 같이 설정합니다.

- [추세선] : 활성화

⚂ 미세먼지 농도 추이 탐색

미세먼지(PM-10, PM-2.5) 농도의 연 평균값과 일 평균값의 기준 초과 건수를 꺾은선 차트로 시각화하였습니다. 이 결과물로부터 미세먼지의 농도 추이를 확인합니다.

● 연 평균값 변화 추이 탐색

25개 측정소의 시간대별 측정값을 연도별로 평균 집계하여 시각화한 결과는 다음 그림과 같습니다.

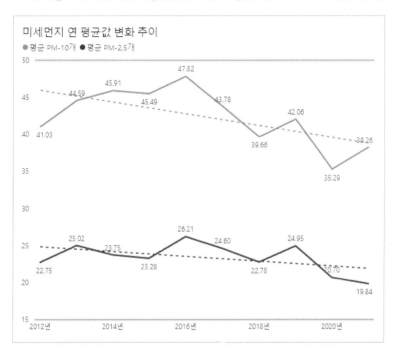

미세먼지(PM-10)의 농도는 2012년부터 2021년까지 10년동안 국내 기준치인 50μg/㎥ 이내입니다(하지만 WHO 기준으로는 매년 권고 기준 이상입니다). 다소의 오르내림이 있었으나 2020년 35.29μg/㎥로 최저치를 기록하는 등 전반적으로 그 농도는 낮아지는 추세입니다.

미세먼지(PM-2.5)의 경우, 분석 기간인 10년 동안 모두 국내 기준치인 15μg/㎥를 초과하였습니다. 2016년 26.21μg/㎥를 기록하여 최고치를 기록하였으나 추세선에 의하면 그 농도는 점차 낮아지는 것으로 보입니다.

구분	한국	WHO 권고기준	EU 권고기준
PM-10(μg/㎥)	50	20	40
PM-2.5(μg/㎥)	15	10	25

● 일 평균값 기준 초과 건수 탐색

25개 측정소의 시간대별 측정값을 일별 집계 후, 국내 기준 초과 건수를 시각화한 결과는 다음 그림과 같습니다.

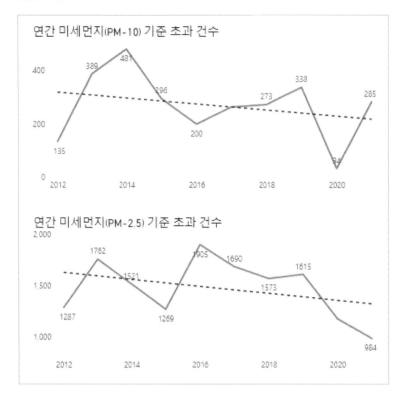

미세먼지(PM-10)의 경우, 2012년 기준 초과 건수는 135건이고 2021년은 285건이만 전반적으로 감소 추세입니다.

미세먼지(PM-2.5)의 경우도 2021년 984건으로 최소를 기록하면서 전반적인 감소 추세임을 확인할 수 있습니다.

Chapter
07 | 기후 요소는 미세먼지에 어떤 영향을 끼칠까?

이번 챕터에서는 기온, 바람 등 기후 요소와 미세먼지의 관계에 대하여 분석합니다. Power BI Desktop 캔버스에 새 페이지를 추가하고, 페이지 이름을 '기후요인의 영향'으로 변경합니다.

이번 챕터의 시각화 결과물은 아래와 같습니다.

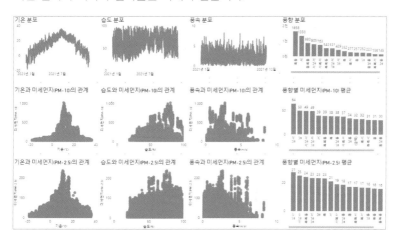

01 │ 테이블 관계 설정

기후요인과 미세먼지의 관계를 파악하기 위한 사전 작업으로, 'CLIMATE_HOUR_2021' 테이블의 '일시' 필드와 연결하기 위하여 'AIR_HOUR_2021' 테이블에 '날짜'와 '시간'을 병합한 '측정일시' 필드를 생성합니다.

● 측정일시 필드 생성

01 │ [홈] 탭의 [데이터 변환]을 클릭하여 파워 쿼리 편집기를 실행합니다. 파워 쿼리 편집기의 [쿼리] 창의 'AIR_HOUR_2021' 쿼리를 선택한 상태에서, '날짜' 열과 '시간' 열을 선택하고 [열 추가] 탭의 [예제의 열]-[선택 항목에서]를 클릭합니다.

02 │ '열1' 열의 첫 번째 행을 마우스로 더블클릭하고 [날짜의 날짜/시간]을 더블클릭합니다.

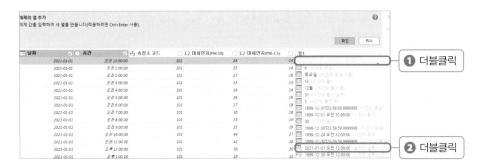

03 │ '열1' 열의 두 번째 행을 마우스로 더블클릭하고 '시간' 열과 동일하게 시간을 수정한 후 [확인]을 클릭하면 나머지 행의 날짜와 시간이 자동으로 변경됩니다.

04 │ 생성된 열의 이름을 '측정일시'로 변경하고 결과를 확인합니다. [파일] 탭에서 [닫기 및 적용]을 선택하여 Power BI Desktop으로 돌아갑니다.

● 테이블 관계 설정

01 │ [모델]( ) 보기에서 'CLIMATE_HOUR_2021' 테이블의 '일시' 필드를 드래그하여 'AIR_HOUR_2021' 테이블의 '측정일시' 필드와 연결합니다.

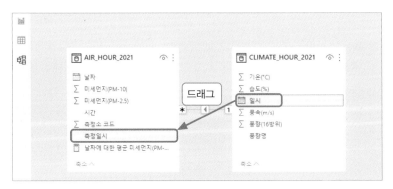

⑩ 기온과 미세먼지의 관계 시각화

기온 데이터의 특성을 살펴보고 기온과 미세먼지의 관계를 시각화합니다.

● 기온 데이터 분포

01 ┃ [보고서](📊) 보기의 [시각화] 창에서 [꺾은선형 차트]를 클릭하여 캔버스에 배치합니다. [시각화 – 시각적 개체 빌드]의 [X축] 영역에 'CLIMATE_HOUR_2021' 테이블의 '일시' 필드를 추가하고 아래 화살표(∨)를 클릭하여 [일시]를 선택합니다.

02 ┃ [Y축] 영역에는 'CLIMATE_HOUR_2021' 테이블의 '기온(℃)' 필드를 추가하고 아래 화살표(∨)를 클릭하여 [평균]을 선택합니다.

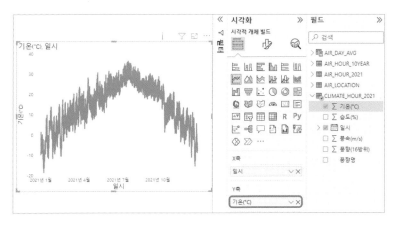

03 ┃ [시각화 – 시각적 개체 서식 지정]의 [시각적 개체]에서 다음과 같이 설정합니다.

> • [X축] – [제목] : 비활성화
> • [Y축] – [제목] : 비활성화

04 | [시각화 – 시각적 개체 서식 지정]의 [일반]에서 다음과 같이 설정합니다.

• [제목] – [텍스트] : 기온 분포

• 기온과 미세먼지의 관계

분산형 차트를 이용하여 기온과 미세먼지의 관계를 시각화합니다.

01 | [보고서]( ) 보기의 [시각화] 창에서 [분산형 차트]를 클릭하여 캔버스에 배치합니다. [시각화 – 시각적 개체 빌드]의 [X축] 영역에 'CLIMATE_HOUR_2021' 테이블의 '기온' 필드를 추가하고 아래 화살표( )를 클릭하여 [요약 안 함]을 선택합니다. [Y축] 영역에는 'AIR_HOUR_2021' 테이블의 '미세먼지(PM-10)' 필드를 추가하고 아래 화살표( )를 클릭하여 [요약 안 함]을 선택합니다.

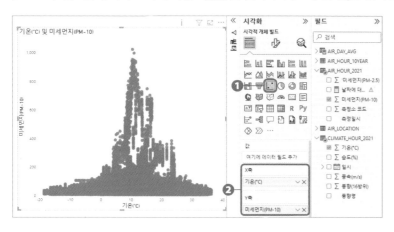

02 | [시각화 – 시각적 개체 서식 지정]의 [일반]에서 다음과 같이 설정합니다.

• [제목] – [텍스트] : 기온과 미세먼지(PM-10)의 관계

03 | [보고서]( ) 보기의 [시각화] 창에서 [분산형 차트]를 클릭하여 캔버스에 배치합니다. [시각화 – 시각적 개체 빌드]의 [X축] 영역에 'CLIMATE_HOUR_2021' 테이블의 '기온' 필드를 추가하고 아래 화살표( )를 클릭하여 [요약 안 함]을 선택합니다. [Y축] 영역에는 'AIR_HOUR_2021' 테이블의 '미세먼지(PM-2.5)' 필드를 추가하고 아래 화살표( )를 클릭하여 [요약 안 함]을 선택합니다.

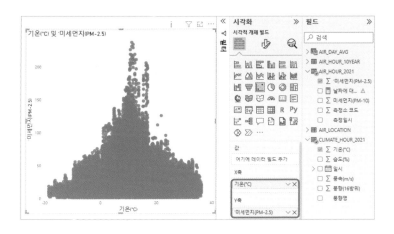

04 | [시각화 – 시각적 개체 서식 지정]의 [일반]에서 다음과 같이 설정합니다.

> • [제목] – [텍스트] : 기온과 미세먼지(PM−2.5)의 관계

03 습도와 미세먼지의 관계 시각화

습도 데이터의 특성을 살펴보고 기온과 습도와의 관계를 시각화합니다.

• 습도 데이터 분포

01 | [보고서]( ) 보기의 [시각화] 창에서 [꺾은선형 차트]를 클릭하여 캔버스에 배치합니다. [시각화 – 시각적 개체 빌드]의 [X축] 영역에 'CLIMATE_HOUR_2021' 테이블의 '일시' 필드를 추가하고 아래 화살표( )를 클릭하여 [일시]를 선택합니다. [Y축] 영역에는 'CLIMATE_HOUR_2021' 테이블의 '습도(%)' 필드를 추가하고 아래 화살표( )를 클릭하여 [평균]을 선택합니다.

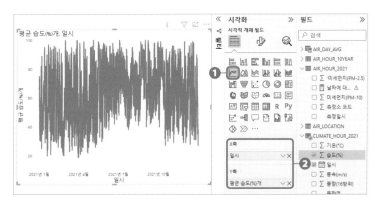

02 [시각화 – 시각적 개체 서식 지정]의 [시각적 개체]에서 다음과 같이 설정합니다.

- [X축] – [제목] : 비활성화
- [Y축] – [제목] : 비활성화

03 [시각화 – 시각적 개체 서식 지정]의 [일반]에서 다음과 같이 설정합니다.

- [제목] – [텍스트] : 습도 분포

• 습도와 미세먼지의 관계

분산형 차트를 이용하여 습도와 미세먼지의 관계를 시각화합니다.

01 [보고서]( ) 보기의 [시각화] 창에서 [분산형 차트]를 클릭하여 캔버스에 배치합니다. [시각화 – 시 각적 개체 빌드]의 [X축] 영역에 'CLIMATE_HOUR_2021' 테이블의 '습도' 필드를 추가하고 아래 화살 표( )를 클릭하여 [요약 안 함]을 선택합니다. [Y축] 영역에는 'AIR_HOUR_2021' 테이블의 '미세먼지 (PM–10)' 필드를 추가하고 아래 화살표( )를 클릭하여 [요약 안 함]을 선택합니다.

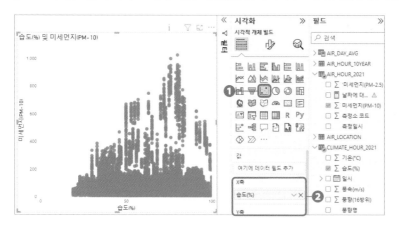

02 [시각화 – 시각적 개체 서식 지정]의 [일반]에서 다음과 같이 설정합니다.

- [제목] – [텍스트] : 습도와 미세먼지(PM–10)의 관계

03 [보고서]( ) 보기의 [시각화] 창에서 [분산형 차트]를 클릭하여 캔버스에 배치합니다. [시각화 – 시각적 개체 빌드]의 [X축] 영역에 'CLIMATE_HOUR_2021' 테이블의 '습도' 필드를 추가하고 아래 화 살표( )를 클릭하여 [요약 안 함]을 선택합니다. [Y축] 영역에는 'AIR_HOUR_2021' 테이블의 '미세먼 지(PM–2.5)' 필드를 추가하고 아래 화살표( )를 클릭하여 [요약 안 함]을 선택합니다.

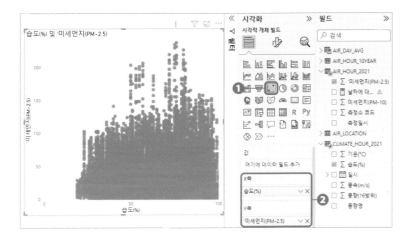

04 [시각화 – 시각적 개체 서식 지정]의 [일반]에서 다음과 같이 설정합니다.

- [제목] – [텍스트] : 습도와 미세먼지(PM-2.5)의 관계

⑭ 풍속과 미세먼지의 관계 시각화

풍속 데이터의 특성을 살펴보고 풍속과 미세먼지와 관계를 시각화합니다.

• 풍속 데이터 분포

01 [보고서](📊) 보기의 [시각화] 창에서 [꺾은선형 차트]를 클릭하여 캔버스에 배치합니다. [시각화 – 시각적 개체 빌드]의 [X축] 영역에 'CLIMATE_HOUR_2021' 테이블의 '일시' 필드를 추가하고 아래 화살표(⌄)를 클릭하여 [일시]를 선택합니다. [Y축] 영역에는 'CLIMATE_HOUR_2021' 테이블의 '풍속 (m/s)' 필드를 추가하고 아래 화살표(⌄)를 클릭하여 [평균]을 선택합니다.

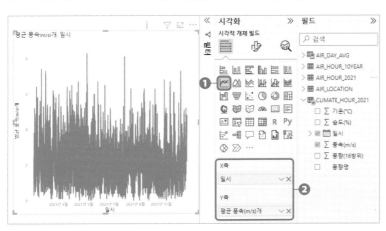

02 [시각화 – 시각적 개체 서식 지정]의 [시각적 개체]에서 다음과 같이 설정합니다.

- [X축] – [제목] : 비활성화
- [Y축] – [제목] : 비활성화

03 [시각화 – 시각적 개체 서식 지정]의 [일반]에서 다음과 같이 설정합니다.

- [제목] – [텍스트] : 풍속 분포

● 풍속과 미세먼지의 관계

분산형 차트를 이용하여 풍속과 미세먼지의 관계를 시각화합니다.

01 [보고서](📊) 보기의 [시각화] 창에서 [분산형 차트]를 클릭하여 캔버스에 배치합니다. [시각화 – 시 각적 개체 빌드]의 [X축] 영역에 'CLIMATE_HOUR_2021' 테이블의 '풍속(m/s)' 필드를 추가하고 아래 화살표(✓)를 클릭하여 [요약 안 함]을 선택합니다. [Y축] 영역에는 'AIR_HOUR_2021' 테이블의 '미세 먼지(PM-10)' 필드를 추가하고 아래 화살표(✓)를 클릭하여 [요약 안 함]을 선택합니다.

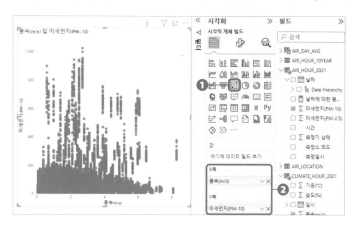

02 [시각화 – 시각적 개체 서식 지정]의 [일반]에서 다음과 같이 설정합니다.

- [제목] – [텍스트] : 풍속과 미세먼지(PM-10)의 관계

03 [보고서](📊) 보기의 [시각화] 창에서 [분산형 차트]를 클릭하여 캔버스에 배치합니다. [시각화 – 시각적 개체 빌드]의 [X축] 영역에 'CLIMATE_HOUR_2021' 테이블의 '풍속(m/s)' 필드를 추가하고 아래 화살표(✓)를 클릭하여 [요약 안 함]을 선택합니다. [Y축] 영역에는 'AIR_HOUR_2021' 테이블의 '미세먼지(PM-2.5)' 필드를 추가하고 아래 화살표(✓)를 클릭하어 [요약 안 함]을 선택합니다.

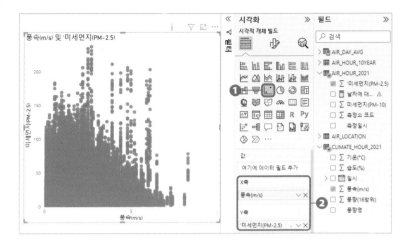

02 [시각화 – 시각적 개체 서식 지정]의 [일반]에서 다음과 같이 설정합니다.

• [제목] – [텍스트] : 풍속과 미세먼지(PM-2.5)의 관계

05 풍향과 미세먼지의 관계 시각화

'풍향명'은 범주형 변수이므로 꺾은선형 차트와 분산형 차트를 이용한 시각화가 어렵습니다. 따라서 막대형 차트를 활용하여 풍향명의 분포와 미세먼지와의 관계를 시각화합니다.

• 풍향 데이터 분포

01 [보고서]( ) 보기의 [시각화] 창에서 [누적 세로 막대형 차트]를 클릭하여 캔버스에 배치합니다. [시각화 – 시각적 개체 빌드]의 [X축] 영역에 'CLIMATE_HOUR_2021' 테이블의 '풍향명' 필드를 추가합니다. [Y축] 영역에 'CLIMATE_HOUR_2021' 테이블의 '풍향명' 필드를 추가하고 아래 화살표( )를 클릭하여 [개수]를 선택합니다.

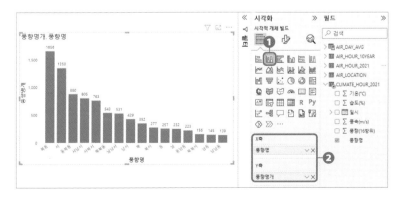

02 | [시각화 – 시각적 개체 서식 지정]의 [시각적 개체]에서 다음과 같이 설정합니다.

- [X축] – [제목] : 비활성화
- [Y축] – [제목] : 비활성화

03 | [시각화 – 시각적 개체 서식 지정]의 [일반]에서 다음과 같이 설정합니다.

- [제목] – [텍스트] : 풍향 분포

● **풍향별 평균값 생성**

[빠른 측정값]으로 풍향별 미세먼지의 평균값을 생성합니다.

01 | [필드] 창에서 'AIR_HOUR_2021' 테이블을 선택한 상태로 [홈] 탭 – [계산] 그룹에 있는 [빠른 측정값]을 클릭합니다.

02 [빠른 측정값] 대화상자에서 다음과 같이 설정 후 [확인]을 클릭합니다.

- [계산] : [범주별 집계]-[범주별 평균]
- [기준값] : 'AIR_HOUR_2021' 테이블의 '미세먼지(PM-10)' 필드 추가 후 [평균] 선택
- [범주] : CLIMATE_HOUR_2021' 테이블의 '풍향명' 필드 추가

03 동일한 방법으로, 풍향명별 '미세먼지(PM-2.5)' 필드의 평균 측정값을 생성합니다. 'AIR_HOUR _2021' 테이블에 2개의 측정값(PM-10과 PM-2.5)이 생성되었음을 확인합니다.

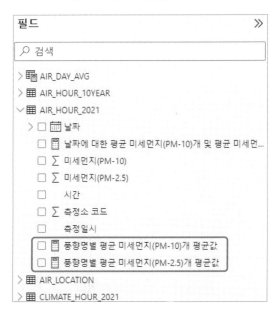

● 풍향과 미세먼지의 관계

01 | [보고서]([📊]) 보기의 [시각화] 창에서 [누적 세로 막대형 차트]를 클릭하여 캔버스에 배치합니다. [시각화 - 시각적 개체 빌드]의 [X축] 영역에 'CLIMATE_HOUR_2021' 테이블의 '풍향명' 필드를 추가합니다. [Y축] 영역에는 'AIR_HOUR_2021' 테이블의 '풍향명별 평균 미세먼지(PM-10)개 평균값' 필드를 추가합니다.

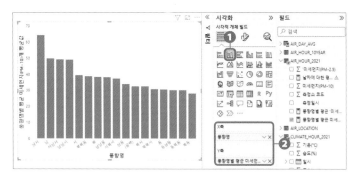

02 | [시각화 - 시각적 개체 서식 지정]의 [시각적 개체]에서 다음과 같이 설정합니다.

- [X축] - [제목] : 비활성화
- [Y축] - [제목] : 비활성화
- [데이터 레이블] : 활성화

03 | [시각화 - 시각적 개체 서식 지정]의 [일반]에서 [제목]을 다음과 같이 설정합니다.

- [제목] - [텍스트] : 풍향별 미세먼지(PM-10) 평균

04 | 동일한 방법으로 미세먼지(PM-2.5)에 대한 풍향별 미세먼지 평균 차트를 생성하고 [제목] - [텍스트]는 '풍향별 미세먼지(PM-2.5) 평균'으로 합니다.

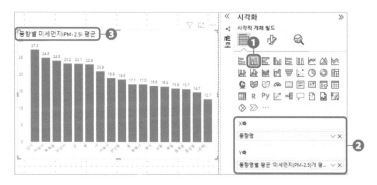

06 기후와 미세먼지의 관계 탐색

시각화 결과, 기온과 미세먼지는 다음과 같은 관계가 있음을 확인할 수 있습니다.

미세먼지(PM-10)과 미세먼지(PM-2.5)의 농도는 섭씨 0도에서 급격히 증가하고 11도 근처에서 연중 최고치를 기록합니다.

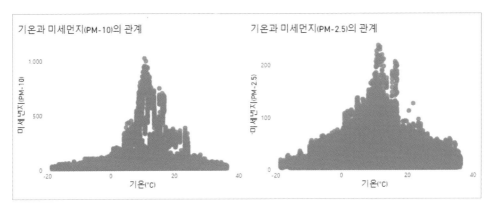

미세먼지(PM-10)은 습도가 80%를 초과하면 농도가 점차 감소하지만, 미세먼지(PM-2.5)는 습도가 높으면 농도도 같이 상승합니다.

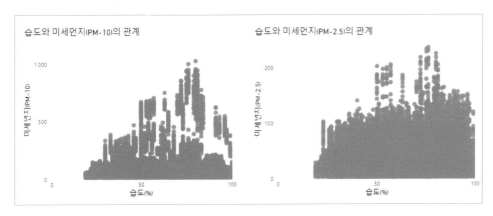

미세먼지(PM-2.5)가 미세먼지(PM-10)보다 풍속에 영향을 많이 받습니다. 풍속 2m/s 이상에서 미세먼지(PM-2.5)의 농도는 풍속과 거의 반비례합니다.

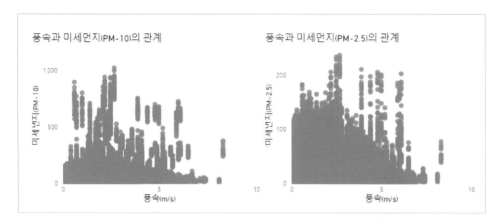

미세먼지의 농도가 높을 경우에 남서풍과 밀접한 관련이 있는 것으로 보입니다.

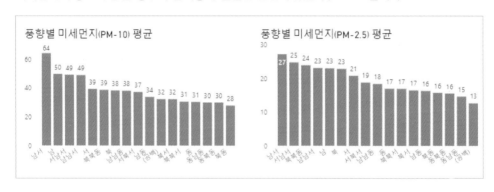

Chapter 08 | 내가 사는 동네의 미세먼지 농도는?

이번 챕터에서는 지역별 미세먼지 농도 차이를 분석합니다. Power BI Desktop 보고서의 [새 페이지]를 클릭하여 새로운 페이지를 추가한 후, 페이지 이름을 '지역별 미세먼지'로 변경합니다.

서울의 면적은 약 600㎢이며 산악에 둘러싸인 분지 형태입니다. 도심의 자동차와 상업 시설은 지속적으로 미세먼지를 발생하고 외곽을 둘러싼 산과 도심의 높은 빌딩은 대기 흐름을 방해합니다. 이러한 자연적, 인위적 조건은 지역별 미세먼지의 농도 차이에 영향을 끼치게 됩니다.

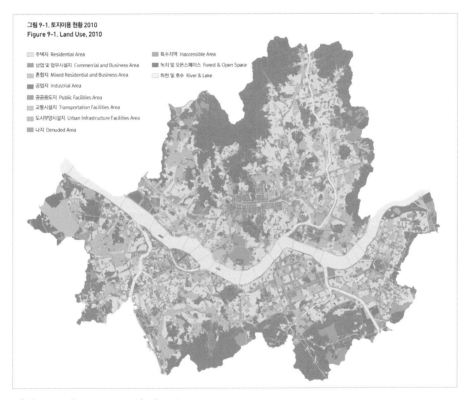

그림 9-1. 토지이용 현황 2010
Figure 9-1. Land Use, 2010

주택지 Residential Area
상업 및 업무시설 Commercial and Business Area
혼합지 Mixed Residential and Business Area
공업지 Industrial Area
공공용도지 Public Facilities Area
교통시설지 Transportation Facilities Area
도시부양시설지 Urban Infrastructure Facilities Area
나지 Denuded Area
특수지역 Inaccessible Area
녹지 및 오픈스페이스 Forest & Open Space
하천 및 호수 River & Lake

▸ 출처 : https://seoulsolution.kr/ko/seoul-map

이번 챕터의 시각화 결과물은 아래와 같습니다.

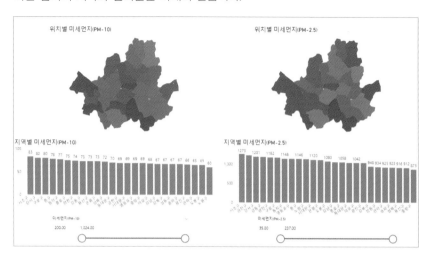

01 테이블 관계 설정

서울에는 25개의 지역(자치구)별로 미세먼지 측정소가 있습니다.

코드	자치구	측정소 위치
101	종로구	종로구 삼봉로 43(종로5~6가동사무소)
102	중구	중구 덕수궁길 15(시청서소문별관 3층)
103	용산구	용산구 한남대로 136(한남직업전문학교 본관)
104	은평구	은평구 진흥로 215(한국환경정책평가연구원)
105	서대문구	서대문구 연희로32길(서대문자연사박물관)
106	마포구	마포구 대흥로20길 28(마포아트센터)
107	성동구	성동구 서울숲7길
108	광진구	광진구 광나루로 570(구의아리수정수센터내)
109	동대문구	동대문구 천호대로13길 43(용두초등학교)
110	중랑구	중랑구 용마산로 369(건강가정지원센터)
111	성북구	성북구 삼양로2길 70(길음2동 주민센터)
112	강북구	강북구 덕릉로41길 74(번1동 주민센터)
113	도봉구	도봉구 시루봉로2길 34(쌍문동 청소년문화의집)
114	노원구	노원구 상계로23길 17(상계2동 주민센터)

115	양천구	양천구 은행정로11가길 8(신정4동주민센터)
116	강서구	강서구 강서로45다길 71(화곡3동 청소년도서관)
117	구로구	구로구 디지털로 26길 30(구 공단정수장 내)
118	금천구	금천구 금하로21길 20(시흥5동 주민센터)
119	영등포구	영등포구 양산로23길 11(당산1동 주민센터)
120	동작구	동작구 사당로16아길 6(사당4동 주민센터)
121	관악구	관악구 신림동길 14(신림동 주민센터)
122	서초구	서초구 신반포로15길 16(반포2동 주민센터)
123	강남구	강남구 도곡로 414(국민은행 좌측)
124	송파구	송파구 올림픽로 424(올림픽공원내 시사편찬위원회)
125	강동구	강동구 구천면로42길 59(천호1동 주민센터)

지역별 미세먼지 농도 차이를 확인하기 위하여 미세먼지 데이터가 담긴 'AIR_HOUR_2021' 테이블과 측정소 위치 정보 데이터가 담긴 'AIR_LOCATION' 테이블의 관계를 설정합니다.

01 | [모델]( ) 보기에서 'AIR_HOUR_2021' 테이블의 '측정소코드' 필드를 드래그하여 'AIR_LOCA-TION' 테이블의 '측정소 코드' 필드로 연결합니다.

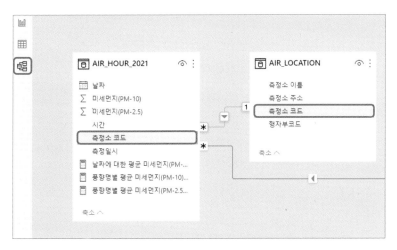

⑫ 지역별 미세먼지(막대 차트)

막대형 차트를 활용하여 지역별 일정 농도 이상의 미세먼지 건수를 비교합니다.

01 | [보고서](📊) 보기의 [시각화] 창에서 [누적 세로 막대형 차트]를 클릭하여 캔버스에 배치합니다. [시각화 – 시각적 개체 빌드]의 [X축] 영역에 'AIR_LOCATION' 테이블의 '측정소 이름' 필드를 추가합니다. [Y축] 영역에는 'AIR_HOUR_2021' 테이블의 '미세먼지(PM-10)' 필드를 추가하고 아래 화살표(∨)를 클릭하여 [개수]를 선택합니다.

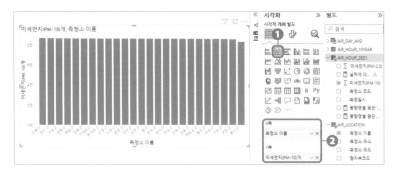

02 | [시각화 – 시각적 개체 서식 지정]의 [시각적 개체]에서 다음과 같이 설정합니다.

- [X축] – [제목] : 비활성화
- [Y축] – [제목] : 비활성화
- [데이터 레이블] : 활성화
- [데이터 레이블] – [값] – [표시 단위] : 없음

03 | [시각화 – 시각적 개체 서식 지정]의 [일반]에서 다음과 같이 설정합니다.

- [제목] – [텍스트] : 지역별 미세먼지(PM-10)

04 | 동일한 방법으로 미세먼지(PM-2.5)에 대한 지역별 미세먼지 차트를 생성하고 [제목] – [텍스트]는 '지역별 미세먼지(PM-2.5)'로 합니다.

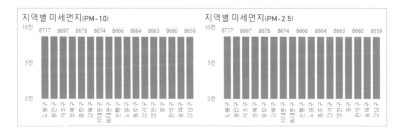

📍03 도형 맵으로 지역별 차이 확인

서울의 25개의 자치구로 구분된 도형 맵을 이용하여 지역별 미세먼지의 차이를 비교합니다.

01 ┃ [데이터](📊) 보기에서 'AIR_LOCATION' 테이블의 '행자부코드' 필드를 선택한 후 [열 도구] 탭의 [데이터 형식]에서 [텍스트]로 변경합니다. 도서와 함께 제공하는 파일 폴더(Part 04 〉 Data)에서 '서울_자치구_경계_2021.json'을 다운로드합니다.

02 ┃ [보고서](📊) 보기의 [시각화] 창에서 [도형 맵]을 클릭하여 캔버스에 배치합니다. [시각화 – 시각적 개체 빌드]의 [위치] 영역에 'AIR_LOCATION' 테이블의 '행자부코드' 필드를 추가합니다. [색 채도] 영역에는 'AIR_HOUR_2021' 테이블의 '미세먼지(PM-10)' 필드를 추가하고 아래 화살표(⌄)를 클릭하여 [개수]를 선택합니다. [도구 설명] 영역에는 'AIR_LOCATION' 테이블의 '측정소 이름' 필드를 추가합니다.

04 [시각화 – 시각적 개체 서식 지정]의 [시각적 개체]에서 다음과 같이 순서대로 설정합니다.

- [지도 설정] – [지도 설정] – [맵 유형] : 사용자 지정 맵
- [지도 설정] – [지도 설정] – [맵 유형 추가] : 서울_자치구_경계_2021.json

04 [시각화 – 시각적 개체 서식 지정]의 [일반]에서 다음과 같이 설정합니다.

- [제목] – [텍스트] : 위치별 미세먼지(PM-10)

05 동일한 방법으로 미세먼지(PM-2.5)에 대한 지역별 [도형 맵]을 생성하고 [제목] – [텍스트]는 '위치 별 미세먼지(PM-2.5)'로 합니다.

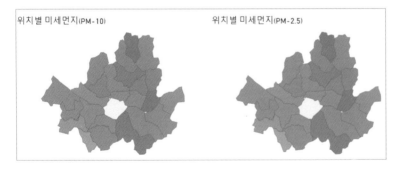

⑭ 지역별 미세먼지 농도 탐색

슬라이서를 이용하여 기준치 이상의 미세먼지가 많이 발생하는 지역을 탐색합니다.

• 미세먼지(PM-10) 농도 탐색

01 │ [보고서](📊) 보기의 [시각화] 창에서 [슬라이서]를 클릭하여 캔버스에 배치합니다. [시각화] 창의 [필드] 영역에 'AIR_HOUR_2021' 테이블의 '미세먼지(PM-10)' 필드를 추가합니다. [서식] 탭의 [상호작용 편집]을 클릭하고, '위치별 미세먼지(PM-2.5)'와 '지역별 미세먼지(PM-2.5)' 시각적 개체의 [없음]을 클릭합니다.

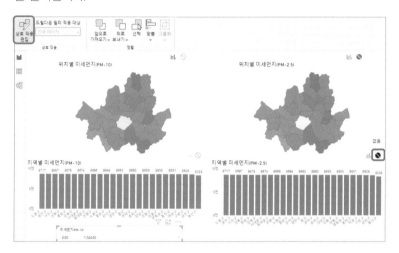

02 │ '위치별 미세먼지(PM-10)' 시각적 개체(도형 맵)를 선택하고 [시각화 – 시각적 개체 서식 지정]의 [시각적 개체]에서 다음과 같이 설정합니다.

- [색 채우기] – [색] – [최소값] : 테마 색 1(파란색)
- [색 채우기] – [색] – [최대값] : 테마 색 8(붉은색)

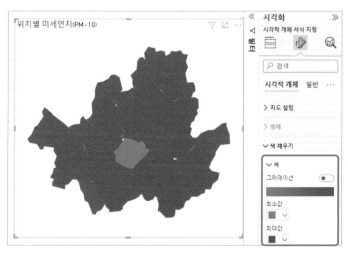

슬라이서의 시작값을 '100' 이상으로 하여 2021년 한 해 동안 미세먼지(PM-10) 농도의 값이 100 이상인 횟수를 지역별로 시각화합니다. '서초구', '중구', '강서구', '양천구' 순으로 횟수가 많으며 '마포구', '관악구'의 횟수가 적습니다.

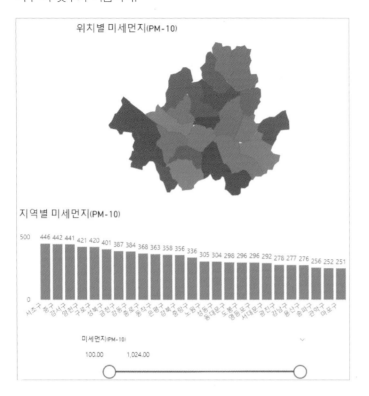

슬라이서의 값을 '200' 이상으로 해도 유사한 결과가 나옵니다.

• 미세먼지(PM-2.5) 농도 탐색

01 ┃ 앞서 '미세먼지(PM-10) 농도 탐색'과 동일한 방법으로, '미세먼지(PM-2.5)'에 대한 슬라이서를 배치합니다. [서식] 탭의 [상호 작용 편집]을 클릭하고, '위치별 미세먼지(PM-10)'와 '지역별 미세먼지(PM-10)' 시각적 개체의 [없음]을 클릭합니다.

02 ┃ '미세먼지(PM-10) 농도 탐색'과 동일한 방법으로, '위치별 미세먼지(PM-2.5)' [도형 맵]의 [색 채우기]를 변경합니다.

슬라이서의 값을 '35' 이상으로 하여 2021년 한 해 동안 미세먼지(PM-2.5) 농도의 값이 35 이상인 횟수를 지역별로 비교합니다. '서초구', '금천구', '강서구', '강동구의' 순으로 횟수가 많으며 '중랑구', '용산구'의 횟수가 적습니다.

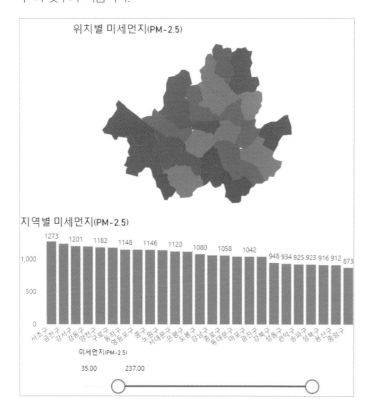

서울의 남서쪽 지역이 북동쪽 지역보다 상대적으로 미세먼지(PM-10)과 미세먼지(PM-2.5)의 농도가 높다는 사실을 발견할 수 있습니다.

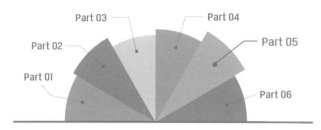

Part 03
Part 04
Part 02
Part 05
Part 01
Part 06

POWER BI : 활용편

PART 05
직장 그만두고
카페나 차려볼까?

이번 파트는 Power BI의 보다 다양한 기능을 다룹니다. DAX(Data Analysis Expressions)를 활용하여 자영업의 폐업률과 영업기간을 산출하고 도형 맵 등을 이용하여 카페의 지역별 분포를 시각화합니다. 도서와 함께 제공하는 파일(Part 05 〉 Output 〉 Cafe.pbix)에서 분석 결과 사례를 확인할 수 있습니다.

Chapter
01 | 분석 개요

이번 파트의 분석 주제 선정 배경과 분석 절차, 그리고 한계를 보겠습니다.

01 분석 배경

'지겨운 직장 생활 그만두고 카페나 차려볼까?!' 직장인이라면 한 번쯤 꿈꿔볼 로망입니다.

▶ 출처 : https://pxhere.com/ko/photo/112177

주변의 많은 곳에서 크고 작은 새로운 카페들이 생겨나고 있습니다. 하지만 자영업 창업 후, 5년 내 폐업률이 70%~80에 육박한다는 이야기를 들으면 쉽게 나서기 어렵습니다.

관련 언론 보도를 찾아보면, '자영업자의 십중팔구는 망한다.'는 섬뜩한 내용도 있습니다.

'사상 최악' 대한민국 자영업-폐업률 88%...자영업자 십중팔구 망해 재취업·연금 '하늘의 별'...빚만 산더미

mk.co.kz /news/economy/view/2018/08/487660

"회사 안이 전쟁터라면 회사 밖은 '지옥'이다."

드라마 '미생'의 한 대사다. 여기서 '회사 밖'은 자영업을 뜻한다 해도 과언이 아니다. 40~50대에 퇴사 후 가장 흔히 선택하는 생계 수단이 자영업이기 때문이다. 실제 국내 자영업자가 처한 현실은 '지옥'에 가깝다.

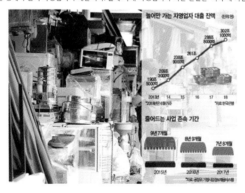

△ 자영업자가 최악의 불황에 신음하고 있다. 사진은 서울 중구 황학동 시장에 팔리지 않은 중고 물품이 쌓여 있는 모습. (사진 : 한주형 기자)

이번 파트에서는 '카페 창업이 정말 위험한 도전인지?', '카페를 창업한다면 어느 지역에 하는 게 좋은지?'에 대한 답을 찾아보도록 합니다. 독자의 관심에 따라 편의점, 미용실 등 다른 분야에도 적용 가능합니다.

⓶ 분석 절차

카페 창업을 희망하는 사람들이 궁금해하는 사항을 문제로 정의합니다. 그다음 문제 분석에 필요한 데이터를 수집합니다. 지방자치단체에서 제공하는 인허가 신고 데이터와 서울시 생활인구 데이터가 대상이 됩니다.

데이터 확보 후에는 시각화와 탐색이 가능한 형태로 데이터를 전처리합니다. 이번 파트에서는 Power BI 외에 Excel과 QGIS를 사용합니다. 그다음 각 문제별로 관련 데이터를 시각화하고 문제 해결을 위한 탐색을 진행합니다.

⓷ 분석의 특징 및 한계

분석의 시간적 범위는 1960년 1월 1일부터 2021년 12월 31일까지이며 공간적 범위는 서울의 자치구와 행정동입니다.

분석에서 사용하는 인허가 신고 데이터에서는 '다방', '커피숍'과 같은 명칭을 사용하는데, 분석 일관성을 위하여 모두 '카페'로 변경합니다.

원본 데이터의 크기를 줄이기 위한 전처리 과정에서 Excel을, 공간 분석 전처리를 위하여 오픈소스 소프트웨어인 QGIS를 활용합니다.

인허가 신고 데이터는 그 특성상 현실의 상황을 정확하게 반영하지 못하는 한계가 있으며 일부 데이터 오류도 존재합니다. 따라서 분석 결과는 실제와 차이가 있을 수 있습니다.

본 도서는 Power BI를 활용하여 데이터를 분석하는 방법을 익히는 것을 목적으로 합니다. 따라서 분석 결과가 신뢰성을 보장하지 않습니다.

Chapter 02 | 문제 정의

카페 창업을 준비하는 사람들이 공통적으로 고민하는 사항을 이번 파트의 문제로 정의합니다.

01 창업 및 폐업 추이

매년 몇 개의 카페가 새로 문을 열고 또 몇 개의 카페가 사라지는 걸까? 그 결과 매년 서울에서 영업하는 카페는 몇 개일까?

연도별로 카페의 창업 건수와 폐업 건수를 집계하고 그 추이를 확인해 봅니다. 아울러 연도별 카페의 증감 사항도 살펴봅니다.

02 폐업률과 영업기간

자영업의 폐업률이 높다고 하는데, 카페의 폐업률은 얼마나 될까? 또 창업 후 폐업까지의 영업기간은 얼마나 될까?

카페의 연도별 폐업률을 산출하고, 아울러 현재 영업 중인 카페와 이미 폐업한 카페를 구분하여 영업기간을 산출해 봅니다.

03 유명 브랜드 카페

스타벅스, 이디야 등 유명 브랜드 카페의 시장 점유율은 얼마나 될까? 유명 브랜드 카페는 어디에 많을까?

유명 브랜드 카페 10개를 정하여 브랜드별 시장 점유율과 매장 위치의 특징을 분석합니다. 아울러 브랜드별 창업 추이도 함께 살펴봅니다.

🄬 카페 과밀 지역

카페의 주 소비층이 많은 지역은 어디이며, 그 지역에는 몇 개의 카페가 있을까?

서울의 지역별로 카페 주 수요층 인구를 집계하고, 그 지역에서 운영 중인 카페의 수를 비교하면서 카페 과밀 지역을 찾아봅니다.

> **Tip** 우리나라의 커피 소비량은 매년 증가하고 있습니다. 2018년 기준 성인 1인당 커피 소비량은 연간 353잔으로 세계 평균 소비량 132잔의 약 2.7배 수준입니다.

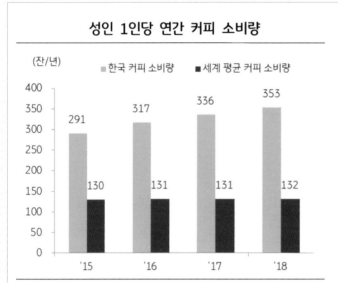

주1: 1인당 소비량 = 원두 소비량 / 20세 이상 인구
주2: 10g을 커피 한잔으로 계산
자료: 현대경제연구원

Chapter 03 | 데이터 수집

카페 분석을 위한 데이터를 수집합니다. 향후 다른 분야의 분석을 위하여 데이터를 제공하는 기관의 홈페이지를 잘 기억해 두고 수집 절차를 익히는 것이 좋습니다. 이번 챕터에서 사용하는 모든 데이터는 도서와 함께 제공하는 폴더(Part 05 〉 Data)에서 다운로드할 수 있습니다.

이번 파트에서 사용하는 데이터는 다음과 같습니다.

- 카페의 창업일 · 폐업일 · 규모 · 위치 등이 기록된 인허가 신고 데이터
- 카페의 고객을 파악할 수 있는 서울시 생활인구 데이터

01 인허가 신고 데이터

• 인허가 신고의 이해

소비자 및 환경 보호, 국가관리의 필요를 위하여 일부 업종은 창업 전에 국가 및 지방자치단체에 허가, 신고 등을 하여야 합니다. 허가, 신고 등을 하지 않고 해당 업종의 영업을 한 경우 징역 또는 벌금, 과태료 등이 부과됩니다.

1) 영업증이 필요한 업종 : 법에서 정한 일정한 요건을 충족한 후에 관할관청에서 영업신고증, 영업등록증, 영업허가증을 발급받아 영업을 해야 하는 업종

　① 허가업종 : 단란주점, 유흥주점, 성인오락실, 유료직업소개소, 의약품도매상 등

　② 등록업종 : 공인중개사, 노래연습장, PC방, 청소년오락실, 약국, 의원, 학원, 안경점 등

　③ 신고업종 : 일반음식점, 휴게음식점, 제과점, 당구장, 스크린골프장, 체육도장, 교습소, 동물병원, 만화방, 미용실, 헬스클럽 등

2) 영업증이 필요 없는 업종 : 영업을 하기 위하여 일정한 요건을 갖추어야 하지만 관할관청에서 영업에 관한 영업허가증, 영업등록증, 영업신고증을 발급받지 않고도 영업을 할 수 있는 업종

　① 자유업종 : 완제품을 판매하는 소매점 대부분의 업종, 의류점, 화장품점, 신발점, 슈퍼, 편의점, 문구점, 휴대폰점, 조명점, 가구점, 철물점, 서점, 꽃집 등

□ 인허가 신고절차(예: 식품영업신고)

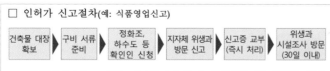

　○ 사업장(해당점포) 관할 지자체(구청 등)에 구비서류 및 신분증 등을 지참하여 방문 신고

• 데이터 다운로드

행정안전부와 한국지역정보개발원에서 운영하는 지방행정데이터 개방시스템(http://localdata.kr)은 대한민국 17개 시도 228개의 시군구가 행정업무 처리를 위해 접수한 인허가 신고 데이터를 개방하는 사이트입니다.

건강·문화·식품 등 우리의 일상과 관련한 다양한 인허가 관련 데이터를 손쉽게 얻을 수 있는 곳이니 잘 기억해두고 활용하기를 추천합니다.

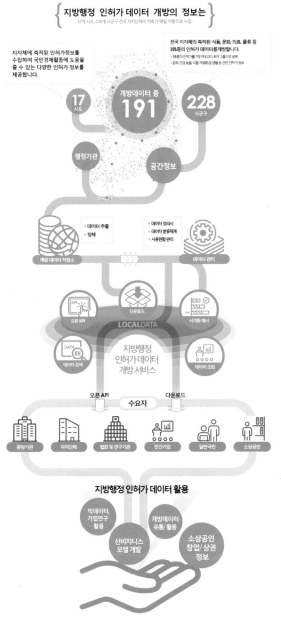

▸ http://localdata.kr/portal/portalDataInfo.do?menuNo=30001

01 | 지방행정데이터개방시스템 사이트(http://localdata.kr/)에 접속합니다. 사이트 상단의 메뉴에서 [데이터받기]-[데이터다운로드]를 클릭합니다.

02 | [식품] 카테고리를 선택하고 [음식점] 탭을 선택합니다. [휴게 음식점] 오른쪽의 [EXCEL]을 클릭하여 파일(07_24_05_P.xlsx)을 다운로드합니다.

⑫ 서울시 생활인구 데이터

서울시 생활인구 데이터는 서울열린데이터광장에서 다운로드하여 활용할 수 있습니다. 생활인구 데이터에서 카페의 주 이용자인 20대~40대 중 08시부터 22시까지의 생활인구만 추출하여 분석에 활용합니다.

● 생활인구의 이해

'생활인구'는 서울시와 KT가 보유한 공공/통신 빅데이터를 추계한 '서울의 특정 지역, 특정 시점에 존재하는 모든 인구'입니다. '생활인구'는 개념적으로 이미 익숙한 '유동인구'와 비슷합니다. '주민등록인구'는 전입신고로 집계되어 일정 기간 수치에 변화가 없는 반면에, '생활인구'는 시민의 움직임을 반영하기 때문에 매시간 역동적으로 변화합니다. 그림에서 보는 바와 같이, 서울의 생활인구는 요일과 시간대별로 변화합니다.

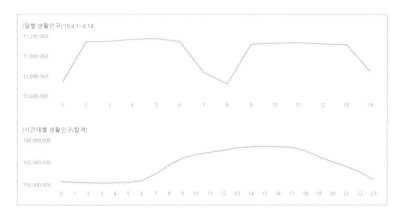

또한, 그림처럼 지역별로 생활인구의 분포도 달라집니다.

아울러, 생활인구 데이터를 분석하면 특정 시점, 특정 지역에 존재하는 시민의 남녀 수와 연령대도 파악할 수 있습니다.

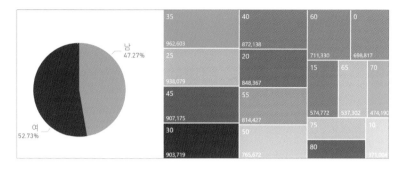

• 데이터 다운로드

서울시 생활인구 데이터는 서울시 열린데이터광장에서 다운로드할 수 있습니다. 생활인구 데이터는 '집계구'라는 공간 단위가 기본이지만, 이번 분석에서는 '집계구'보다 큰 공간 단위인 '행정동' 단위의 데이터를 사용합니다.

01 │ 열린데이터광장(http://data.seoul.go.kr) 사이트에 접속합니다. 검색 창에서 '생활인구'를 검색하고, 결과 창에서 [행정동 단위 서울 생활인구(내국인)]을 클릭합니다.

02 │ [전체 파일보기]를 클릭하고 2021년 12월 파일(파일명 : LOCAL_PEOPLE_DONG_202112.zip)을 다운로드합니다.

Tip **집계구**

인구센서스 등의 다양한 통계조사를 통계청이 설정한 통계 집계 구역입니다. 사회경제적 동질성(주택유형, 지가 등)과 집계 형상을 고려하여 구축되었으며, 개인정보보호 및 통계적 유의성 확보를 위하여 최소인구 300명, 최적 인구 500명, 최대인구 1,000명으로 설정되었습니다. 집계구는 행정동(行政洞)의 경계를 따르며, 서울은 약 19,500개의 집계구로 이루어집니다.

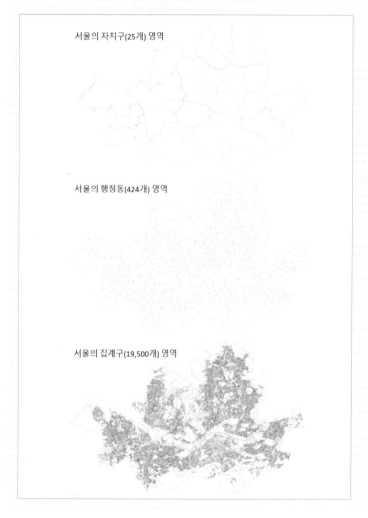

서울의 자치구(25개) 영역

서울의 행정동(424개) 영역

서울의 집계구(19,500개) 영역

이번 챕터에서는 LOCALDATA 사이트에서 수집한 '휴게 음식점 인허가' 데이터를 전처리합니다. 특히 공간 데이터 처리를 위하여 'QGIS'라는 오픈소스 소프트웨어를 활용합니다.

01 데이터 구조 확인

'법정동'과 '행정동'

- 법정동(法定洞) : 법률로 지정된 행정구역으로 토지 주소, 신분증, 각종 권리 행사 등 법률행위에 일반적으로 사용되는 동(洞)의 명칭입니다. 대부분 1914년 행정구역 통폐합 때 정해진 대로 거의 변동없이 현재에 이르고 있어 그동안의 지역 변화를 반영하지 못하고 있습니다(예시 : 효자동1가, 삼천동1가 등).

- 행정동(行政洞) : 행정 운영의 편의를 위하여 설정한 행정구역으로 주민 수의 증감에 따라 수시로 설치 또는 폐지됩니다. 이에 따라 인구가 많은 하나의 법정동에 여러 개의 행정동을 두기도 하고, 인구가 적은 여러 개의 법정동을 묶어 하나의 행정동에서 행정 처리를 하기도 합니다. 모든 행정동에는 동주민센터가 있습니다(예시: 효자1동, 효자2동, 효자3동, 효자4동 등).

Excel을 이용하여 지방행정데이터개방시스템 사이트에서 다운로드한 파일(07_24_05_P.xlsx)을 엽니다.

파일에는 사업장명, 인허가일자 등 47열 약 38만 행의 데이터가 두 개의 시트에 나누어 기록되어 있습니다. 이 파일의 데이터는 서울을 포함한 전국을 커버하고 있으며, 서울시에 해당하는 데이터는 '휴게음식점_1' 시트에 있습니다. '휴게 음식점_2' 시트는 사용하지 않습니다.

번호	개방서비스명	개방서비스ID	개방자치단체코드	관리번호	인허가일자	인허가취소일자	영업상태구분코드	영업상태명
1	휴게음식점	07_24_05_P	3000000	3000000-104-	20170323		01	영업/정상
2	휴게음식점	07_24_05_P	3000000	3000000-104-	20170323		01	영업/정상
3	휴게음식점	07_24_05_P	3000000	3000000-104-	20170323		01	영업/정상
4	휴게음식점	07_24_05_P	3000000	3000000-104-	20170323		01	영업/정상
5	휴게음식점	07_24_05_P	3000000	3000000-104-	20070827		01	영업/정상
6	휴게음식점	07_24_05_P	3000000	3000000-104-	20070830		01	영업/정상
7	휴게음식점	07_24_05_P	3000000	3000000-104-	20070907		01	영업/정상
8	휴게음식점	07_24_05_P	3000000	3000000-104-	20070910		01	영업/정상
9	휴게음식점	07_24_05_P	3000000	3000000-104-	20071002		01	영업/정상
10	휴게음식점	07_24_05_P	3000000	3000000-104-	20071015		01	영업/정상

휴게음식점_1 휴게음식점_2 ⊕

Tip Excel 설치되어 있지 않다면, 다음의 링크에서 평가판을 무료로 다운로드하여 사용할 수 있습니다.

https://products.office.com/ko-kr/excel

데이터의 주요 항목(열) 내용은 다음과 같습니다.

- 개방자치단체코드 : 인허가 신고를 접수하는 전국 시군구의 코드입니다. 서울에 해당하는 자치구의 코드는 아래의 [표]와 같습니다.
- 인허가일자 : 인허가 신고 접수일입니다. LOCALDATA 사이트에서 파일을 다운로드 받는 날을 기준으로 이전 월까지 기록되어 있습니다.
- 상세영업상태명 : 휴게음식점의 영업 또는, 폐업 여부가 기록되어 있습니다.
- 폐업일자 : 휴게음식점의 폐업신고 일자가 기록되어 있습니다.
- 소재지전체주소 : 휴게음식점의 주소지입니다. 법정동으로 되어 있으므로 행정동으로 변경해야 합니다.
- 사업장명 : 휴게음식점의 업소 명칭입니다. 여기에서 주요 업소의 이름을 추출하여 사용합니다.
- 업태구분명 : 휴게음식점을 30개의 하위 개념으로 분류한 명칭입니다. 이중에서 '다방', '커피숍'만을 추출해야 합니다. 흔히 카페라고 부르는 사업장을 인허가 신고할 경우, '다방', '커피숍'의 업태명으로 신고합니다.
- 좌표정보(X), 좌표정보(Y) : 사업장의 위치를 나타내는 공간 좌표입니다. 중부원점TM(EPSG：20 97) 좌표계로 되어 있으므로 Power BI에서 지원하는 좌표계(EPSG：4326 - WGS 84)로 변환해야 합니다.
- 시설총규모 : 인허가 신고 시 기록하는 사업장 면적으로 제곱미터(m²) 단위입니다.

번호	시도명	시군구명	시군구(자치단체) 코드
1	서울특별시	종로구	3000000
2	서울특별시	중구	3010000
3	서울특별시	용산구	3020000
4	서울특별시	성동구	3030000
5	서울특별시	광진구	3040000
6	서울특별시	동대문구	3050000
7	서울특별시	중랑구	3060000
8	서울특별시	성북구	3070000
9	서울특별시	강북구	3080000
10	서울특별시	도봉구	3090000
11	서울특별시	노원구	3100000
12	서울특별시	은평구	3110000
13	서울특별시	서대문구	3120000
14	서울특별시	마포구	3130000
15	서울특별시	양천구	3140000
16	서울특별시	강서구	3150000

17	서울특별시	구로구	3160000
18	서울특별시	금천구	3170000
19	서울특별시	영등포구	3180000
20	서울특별시	동작구	3190000
21	서울특별시	관악구	3200000
22	서울특별시	서초구	3210000
23	서울특별시	강남구	3220000
24	서울특별시	송파구	3230000
25	서울특별시	강동구	3240000

02 분석 대상 추출

원본 데이터의 크기를 줄이면 Power BI가 실행되는 컴퓨터의 부하를 최소화할 수 있습니다. 엑셀을 이용하여 원본 데이터에서 서울 지역과 카페 업태만 추출하고 불필요한 항목은 삭제합니다.

● 서울 지역 추출

파일의 '휴게 음식점_1' 시트에서 서울시에 해당하는 범위의 데이터만 추출해 보겠습니다.

01 | 엑셀로 파일(07_24_05_P.xlsx)을 열고 '휴게음식점_1' 탭을 선택합니다. [데이터] 탭 – [정렬 및 필터] 그룹에서 [필터]를 클릭합니다.

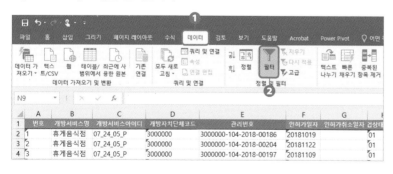

02 | '개방자치단체코드' 열 머리글의 필터 단추(▼)를 클릭하고 [모두 선택]을 해제합니다. 그 다음 서울시에 해당하는 코드만(25개) 체크한 후 [확인]을 클릭합니다.

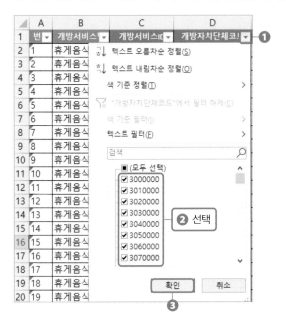

• 카페 업태 추출

카페에 해당하는 '다방'과 '커피숍' 업태의 데이터만 추출합니다.

01 | '업태구분명' 열 머리글의 필터 단추(▼)를 클릭합니다. [모두 선택]을 해제하고 카페에 해당하는 [다방]과 [커피숍]만 체크한 후 [확인]을 클릭합니다.

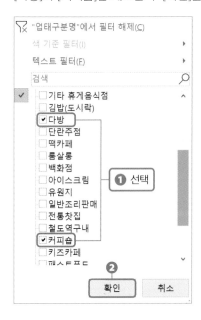

• 불필요한 항목 삭제 및 저장

분석에 사용할 항목만 남기고 나머지는 모두 삭제합니다.

01 | 아래의 열을 제외한 모든 열을 삭제합니다.

'개방자치단체코드', '인허가일자', '상세영업상태명', '폐업일자', '소재지전체주소', '사업장명', '업태구분명',
'좌표정보(X)', '좌표정보(Y)', '시설총규모'

개방자치단체코.	인허가일자	상세영업상태	폐업일자	소재지전체주소	사업장	업태구분명	좌표정보(X	좌표정보(Y	시설총규모
3000000	20070827	영업		서울특별시 종로구	커피온더힐	커피숍	197490.30308	452117.06396	20.2
3000000	20070830	영업		서울특별시 종로구	이디야커피	커피숍	199182.65526	451979.23424	60
3000000	20070907	영업		서울특별시 종로구	그라찌에	커피숍	196953.16649	451670.15882	6.98

02 | 키보드의 F5 또는, Ctrl + G 를 눌러 [이동] 대화상
자가 나타나면 [옵션]을 클릭합니다.

03 | [이동 옵션] 대화상자가 나타나면 그림과 같이 [화면
에 보이는 셀만]을 체크하고 [확인]을 클릭합니다.

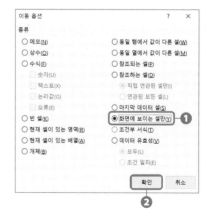

04 | 화면이 선택된 상태에서 마우스 오른쪽 버튼을 클릭하고 [복사]를 선택합니다.

05 | [파일] 탭에서 [새로 만들기]-[새 통합 문서]를 클릭하여, 새로운 문서를 생성합니다. 새로운 문서 창에서 마우스 오른쪽 버튼을 클릭하여 [붙여넣기]를 선택합니다.

06 | 새로운 문서에서 '개방자치단체코드'와 '업태구분명' 항목(열)을 삭제합니다. [파일] 탭에서 [다른 이름으로 저장]을 선택하고, 파일 이름은 '서울카페2021', [파일 형식]은 'CSV(쉼표로 분리)'로 저장합니다.

서울카페2021

CSV (쉼표로 분리) (*.csv)	▼

> **Tip** Power BI 〉 Part 05 〉 Data 폴더에서 해당 파일을 다운로드할 수 있습니다.

⑱ 공간정보 전처리

인허가 신고 데이터는 법정동 주소와 중부원점 TM(EPSG:2097) 좌표계를 사용합니다. 하지만 법정동 주소는 지역별 비교가 어렵고 중부원점 TM 좌표계는 Power BI에서 지원하지 않습니다.

이번 단계에서는 QGIS를 이용하여 '서울카페2021.csv' 파일에 행정동 항목을 추가하고 Power BI에서 사용할 수 있는 좌표계로 변환합니다.

QGIS 설치와 사용에 부담이 된다면 이번 단계를 생략하고 공간정보 전처리가 완료된 파일을 바로 사용해도 됩니다(파일 : Part 05 〉 Data 〉 서울카페2021_공간처리.csv).

● QGIS 설치

QGIS 공식 사이트(https://qgis.org/ko/site/index.html)에서 최신 버전의 QGIS를 다운로드하여 PC에 설치합니다. 공식 사이트에서는 사용자 지침서와 교육 교재를 제공하니 같이 활용하면 좋습니다. 본 도서에서는 QGIS Desktop 3.22.8 버전을 기준으로 설명합니다.

● 카페 위치 표시

서울시 행정동 경계 지도와 '서울카페2021.csv' 파일을 QGIS로 불러옵니다.

01 | 컴퓨터에 설치한 QGIS를 실행하고 화면 상단 [레이어] 메뉴에서 [레이어 추가]-[벡터 레이어 추가]를 클릭합니다.

02 [원본]-[벡터 데이터셋(들)] 항목에 도서와 함께 제공하는 파일 폴더(Part 05 〉 Data)에서 '서울시_행정동_20220101.geojson' 파일을 선택하고 [추가]와 [닫기]를 클릭합니다.

03 [레이어] 창에 파일 목록이 나타나고, 캔버스에 서울시 행정동 경계 지도가 나타난 것을 확인할 수 있습니다.

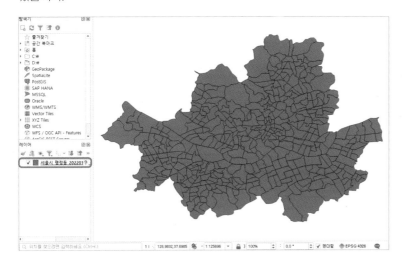

04 상단의 [레이어] 메뉴에서 [레이어 추가]-[구분자로 분리된 텍스트 레이어 추가]를 클릭합니다.

05 | 화면의 [파일 이름]에서 '서울카페2021.csv' 파일을 찾아서 선택합니다. [인코딩]은 'EUC–KR'을 선택합니다. [도형 정의]에서 [포인트 좌표]를 체크하고, [X 필드]에는 '좌표정보(X)'를, [Y 필드]에는 '좌표 정보(Y)'를 선택합니다. [도형 좌표계]는 'EPSG:2097' Korean 1985 / Korea Central Belt'를 선택합니다. 나머지 선택 사항은 초기값을 유지합니다. 화면 하단의 [추가]를 클릭하고 [닫기]를 클릭하여 화면을 닫습니다.

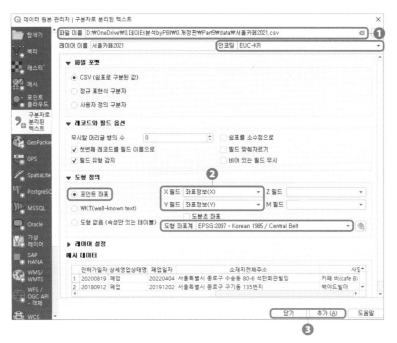

06 | 서울시의 행정동 경계 지도 위에, '서울카페2021'의 카페 위치가 표시된 것을 확인할 수 있습니다.

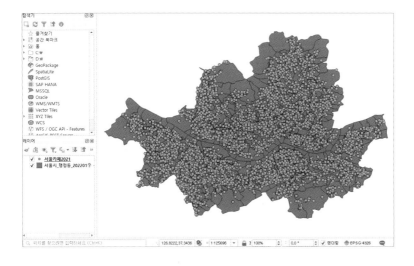

● 행정동 정보 추가

'서울_행정동_경계_2021.geojson' 파일과 '서울카페2021.csv' 파일의 데이터를 결합하여 각 카페의
주소가 속하는 행정동 열을 생성합니다.

01 | [레이어] 창에서 '서울카페2021'을 선택하고, [벡터] 메뉴에서 [데이터 관리 도구] – [위치에 따라 속
성 결합]을 클릭합니다.

02 | [기준 레이어]에 '서울카페2021', [결합 레이어]에서 '서울시_행정동_20220101'을 선택합니다.
[기하학적 조건]은 [within]을 체크합니다. [결합할 수 없는 레코드 버리기]를 체크하고, 나머지 선택 사항
은 초기값을 유지한 채 하단의 [실행]을 클릭합니다.

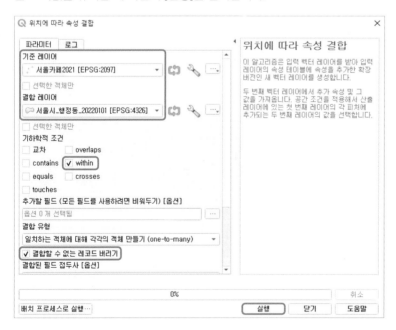

03 | 실행 도중 아래와 같은 메시지와 함께 실행이 중지되면, [설정] 메뉴의 [옵션]-[공간처리]-[일반]-[유효하지 않은 객체 필터링]의 값을 [유효하지 않은 도형을 가진 객체 건너뛰기(무시)]로 변경하면 됩니다.

"유효하지 않은 도형을 가지고 있기 때문에 객체()를 건너뛰었습니다. 도형을 수정하거나, 공간 처리 설정을 [유효 하지 않은 입력 객체 무시]로 변경해 주세요."

04 | 작업이 완료되면, [레이어] 창에 '결합한 레이어'라는 레이어가 생성됩니다. 이 레이어를 마우스 오른쪽 버튼으로 클릭하고 [속성 테이블 열기]를 선택합니다.

05 ┃ 그림과 같이 '서울카페2021' 데이터에 행정동 이름(adm_nm)과 행정동 코드(adm_cd, adm_cd2) 열 등이 추가되었음을 확인할 수 있습니다(adm_cd는 통계청, adm_cd2는 행정안전부에서 지정한 행정동 코드입니다).

● 새로운 좌표값 추가

기존 좌표계를 Power BI에서 지원하는 좌표계로 변환합니다.

01 ┃ [레이어] 창의 '결합한 레이어'에서 마우스 오른쪽 버튼을 클릭하고 [Export]-[객체를 다른 이름으로 저장]을 선택합니다.

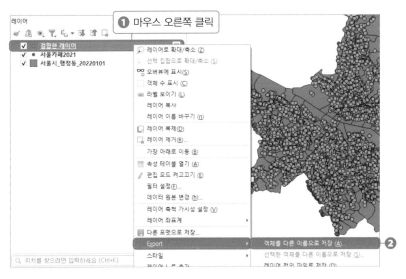

02 | [다른 이름으로 저장] 대화상자가 나타나면 아래와 같이 설정합니다.

- [포맷] : 쉼표로 구분된 값(CSV)
- [파일 이름] : 서울카페2021_공간처리.csv
- [좌표계] : 프로젝트 좌표계 : EPSG:4326 – WGS 84
- [인코딩] : CP949 또는 windows949
- [CREATE_CSVT] : NO
- [GEOMETRY] : AS_XY

나머지 선택 사항은 초기값을 유지하고, [확인]을 클릭합니다.

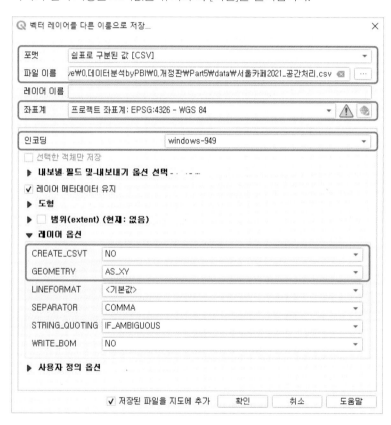

03 | 엑셀 등을 이용하여 저장된 '서울카페2021_공간처리.csv' 파일을 열어보면, 변환된 좌표 열(X, Y)과 새로운 행정동(adm_nm, adm_cd, adm_cd2) 열이 추가되었음을 확인할 수 있습니다.

X	Y	인허가일자	상세영업상태명	폐업일자	소재지전체주소	사업장명	좌표정보(X)	좌표정보(Y)	시설총규모	adm_nm	adm_cd	adm_cd2
126.97246	37.572599	20030214	영업		서울특별시 종로	에스프레소뉴	197567.85	452567.16	35	서울특별시	1101053	1111053000
126.97094	37.5764717	20170223	영업		서울특별시 종로	마상스(Ma Cha	197433.728	452996.98	46	서울특별시	1101053	1111053000
126.96665	37.578036	20180612	영업		서울특별시 종로	118COFFEE	197054.672	453170.71	100.71	서울특별시	1101053	1111053000

● 행정동별 면적 계산

'서울_행정동_경계_20220101' 데이터에 행정동별 면적을 산출하여 추가합니다.

01 | [레이어] 창에서 [서울시_20220101]을 마우스 오른쪽 버튼으로 클릭하고 [Export]–[객체를 다른 이름으로 저장]을 선택합니다. [다른 이름으로 저장] 대화상자가 나타나면 다음과 같이 설정합니다. 나머지 선택 사항은 초기값을 유지하고, [확인]을 클릭합니다.

- [포맷] : 쉼표로 구분된 값(CSV)
- [파일 이름] : 서울시행정동_면적.csv
- [좌표계] : EPSG:4326 – WGS 84
- [인코딩] : windows–949
- [CREATE_CSVT] : NO

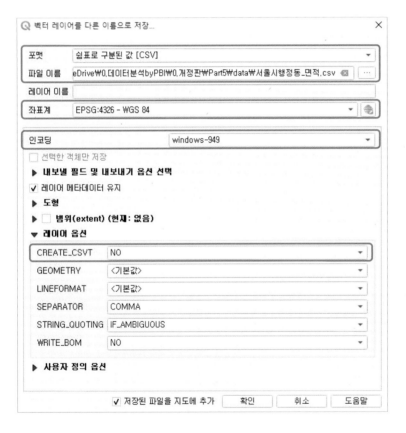

02 | 엑셀 등을 이용하여 저장된 '서울시행정동_면적.csv' 파일을 열어보면, 서울시 행정동의 이름과 코드와 함께 면적(area) 열이 있는 것을 확인할 수 있습니다.

adm_nm	adm_cd	adm_cd2	area
서울특별시 종로구 사직동	1101053	1111053000	1165.78
서울특별시 종로구 삼청동	1101054	1111054000	1361.444
서울특별시 종로구 부암동	1101055	1111055000	2202.071

⓸ Power BI로 데이터 전처리

Power BI를 이용하여 '서울카페2021_공간처리.csv' 파일의 전처리 과정을 마무리합니다.

• 데이터 가져오기

파워 쿼리 편집기로 '서울카페2021_공간처리.csv' 파일을 불러옵니다.

01 | Power BI Desktop을 실행합니다. [홈] 탭에서 [데이터 가져오기]–[텍스트/CSV]를 클릭합니다. [열기] 대화상자에서 '서울카페2021_공간처리.csv' 파일을 선택하고 [열기]를 클릭합니다. 대화상자가 나타나면 내용을 확인한 후 [데이터 변환]을 클릭하여 파워 쿼리 편집기로 파일을 불러옵니다.

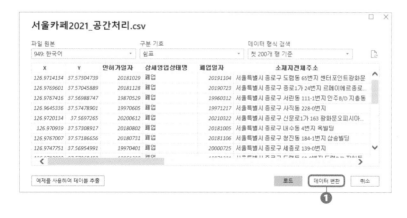

● 날짜 형식 변환

날짜를 기록한 데이터는 날짜 형태로 다루는 것이 좋습니다. 현재 정수 형태로 되어 있는 '인허가일자'와 '폐업일자' 열을 날짜 형태로 변환합니다.

01 | '인허가일자' 열 머리글을 선택하고, [변환] 탭에서 [데이터 형식]을 [텍스트]로 변경합니다.

Tip 정수 형태에서 날짜 형태로 바로 변환되지 않을 수 있습니다. 이런 경우에 정수 형태를 텍스트로 변환하고 다시 날짜 형태로 변환해야 합니다.

02 | [열 형식 변경] 대화상자가 나타나면 [현재 전환 바꾸기]를 클릭합니다.

03 | 다시 '인허가일자' 열 머리글을 선택하고, [변환] 탭에서 [데이터 형식]을 [날짜]로 변경합니다. [열 형식 변경] 대화상자가 나타나면 [현재 전환 바꾸기]를 클릭합니다. 동일한 방법으로 '폐업일자' 열의 데이터 형식도 '날짜'로 변경합니다.

• 날짜 범위 설정

'인허가일자' 열에서 1960년 1월1일 이전과 2021년 12월 31일 이후의 데이터는 제외합니다.

01 | '인허가일자' 열 머리글의 필터 단추(▼)를 클릭하고, [날짜 필터]-[사이]를 클릭합니다.

02 | [행 필터] 대화상자에서 아래와 같이 설정하고 [확인]을 클릭합니다.

- [기본] : 체크
- [이후] : 1960-01-01
- [이전] : 2021-12-31

● 영업기간 추가

영업기간을 계산하여 새로운 열로 추가합니다. 이미 폐업한 업소는 폐업일자에서 인허가일자를 빼고 영업 중인 업소는 2021년 12월 31일에서 인허가일자를 빼도록 합니다.

01 | [열 추가] 탭-[일반] 그룹에서 [사용자 지정 열]을 클릭합니다.

> **Tip** 파워 쿼리 편집기 오른쪽의 [적용된 단계]에서 작업을 취소하거나 변경할 수 있습니다. 예를 들어, 사용자 지정 열 작업을 완료하면 [적용된 단계]에 [추가된 사용자 지정 항목] 단계가 생성됩니다. 여기서 단계 왼쪽의 [X] 아이콘을 클릭하면 작업을 취소하고, 오른쪽의 ⚙ 아이콘을 클릭하면 작업의 내용을 변경할 수 있습니다.

02 | [사용자 지정 열] 대화상자에서 아래와 같이 설정하고 [확인]을 클릭합니다.

> • [새 열 이름] : 영업기간
> • [사용자 지정 열 수식]
>
> if [상세영업상태명] = "폐업" then
>
>   Duration.Days([폐업일자] – [인허가일자])
>
> else
>
>   Duration.Days(#date(2021.12.31) – [인허가일자])

03 | 새로 생성된 '영업기간' 열 머리글을 선택하고. [변환] 탭에서 [데이터 형식]을 [10진수]로 변경합니다.

A^B_C temp	A^B_C sggnm	1²₃ adm_cd8	1.2 영업기간
종로구 사직동	종로구	11010530	371
종로구 사직동	종로구	11010530	237
종로구 사직동	종로구	11010530	3210
종로구 사직동	종로구	11010530	195

• 불필요한 열 삭제

'X', 'Y', '인허가일자', '상세영업상태명', '폐업일자', '소재지전체주소', '사업장명', '시설총규모', 'adm_cd2', '영업기간' 외의 열은 사용하지 않으니 [홈] 탭의 [열 제거]로 삭제합니다.

Memo

Chapter
05 | 데이터 전처리(행정구역/생활인구)

서울의 지역별 카페 분포와 카페 수요가 많은 지역을 파악하기 위하여 행정구역 데이터와 생활인구 데이터를 전처리합니다.

01 행정구역 데이터

'서울시행정동_면적.csv' 파일에서 자치구 · 행정동 등 서울시 행정구역을 구분합니다.

• 데이터 가져오기

파워 쿼리 편집기로 '서울시행정동_면적.csv' 파일을 불러옵니다.

01 | 파워 쿼리 편집기의 [홈] 탭에서 [새 원본]−[텍스트/CSV]를 클릭합니다. [열기] 대화상자에서 '서울시행정동_면적.csv' 파일을 선택하고 하단에 있는 [열기]를 클릭합니다. 대화상자가 나타나면 내용 확인 후 [확인]을 클릭하여 파워 쿼리 편집기로 파일을 불러옵니다.

• 행정구역 분리

전체 행정구역 명칭에서 '자치구'와 '행정동'을 분리하여 새로운 열로 생성합니다.

01 | 'adm_nm' 열 머리글을 선택하고, [변환] 탭에서 [열 분할]-[구분 기호 기준]을 클릭합니다.

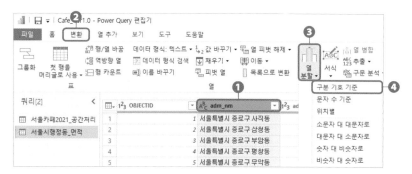

02 | [구분 기호에 따라 열 분할] 대화상자에서 아래와 같이 설정하고 [확인]을 클릭합니다. 'adm_nm.2' 열의 이름은 '자치구'로, 'adm_nm.3' 열의 이름은 '행정동'으로 변경합니다.

> • [구분 기호 선택 또는 입력] : 공백
> • [다음 위치에 분할] : 각 구분 기호에서

• 불필요한 열 삭제

01 ┃ '자치구', '행정동', 'adm_cd2', 'area' 외의 열은 사용하지 않으니 모두 삭제합니다. '서울시행정동_면적.csv' 파일의 전처리 결과는 아래 그림과 같습니다.

⑫ 생활인구 데이터

생활인구 데이터(LOCAL_PEOPLE_DONG_202112.csv)에서 카페의 주 고객층인 20대부터 40대까지의 인구가 08시부터 21시까지 활동하는 데이터를 추출합니다.

• 데이터 가져오기

파워 쿼리 편집기로 'LOCAL_PEOPLE_DONG_202112.csv' 파일을 불러옵니다.

01 ┃ [홈] 탭에서 [새 원본]-[텍스트/CSV]를 클릭합니다. [열기] 대화상자에서 'LOCAL_PEOPLE_DONG_202112.csv' 파일을 선택하고 하단에 있는 [열기]를 클릭합니다. 대화상자가 나타나면 내용 확인 후 [확인]을 클릭하여 파워 쿼리 편집기로 파일을 불러옵니다.

• 20대~40대 인구 합계 열 생성

카페의 주 이용자로 예상되는 20대부터 40대까지의 생활인구 합계 열을 생성합니다.

01 ┃ [열 추가] 탭에서 [사용자 지정 열]을 클릭합니다.

02 ┃ [사용자 지정 열] 대화상자에서 아래와 같이 입력하고 [확인]을 클릭합니다.

> • [새 열 이름] : 생활인구2040
>
> • [사용자 지정 열 수식]
>
> =
>
> [남자20세부터24세생활인구수]+[남자25세부터29세생활인구수]+
> [남자30세부터34세생활인구수]+[남자35세부터39세생활인구수]+
> [남자40세부터44세생활인구수]+[남자45세부터49세생활인구수]+
> [여자20세부터24세생활인구수]+[여자25세부터29세생활인구수]+
> [여자30세부터34세생활인구수]+[여자35세부터39세생활인구수]+
> [여자40세부터44세생활인구수]+[여자45세부터49세생활인구수]

• 카페 이용 시간 인구 추출

카페를 주로 이용하는 시간대인 08시부터 21시까지의 데이터만 추출합니다.

01 | '시간대구분' 열 머리글의 필터 단추(▼)를 클릭하고, 오른쪽 하단의 [추가 로드]를 클릭하여 모든 목록을 펼칩니다.

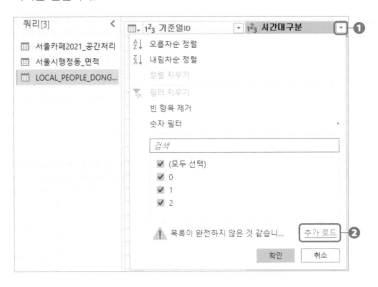

02 | [모두 선택]의 체크를 해제한 후 [8시부터 21시]까지 체크하고 [확인]을 클릭합니다.

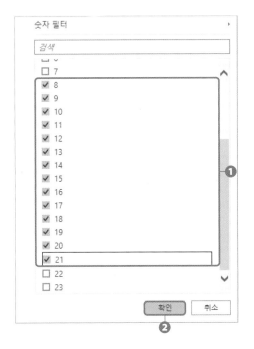

● 불필요한 열 삭제 및 테이블명 변경

'기준일 ID', '시간대구분', '행정동코드', '생활인구2040' 외의 열은 분석에 사용하지 않으므로 삭제합니다. 테이블의 이름을 이해하기 쉽게 변경합니다. 'LOCAL_PEOPLE_DONG_202112' 테이블을 더블클릭하고, 이름을 '생활인구_202112'로 변경합니다. 전처리 결과는 다음과 같습니다.

⑬ 닫기 및 적용

파워 쿼리 편집기에서 모든 전처리 작업이 끝났으므로 [홈] 탭의 [닫기 및 적용]-[닫기 및 적용]을 클릭하여 Power BI Desktop에 변경 내용을 적용하고 파워 쿼리 편집기를 닫습니다.

06 | 창업 및 폐업 추이 분석

연도별 카페 창업 건수와 폐업 건수를 집계하고 이로부터 연간 운영하는 카페의 수가 어떻게 변화하는지 확인합니다. Power BI Desktop 보고서의 페이지 이름([1페이지])을 더블클릭하고 이름을 '창업 및 폐업 건수'로 변경합니다.

이번 챕터의 시각화 결과물은 아래와 같습니다.

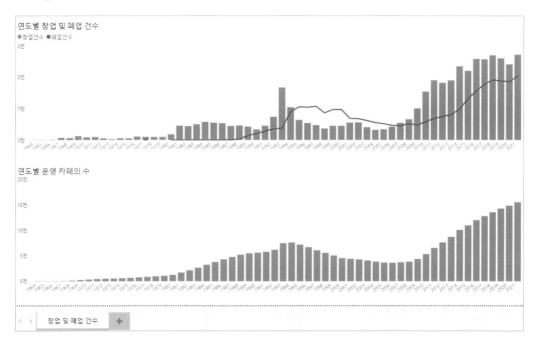

01 날짜 테이블 생성 및 관계 설정

'서울카페2021_공간처리' 데이터에는 사업장명, 소재지 주소, 창업일자 등 주요한 카페 속성이 기록되어 있지만 날짜가 중심이 되는 창업과 폐업 분석에는 적합하지 않습니다. 따라서 별도의 날짜 테이블을 생성한 후 '서울카페2021_공간처리' 데이터와 연계하여 사용하는 것이 좋습니다.

> **Tip** 다차원 모델링은 다양한 관점으로 데이터를 분석하고자 할 때 효과적인 방법으로, 사실(Fact) 테이블과 차원(Dimension) 테이블의 관계 설정을 중심으로 이루어집니다. 여기서 '서울카페2021_공간처리' 테이블은 사실(Fact) 테이블이 되며 날짜 테이블은 차원(Dimension) 테이블이 됩니다.

• 날짜 테이블 생성

'서울카페2021_공간처리' 데이터의 '인허가일자'가 1960년대부터 시작함을 감안하여 1960년 1월 1일부터 2021년 12월 31일까지를 범위로 하는 날짜 테이블을 생성합니다.

01 [데이터]([⊞]) 보기의 [테이블 도구] 탭 – [새 테이블]을 클릭하고, 수식 입력줄에 다음과 같이 DAX 식을 입력합니다.

```
Date =
CALENDAR(
DATE(1960,01,01),DATE(2021,12,31)
)
```

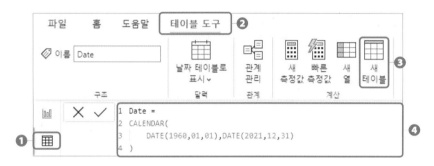

> **Tip** DAX 식에서 [Alt] + [Enter] 로 줄 바꿈이 가능합니다.

02 수식 입력 후 [✓](커밋)을 클릭하면, '1960년 1월 1일부터 2021년 12월 31일까지 날짜 형식의 'Date' 열을 갖는 테이블이 생성된 것을 확인할 수 있습니다.

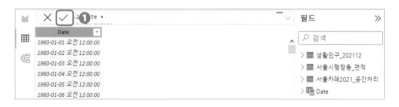

• 테이블 관계 설정

'서울카페2021_공간처리' 테이블과 'Date' 테이블의 관계를 설정합니다.

01 | [모델](📊) 보기에서 '서울카페2021_공간처리' 테이블의 '인허가일자' 필드를 드래그하여 'Date' 테이블의 'Date' 필드와 연결합니다.

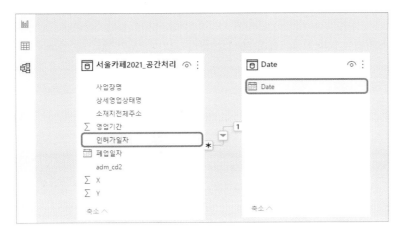

02 창업 및 폐업건수 시각화

새로 생성한 'Date' 테이블에 '창업건수'와 '폐업건수' 열을 생성하고 연도별 집계 결과를 시각화합니다.

• 창업건수 열 생성

새 열 기능을 이용하여 'Date' 테이블에 '창업건수' 열을 생성합니다.

01 | [데이터](⊞) 보기에서 'Date' 테이블을 선택한 후, [테이블 도구] 탭에서 [새 열]을 클릭하고 수식 입력줄에 다음과 같이 DAX 식을 입력합니다.

```
창업건수 =
CALCULATE(
    COUNTROWS('서울카페2021_공간처리'),
    FILTER('서울카페2021_공간처리', '서울카페2021_공간처리'[인허가일자] = 'Date'[Date])
)
```

02 │ 수식 입력 후 ✓(커밋)을 클릭하면, 'Date' 테이블에 '창업건수' 열이 생성된 것을 확인할 수 있습니다.

● 폐업건수 열 생성

앞 단계와 동일한 방법으로 'Date' 테이블에 '폐업건수' 열을 생성합니다.

01 │ [데이터](▦) 보기의 [테이블 도구] 탭에서 [새 열]을 클릭하고, 수식 입력줄에 다음과 같이 DAX 식을 입력합니다.

```
폐업건수 =
CALCULATE(
    COUNTROWS('서울카페2021_공간처리'),
    FILTER('서울카페2021_공간처리', '서울카페2021_공간처리'[폐업일자] = 'Date'[Date])
)
```

02 │ 수식 입력 후 ✓(커밋)을 클릭하면, 'Date' 테이블에 '폐업건수' 열이 생성된 것을 확인할 수 있습니다.

• 창업 및 폐업건수 시각화

'Date' 테이블에 생성한 '창업건수'와 '폐업건수' 열을 이용하여 연도별 창업 및 폐업건수 집계 결과를 시각화합니다.

01 | [보고서]( ) 보기의 [시각화] 창에서 [꺾은선형 및 누적 세로 막대형 차트]를 클릭하여 캔버스에 배치합니다.

- [시각화 – 시각적 개체 빌드]의 [X축] 영역에 'Date' 테이블의 'Date' 필드 추가
- [열 Y축] 영역에는 'Date' 테이블의 '창업건수' 필드를 추가하고 아래 화살표( )를 클릭하여 [합계] 선택
- [선 Y축] 영역에는 'Date' 테이블의 '폐업건수' 필드를 추가하고 아래 화살표( )를 클릭하여 [합계] 선택

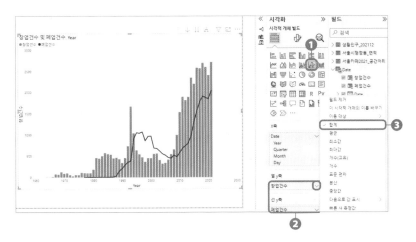

02 | [시각화 – 시각적 개체 서식 지정]의 [시각적 개체]에서 다음과 같이 설정합니다.

- [X축] – [유형] : 범주별
- [X축] – [제목] : 비활성화
- [Y축] – [제목] : 비활성화
- [선] – [색] – [폐업건수] : 테마 색 8(붉은색)

03 | [시각화 – 시각적 개체 서식 지정]의 [일반]에서 다음과 같이 설정합니다.

- [제목] – [텍스트] : 연도별 창업 및 폐업 건수

🔘 연도별 운영 카페의 수 시각화

앞서 산출한 '창업건수' 누적값에서 '폐업건수' 누적값을 빼면 '영업건수'가 산출됩니다. 즉 2021년에 영업한 카페의 수는 2021년까지의 '창업건수' 누적값에서 2021년까지의 '폐업건수' 누적값을 빼면 됩니다. [빠른 측정값]을 이용하여 '창업 누적건수'와 '폐업 누적건수'를 집계합니다.

● 창업 누적건수 집계

[빠른 측정값]을 이용하여 창업 누적건수를 집계합니다.

01 │ 'Date' 테이블을 선택한 상태에서 [테이블 도구] 탭의 [빠른 측정값]을 클릭합니다.

02 │ [빠른 측정값] 대화상자에서 아래와 같이 설정하고 [확인]을 클릭합니다.

- [계산식 선택] : 합계 – 누계
- [기준 값] : 'Date' 테이블의 '창업건수' 필드를 추가하고 아래 화살표(⌄)를 클릭하여 [합계] 선택
- [필드] : 'Date' 테이블의 'Date' 필드 추가
- [방향] : 오름차순

03 | 'Date' 테이블에 'Date의 창업건수 누계' 측정값이 생성되었음을 확인할 수 있습니다. 더블클릭하여 이름을 '창업 누적건수'로 변경합니다.

• 폐업 누적건수 집계

[빠른 측정값]을 이용하여 폐업 누적 건수를 집계합니다.

01 | 'Date' 테이블을 선택한 상태에서 [테이블 도구] 탭의 [빠른 측정값]을 클릭합니다. [빠른 측정값] 대화상자에서 아래와 같이 설정하고 [확인]을 클릭합니다.

- [계산식 선택] : 합계 – 누계
- [기준 값] : 'Date' 테이블의 '폐업건수' 필드를 추가하고 아래 화살표(∨)를 클릭하여 [합계] 선택
- [필드] : 'Date' 테이블의 'Date' 필드 추가
- [방향] : 오름차순

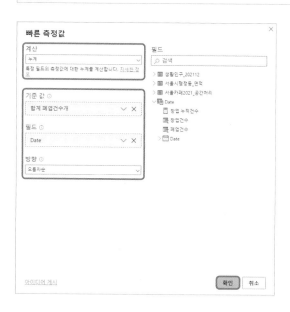

02 | 'Date' 테이블의 'Date의 폐업건수 누계' 측청값의 이름을 '폐업 누적건수'로 변경합니다.

● 연도별 카페의 수 시각화

창업 누적건수에서 폐업 누적건수를 빼서 연도별 운영 카페의 수를 산출하고 그 결과를 시각화합니다.

01 | 'Date' 테이블을 선택한 상태에서 [테이블 도구] 탭의 [새 측정값]을 클릭합니다. 수식 입력줄에 다음과 같이 DAX 식을 입력합니다.

> • 운영카페의 수 = [창업 누적건수] − [폐업 누적건수]

02 | 수식 입력 후 ☑(커밋)을 클릭하면, '운영카페의 수' 측정값이 생성되었음을 확인할 수 있습니다.

03 | [보고서]( ) 보기의 [시각화] 창에서 [누적 세로 막대형 차트]를 클릭하여 캔버스에 배치합니다.

- [시각화 – 시각적 개체 빌드]의 [X축] 영역에 'Date' 테이블의 'Date' 필드 추가
- [시각화 – 시각적 개체 빌드]의 [Y축] 영역에 'Date' 테이블의 '운영카페의 수' 필드 추가

04 | [시각화 – 시각적 개체 서식 지정]의 [시각적 개체]에서 다음과 같이 설정합니다.

- [X축] – [유형] : 범주별
- [X축] – [제목] : 비활성화
- [Y축] – [제목] : 비활성화

05 | [시각화 – 시각적 개체 서식 지정]의 [일반]에서 다음과 같이 설정합니다.

- [제목] – [텍스트] : 연도별 운영 카페의 수

🔢 창업 및 폐업 추이 탐색

연간 카페 창업건수는 증가와 감소가 반복되는 패턴을 보입니다. 1993년에 1,674개로 창업건수가 유난히 많았는데, 동일한 '사업장명'이 여러 지역에서 나타나는 것으로 보아 프랜차이즈 형태의 커피 전문점이 확산했기 때문으로 추정합니다. 이후 감소 추세였다가 2005년 이후부터 꾸준히 증가하는 추세를 보입니다. 2021년에는 2,723개의 카페가 신규 창업을 하였습니다.

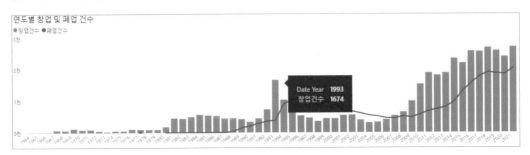

1993년 카페 창업이 성황을 이루었으나, 그 이듬해부터 폐업건수가 증가하여 2006년까지 폐업건수가 창업 건수를 초과하는 현상이 나타납니다. 카페의 수요와 공급이 균형을 맞추는 시기였던 것으로 추정합니다.

창업과 폐업건수는 연도별 운영 개수에 반영됩니다. 1964년 이후 카페의 운영 개수는 꾸준히 증가하여 1994년 7,610개로 정점을 찍고 그 후 2006년까지 감소 추세를 보입니다. 하지만 2008년부터 다시 증가 추세로 전환되어 현재까지 계속 증가 추세에 있습니다. 2021년 운영한 카페의 수는 15,528개입니다.

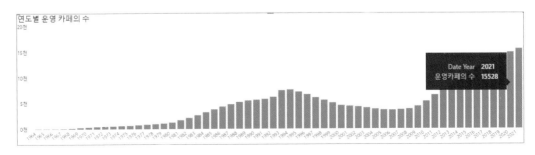

Chapter
07 | 폐업률과 영업기간 분석

소규모 자영업 폐업률이 매우 높은 것으로 알려져 있습니다. 이번 챕터에서는 카페의 폐업률과 함께 창업 후 영업 기간을 확인합니다. Power BI Desktop 보고서에서 새로운 페이지를 생성하고 페이지 이름을 '폐업률과 영업기간' 으로 변경합니다.

이번 챕터의 시각 화 결과물은 다음 과 같습니다.

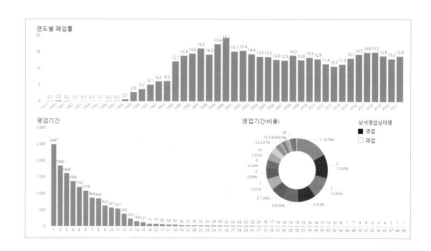

01 연도별 폐업률 시각화

카페의 폐업률을 정의하고 측정값을 이용하여 연도별 폐업률을 시각화합니다.

● 폐업률 정의

폐업률에 대한 공식적인 산출 기준은 따로 없습니다. 상식적인 수준에서 다음과 같이 폐업률을 정의하 여 사용합니다.

> • 폐업률 = (폐업건수 / 전년도 운영건수) × 100

이해를 돕기 위하여 가상으로 창업건수와 폐업건수를 정하고 폐업률을 계산해 봅니다.

연도	창업건수 (A)	창업누적 (B)	폐업건수 (C)	폐업누적 (D)	운영건수 (E=B-D)	전년 운영건수 (F=E-A+C)
2015	3	3	0	0	3	0
2016	4	7	1	1	6	3
2017	5	12	2	3	9	6
2018	6	18	2	5	13	9

앞선 표에 의하면, 2018년의 폐업률은 '2(2018년 폐업건수) / 9(2017년 운영건수) × 100 = 22.22%'입니다. 폐업률은 다음과 같이 변환될 수 있습니다.

> • 폐업률 = 폐업건수 / (운영건수 – 창업건수 + 폐업건수) × 100

● 측정값 생성

폐업률을 산출하려면 '운영건수', 창업건수', '폐업건수' 값이 필요합니다. '운영건수'는 앞 단계에서 생성한 '운영 카페의 수' 측정값을 활용하고 '창업건수'와 '폐업건수'는 [측정값]으로 집계합니다. 앞 단계에서 생성한 계산 열('창업건수', '폐업건수')과 구별하기 위하여 '폐업률' 산출을 위한 측정값의 이름은 '창업건수_측정', '폐업건수_측정'으로 합니다.

01 ㅣ [데이터]([▥]) 보기에서 'Date' 테이블을 선택한 상태에서 [테이블 도구] 탭의 [새 측정값]을 클릭합니다. 수식 입력줄에 다음과 같이 DAX 식을 입력하고 ✓ (커밋)을 클릭합니다.

```
창업건수_측정 =
CALCULATE(
        SUM('Date'[창업건수]),
        DATESYTD('Date'[Date])
)
```

02 │ DATESYTD는 매년 시작일부터 말일까지의 누적 합계를 계산하는 함수로 막대형 차트로 결과를 시각화하면 다음 그림과 같습니다.

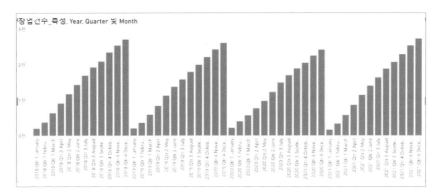

03 │ 동일한 방법으로 '폐업건수_측정' 측정값을 생성합니다. [Date] 테이블을 선택한 상태에서 [테이블 도구] 탭의 [새 측정값]을 클릭합니다. 수식 입력줄에 다음과 같이 DAX 식을 입력하고 ☑ (커밋)을 클릭합니다.

```
폐업건수_측정 =
CALCULATE(
        SUM('Date'[폐업건수]),
        DATESYTD('Date'[Date])
)
```

04 │ 연도별 카페 폐업률에 대한 측정값을 생성합니다. 'Date' 테이블을 선택한 상태에서 [테이블 도구] 탭의 [새 측정값]을 클릭합니다. 수식 입력줄에 다음과 같이 DAX 식을 입력하고 ☑ (커밋)을 클릭합니다.

- 폐업률 = [폐업건수_측정] / ([운영카페의 수] − [창업건수_측정] + [폐업건수_측정]) * 100

05 | 참고로 앞선 식은 앞서 정의하였던 아래의 폐업률 계산식과 동일합니다.

> • 폐업률 = 폐업건수 / (운영건수 − 창업건수 + 폐업건수) × 100

'Date' 테이블에 '폐업률'과 관련된 측정값이 생성되었음을 확인할 수 있습니다.

• 폐업률 시각화

01 | [보고서]( ) 보기의 [시각화] 창에서 [누적 세로 막대형 차트]를 클릭하여 캔버스에 배치합니다.

> • [시각화 – 시각적 개체 빌드]의 [X축] 영역에 'Date' 테이블의 'Date' 필드 추가
> • [시각화 – 시각적 개체 빌드]의 [Y축] 영역에 'Date' 테이블의 '폐업률' 필드 추가

02 | [시각화 – 시각적 개체 서식 지정]의 [시각적 개체]에서 다음과 같이 설정합니다.

> • [X축] – [유형] : 범주별
> • [X축] – [제목] : 비활성화
> • [Y축] – [제목] : 비활성화
> • [데이터 레이블] : 활성화

03 | [시각화 – 시각적 개체 서식 지정]의 [일반]에서 다음과 같이 설정합니다.

- [제목]–[텍스트] : 연도별 폐업률

04 | 시각화 결과물은 다음과 같습니다.

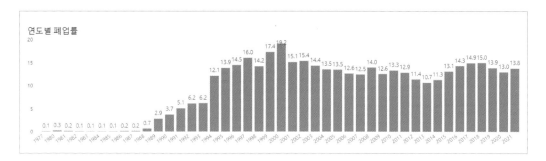

⑫ 영업기간 시각화

앞서 데이터 전처리 과정에서 생성한 일 단위 '영업기간'을 활용하여 카페 창업 후 폐업 또는, 일정 시점 까지의 영업기간을 연 단위로 시각화합니다.

• 연 단위 영업기간 생성

01 | [데이터](▦) 보기에서 '서울카페2021_공간처리' 테이블을 선택하고, [테이블 도구] 탭에 있는 [새 열]을 클릭합니다.

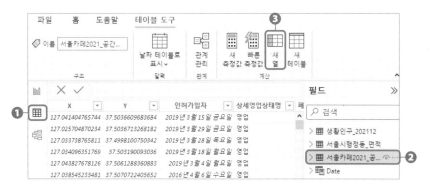

02 | 수식 입력줄에 영업기간을 1년(365일)으로 나누기 위한 DAX 식을 입력합니다.

- 영업기간(연) = INT([영업기간] / 365) + 1

03 | 수식 입력 후 ☑(커밋)을 클릭하면, '영업기간(연)' 열이 생성되었음을 확인할 수 있습니다.

	1 영업기간(연) = INT([영업기간] / 365) + 1			
사업장명	adm_cd2	영업기간	영업기간(연)	
아틀리에헤아림(株)강남	11680640	1022	3	
정월	11680640	1008	3	

> **Tip** INT(number)는 소수점 이하를 버리고 정수만을 취하는 함수입니다. 만약 영업기간의 값이 365 미만이라면, [영업기간(연)]의 값은 0+1 = 1이 됩니다. 따라서 영업기간(연)의 값이 [1]이라면 1년 이하를 뜻하며, [n]이라면 n년 이하를 의미합니다.

● 영업기간 분포

01 | [보고서](📊) 보기의 [시각화] 창에서 [누적 세로 막대형 차트]를 클릭하여 캔버스에 배치합니다. [시각화 – 시각적 개체 빌드]의 [X축] 영역에 '서울카페2021_공간처리' 테이블의 '영업기간(연)' 필드를 추가합니다. [Y축] 영역에 '서울카페2021_공간처리' 테이블의 '영업기간(연)' 필드를 추가하고 아래 화살표(✓)를 클릭하여 [개수]를 선택합니다.

02 | [시각화 – 시각적 개체 서식 지정]의 [시각적 개체]에서 다음과 같이 설정합니다.

- [X축] – [유형] : 범주별
- [X축] – [제목] : 비활성화
- [Y축] – [제목] : 비활성화
- [데이터 레이블] : 활성화
- [데이터 레이블] – [값] – [표시 단위] : 없음

03 | [시각화 – 시각적 개체 서식 지정]의 [일반]에서 다음과 같이 설정합니다.

- [제목] – [텍스트] : 영업기간

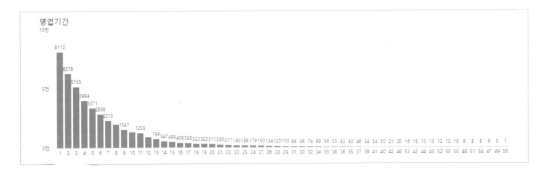

04 | [보고서](📊) 보기의 [시각화] 창에서 [도넛형 차트]를 클릭하여 캔버스에 배치합니다. [시각화 – 시각적 개체 빌드]의 [값] 영역에 '서울카페2021_공간처리' 테이블의 '영업기간(연)' 필드를 추가하고 아래 화살표(⌄)를 클릭하여 [개수]를 선택합니다. [자세히] 영역에 '서울카페2021_공간처리' 테이블의 '영업기간(연)' 필드를 추가합니다.

05 | [시각화 – 시각적 개체 서식 지정]의 [시각적 개체]에서 다음과 같이 설정합니다.

- [범례] : 비활성화
- [세부 정보 레이블] – [레이블 내용] : 범주, 총 퍼센트

06 | [시각화 – 시각적 개체 서식 지정]의 [일반]에서 다음과 같이 설정합니다.

- [제목] – [텍스트] : 영업기간(비율)

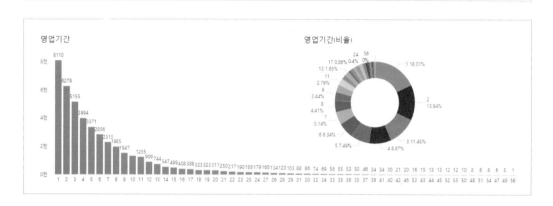

07 | [보고서](📊) 보기의 [시각화] 창에서 [슬라이서]를 클릭하여 캔버스에 배치합니다. [시각화 – 시각적 개체 빌드]의 [필드] 영역에 '서울카페2021_공간처리' 테이블의 '상세영업상태명' 필드를 추가합니다.

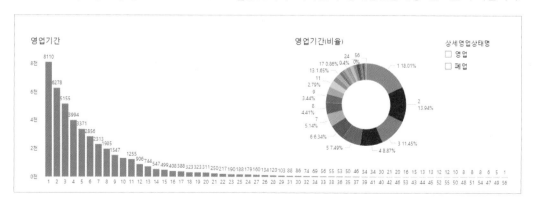

📍 폐업률과 영업기간 탐색

서울에서 영업했던 카페의 폐업률은 2000년 19.2%로 최고치를 기록한 후 14% 내외에서 상승과 하락을 반복하고 있습니다.

2021년 카페의 폐업률은 13.8%입니다. 2020년에 100개의 카페가 운영을 했다면 2021년에 약 14개가 문을 닫았다는 의미입니다.

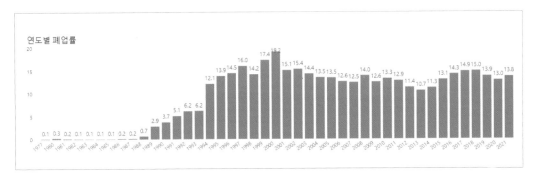

'상세영업상태명' 슬라이서에서 [폐업]을 체크하여 폐업한 카페의 영업기간을 살펴봅니다. 운영기간이 1년 이내인 카페의 수가 18.6%로 제일 많습니다. 운영기간이 2년 이내인 카페의 수는 33.2%이며, 3년 이내는 45.02%가 됩니다.

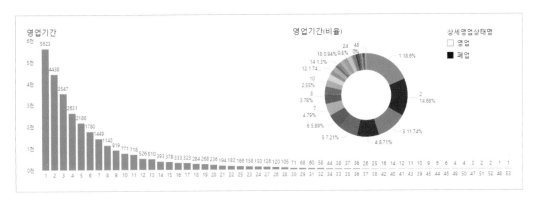

'상세영업상태명 슬라이서'에서 [영업]을 체크하면 현재 영업 중인 카페의 운영기간을 확인할 수 있습니다. 현재 영업 중인 카페의 영업기간 분포도 폐업한 카페의 분포와 크게 다르지 않습니다. 1년 이내가 16.79%로 가장 많으며 2년과 3년이 그 다음을 차지합니다.

이번 챕터에서는 유명 브랜드 카페 10곳을 선정하여 시장점유율과 지역별 분포, 창업/폐업 추이 등을 분석합니다. Power BI Desktop 보고서의 [새 페이지] 단추를 클릭하여 새로운 페이지를 생성하고 이름을 '유명 브랜드 카페'로 변경합니다.

이번 챕터의 시각화 결과물은 아래와 같습니다.

01 브랜드 카페 선정 및 데이터 추가

사람들에게 많이 알려진 브랜드 카페 10개를 선정하고, '서울카페2021_공간처리' 테이블의 '사업장명' 필드에서 상호를 추출하여 '브랜드' 필드를 추가합니다.

• 브랜드 카페 10

한국기업평판연구소에서 제공하는 '커피전문점 브랜드 2022년 7월 빅데이터 분석 결과'를 참고하여 10개의 브랜드 카페를 선정합니다(출처 : https://brikorea.com/bbs/board.php?bo_table=rep_1&wr_id=1538).

연번	한글상호	영문상호
1	스타벅스	starbucks
2	메가커피	mega
3	투썸플레이스	twosome
4	이디야	ediya
5	빽다방	paik's
6	파스쿠찌	pascucci
7	폴바셋	Paul Bassett
8	커피빈	coffeebean
9	할리스	hollys
10	엔제리너스	angelinus

• 대문자로 변경

'서울카페2021_공간처리' 테이블의 '사업장명' 필드는 한글과 영문이 혼용되어 있습니다. 영문으로 된 사업장명은 대/소문자 여부에 따라 검색이 좌우될 수 있으므로 '사업장명' 필드의 모든 영문을 대문자로 변경합니다.

01 | [홈] 탭의 [데이터 변환]을 클릭하여 파워 쿼리 편집기를 열고, '서울카페2021_공간처리' 쿼리를 선택합니다. '사업장명' 열 머리글을 선택하고 [열 추가] 탭의 [텍스트에서] 그룹에 있는 [서식] – [대문자]를 클릭합니다.

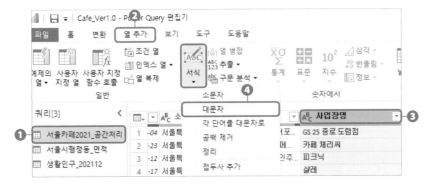

02 | 영문의 소문자가 모두 대문자로 변경된 '대문자' 열이 생성되었음을 확인할 수 있습니다.

AᴮC 사업장명	AᴮC adm_cd2	1.2 영업기간	AᴮC 대문자
cafe 언제나 맑음	11110530	2941	CAFE 언제나 맑음
모스트커피	11110530	1348	모스트커피
빌리엔젤	11110530	1873	빌리엔젤
궁라이스케익까페	11110530	340	궁라이스케익까페
아리스타커피숍	11110530	3346	아리스타커피숍
커피집(Coffee ZIP)	11110530	1664	커피집(COFFEE ZIP)

• 브랜드 열 추가

'대문자' 열에서 10개의 유명 브랜드 상호를 찾아 새로운 열에 기록합니다(10개의 브랜드에 포함되지 않으면 '기타'로 기록합니다).

01 | [열 추가] 탭에 있는 [조건 열]을 클릭하고, 대화상자가 나타나면 다음과 같이 설정합니다. [절 추가]를 클릭하면, 새로운 행을 입력할 수 있습니다.

- [새열 이름] : 브랜드
- [기타] : 기타

	열 이름	연산자	값	출력
조건	대문자	포함	스타벅스	스타벅스
다음	대문자	포함	STARBUCKS	스타벅스
다음	대문자	포함	메가커피	메가커피
다음	대문자	포함	MEGA	메가커피
다음	대문자	포함	투썸플레이스	투썸플레이스
다음	대문자	포함	TWOSOME	투썸플레이스
다음	대문자	포함	이디야	이디야
다음	대문자	포함	EDIYA	이디야
다음	대문자	포함	빽다방	빽다방
다음	대문자	포함	PAIK'S	빽다방
다음	대문자	포함	파스쿠찌	파스쿠찌
다음	대문자	포함	PASCUCCI	파스쿠찌
다음	대문자	포함	폴바셋	폴바셋
다음	대문자	포함	PAUL BASSETT	폴바셋
다음	대문자	포함	커피빈	커피빈

다음	대문자	포함	COFFEEBEAN	커피빈
다음	대문자	포함	할리스	할리스
다음	대문자	포함	HOLLYS	할리스
다음	대문자	포함	엔제리너스	엔제리너스
다음	대문자	포함	ANGELINUS	엔제리너스

02 | [확인]을 클릭하면, '유명 브랜드 카페'의 상호가 기록된 '브랜드' 열이 생성되었음을 확인할 수 있습니다. [홈] 탭에 있는 [닫기 및 적용]을 클릭하여 Power BI Desktop으로 돌아갑니다.

02 시장 점유 현황 시각화

현재 영업 중인 10개의 유명 브랜드 카페를 중심으로 카페의 시장 점유 현황을 파악합니다.

• 페이지 필터 설정

[필터] 창의 [이 페이지의 필터]에 '서울카페2021_공간처리' 테이블의 '상세영업상태명' 필드를 추가하고 '기본 필터링' 상태에서 [영업]만 체크합니다. 이제 이 페이지의 모든 시각적 개체는 현재 영업 중인 카페만 표시합니다.

• 기타를 포함한 시장 점유 현황

10개의 유명 브랜드를 포함하여 운영 중인 모든 카페의 시장점유율을 시각화합니다.

01 | [보고서]( ) 보기의 [시각화] 창에서 [도넛형 차트]를 클릭하여 캔버스에 배치합니다. [시각화 – 시각적 개체 빌드]의 [범례] 영역에 '서울카페2021_공간처리' 테이블의 '브랜드' 필드를 추가합니다. [시각화 – 시각적 개체 빌드]의 [값] 영역에 '서울카페2021_공간처리' 테이블의 '브랜드' 필드를 추가하고 아래 화살표( )를 클릭하여 [개수]를 선택합니다.

02 | [시각화 – 시각적 개체 서식 지정]의 [시각적 개체]에서 다음과 같이 설정합니다.

> • [범례] : 비활성화
> • [세부 정보 레이블] – [레이블 내용] : 범주, 총 퍼센트

03 | [시각화 – 시각적 개체 서식 지정]의 [일반]에서 다음과 같이 설정합니다.

- [제목] – [텍스트] : 시장 점유율(기타 포함)

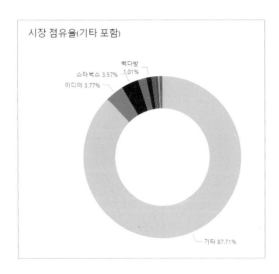

● 기타를 제외한 시장 점유 현황

기타 브랜드를 제외한 10개 유명 브랜드 카페의 시장점유율을 시각화합니다.

01 | [보고서](📊) 보기의 [시각화] 창에서 [도넛형 차트]를 클릭하여 캔버스에 배치합니다. [시각화 – 시각적 개체 빌드]의 [범례] 영역에 '서울카페2021_공간처리' 테이블의 '브랜드' 필드를 추가합니다. [시각화 – 시각적 개체 빌드]의 [값] 영역에 '서울카페2021_공간처리' 테이블의 '브랜드' 필드를 추가하고 아래 화살표(∨)를 클릭하여 [개수]를 선택합니다.

02 | [시각화 – 시각적 개체 서식 지정]의 [시각적 개체]에서 다음과 같이 설정합니다.

- [범례] : 비활성화
- [세부 정보 레이블] – [레이블 내용] : 범주, 총 퍼센트

03 | [시각화 – 시각적 개체 서식 지정]의 [일반]에서 [제목]을 다음과 같이 설정합니다.

- [제목] – [텍스트] : 시장 점유율(기타 제외)

04 | [필터 – 이 시각적 개체의 필터]의 '브랜드' 필드에서 [모두 선택]을 체크하고 [기타]의 체크를 해제합니다.

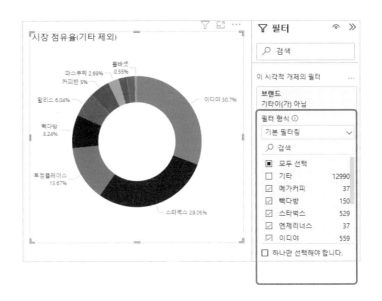

03 지역별 분포 시각화

지도를 기반으로 10개의 브랜드 카페 지역별 분포를 시각화하고 특징을 살펴봅니다.

● 맵 배치 및 설정

01 | [보고서](📊) 보기의 [시각화] 창에서 [맵]을 클릭하여 캔버스에 배치합니다. [시각화 – 시각적 개체 빌드]의 [위도] 영역에 '서울카페2021_공간처리' 테이블의 'Y' 필드를 추가합니다. [시각화 – 시각적 개체 빌드]의 [경도] 영역에 '서울카페2021_공간처리' 테이블의 'X' 필드를 추가합니다. [시각화 – 시각적 개체 빌드]의 [거품 크기] 영역에 '서울카페2021_공간처리' 테이블의 '시설총규모' 필드를 추가합니다. [시각화 – 시각적 개체 빌드]의 [도구 설명] 영역에 '서울카페2021_공간처리' 테이블의 '사업장명' 필드를 추가합니다.

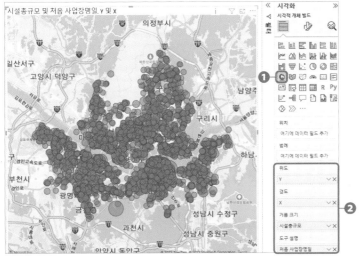

02 | [시각화 – 시각적 개체 서식 지정]의 [시각적 개체]에서 다음과 같이 설정합니다.

- [거품형] – [크기] : -25
- [거품형] – [색] – [기본값] : 테마 색8

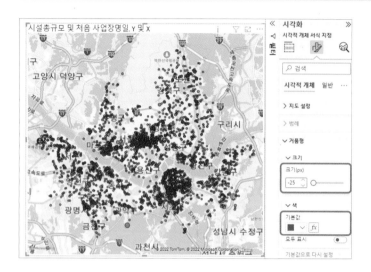

03 | [시각화 – 시각적 개체 서식 지정]의 [일반]에서 다음과 같이 설정합니다.

- [제목] – [텍스트] : 지역별 분포

 Tip

그림과 같은 에러 메시지가 나타나면, [파일] 메뉴의 [옵션 및 설정] – [옵션] – [전역] – [보안]에서 [맵 및 등치 지역도 시각적 개체 허용]을 체크하고 저장 후 재시작하면 됩니다.

• 슬라이서 배치

01 [보고서]( ) 보기의 [시각화] 창에서 [슬라이서]를 클릭하여 캔버스에 배치합니다. [시각화 – 시각적 개체 빌드]의 [필드] 영역에 '서울카페2021_공간처리' 테이블의 '브랜드' 필드를 추가합니다.

02 [시각화 – 시각적 개체 서식 지정]의 [시각적 개체]에서 다음과 같이 설정합니다.

- [슬라이서 설정] – [선택] – ["모두 선택" 옵션 표시] : 활성화
- [슬라이서 머리글] : 비활성화

03 [시각화 – 시각적 개체 서식 지정]의 [일반]에서 다음과 같이 설정합니다.

- [제목] : 활성화
- [제목] – [텍스트] : 브랜드 슬라이서

04 창업 추이 시각화

꺾은선형 차트를 이용하여 10개 브랜드 카페의 창업 추이를 시각화합니다.

01 [보고서](📊) 보기의 [시각화] 창에서 [꺾은선형 차트]를 클릭하여 캔버스에 배치합니다. [시각화 – 시각적 개체 빌드]의 [X축] 영역에 'Date' 테이블의 'Date' 필드를 추가합니다. [시각화 – 시각적 개체 빌드]의 [Y축] 영역에 '서울카페2021_공간처리' 테이블의 '브랜드' 필드를 추가하고 아래 화살표(∨)를 클릭하여 [개수]를 선택합니다. [시각화 – 시각적 개체 빌드]의 [범례] 영역에 '서울카페2021_공간처리' 테이블의 '브랜드' 필드를 추가합니다.

02 [시각화 – 시각적 개체 서식 지정]의 [시각적 개체]에서 다음과 같이 설정합니다.

- [X축] – [제목] : 비활성화
- [Y축] – [제목] : 비활성화

03 [시각화 – 시각적 개체 서식 지정]의 [일반]에서 다음과 같이 설정합니다.

- [제목] – [텍스트] : 브랜드 카페 창업 추이

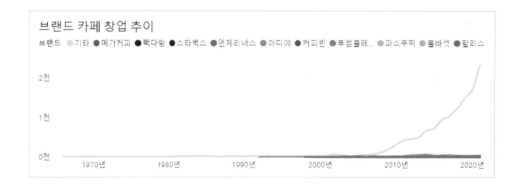

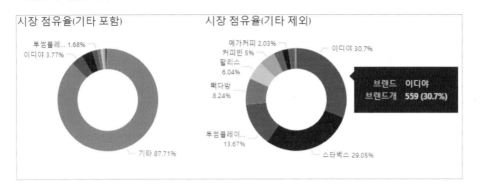 유명 브랜드 카페 탐색

2021년 12월 31일 기준, 서울에서 영업하는 카페 중 앞서 선정된 10개의 브랜드 카페가 차지하는 비율은 12.29%이며, 이디야가 가장 많고(559개) 그 다음이 스타벅스(529개), 투썸플레이스(249개)인 것을 확인할 수 있습니다.

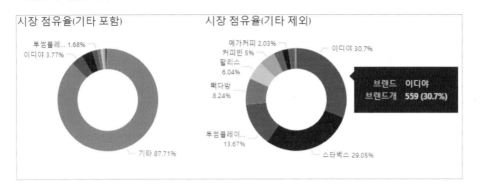

'브랜드' 슬라이서에서 [이디야]를 체크하고 '지역별 분포' 시각적 개체를 확인하면, '이디야' 매장의 분포를 확인할 수 있습니다. '이디야'는 비교적 서울시 전역에 고루 분포되어 있음을 확인할 수 있습니다.

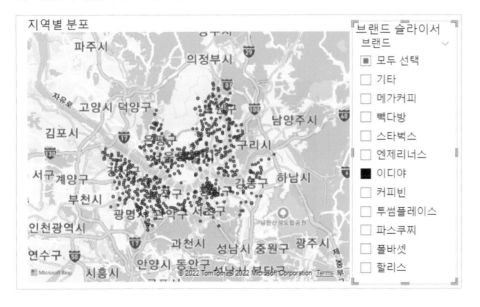

반면에, 스타벅스 매장의 분포는 강남구와 종로구 지역에 집중적으로 분포되어 있습니다. 참고로 포인트의 크기는 매장의 면적을 표현하며, 특정 포인트에 마우스를 위치시키면 사업장명이 나타납니다.

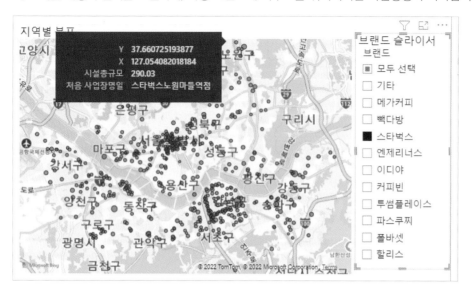

'브랜드' 슬라이서에서 [모두 선택]을 선택하고 [기타]를 제외하면 10개 브랜드 카페의 창업 시기를 확인할 수 있습니다. 다시 '브랜드 카페 창업 추이' 시각적 개체의 범례에서 [이디야]를 체크하면, 2014년에 창업이 가장 많았다가 점차 감소하는 것을 확인할 수 있습니다. '투썸플레이스'의 경우는 매년 꾸준히 증가하는 것을 확인할 수 있습니다.

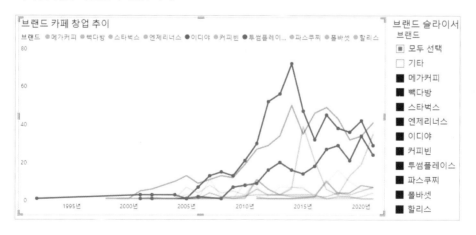

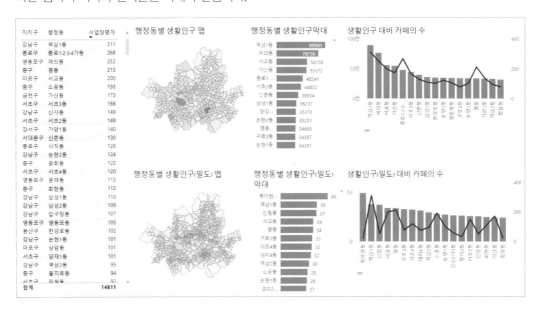

Chapter
09 | 카페 과밀 지역

이번 챕터에서는 지역별 카페의 수와 생활인구를 비교하여 카페 과밀 지역을 확인합니다. Power BI Desktop 보고서의 [새 페이지] 단추를 클릭하여 새로운 페이지를 생성하고 페이지 이름을 '카페 밀집지역'으로 변경합니다.

이번 챕터의 시각화 결과물은 아래와 같습니다.

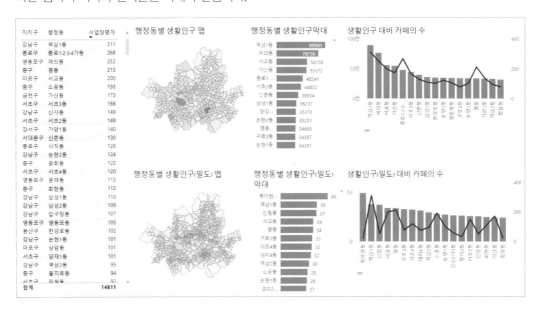

01 지역별 카페 분포 시각화

서울의 행정 단위인 자치구와 행정동을 기준으로 2021년 12월 기준 운영 중인 카페의 수를 시각화합니다.

• 페이지 필터 설정

이번 챕터는 영업 중인 카페만을 대상으로 하므로 [페이지 필터]를 적용합니다.

01 [필터] 창의 [이 페이지의 필터]에 '서울카페2021_공간처리' 테이블의 '상세영업상태명' 필드를 추가하고 '기본 필터링' 상태에서 [영업]만 체크합니다.

• **테이블 관계 설정**

'서울카페2021_공간처리' 테이블은 '서울시 행정동_ 면적' 테이블의 자치구와 행정동 속성 정보를 활용합니다. 테이블이 공통으로 갖고 있는 'adm_cd2' 필드를 이용하여 두 개의 테이블을 연결합니다.

01 | [모델]( ) 보기로 이동합니다. '서울카페2021_공간처리' 테이블의 'adm_cd2' 필드를 '서울시행정 동_면적' 테이블의 'adm_cd2' 필드에 연결합니다.

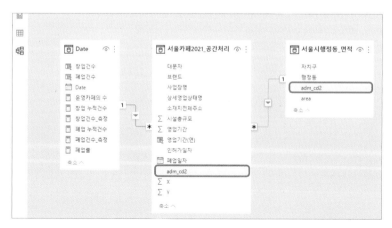

• 지역별 카페 분포

01 [보고서]( ) 보기의 [시각화] 창에서 [테이블]을 클릭하여 캔버스에 배치합니다. [시각화 – 시각적 개체 빌드]의 [열] 영역에 '서울시행정동_면적' 테이블의 '자치구' 필드와 '서울시행정동_면적' 테이블의 '행정동' 필드를 추가합니다. [시각화 – 시각적 개체 빌드]의 [열] 영역에 '서울카페2021_공간처리' 테이블의 '사업장명' 필드를 추가하고 아래 화살표( )를 클릭하여 [개수]를 선택합니다.

02 '테이블' 시각적 개체의 [추가 옵션]( )을 클릭하고, [정렬 기준]에서 [사업장명개]를 선택한 후, 다시 [내림차순 정렬]을 선택합니다.

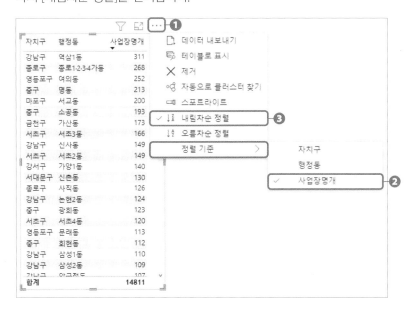

02 지역별 생활인구 시각화

앞서 생활인구 데이터 전처리 과정에서, 카페 이용 연령층(20~40대)과 시간대(08시~21시)에 해당하는 데이터만을 추출하여 데이터 테이블(생활인구_202112)을 만들었습니다. 이 데이터로 생활인구가 많은 지역을 시각화합니다.

> '서울시 행정동_면적' 등 지금까지 사용했던 데이터의 행정동 코드는 10자리였으나, '생활인구' 데이터에서 사용하는 행정동 코드는 8자리로 구성되어 상호 연계가 불가능합니다. 이 문제를 해결하기 위하여 도서와 함께 제공되는 파일 폴더(Part 05 〉 Data)에서 '행정동코드_변환_테이블.xlsx' 파일을 다운로드하여 사용합니다.

● 변환 테이블 가져오기

01 ┃ [홈] 탭에서 [데이터 가져오기]-[Excel 통합 문서]를 클릭하고 '행정동코드_변환_테이블.xlsx' 파일을 선택한 후 [열기]를 클릭합니다. 탐색 창에서 [행정동 코드 변환]을 체크하고, 하단에 있는 [로드]를 클릭합니다.

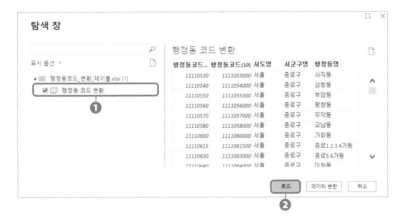

● 테이블 관계 설정

01 ┃ [데이터](▦) 보기에서 '생활인구_202112' 테이블의 '행정동코드' 필드를 선택하고, [열 도구] 탭에서 [데이터 형식]을 [텍스트]로 변경합니다. '생활인구2040' 필드를 선택하고, [열 도구] 탭에서 [데이터 형식]을 [10진수]로 변경합니다.

02 ┃ [데이터](▦) 보기에서 '서울시행정동_면적' 테이블의 'adm_cd2' 필드를 선택하고, [열 도구] 탭에서 [데이터 형식]을 [텍스트]로 변경합니다.

03 [모델]( ) 보기로 이동합니다. '생활인구_202112' 테이블의 '행정동코드' 필드를 '행정동 코드 변환' 테이블의 '행정동코드(8)' 필드와 연결합니다.

04 '서울행정동_면적' 테이블의 'adm_cd2' 필드를 '행정동 코드 변환' 테이블의 '행정동코드(10)' 필드와 연결합니다.

● **행정동별 생활인구**

01 [보고서]( ) 보기의 [시각화] 창에서 [도형 맵]을 클릭하여 캔버스에 배치합니다. [시각화 – 시각적 개체 빌드]의 [위치] 영역에 '서울시행정동_면적' 테이블의 'adm_cd2' 필드를 추가합니다. [색 채도] 영역에는 '생활인구_202112' 테이블의 '생활인구2040' 필드를 추가하고 아래 화살표( )를 클릭하여 [평균]을 선택합니다. [도구 설명] 영역에는 '서울시행정동_면적' 테이블의 '행정동' 필드를 추가합니다.

02 [시각화 – 시각적 개체 서식 지정]의 [시각적 개체]에서 다음과 같이 순서대로 설정합니다.

- [지도 설정] – [지도 설정] – [맵 유형] : 사용자 지정 맵
- [지도 설정] – [지도 설정] – [맵 유형 추가] : 서울시_행정동_20220101.json(도서와 함께 제공하는 파일 폴더 Part 05 〉 Data)

03 [시각화 – 시각적 개체 서식 지정]의 [일반]에서 다음과 같이 설정합니다.

- [제목] – [텍스트] : 행정동별 생활인구 맵

04 [보고서]( ) 보기의 [시각화] 창에서 [누적 가로 막대형 차트]를 클릭하여 캔버스에 배치합니다. [시각화 – 시각적 개체 빌드]의 [X축] 영역에 '서울시행정동_면적' 테이블의 '행정동' 필드를 추가합니다. [시각화 – 시각적 개체 빌드]의 [Y축] 영역에 '생활인구_201112' 테이블의 '생활인구2040' 필드를 추가하고 아래 화살표( )를 클릭하여 [평균]을 선택합니다.

05 [시각화 – 시각적 개체 서식 지정]의 [시각적 개체]에서 다음과 같이 설정합니다.

- [X축] : 비활성화
- [X축] – [제목] : 비활성화
- [Y축] – [제목] : 비활성화
- [데이터 레이블] : 활성화
- [데이터 레이블] – [값] – [표시 단위] : 없음
- [데이터 레이블] – [값] – [값 소수 자릿수] : 0

06 [시각화 – 시각적 개체 서식 지정]의 [일반]에서 다음과 같이 설정합니다.

• [제목] – [텍스트] : 행정동별 생활인구 막대

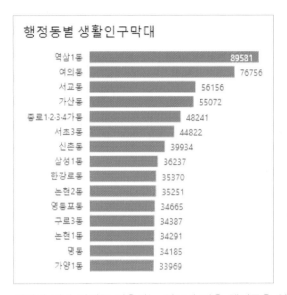

시각화 결과 카페를 이용하는 인구가 많은 행정동은 역삼1동, 여의동, 서교동 순입니다. 하지만 행정동별 생활인구 맵에서 보는 바와 같이, 각 행정동의 면적은 많은 차이가 있으므로 이를 반영할 필요가 있습니다. 예를 들어, 관악구 신림동의 생활인구는 19,001명으로 은평구 진관동(24,009명)보다 적게 표현되고 있습니다. 하지만 신림동의 면적은 507m²로 은평구 진관동의 면적(12,911m²)과 비교하여 약 25배나 적습니다. 만약 면적을 반영하여 생활인구가 많은 지역을 시각화한다면 그 결과는 다르게 나타날 것입니다.

• 밀도 반영 생활인구

인구 밀도(人口密度)는 단위 면적당 인구수를 나타내는 지표로 인구 분포의 밀집 정도를 파악하는 가장 간편하면서도 효과적인 방법으로 자주 이용되고 있습니다. 산술적 인구 밀도는 인구(명)를 전체 면적(km^2)으로 나눈 것으로 보통 행정구역이나 국가 단위로 계산합니다.

▸ 참고 : https://ko.wikipedia.org/wiki/인구_밀도

01 ┃ [데이터]( ) 보기에서 '생활인구_202112' 테이블을 선택하고 [테이블 도구] 탭의 [새 열]을 클릭합니다. 수식 입력줄에 다음과 같이 입력하고 실행하면, '생활인구2040' 필드의 값을 '서울시행정동_면적' 테이블의 'area' 필드의 값으로 나눈 결과가 생성됩니다.

• 생활인구2040(밀도) = [생활인구2040] / RELATED('서울시행정동_면적'[area])

> **Tip**   RELATED 함수는 관계가 설정된 테이블의 컬럼 값을 가져오는 데 사용됩니다. '서울시행정동_면적' 테이블은 '생활인구_202112' 테이블과 관계가 설정되어 있기 때문에, '생활인구_202112' 테이블에서 '서울시행정동_면적' 테이블의 'area' 필드 값을 불러와서 연산을 할 수 있습니다.

02 ┃ [보고서]( ) 보기의 [시각화] 창에서 [도형 맵]을 클릭하여 캔버스에 배치합니다. [시각화 – 시각적 개체 빌드]의 [위치] 영역에 '서울시행정동_면적' 테이블의 'adm_cd2' 필드를 추가합니다. [색 채도] 영역에는 '생활인구_202112' 테이블의 '생활인구2040(밀도)' 필드를 추가하고 아래 화살표( )를 클릭하여 [평균]을 선택합니다. [도구 설명] 영역에는 '서울시행정동_면적' 테이블의 '행정동' 필드를 추가합니다.

03 | [시각화 – 시각적 개체 서식 지정]의 [시각적 개체]에서 다음과 같이 순서대로 설정합니다.

- [지도 설정] – [지도 설정] – [맵 유형] : 사용자 지정 맵
- [지도 설정] – [지도 설정] – [맵 유형 추가] : 서울시_행정동_20220101.json

04 | [시각화 – 시각적 개체 서식 지정]의 [일반]에서 다음과 같이 설정합니다.

- [제목] – [텍스트] : 행정동별 생활인구(밀도) 맵

05 | [보고서]( ) 보기의 [시각화] 창에서 [누적 가로 막대형 차트]를 클릭하여 캔버스에 배치합니다.
[시각화 – 시각적 개체 빌드]의 [X축] 영역에 '서울시행정동_면적' 테이블의 '행정동' 필드를 추가합니다.
[시각화 – 시각적 개체 빌드]의 [Y축] 영역에 '생활인구_202112' 테이블의 '생활인구2040(밀도)' 필드를
추가하고 아래 화살표( )를 클릭하여 [평균]을 선택합니다.

06 | [시각화 – 시각적 개체 서식 지정]의 [시각적 개체]에서 다음과 같이 설정합니다.

- [X축] : 비활성화
- [X축] – [제목] : 비활성화
- [Y축] – [제목] : 비활성화
- [데이터 레이블] : 활성화

07 | [시각화 – 시각적 개체 서식 지정]의 [일반]에서 다음과 같이 설정합니다.

- [제목] – [텍스트] : 행정동별 생활인구(밀도) 막대

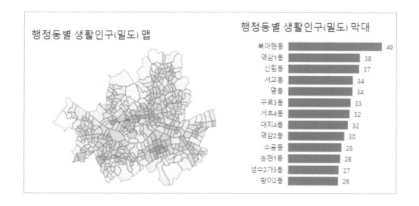

03 카페 과밀 지역 시각화

앞서 파악했던 카페 분포와 생활인구의 분포를 연계하여 서울에서의 카페 과밀 지역을 시각화합니다. 시각화 결과를 통하여 카페의 수요 대비 공급 현황을 파악할 수 있을 것으로 생각합니다.

● 생활인구 대비 카페의 수

01 │ [보고서](📊) 보기의 [시각화] 창에서 [꺾은선형 및 누적 세로 막대형 차트]를 클릭하여 캔버스에 배치합니다. [시각화 – 시각적 개체 빌드]의 [X축] 영역에 '서울시행정동_면적' 테이블의 '행정동' 필드를 추가합니다. [시각화 – 시각적 개체 빌드]의 [열 Y축] 영역에 '생활인구_202112' 테이블의 '생활인구 2040' 필드를 추가하고 아래 화살표(∨)를 클릭하여 [평균]을 선택합니다. [시각화 – 시각적 개체 빌드]의 [선 Y축] 영역에 '서울카페2021_공간처리' 테이블의 '사업장명' 필드를 추가하고 아래 화살표(∨)를 클릭하여 [개수]를 선택합니다.

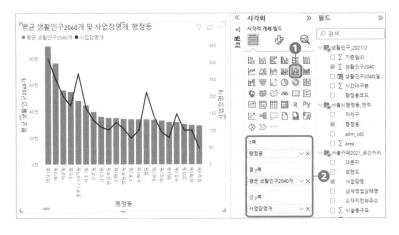

02 │ [시각화 – 시각적 개체 서식 지정]의 [시각적 개체]에서 다음과 같이 설정합니다.

- [X축] – [제목] : 비활성화
- [Y축] – [제목] : 비활성화
- [범례] : 비활성화

03 [시각화 – 시각적 개체 서식 지정]의 [일반]에서 다음과 같이 설정합니다.

> • [제목] – [텍스트] : 생활인구 대비 카페의 수

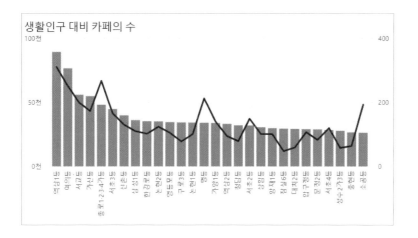

• 생활인구 밀도 대비 카페의 수

01 [보고서]( ) 보기의 [시각화] 창에서 [꺾은선형 및 누적 세로 막대형 차트]를 클릭하여 캔버스에 배치합니다. [시각화 – 시각적 개체 빌드]의 [X축] 영역에 '서울시행정동_면적' 테이블의 '행정동' 필드를 추가합니다. [시각화 – 시각적 개체 빌드]의 [열 Y축] 영역에 '생활인구_202112' 테이블의 '생활인구 2040(밀도)' 필드를 추가하고 아래 화살표( )를 클릭하여 [평균]을 선택합니다. [시각화 – 시각적 개체 빌드]의 [선 Y축] 영역에 '서울카페2021_공간처리' 테이블의 '사업장명' 필드를 추가하고 아래 화살표( ) 를 클릭하여 [개수]를 선택합니다.

02 [시각화 – 시각적 개체 서식 지정]의 [시각적 개체]에서 다음과 같이 설정합니다.

> • [X축] – [제목] : 비활성화
> • [Y축] – [제목] : 비활성화
> • [보조 Y축] : 활성화
> • [범례] : 비활성화

03 | [시각화 – 시각적 개체 서식 지정]의 [일반]에서 다음과 같이 설정합니다.

• [제목]–[텍스트] : 생활인구(밀도) 대비 카페의 수

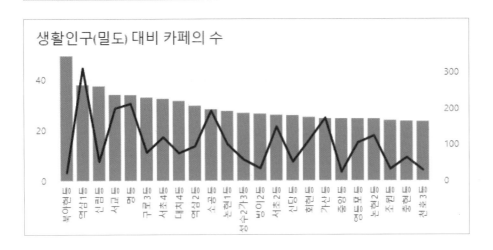

④ 카페 과밀 지역 탐색

시각화 결과, 카페가 많은 지역은 강남구 역삼1동(311개), 종로구 종로1234가동(268개), 영등포구 여의동(252개), 중구 명동(213개) 순인 것으로 나타났습니다.

자치구	행정동	사업장명개 ▼
강남구	역삼1동	311
종로구	종로1·2·3·4가동	268
영등포구	여의동	252
중구	명동	213
마포구	서교동	200

생활인구가 많은 지역은 역삼1동, 여의동, 서교동, 가산동, 종로1234가동 순입니다. 이 순서는 카페가 많은 지역과 유사합니다. 이미 많은 카페가 생활인구를 반영하고 있는 것으로 보입니다.

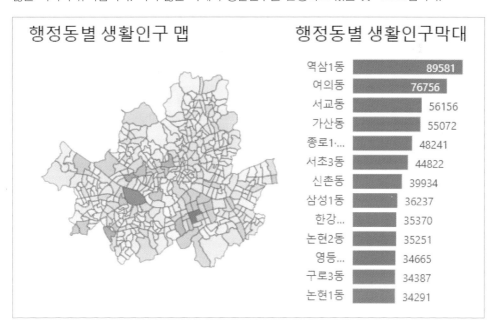

지역의 면적을 반영한 생활인구의 밀도는 북아현동, 역삼1동, 신림동, 서교동, 명동 순으로 높습니다.

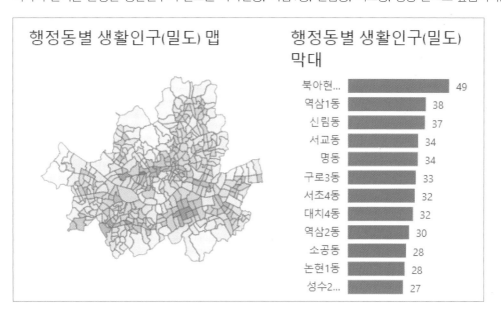

인구밀도를 고려하지 않는다면 종로1234가동, 명동, 소공동 등이 생활인구 수에 비하여 카페의 수가 많은 것으로 보입니다. 반면에 구로3동, 잠실6동 등은 카페의 수가 적은 것으로 보입니다.

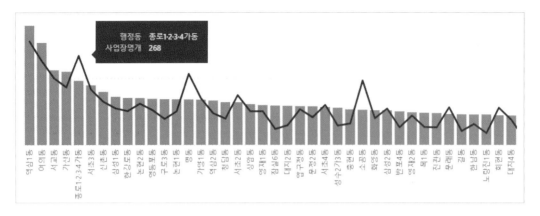

인구밀도를 반영하면 결과는 다르게 나타납니다. 종로1234가동과 역삼1동은 여전히 생활인구 대비 카페의 수가 많은 편이지만, 북아현동과 신림동 등은 생활인구 대비 카페의 수가 상대적으로 적은 것으로 나타났습니다.

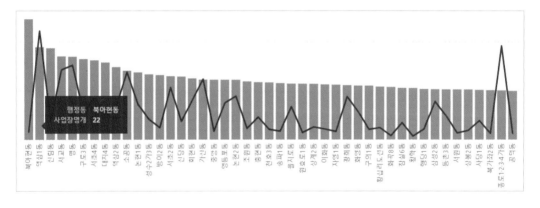

시각화 결과 카페를 이용하는 인구가 많은 행정동은 역삼1동, 여의동, 서교동 순입니다. 하지만 행정동별 생활인구 맵에서 보는 바와 같이, 각 행정동의 면적은 많은 차이가 있으므로 이를 반영할 필요가 있습니다. 예를 들어, 관악구 신림동의 생활인구는 19,001명으로 은평구 진관동(24,009명)보다 적게 표현되고 있습니다. 하지만 신림동의 면적은 507m²로 은평구 진관동의 면적(12,911m²)과 비교하여 약 25배나 적습니다. 만약 면적을 반영하여 생활인구가 많은 지역을 시각화한다면 그 결과는 다르게 나타납니다.

10 | 분석 결과 정리

이번 파트에서는 인허가 신고 데이터와 생활인구 데이터를 이용하여 카페 창업과 관련된 사항을 분석했습니다. 데이터 전처리를 위하여 Power BI 외에 QGIS와 Excel도 사용했습니다.

첫 번째 문제인 '카페의 창업과 폐업 추이' 분석을 위하여 연도별 창업건수와 폐업건수를 산출하고, 이로부터 연도별 운영 카페의 수를 집계하고 시각화했습니다.

두 번째 문제인 '카페의 폐업률과 영업기간' 분석을 위하여 새로 폐업률을 정의한 후, DAX(Data Analysis Expressions)를 이용한 측정값으로 값을 산출하고 시각화했습니다. 아울러 현재 영업 중이거나 이미 폐업한 카페를 구분하여 영업기간을 산출하고 시각화했습니다.

'유명 브랜드 카페'는 세 번째 분석 주제였습니다. 전체 카페 중에서 유명 브랜드 카페 10개를 선 정하여 카페의 점유율과 위치를 시각화하고 시사점을 살펴보았습니다. 아울러 유명 브랜드 카페의 창업 추이도 시각화하고 탐색했습니다.

이번 파트의 마지막 문제인 '카페 과밀 지역'은 서울 시내에 위치한 카페와 생활인구의 분포를 연계하여 시각화하고 답을 찾고자 했습니다.

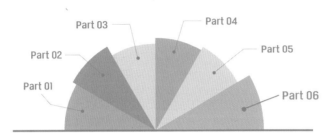

POWER BI : 활용편

PART 06
퀀트 투자 괜찮을까?

트렌드코리아 2022(김난도 외, 미래의창)는 2022년 10대 트렌드 중 하나로 '머니러시'를 선정했습니다. 미국 서부에 금광이 발견되자 사람들이 몰려들었던 '골드러시'에 빗대어 수입을 다변화하고 극대화하는 노력을 표현한 말입니다. 우리나라에서 현재 머니러시의 대표적인 수단이라면 주식 투자와 부동산을 꼽을 수 있습니다. 특히 주식 투자는 소액으로 쉽게 시작할 수 있어 사회생활을 시작하는 젊은 세대들의 관심이 많습니다. 이런 트렌드를 반영하여 이번 파트에서는 데이터 시각화와 탐색 대상을 주식 투자로 합니다. 도서와 함께 제공하는 파일(Part 06 > Output > Quant.pbix)에서 분석 결과 사례를 확인할 수 있습니다.

Chapter
01 | 분석 개요

주식 투자와 관련된 수많은 콘텐츠가 다양한 매체에 의하여 만들어지고 있습니다. 본 도서에서는 데이터 탐색과 시각화라는 관점으로 주식 투자를 바라봅니다.

01 분석 배경

퀀트(quant)는 계량적인(quantitative)+분석가(analyst)의 합성어로 느낌과 감정 대신 계량화된 데이터를 이용하는 투자를 의미합니다. 퀀트 투자를 옹호하는 전문가들에 의하면 사람은 각종 편향적 사고에 매몰되기 쉽기 때문에 데이터라는 명확한 근거를 가지고 규칙적인 투자를 하는 것이 훨씬 효과적이라고 합니다. 퀀트 투자에 대한 일반 투자자들의 관심이 커지면서 관련 도서는 물론 각종 강의와 유료 서비스가 증가하고 있습니다.

▶ 퀀트 투자 관련 도서들

이번 파트에서는 직접 데이터를 수집하여, 시각화하고 탐색하면서 퀀트 투자의 효과를 확인해 보겠습니다.

02 분석 절차

퀀트 투자의 효과성 분석과 투자 현황을 모니터링하기 위한 대시보드 개발을 문제로 각각 정의합니다. 그 다음 문제 해결을 위해 데이터를 수집하고 전처리 작업을 수행합니다. 전처리 작업이 완료되면 본격적인 시각화 작업을 수행합니다.

● 분석의 특징 및 한계

퀀트 투자 효과를 시각화하고 탐색하는 시간적 범위는 2021년 4월 1일부터 2022년 3월 31일까지 1년간입니다. 대상적 범위는 코스피와 코스닥에 등록된 모든 종목(2021년 4월 1일 기준 2,294개)입니다.

본 도서는 Power BI를 활용하여 데이터를 분석하는 방법을 익히는 것을 목적으로 합니다. 여기서 다루는 주식 투자와 관련된 내용은 데이터 수집과 활용의 사례로 사용되었으며, 주식 투자의 결과에 대한 책임이 없음을 밝힙니다.

02 | 문제 정의

퀀트 투자를 망설이는 사람들이 가장 궁금해할 만한 사항을 이번 파트의 문제로 정의합니다.

01 퀀트 투자 수익 분석

퀀트 기법으로 선정된 종목의 수익률이 코스피·코스닥과 지수와 비교하여 상대적으로 우수한지 여러 시각화 차트를 이용하여 비교합니다.

02 투자 현황 대시보드 개발

주식 투자 현황을 실시간으로 모니터링하기 위한 Power BI Desktop 기반의 대시보드를 개발합니다.

> **Tip** | **데이터 대시보드가 중요한 이유**
>
> 대시보드는 모든 종류의 메트릭, 데이터 소스, API, 서비스를 연결하여 기업이 이러한 소스에서 관련 정보를 추출하여 사용자 친화적인 방식으로 표시합니다. 자동차 대시보드와 마찬가지로 데이터 대시보드도 중요한 정보를 한눈에 정리하고 표시하여 회사의 가장 중요한 데이터를 파악하고 중요한 질문에 대한 답변을 찾는 데 도움이 됩니다.

> **Tip** | **효과적인 데이터 대시보드를 만드는 방법**
>
> 효과적인 데이터 대시보드는 전략과 신중함이 필요합니다. 대시보드는 매우 구체적인 용도로 사용되며 선택한 디자인과 KPI 모두 매우 중요합니다. 대시보드의 효과를 개선하려면 다음 사항을 고려해 보세요.
>
> • 실시간 데이터 사용 : 많은 대시보드 도구는 자동화 개선 기능을 제공하여 실시간으로 데이터를 캡처한 후 조직 전체 또는 특정 업무팀에서 공유할 수 있으며 모바일 앱에 분석 기능을 내장하여 직원들이 필요할 때 필요한 곳에서 이를 사용할 수 있습니다.
> • 대상 파악 : 대시보드는 모든 사람이 사용하고 이해할 수 있어야 합니다. 예를 들어 어떤 부서는 정확한 수치가 필요하지만, 또 다른 부서는 추세를 확인할 수 있어야 합니다. 용도를 잘 판단하여 사용하세요.
> • 일관성 유지 : 대시보드를 쉽게 탐색할 수 있도록 기능, 필터, 색상, 스타일 측면에서 일관성을 유지하세요. 대시보드에 일관된 모양과 느낌을 부여하면 사용자가 정보를 쉽고 빠르게 찾을 수 있습니다.
> • 논리적으로 데이터 그룹화 : 동일한 데이터를 함께 보관하면 사용자들은 정보를 보다 쉽게 탐색할 수 있습니다. 특히 서로 다른 부서의 여러 사용자가 같은 데이터를 사용할 때 더욱 효과가 큽니다.
>
> 출처 : https://powerbi.microsoft.com/ko-kr/data-dashboards/

Chapter
03 | 데이터 수집

이번 파트에서는 주식 종목에 대한 기본 데이터와 함께 각 종목별로 실시간 가격 데이터가 필요합니다.

01 주식 기초 정보 데이터(증권정보포털 데이터)

한국예탁결제원에서 운영하는 증권정보포털(Securities Information Broadway, 이하 'SEIBro')은 국내의 모든 주식 종목에 대한 기본 데이터를 제공하고 있습니다.

데이터는 세이브로(https://www.seibro.or.kr) 사이트의 메뉴 중 [주식 〉 종목전체검색 〉 주식 종목전체검색]에서 다운로드할 수 있습니다.

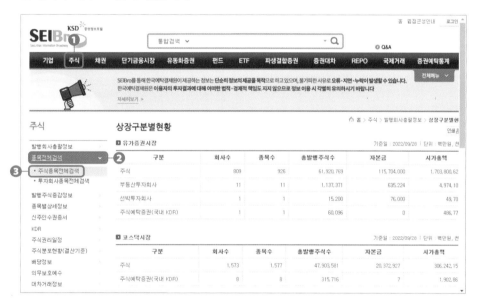

이번 파트의 첫 번째 문제(퀀트 투자 수익 분석)를 분석하려면 과거의 주식 종목 데이터가 필요합니다. 하지만 아쉽게도 SEIBro에서는 당일 데이터만 다운로드 가능합니다. 따라서 여기서는 필자가 과거에 다운로드한 데이터를 활용합니다. 도서와 함께 제공하는 예제 폴더(Part 06 〉 Data)의 파일을 이용해 주세요.

참고로, 당일 주식 종목 데이터 다운로드 방법은 다음과 같습니다.

01 화면 상단의 선택 화면에서 다음과 같이 선택합니다.

> • [시장종류] : 전체
> • [주식종류] : 보통주
> • [발행형태] : 전체
> • [업종] : FICS, 전체
> • [명의개서대리인] : 전체
> • [결산월] : 전체

02 화면 중간의 [항목 설정]에서 다음 항목을 체크하고 [조회]를 클릭합니다.

> • 시가총액(억)
> • 영업이익(백만)
> • PER
> • ROE

03 │ [검색결과]의 내용을 확인하고 [엑셀 다운로드]를 클릭하면 엑셀 형태의 데이터 파일이 다운로드됩니다.

04 │ 실제 다운로드한 데이터 파일을 열어보면 분석에 필요하지 않은 항목(열)이 많이 포함되어 있음을 알 수 있습니다. 불필요한 항목은 모두 삭제하고 '종목코드', '종목명', '시장구분', '시가총액(억)', 'ROE', 'PER', '영업이익(억)' 항목만을 남깁니다.

종목코드	종목명	시장구분	시가총액(억)	ROE	PER	영업이익(억)
005930	삼성전자	코스피	4,948,950	9.51	18.97	359,939
000660	SK하이닉스	코스피	1,022,843	9.10	21.51	50,126
051910	LG화학	코스피	578,151	2.89	112.79	17,982

⑫ 주식 가격 데이터

주식의 주기별(일별, 주별, 월별 등) 가격을 얻기 위한 여러 방법이 있습니다. 키움증권 등 증권사에서는 API(Application Programming Interface)를 통하여 주가 데이터를 제공합니다. 하지만 이를 이용하려면 별도의 프로 개발 환경이 필요합니다. 또한, 네이버(https://finance.naver.com)와 다음(https://finance.daum.net)과 같은 포털 사이트에서 제공하는 주식 정보는 브라우저로 접근하는 목적을 위하여 만들어졌기 때문에 일반적인 방법으로는 데이터를 다운로드하여 분석하기 쉽지 않습니다. 본 교재에서는 네이버 금융(https://finance.naver.com) 사이트에서 내부적으로 사용하는 API를 이용한 주식 가격 데이터를 활용합니다.

이번 챕터에서는 퀀트 기법으로 선정된 종목의 수익률을 코스피 · 코스닥과 같은 주가지수와 비교하면서 퀀트 투자의 효과를 확인합니다. Power BI Desktop 보고서의 페이지 이름(1페이지)을 더블클릭하고 이름을 '퀀트 투자'로 변경합니다.

이번 챕터의 시각화 결과물은 아래와 같습니다.

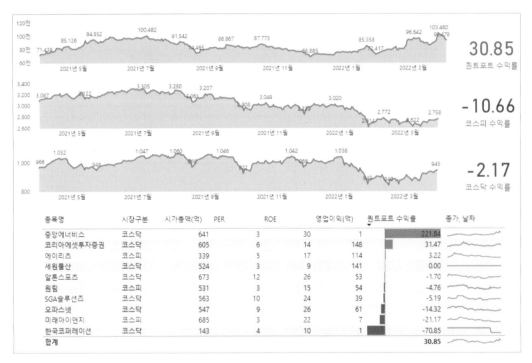

종목명	시장구분	시가총액(억)	PER	ROE	영업이익(억)	퀀트포트 수익률	종가, 날짜
중앙에너비스	코스닥	641	3	30	1	221.84	
코리아에셋투자증권	코스닥	605	6	14	148	31.47	
에이리츠	코스피	339	5	17	114	3.22	
세원물산	코스닥	524	3	9	141	0.00	
알톤스포츠	코스닥	673	12	26	53	-1.70	
원림	코스피	531	3	15	54	-4.76	
SGA솔루션즈	코스닥	563	10	24	39	-5.19	
오파스넷	코스닥	547	9	26	61	-14.32	
미래아이앤지	코스피	685	3	22	7	-21.17	
한국코퍼레이션	코스닥	143	4	10	1	-70.85	
합계						30.85	

이미 다양한 퀀트 기법이 공개되어 있으며 개별적으로 취향에 맞게 만들어 사용할 수도 있습니다. 여기서는 일정 기준으로 10개 주식 종목을 선정하여 포트폴리오를 만들어서 운용하는 방법을 설명합니다(이하, 퀀트 기법 포트폴리오란 의미로 '퀀트포트'라고 합니다).

퀀트포트의 선정 기준은 다음과 같습니다.

- 시가총액 : 주가와 발행 주식 수를 곱한 것으로 상장회사 혹은, 기업 가치를 평가하는 지표입니다. 퀀트포트는 시가총액이 작은 기업의 주식이 시가총액이 큰 기업의 주식보다 수익률이 높다는 '소형주 효과'를 이용하기 위하여 시가총액이 작은 종목을 선택합니다.
- 영업이익 : 기업들은 경영 활동의 결과인 이익과 손실을 요약한 손익계산서를 분기별로 발표하는데, 손익계산서는 매출액, 영업이익, 순이익을 포함합니다. 영업이익은 매출액 등의 영업수익에서 매출원가 및 판매비와 관리비 등의 영업비용을 차감한 금액을 말합니다. 퀀트포트는 영업이익이 흑자인 종목을 선택합니다.

- PER(Price Earnings Ratio) : PER은 주가를 주당 순이익으로 나눈 것으로 주가의 적정성 여부를 판단하는 지표로 사용합니다. 일반적으로 PER이 낮은 저평가 종목이 수익성이 좋지만, 지나치게 낮은 종목은 부실의 우려가 있습니다. 퀀트포트는 낮은 PER 종목을 선택하지만 일정 기준 이하의 종목은 제외합니다.
- ROE(Return On Equity) : ROE는 기업이 자본을 이용하여 얼마만큼의 이익을 냈는지를 나타내는 지표로, 당기순이익 값을 자본값으로 나누어 구합니다. 일반적으로 ROE가 높을수록 효율적으로 돈을 잘 버는 기업이라고 판단할 수 있습니다. 퀀트포트에서는 ROE가 높은 종목을 선택합니다.

위와 같은 기준으로 선정된 퀀트포트의 효과를 검증하기 위하여 1년간(2021년 4월 1일 ～ 2022년 3월 31일) 수익률을 같은 기간의 코스피 및 코스닥 지수와 비교합니다. 진행 순서는 다음과 같습니다.

- 퀀트포트 선정 : 2021년 4월 1일 기준 전체 주식 종목 중에서 10개 종목 선정
- 주가 데이터 수집 : 선정된 10개 종목의 1년간(2021년 4월 1일 ～ 2022년 3월 31일) 주가와 코스피·코스닥 지수 데이터 수집
- 퀀트 투자 시각화 : 다양한 차트를 이용하여 데이터를 시각화하면서 퀀트 투자의 효과 확인

⓪① 퀀트포트 선정

파워 쿼리 편집기를 활용, 2021년 4월 1일 수집한 주식 종목 데이터에서 10개의 종목을 선정합니다. 다음의 4단계로 진행합니다.

- 1단계 : 전체 종목에서 시가총액 기준 하위 10% 선별
- 2단계 : 1단계를 거친 종목 대상으로 영업이익 흑자 종목 선별(적자 종목 제외)
- 3단계 : 2단계를 거친 종목 대상으로 PER 값이 2 이상인 종목 선별
- 4단계 : 3단계를 거친 종목 대상으로 ROE 상위순, PER 하위 순으로 10개 종목 선별

• 데이터 가져오기

01 | Power BI Desktop의 [홈] 탭 – [데이터] 그룹에서 [Excel 통합 문서]를 클릭합니다.

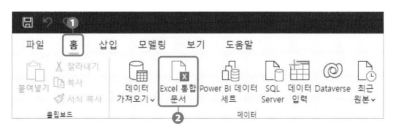

02 | [열기] 대화상자에서 본 도서와 함께 제공되는 파일 폴더(Part 06 〉 Data)의 '주식 기초 정보 데이터(2021.4.1 기준).xlsx' 파일을 선택하고 [열기]를 클릭합니다.

03 | [탐색 창]에서 [Sheet1]을 체크하고 화면 하단의 [데이터 변환]을 클릭합니다.

04 | 파워 쿼리 편집기 화면 오른쪽 [적용된 단계]에서 [변경된 유형]의 취소 아이콘(X)을 클릭하여 자동으로 수행된 '데이터 유형 변경'을 취소합니다.

Tip '종목코드'는 텍스트 유형이어야 하기 때문입니다.

05 ┃ '종목코드' 열 머리글을 선택하고 [변환] 탭의 [데이터 형식]에서 [텍스트]로 설정합니다.

06 ┃ 앞 단계와 같은 방법으로 '시가총액(억)', 'ROE', 'PER', '영업이익(억)' 열의 데이터 형식을 [10진수]로 변경합니다.

• 시가총액 기준 하위 20% 선별

01 ┃ '시가총액(억)' 열 머리글을 선택하고 [홈] 탭–[정렬] 그룹에서 [오름차순 정렬]을 클릭합니다.

02 ┃ '시가총액(억)' 열 머리글을 선택하고 [홈] 탭–[행 감소] 그룹에서 [행 유지]–[상위 행 유지]를 클릭합니다.

03 | [상위 행 유지] 대화상자에서 전체 2,294종목의 20%인 '458'을 입력하고 [확인]을 클릭합니다.

● 영업이익 흑자 종목 선별

01 | '영업이익(억)' 열 머리글의 필터 단추(▼)를 클릭하고 [숫자 필터]-[보다 큼]을 클릭합니다.

02 | [행 필터] 대화상자의 [기본]에서 '0 보다 큼'으로 설정하고 [확인]을 클릭합니다.

• PER 값이 2 이상 종목 선별

01 | 'PER' 열 머리글의 필터 단추(▼)를 클릭하고 [숫자 필터]-[보다 큼]을 클릭합니다. [행 필터] 대화
상자가 나타나면 '2 보다 큼'으로 설정하고 [확인]을 클릭합니다.

• ROE 상위순, PER 하위순으로 10개 종목 선별

01 | 'ROE' 열 머리글을 선택하고 [홈] 탭-[정렬] 그룹에서 [내림차순 정렬]을 클릭합니다.

02 | 'ROE' 열 머리글을 선택하고 [열 추가] 탭-[일반] 그룹에서 [인덱스 열]-[1부터]를 클릭합니다.

03 | 새로 생성된 '인덱스' 열의 이름을 'ROE 순위'로 변경합니다.

	A.C. 종목코드	123 종목명	123 시장구분	1.2 시가총액 (억)	1.2 ROE	1.2 PER	1.2 영업이익 (억)	123 ROE 순위
1	000440	중앙에너비스	코스닥	641	30.22	3.34	1	1
2	173130	오파스넷	코스닥	547	26.36	9.12	61	2
3	123750	알톤스포츠	코스닥	673	25.91	12.02	53	3

04 | 'PER' 열 머리글을 선택하고 [홈] 탭의 [오름차순 정렬]을 클릭한 후 [열 추가] 탭의 [인덱스 열]-[1부터]를 클릭합니다.

05 | 새로 생성된 '인덱스' 열의 이름을 'PER 순위'로 변경하고, [열 추가] 탭의 [사용자 지정 열]을 클릭합니다.

06 | [사용자 지정 열] 대화상자에서 [새 열 이름]을 '퀀트 종목 순위'로 변경하고, [사용자 지정 열 수식]은 '= [ROE 순위] + [PER 순위]'로 입력하고, [확인]을 클릭합니다.

07 | '퀀트 종목 순위' 열 머리글을 선택하고 [홈] 탭의 [오름차순 정렬]을 클릭한 후 [홈] 탭의 [행 유지]-[상위 행 유지]를 클릭합니다. [상위 행 유지] 대화상자에서 '10'을 입력하고 [확인]을 클릭하면 선정된 10개의 종목을 확인할 수 있습니다.

08 | [쿼리] 창에서 'Sheet1'을 더블클릭하고 이름을 '퀀트포트'로 변경합니다.

이상으로 퀀트포트 선정 작업이 완료되었습니다.

02 주가 데이터 수집

앞에서 10개의 퀀트포트를 선정했습니다. 퀀트포트의 수익률을 확인하기 위해서는 각 종목의 1년간 일일 주가 데이터가 필요합니다. 여기서는 네이버금융(https://finance.naver.com)에서 사용하는 API를 활용하여 일일 주가 데이터를 수집합니다.

API의 호출은 '크롬', '사파리'와 같은 인터넷 브라우저의 URL 창에 변수를 입력하는 방식으로 이루어집니다. 아래의 그림은 삼성전자 주식(코드 005930)의 2022년1월 1일부터 1월 31일까지의 일일 가격을 조회하는 API입니다.

종목 코드
https://api.finance.naver.com/siseJson.naver?**symbol**=005930&request
Type=1&**startTime**=20220101&**endTime**=20220131&timeframe=day
조회 시작일   조회 종료일

여기서 'symbol'은 종목을 나타내는 코드이고 'startTime'은 데이터 시작일을, 'endTime'은 데이터의 마지막 날짜를 의미합니다. 호출 결과는 다음과 같습니다.

다음은 주가 데이터 수집 절차입니다.

- 1단계 : API의 '종목 코드'와 '조회 시작일', '조회 종료일'의 매개 변수 생성
- 2단계 : API를 호출하기 위한 함수 생성
- 3단계 : 퀀트포트의 API 호출 결과를 기록하기 위한 열 생성
- 4단계 : 코스피와 코스닥 지수의 API 호출 결과를 기록하기 위한 테이블 생성

• API 매개 변수 생성

파워 쿼리 편집기에서 주가 조회 API의 '종목 코드'와 '조회 시작일', '조회 종료일'의 변수로 사용할 매개
변수를 생성합니다.

01 | [홈] 탭의 [매개 변수 관리]-[새 매개 변수]를 클릭합니다.

02 | [매개 변수 관리] 대화상자에서 [이름]은 'symbol'로 [유형]은 '텍스트'로, [제안 값]은 '모든 값'으
로, [현재값]은 '000440'으로 설정하고 [확인]을 클릭합니다.

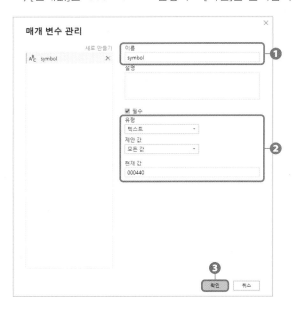

03 | 같은 방법으로 2개의 매개 변수를 더 생성합니다.

- [이름] : startTime, [유형] : 텍스트, [제안 값] : 모든 값, [현재 값] : 20210401
- [이름] : endTime, [유형] : 텍스트, [제안 값] : 모든 값, [현재 값] : 20220331

04 | 매개 변수 생성 결과는 다음과 같습니다.

• API 호출 함수 생성

01 | [홈] 탭의 [새 원본]-[웹]을 클릭합니다.

02 | [웹에서] 대화상자에서 다음과 같이 API 호출 URL을 입력하고 [확인]을 클릭합니다. Part 06 〉
Source 폴더의 'Page622_api호출.txt'에서 복사 가능합니다.

> https://api.finance.naver.com/siseJson.naver?symbol=005930&requestType=1&start-
> Time=20220101&endTime=20220131&timeframe=day

> **Tip** 종목코드 005930(삼성전자)의 2022년 1월 1일부터 2022년 1월 31일까지의 일일 주가 데이터를
> 조회하는 API URL입니다.

03 | 오류 메시지가 나타나면, 화면 오른쪽 [적용된 단계]의 [열 분할]과 [테이블로 변환됨]의 취소 아이콘을 클릭하여 최초 [원본] 단계로 이동합니다.

04 | [원본] 단계에서 [홈] 탭 – [쿼리] 그룹의 [고급 편집기]를 클릭합니다.

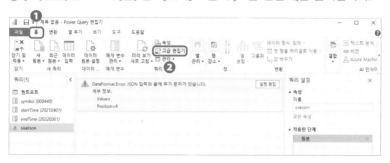

> **Tip** 네이버 금융 API는 CSV(comma-separated values) 형식으로 조회 결과를 회신합니다. 하지만 Power BI의 기본적인 웹 처리 결과 형식은 Json이므로, 형식을 CSV로 변경하고 일부 열을 편집해야 합니다.

05 | [고급 편집기] 대화상자의 [표시 옵션]에서 [자동 줄 바꿈 사용]을 선택하면 화면 보기가 쉬워집니다.

06 | [고급 편집기] 대화상자에서 아래와 같이 코드 일부를 변경하고 [완료]를 클릭합니다.

- 'Json'을 'Csv'로 변경
- 코드가 입력된 줄 끝 괄호 내부에 ',[Columns=7]' 삽입

```
let
    원본 = Json.Document(Web.Contents("https://api.finance.naver.com/siseJson.naver?
        symbol=005930&requestType=1&startTime=20220101&endTime=20220131&timeframe=day"))
in
    원본
```

▸ 변경 전

```
let
    원본 = Csv.Document(Web.Contents("https://api.finance.naver.com/siseJson.naver?
        symbol=005930&requestType=1&startTime=20220101&endTime=20220131&timeframe=day"),
        [Columns=7])
in
    원본
```

▸ 변경 후(Part 06 〉 Source 폴더의 'Page624_고급편집기.txt'에서 복사 가능합니다)

Tip 쉼표가 빠지지 않도록 유의하세요.

07 | 'Column1' 열 머리글의 필터 단추(▼)를 클릭한 후, 아래 그림과 같이 비어 있는 행과 제일 밑에 있는 ']' 행의 체크를 해제하고 [확인]을 클릭합니다.

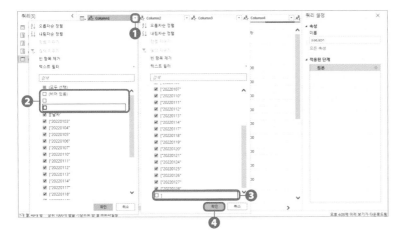

08 | [홈] 탭 – [변환] 그룹에서 [첫 행을 머리글로 사용]을 클릭하여 '날짜', '시가' 등이 머리글이 되도록 합니다.

09 | '[['날짜"' 와 '종가'를 제외한 모든 열을 삭제합니다. '[['날짜' 열을 선택하고 [홈] 탭의 [열 분할]–[위치별]을 클릭합니다.

10 | [위치로 열 분할] 대화상자에서 [위치]의 값을 '2, 10'으로 하고 [확인]을 클릭합니다.

11 | '[['날짜'.2' 열을 제거합니다. '[['날짜'.1' 열의 이름을 '날짜'로 변경하고 '종가' 열의 이름은 '종가'로 변경합니다.

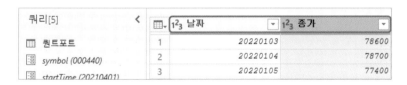

12 | [홈] 탭–[쿼리] 그룹의 [고급 편집기]를 이용하여 'siseJson' 쿼리를 엽니다.

13 | 다음과 같이 변경하고 [완료]를 클릭합니다. Part 06 〉 Source 폴더의 'Page626_고급편집기.txt'에서 복사 가능합니다.

- 'let' 아래에 아래와 같은 문자열 추가
  '원본 = (symbol as text, startTime as text, endTime as text) =〉 let'
  ※ 문자열 추가 후 그 밑의 줄들은 들여쓰기를 합니다.

- 마지막 줄에 문자열 추가
  'in
  원본'

- 매개 변수 값 변경
  005930 → "&symbol&"
  20220101 → "&startTime&"
  20220131 → "&endTime&"

Tip 아래의 그림과 같이, [고급 편집기]에서 매개 변수가 잘 삽입되었는지 확인(매개 변수는 검은색으로 표시됨)

```
원본 = Csv.Document(Web.Contents("https://api.finance.naver.com/siseJson.naver?symbol="&symbol&"&
   requestType=1&startTime="&startTime&"&endTime="&endTime&"&timeframe=day"),[Column=7]),
```

• 주가 조회 열 생성

01 | '퀀트포트' 쿼리를 선택하고 [열 추가] 탭-[일반] 그룹에서 [사용자 지정 함수 호출]을 클릭합니다.

02 | [사용자 지정 함수 호출] 대화상자에서 다음과 같이 설정하고 [확인]을 클릭합니다.

- [함수 쿼리] : 'siseJson' 선택
- [symbol] : 열 이름 '종목코드' 선택
- [startTime] : 텍스트 '20210401' 입력
- [endTime] : 텍스트 '20220331' 입력

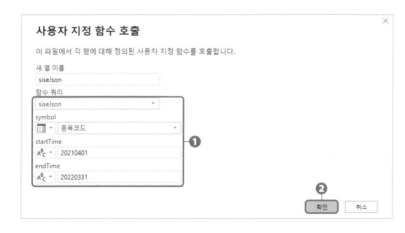

03 | '데이터 개인 정보보호에 대한 정보가 필요합니다'라는 안내문이 나오면 [계속]을 클릭합니다.

04 ┃ [개인 정보 수준] 창에서 [이 파일에 대한 개인 정보 수준 검사를 무시합니다.]를 체크하고 [저장]을 클릭합니다.

05 ┃ 'siseJson' 열 머리글의 ▥(확장)을 클릭하고, [원래 열 이름을 접두사로 사용]의 체크를 해제한 후 [확인]을 클릭합니다.

06 ┃ '날짜' 열의 데이터 형식을 [텍스트]로 변경한 후, 다시 [날짜] 형식으로 변경합니다. [열 형식 변경] 대화상자가 나타나면 [새 단계 추가]를 클릭합니다.

07 ┃ '종가' 열의 데이터 형식을 [10진수]로 변경합니다.

• 지수 조회 테이블 생성

01 | [홈] 탭 – [새 쿼리] 그룹에서 [데이터 입력]을 클릭합니다.

02 | [테이블 만들기] 대화상자의 [열1]에 '지수명', 'KOSPI', 'KOSDAQ'을 차례로 입력하고, [이름]에 '주가지수'를 입력한 후 [확인]을 클릭합니다.

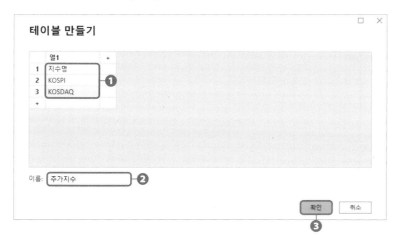

03 | [홈] 탭의 [첫 행을 머리글로 사용]을 클릭하여 '지수명'이 열의 제목이 되도록 합니다.

04 | [열 추가] 탭의 [사용자 지정 함수 호출]을 클릭합니다. [사용자 지정 함수 호출] 대화상자에서 다음과 같이 설정하고 [확인]을 클릭합니다.

- [함수 쿼리] : 'siseJson' 선택
- [symbol] : 열 이름 '지수명' 선택
- [startTime] : 텍스트 '20210401' 입력
- [endTime] : 텍스트 '20220331' 입력

05 | 'siseJson' 열 제목의 ⊞(확장)을 클릭하고, [원래 열 이름을 접두사로 사용]의 체크를 해제한 후 [확인]을 클릭합니다. '날짜' 열의 데이터 형식을 '날짜'로 변경합니다('텍스트' 형식으로 변경 후 다시 '날짜' 형식으로 변경합니다). '종가' 열은 '10진수' 형식으로 변경합니다.

06 | 이제 파워 쿼리 편집기에서의 데이터 전처리는 끝났습니다. [홈] 탭 – [닫기] 그룹에서 [닫기 및 적용]을 클릭하여 Power BI Desktop으로 이동합니다.

⑱ 퀀트 투자 시각화

퀀트포트의 효과를 확인하기 위하여 여러 시각화 개체를 활용하여 퀀트포트와 코스피·코스닥 지수의 수익률을 비교합니다.

● 퀀트포트 주가 변화 시각화

2021년 4월 1일부터 2022년 3월 31일까지 1년간 퀀트포트 10개 종목 합계값의 변화와 수익률을 시각화합니다.

01 ㅣ [보고서](📊) 보기의 [시각화] 창에서 [영역형 차트]를 클릭하여 캔버스에 배치합니다. [시각화] 창의 [X축] 영역에 '퀀트포트' 테이블의 '날짜' 필드를 추가하고 아래 화살표(∨)를 클릭하여 [날짜]를 선택합니다.

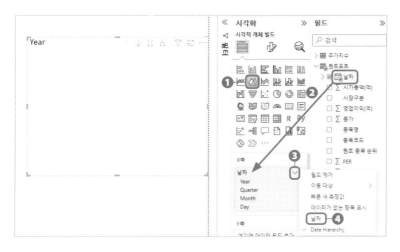

02 ㅣ [Y축] 영역에 '퀀트포트' 테이블의 '종가' 필드를 추가하고 아래 화살표(∨)를 클릭하여 [합계]를 선택합니다.

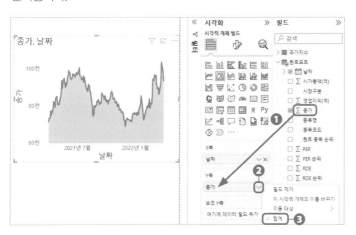

03 | [시각화 – 시각적 개체 서식 지정]의 [시각적 개체]에서 다음과 같이 설정합니다.

- [X축]–[제목] : 비활성화
- [Y축]–[제목] : 비활성화
- [데이터 레이블] : 활성화
- [데이터 레이블]–[값]–[표시 단위] : 없음

04 | [시각화 – 시각적 개체 서식 지정]의 [일반]에서 다음과 같이 설정합니다.

- [텍스트]–[제목] : 비활성화

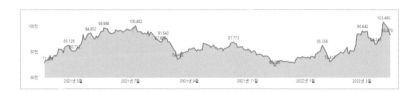

● 퀀트포트 수익률 시각화

[측정값]을 이용하여 퀀트포트의 수익률을 산출합니다.

01 | [필드] 창에서 '퀀트포트' 테이블을 선택하고, [테이블 도구] 탭에서 [새 측정값]을 클릭합니다.

02 | 수식 입력창에 아래와 같이 입력하고 ✓(커밋)을 클릭합니다(Part 06 〉 Source 〉 Page632_퀀트포트 수익률.txt).

퀀트포트 수익률 =

VAR FirstDateValue = CALCULATE(SUM('퀀트포트'[종가]), FIRSTDATE('퀀트포트'[날짜]))

VAR LastDateValue = CALCULATE(SUM('퀀트포트'[종가]), LASTDATE('퀀트포트'[날짜]))

RETURN (LastDateValue – FirstDateValue) / FirstDateValue * 100

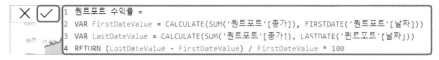

```
1   퀀트포트 수익률 =
2   VAR FirstDateValue = CALCULATE(SUM('퀀트포트'[종가]), FIRSTDATE('퀀트포트'[날짜]))
3   VAR LastDateValue = CALCULATE(SUM('퀀트포트'[종가]), LASTDATE('퀀트포트'[날짜]))
4   RETURN (LastDateValue - FirstDateValue) / FirstDateValue * 100
```

03 | [보고서]([■]) 보기의 [시각화] 창에서 [카드]를 클릭하여 보고서의 영역형 차트 오른쪽에 배치합니다. [시각화] 창의 [필드] 영역에서 '퀀트포트' 테이블의 '퀀트포트 수익률' 측정값을 추가합니다.

● 코스피 지수 변화 시각화

2021년 4월 1일부터 2022년 3월 31일까지 1년간 코스피 및 코스닥 지수의 변화와 수익률을 시각화합니다.

01 | [보고서]([■]) 보기의 [시각화] 창에서 [영역형 차트]를 클릭하여 캔버스에 배치합니다. 영역형 차트가 선택된 상태로 [필터] 창의 [이 시각적 개체의 필터]에 '주가지수' 테이블의 '지수명' 필드를 추가합니다.

02 | [이 시각적 개체의 필터]의 '기본 필터링' 상태에서 [KOSPI]만 체크합니다.

03 | [시각화] 창의 [X축] 영역에 '주가지수' 테이블의 '날짜' 필드를 추가하고 아래 화살표(⌄)를 클릭하여 [날짜]를 선택합니다.

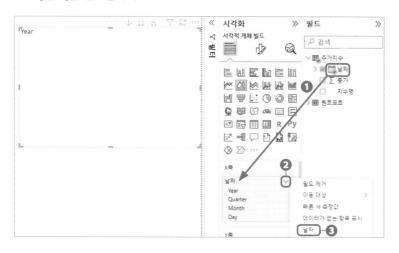

04 | [Y축] 영역에 '주가지수' 테이블의 '종가' 필드를 추가하고 아래 화살표(⌄)를 클릭하여 [합계]를 선택합니다. [시각화 – 시각적 개체 서식 지정]의 [시각적 개체]에서 다음과 같이 설정합니다.

- [X축] – [제목] : 비활성화
- [Y축] – [제목] : 비활성화
- [데이터 레이블] : 활성화
- [데이터 레이블] – [값] – [표시 단위] : 없음

05 | [시각화 – 시각적 개체 서식 지정]의 [일반]에서 다음과 같이 설정합니다.

- [텍스트] – [제목] : 비활성화

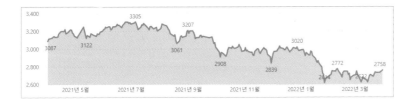

• 코스피 지수 수익률 시각화

01 | [필드] 창에서 '주가지수' 테이블을 선택하고, [새 측정값]을 클릭합니다. 수식 입력창에 아래와 같이
입력하고 ☑(커밋)을 클릭합니다(Part 06 〉 Source 〉 Page635_코스피 수익률.txt).

코스피 수익률 =

VAR FirstDateValue = CALCULATE(SUM('주가지수'[종가]),FIRSTDATE('주가지수'[날짜]), '주가지수'[지수
명]="KOSPI")

VAR LastDateValue = CALCULATE(SUM('주가지수'[종가]), LASTDATE('주가지수'[날짜]), '주가지수'[지수
명]="KOSPI")

RETURN (LastDateValue – FirstDateValue) / FirstDateValue * 100

```
1  코스피 수익률 =
2  VAR FirstDateValue = CALCULATE(SUM('주가지수'[종가]), FIRSTDATE('주가지수'[날짜]),'주가지수'[지수명]="KOSPI")
3  VAR LastDateValue = CALCULATE(SUM('주가지수'[종가]), LASTDATE('주가지수'[날짜]), '주가지수'[지수명]="KOSPI")
4  RETURN (LastDateValue - FirstDateValue) / FirstDateValue * 100
```

02 | [시각화] 창에서 [카드]를 클릭하여 코스피 영역형 차트 오른쪽에 배치합니다. [시각화] 창의 [필드] 영역에 '주가지수' 테이블의 '코스피 수익률' 측정값을 추가하면, '코스피 수익률'이 표시됩니다.

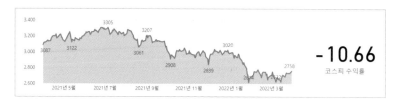

● 코스닥 지수 변화 시각화

[보고서]( ) 보기의 [시각화] 창에서 [영역형 차트]를 클릭하여 캔버스에 배치합니다. 앞 단계의 '코스피 지수 변화 시각화'와 동일하게 작업하되, [이 시각적 개체의 필터]의 '기본 필터링' 상태에서 [KOSDAQ]을 체크합니다.

● 코스닥 지수 수익률 시각화

01 | [필드] 창에서 '주가지수' 테이블을 선택하고, [새 측정값]을 클릭합니다. 수식 입력창에 아래와 같이 입력하고 ✓(커밋)을 클릭합니다(Part 06 〉 Source 〉 Page636_코스닥 수익률.txt).

코스닥 수익률 =

VAR FirstDateValue = CALCULATE(SUM('주가지수'[종가]),FIRSTDATE('주가지수'[날짜]),'주가지수'[지수명]="KOSDAQ")

VAR LastDateValue = CALCULATE(SUM('주가지수'[종가]), LASTDATE('주가지수'[날짜]),'주가지수'[지수명]="KOSDAQ")

RETURN (LastDateValue − FirstDateValue) / FirstDateValue * 100

```
1  코스닥 수익률 =
2  VAR FirstDateValue = CALCULATE(SUM('주가지수'[종가]), FIRSTDATE('주가지수'[날짜]), '주가지수'[지수명]="KOSDAQ")
3  VAR LastDateValue = CALCULATE(SUM('주가지수'[종가]), LASTDATE('주가지수'[날짜]), '주가지수'[지수명]="KOSDAQ")
4  RETURN (LastDateValue - FirstDateValue) / FirstDateValue * 100
```

02 [시각화] 창에서 [카드]를 클릭하여 코스닥 영역형 차트 오른쪽에 배치합니다. [시각화] 창의 [필드] 영역에 '주가지수' 테이블의 '코스닥 수익률' 측정값을 추가하면, '코스닥 수익률'이 표시됩니다.

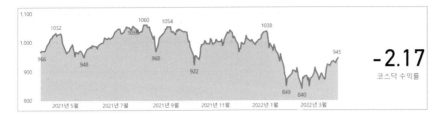

● 퀀트 종목별 수익률 시각화

10개 퀀트 종목별로 수익률을 시각화합니다.

01 [보고서]( ) 보기의 [시각화] 창에서 [테이블]을 클릭하여 캔버스에 배치합니다. [열] 영역에 '퀀트 포트' 테이블의 '종목명', '시장구분', '시가총액(억)', 'PER', 'ROE', '영업이익' 필드와 '퀀트포트 수익률' 측정값을 추가합니다.

02 | [열] 영역에 '퀀트포트' 테이블의 '종가' 필드를 추가한 후 아래 화살표(∨)를 클릭하여 [스파크라인 추가]를 선택합니다.

03 | [스파크라인 추가] 대화상자의 [Y축]에는 '퀀트포트' 테이블의 '종가' 필드, [X축]에는 '퀀트포트' 테이블의 '날짜' 필드를 선택하고 [만들기]를 클릭합니다.

04 | [열] 영역에 추가된 '시가총액', 'PER', 'ROE', '영업이익' 측정값의 아래 화살표(∨)를 클릭하여 [요약 안 함]을 선택합니다.

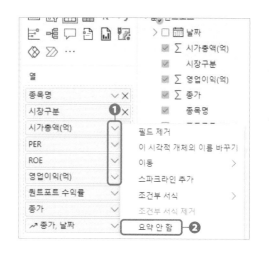

Tip [스파크라인] 대화상자가 보이지 않는다면, [파일] 탭의 [옵션 및 설정]의 [옵션] 대화상자에서 [미리 보기 기능]을 선택하고 [스파크라인]을 체크합니다(옵션 변경 후에는 Power BI를 재시작해야 합니다).

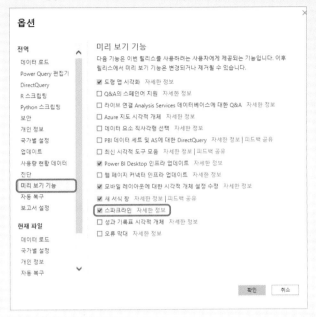

05 시각화가 완성된 화면은 다음과 같이 나타나며, 퀀트포트가 코스피와 코스닥보다 수익률이 높은 것으로 나타났습니다.

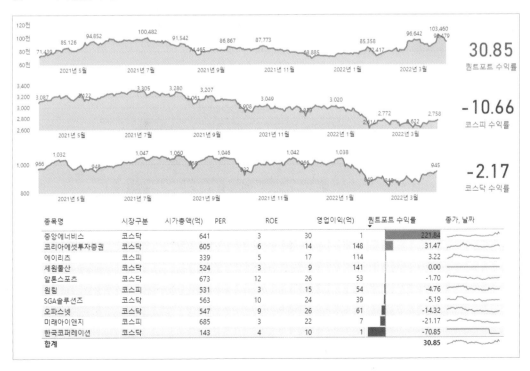

종목명	시장구분	시가총액(억)	PER	ROE	영업이익(억)	퀀트포트 수익률	종가, 날짜
중앙에너비스	코스닥	641	3	30	1	221.84	
코리아에셋투자증권	코스닥	605	6	14	148	31.47	
에이리츠	코스피	339	5	17	114	3.22	
세원물산	코스닥	524	3	9	141	0.00	
알톤스포츠	코스닥	673	12	26	53	-1.70	
원림	코스피	531	3	15	54	-4.76	
SGA솔루션즈	코스닥	563	10	24	39	-5.19	
오파스넷	코스닥	547	9	26	61	-14.32	
미래아이앤지	코스피	685	3	22	7	-21.17	
한국코퍼레이션	코스닥	143	4	10	1	-70.85	
합계						30.85	

이번 챕터에서는 Power BI Desktop으로 주식 투자 결과를 실시간으로 모니터링할 수 있는 대시보드를 만들어 봅니다. Power BI Desktop 보고서에서 새 페이지를 추가한 후, 페이지 이름을 '대시보드'로 변경합니다.

이번 챕터의 시각화 결과물은 아래와 같습니다.

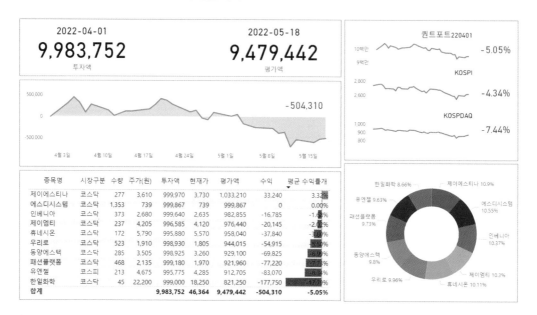

종목명	시장구분	수량	주가(원)	투자액	현재가	평가액	수익	평균 수익률 개
제이에스티나	코스닥	277	3,610	999,970	3,730	1,033,210	33,240	3.32%
에스디시스템	코스닥	1,353	739	999,867	739	999,867	0	0.00%
인베니아	코스닥	373	2,680	999,640	2,635	982,855	-16,785	-1.68%
제이엠티	코스닥	237	4,205	996,585	4,120	976,440	-20,145	-2.02%
휴네시온	코스닥	172	5,790	995,880	5,570	958,040	-37,840	-3.80%
우리로	코스닥	523	1,910	998,930	1,805	944,015	-54,915	-5.50%
동양에스텍	코스닥	285	3,505	998,925	3,260	929,100	-69,825	-6.99%
패션플랫폼	코스닥	468	2,135	999,180	1,970	921,960	-77,220	-7.73%
유엔젤	코스피	213	4,675	995,775	4,285	912,705	-83,070	-8.34%
한일화학	코스닥	45	22,200	999,000	18,250	821,250	-177,750	-17.79%
합계				9,983,752	46,364	9,479,442	-504,310	-5.05%

대시보드는 핵심적인 정보를 효과적으로 전달하는 수단입니다. 대시보드는 보고서를 기반으로 Power BI Service를 통해서 이루어지는 것이 일반적입니다.

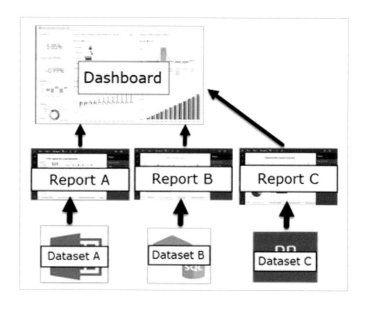

본 도서는 Power BI Desktop을 기반으로 하므로 여기서는 Power BI Desktop의 보고서를 대시보드처럼 꾸며보겠습니다(이하 간편 대시보드라고 칭함).

> **Tip** Power BI Desktop 보고서의 기능은 Power BI Service의 대시보드에 비하여 상대적으로 제한이 있습니다. 예를 들어, Power BI Service는 일정 주기별로 데이터를 자동 업데이트할 수 있지만, Power BI Desktop 보고서에서 업데이트를 하려면 [새로 고침]를 클릭해야 합니다.

여기서 소개하는 간편 대시보드는 일천만 원으로 퀀트포트를 구성하여 투자하고 실시간으로 투자 결과를 확인한다는 시나리오를 바탕으로 합니다. 즉 10개 종목을 하나의 포트폴리오로 만들어서 전체 수익률과 종목별 수익률을 모니터링 할 수 있도록 합니다. 간편 대시보드는 크게 다섯 개의 정보로 구성됩니다.

① 최초 투자액과 현재(업데이트 시점)의 평가액	② 투자금의 수익 변화 추세
③ 코스피 · 코스닥지수와 수익률 비교	④ 종목별 투자 내역과 현재 수익
⑤ 포트폴리오 구성 내역	

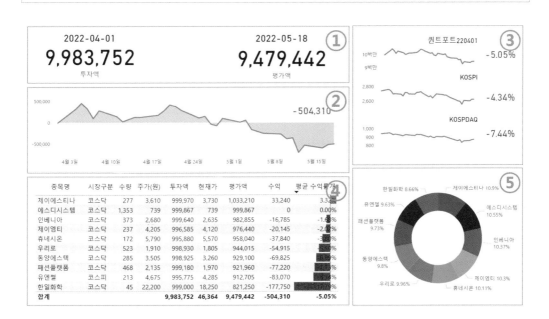

간편 대시보드를 만드는 순서는 다음과 같습니다.

1. 데이터 생성 : 퀀트 기법에 의하여 10개의 투자 종목을 선정하고, 각 종목당 일백만 원씩 투자하는 시나리오로 데이터 생성
2. 대시보드 시각화 : 투자 대비 수익과 코스피·코스닥과의 비교, 종목별 수익률 등을 다양한 시각화 개체로 표현

01 데이터 생성 및 전처리

앞 챕터에서 소개하였던 퀀트포트를 만들었던 것과 같은 절차로 투자 종목을 선정하고 종목별로 일백만 원을 투자하는 방식으로 데이터를 만들고 전처리 작업을 수행합니다. 수행 절차는 다음과 같습니다.

1. 데이터 생성 : 관련 데이터를 수집하고 엑셀을 이용하여 투자 종목을 선정한 후, 투자 내역을 추가
2. 현재일 열 추가 : 실시간 조회를 위하여 조회 시점 날짜(현재일)를 나타내는 열 추가
3. 실시간 주가 열 추가 : 네이버 금융 API에서 현재일(조회 시점)의 주가를 조회하고 기록하기 위한 열 생성
4. 실시간 지수 테이블 생성 : 네이버 금융 API에서 현재일(조회 시점)의 코스피·코스닥 지수를 조회하고 기록하기 위한 테이블 생성

• 투자 기초 데이터 만들기

01 ┃ 앞서 소개했던 방법대로 SEIBro(www.seibro.or.kr) 사이트에서 주식 종목 데이터를 다운로드합니다. 본 도서에서는 2022년 4월 1일 다운로드한 데이터를 사용하며 원본 데이터와 전처리가 완료된 데이터 파일은 도서와 함께 제공하는 파일 폴더(Part 06 〉 Data)에서 확인할 수 있습니다(파일명 : 퀀트 투자 현황_220401.xlsx).

종목코드	종목명	시장구분	주가(원)	시가총액(억)	ROE	PER	영업이익(억)
005930	삼성전자	코스피	69100	4125120	13.25	10.51	516339
373220	LG에너지솔루션	코스피	428000	1001520	9.95	126.37	7685
000660	SK하이닉스	코스피	116000	844483	15.45	8.79	124103
207940	삼성바이오로직스	코스피	820000	583627	7.89	148.28	5373
035420	NAVER	코스피	335500	550385	70.06	3.34	13255
035720	카카오	코스피	106000	472890	13.94	33.97	5949

02 | 엑셀을 이용하여 다음과 같이 10개의 '퀀트포트' 종목을 선정합니다.

• 시가총액 기준 하위 20% 종목 선별

　① '시가총액(억)' 열 필터 단추 클릭

　② [숫자 필터] 선택

　③ [상위 10] 선택
　　[상위 10 자동 필터] 설정 : ④ 하위, ⑤ 20, ⑥ %

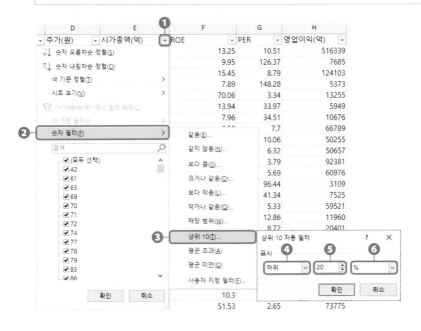

• 영업이익 흑자 종목 선별

　① '영업이익(억)' 열 필터 단추 클릭

　② [숫자 필터] 선택

　③ [보다 큼] 선택
　　[찾을 조건] 설정 : ④ 〉, ⑤ 0

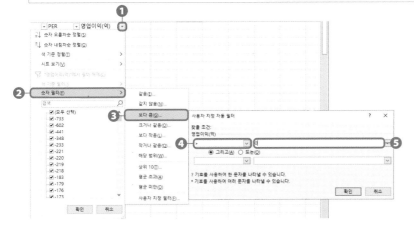

- PER 값이 2 이상인 종목 선별

  ① 'PER' 열 필터 단추 클릭

  ② [숫자 필터] 선택

  ③ [보다 큼] 선택

    [찾을 조건] 설정 : ④ 〉, ⑤ 2

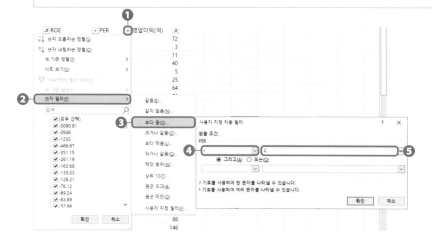

- ROE 상위순, PER 하위순으로 10개 종목 선정

  ① 필터링이 완료된 셀들을 복사한 후,

  ② 새로운 시트에 '값'으로 붙여넣음

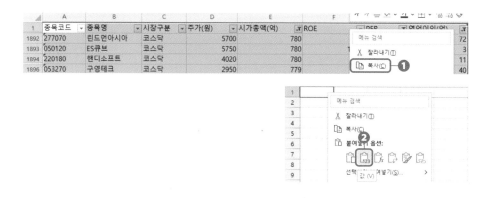

③ 'ROE' 열 선택하고 ④ 내림차순 정렬

종목코드 ▼	종목명	▼	시장구분 ▼	주가(원) ▼	시가총액(억) ▼	ROE ▼	PER ▼	영업이익(억) ▼
277070	린드먼아시아		코스닥				14.74	72
050120	ES큐브		코스닥				8.7	3
220180	핸디소프트		코스닥				21.79	11
053270	구영테크		코스닥				24.9	40
007770	한일화학		코스닥				3.43	5

(드롭다운 메뉴)
- 숫자 오름차순 정렬(S)
- **숫자 내림차순 정렬(O)** ④
- 색 기준 정렬(T) >
- 시트 보기(V) >

⑤ 'ROE순위' 열 만들고 순위값 부여(1부터 연속 데이터)

종목코드 ▼	종목명	▼	시장구분 ▼	주가(원) ▼	시가총액(억) ▼	ROE ↓	PER ▼	영업이익(억) ▼	ROE순위
290270	휴네시온		코스닥	5790	556	36.08	3.73	29	1
026040	제이에스티나		코스닥	3610	596	36.07	3.38	14	2
160600	이큐셀		코스닥	3100	427	34.67	8.17	36	3
046970	우리로		코스닥	1910	612	33.83	4.46	38	4

⑥ 'PER' 열 오름차순 정렬 후, ⑦ 순위 값 부여(1부터 연속 데이터)

종목코드 ▼	종목명	▼	시장구분 ▼	주가(원) ▼	시가총액(억) ▼	ROE ▼	PER ↓	영업이익(억) ▼	ROE순위 ▼	PER순위
012620	원일특강		코스닥	14300	629	13.62	3.35	169	33	1
026040	제이에스티나		코스닥	3610	596	36.07	3.38	14	2	2
007770	한일화학		코스닥	22200	779	20.07	3.43	5	20	3

⑧ 'ROE순위'와 'PER순위' 열의 값을 더하여 오름차순으로 10개의 종목 선정

	종목명 ▼	ROE ▼	PER ▼	ROE순위 ▼	PER순위 ▼	순위합계 ↓
1						
2	제이에스티나	36.07	3.38	2	2	4
3	휴네시온	36.08	3.73	1	6	7
4	유엔젤	28.16	4.2	6	11	17
5	우리로	33.83	4.46	4	13	17
6	동양에스텍	24.97	3.82	10	8	18
7	패션플랫폼	25.87	3.85	9	9	18
8	한일화학	20.07	3.43	20	3	23
9	에스디시스템	22.22	4.03	13	10	23
10	인베니아	23.05	5.03	11	17	28
11	제이엠티	20.19	4.64	19	14	33

03 | 포트폴리오 전체에 일천만 원을 투자한다고 가정하여 별도의 시트에 투자 기초 데이터를 만듭니다.

> • 종목별로 투자 당일의 주가를 확인하여 일백만 원으로 매수할 수 있는 수량 확인 후 주가 · 수량 · 투자액(주가×수량) 기록

	종목코드	종목명	시장구분	주가(원)	수량	투자액
2	026040	제이에스티나	코스닥	3,610	277	999,970
3	290270	휴네시온	코스닥	5,790	172	995,880
4	072130	유엔젤	코스피	4,675	213	995,775
5	046970	우리로	코스닥	1,910	523	998,930
6	060380	동양에스텍	코스닥	3,505	285	998,925
7	225590	패션플랫폼	코스닥	2,135	468	999,180
8	007770	한일화학	코스닥	22,200	45	999,000
9	121890	에스디시스템	코스닥	739	1,353	999,867
10	079950	인베니아	코스닥	2,680	373	999,640
11	094970	제이엠티	코스닥	4,205	237	996,585

• 데이터 가져오기

01 | Power BI Desktop의 [홈] 탭에서 [Excel 통합 문서]를 클릭하고, 전처리가 완료된 데이터 파일(도서와 함께 제공하는 데이터 파일은 '퀀트 투자 현황_220401.xlsx')을 선택합니다. [탐색 창]에서 해당 시트('퀀트 투자 현황_220401.xlsx'의 경우 'Sheet3')를 선택하고 [데이터 변환]을 클릭해서 파워 쿼리 편집기를 엽니다.

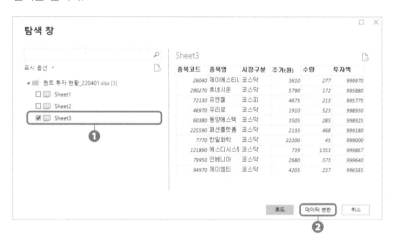

02 | 파워 쿼리 편집기 화면 오른쪽 [적용된 단계]에서 [변경된 유형]의 취소 아이콘(X)을 클릭하여 자동으로 수행된 데이터 유형 변경을 취소합니다.

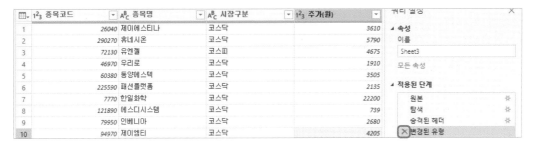

03 | '종목코드', '종목명', '시장구분' 열을 선택하고 [변환] 탭의 [데이터 형식]에서 '텍스트'로 변경합니다. 같은 방법으로 '주가', '수량', '투자액' 열의 데이터 형식을 '10진수'로 변경합니다.

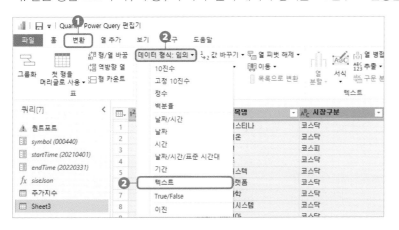

04 | 쿼리의 이름을 'Sheet3'에서 '퀀트포트220401'로 변경합니다.

● 현재일 열 추가

01 | [열 추가] 탭의 [사용자 지정 열]을 클릭합니다.

02 | [사용자 지정 열] 대화상자에서 다음과 같이 입력한 후 [확인]을 클릭합니다.

- [새 열 이름] : 사용자 지정
- [사용자 지정 열 수식] : =DateTime.Date(DateTime.LocalNow())

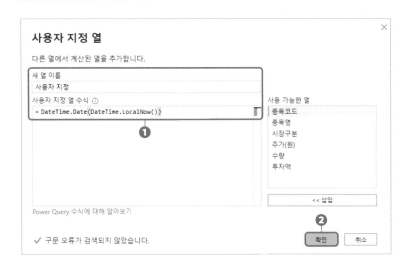

03 | 추가된 '사용자 지정' 열의 날짜 형식은 '네이버 금융 API'의 날짜 형식과 다르므로 변경 작업이 필요합니다.

04 [열 추가] 탭의 [사용자 지정 열]을 클릭하고, [사용자 지정 열] 대화상자에서 다음과 입력한 후 [확인]을 클릭합니다(Part 06 〉 Source 〉 Page649_현재일.txt).

- [새 열 이름] : 현재일
- [사용자 지정 열 수식] : =Text.Replace(Text.From([사용자 지정]), "-", "")

05 날짜 형식의 변경 여부를 확인하고 '사용자 지정' 열을 제거합니다. 결과는 아래 그림과 같습니다.

^{ABC} 시장구분	1.2 주가(원)	1.2 수량	1.2 투자액	^{ABC} 현재일
코스닥	3610	277	999970	20220516
코스닥	5790	172	995880	20220516
코스피	4675	213	995775	20220516
코스닥	1910	523	998930	20220516
코스닥	3505	285	998925	20220516
코스닥	2135	468	999180	20220516
코스닥	22200	45	999000	20220516
코스닥	739	1353	999867	20220516
코스닥	2680	373	999640	20220516
코스닥	4205	237	996585	20220516

• 실시간 주가 열 추가

01 ┃ '퀀트포트220401' 쿼리를 선택한 상태에서 [열 추가] 탭의 [사용자 지정 함수 호출]을 클릭합니다.
[사용자 지정 함수 호출] 대화상자에서 다음과 같이 설정하고 [확인]을 클릭합니다.

- [새 열 이름] : 현재가
- [함수 쿼리] : siseJson
- [symbol(열 이름)] : 종목코드
- [startTime(텍스트)] : 20220401
- [endTime(열 이름)] : 현재일

02 ┃ '현재가' 열 머리글의 ⇤⇥(확장)을 클릭하고 [원래 열 이름을 접두사로 사용]의 체크를 해제한 후
[확인]을 클릭합니다.

03 | '날짜' 열의 데이터 형식을 '날짜'로 변경합니다. '날짜' 열은 먼저 '텍스트' 형태로 변경한 후, '날짜' 형태로 바꾸도록 합니다. 이때 [열 형식 변경] 대화상자에서 [새 단계 추가]를 클릭합니다.

04 | '종가' 열의 데이터 형식을 '10진수'로 변경한 후 이름을 '현재가'로 변경합니다.

● 실시간 지수 테이블 생성

01 | [홈] 탭의 [데이터 입력]을 클릭합니다.

02 | [테이블 만들기] 대화상자의 '열1'에 '지수명', 'KOSPI', 'KOSDAQ'를 입력하고, 이름은 '주가지수 220401'을 입력하고 [확인]을 클릭합니다.

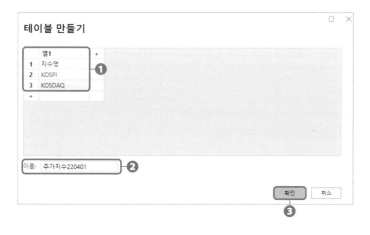

03 | '지수명'이 열의 제목이 되도록 [홈] 탭의 [첫 행을 머리글로 사용]을 클릭합니다.

04 | 앞선 단계의 '현재일 열 추가'와 같은 방법으로 '주가지수' 쿼리에 '현재일' 열을 추가합니다. [열 추가] 탭의 [사용자 지정 함수 호출]을 클릭하고, [사용자 지정 함수 호출] 대화상자에서 다음과 같이 설정한 후 [확인]을 클릭합니다.

- [새 열 이름] : 현재가
- [함수 쿼리] : siseJson
- [symbol(열 이름)] : 지수명
- [startTime(텍스트)] : 20220401
- [endTime(열 이름)] : 현재일

05 | '현재가' 열 머리글의 필터 단추(▼)를 클릭하고 [원래 열 이름을 접두사로 사용]의 체크를 해제한 후 [확인]을 클릭합니다. '날짜' 열의 데이터 형식을 '날짜'로 변경합니다. '종가' 열은 데이터 형식을 '10 진수'로 변경한 후 이름을 '현재가'로 변경합니다. 결과는 다음과 같습니다.

이제 파워 쿼리 편집기에서의 데이터 전처리는 모두 끝났습니다. [파일] 탭의 [닫기 및 적용]을 클릭하여 Power BI Desktop으로 이동합니다.

02 간편 대시보드 시각화

간편 대시보드의 최종 시각화 결과물은 아래 그림과 같습니다. 번호 순서대로 시각화 작업을 합니다.

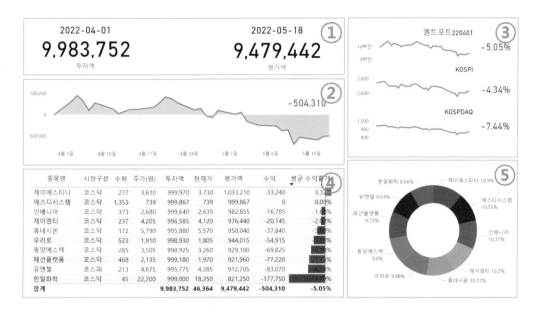

• 퀀트포트 평가액 및 수익, 수익률 산출

01 ㅣ [데이터](▦) 보기로 이동하여, '퀀트포트220401' 테이블을 선택합니다.

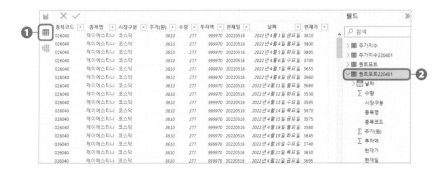

02 | [홈] 탭-[계산] 그룹에서 [새 열]을 클릭합니다.

03 | 수식 입력줄에 다음의 식을 입력하고 Enter 를 누릅니다.

- 평가액 = [현재가] * [수량]

04 | [홈] 탭-[계산] 그룹에서 [새 열]을 클릭하고, 수식 입력줄에 다음의 식을 입력한 후 Enter 를 누릅니다.

- 수익 = [평가액] - [투자액]

05 | [홈] 탭-[계산] 그룹에서 [새 열]을 클릭하고, 수식 입력줄에 다음의 식을 입력한 후 Enter 를 누릅니다.

- 수익률 = ([평가액] - [투자액]) / [투자액]

06 | '수익률' 열을 선택하고 [열 도구] 탭에서 **%** (백분율)을 클릭합니다.

• 주식 지수 수익률 산출

01 | [데이터](▦) 보기 화면에서 '주가지수220401' 테이블을 선택하고 [테이블 도구] 탭에서 [새 측정값]을 클릭합니다.

02 | 수식 입력줄에 다음과 같이 입력하고 [Enter]를 누른 후 [측정 도구] 탭에서 **%**(백분율)을 클릭합니다(Part 06 〉 Source 〉 Page655_수익률.txt).

```
수익률 =
VAR StartTimePrice = CALCULATE(SUM('주가지수220401'[현재가]), FIRSTDATE('주가지수220401'[날짜]))
VAR EndTimePrice = CALCULATE(SUM('주가지수220401'[현재가]), LASTDATE('주가지수220401'[날짜]))
RETURN (EndTimePrice – StartTimePrice) / StartTimePrice
```

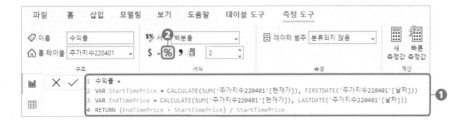

• 투자액과 평가액 시각화

2022-04-01 ① - 1	2022-05-18 ② - 1
9,983,752 ① - 2	**9,479,442** ② - 2
투자액	평가액

①-1. 투자일

01 | [보고서](📊) 보기의 [시각화] 창에서 [카드]를 클릭하여 보고서 왼쪽 상단에 배치합니다. [시각화] 창의 [필드] 영역에 '퀀트포트220401' 테이블의 '날짜' 필드를 추가하고 아래 화살표(∨)를 클릭하여 [가장 이른 날짜]를 선택합니다.

02 | [시각적 개체 서식 지정]의 [설명 값]에서 [글꼴]의 크기는 '20'으로 하고, [범주 레이블]은 비활성화합니다.

①-2. 투자액

01 [보고서](📊) 보기의 [시각화] 창에서 [카드]를 클릭하여 캔버스에 배치합니다. [시각화] 창의 [필드] 영역에 '퀀트포트220401' 테이블의 '투자액' 필드를 추가합니다. [필터] 창의 [이 시각적 개체의 필터]의 [여기에 데이터 필드 추가]에 '퀀트포트220401' 테이블의 '날짜' 필드를 추가합니다.

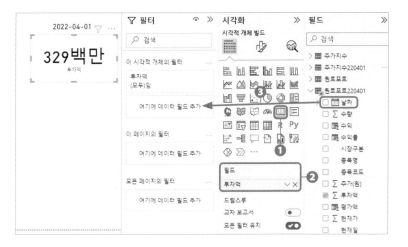

02 [필터 형식]은 '기본 필터링'을 선택하고 [2022-04-01]을 체크합니다.

03 [시각적 개체 서식 지정]의 [설명 값]에서 [표시 단위]를 '없음'으로 설정합니다.

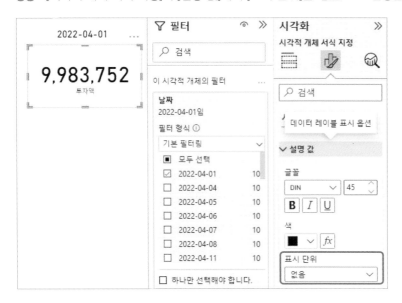

②-1. 평가일

01 '투자일' 시각화 개체와 같은 방법으로 작업하되, [필드] 영역에서 [가장 늦은 날짜]를 선택합니다.

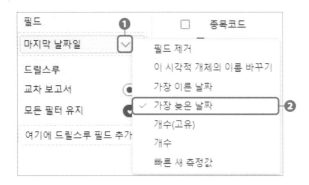

②-2. 평가액

01 [보고서](📊) 보기의 [시각화] 창에서 [카드]를 클릭하여 캔버스에 배치합니다. [시각화] 창의 [필드] 영역에 '퀀트포트220401' 테이블의 '평가액' 필드를 추가합니다. [필터] 창의 [이 시각적 개체의 필터]의 [여기에 데이터 필드 추가] 영역에 '퀀트포트220401' 테이블의 '날짜' 필드를 추가합니다. [필터 형식]을 '상대 날짜' 로 선택하고, [다음 값일 경우 항목 표시]에서 '현재' 와 '일' 을 선택한 후 [필터 적용]을 클릭합니다.

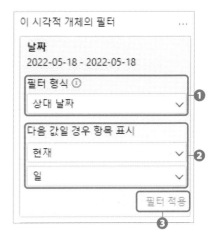

02 [시각적 개체 서식 지정]의 [설명 값]에서 [표시 단위]를 '없음'으로 선택합니다.

• 수익 추세 차트 시각화

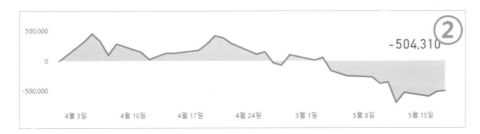

②-1. 수익 추세

01 [시각화] 창에서 [영역형 차트]를 클릭하여 캔버스에 배치합니다. [시각화] 창의 [X축] 영역에 '퀀트포트220401' 테이블의 '날짜' 필드를 추가하고 아래 화살표(∨)를 클릭하여 다시 [날짜]를 선택합니다. [Y축] 영역에는 '수익' 필드를 추가합니다.

②-1. 수익액

01 | [시각화] 창에서 [카드]를 클릭하여 캔버스에 배치하고 [필드] 영역에 '퀀트포트220401' 테이블의 '수익' 필드를 추가합니다.

02 | [필터] 창에서 [이 시각적 개체의 필터]의 [여기에 데이터 필드 추가] 영역에 '퀀트포트220401' 테이블의 '날짜' 필드를 추가합니다.

03 | [필터 형식]을 '상대 날짜'로 선택하고, [다음 값일 경우 항목 표시]에서 '현재'와 '일'을 선택한 후, [필터 적용]을 클릭합니다.

04 | [시각적 개체 서식 지정 – 시각적 개체]의 [설명 값]에서 [표시 단위]를 '없음'으로 선택하고, [글꼴]의 크기는 '20'으로 한 후, [색]의 [조건부 서식] 아이콘을 클릭합니다.

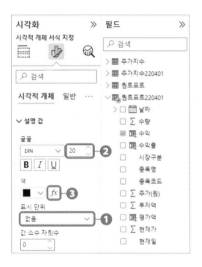

05 | [색–설명 값] 대화상자에서 다음과 같이 설정하고 [확인]을 클릭합니다.

- [서식 스타일] : 규칙
- [요약] : 합계
- [어떤 필드를 기반으로 해야 하나요] : 퀀트포트220401 〉 수익
- [규칙] : '수익' 값이 0보다 크거나 같으면 파란색
  '수익' 값이 0보다 작으면 빨간색

06 | [범주 레이블]을 비활성화합니다.

• 퀀트포트 및 지수 추세 차트 시각화

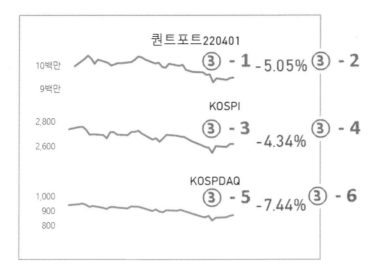

③-1. 퀀트포트220401 추세선

01 [시각화] 창에서 [꺾은선형 차트]를 클릭하여 캔버스에 배치합니다. [시각화] 창의 [X축] 영역에 '퀀트포트220401' 테이블의 '날짜' 필드를 추가하고 아래 화살표(⌄)를 클릭하여 [날짜]를 선택합니다. [Y축] 영역에 '퀀트포트220401' 테이블의 '평가액' 필드를 추가합니다.

02 [시각화 – 시각적 개체 서식 지정]의 [시각적 개체]에서 [X축]을 비활성화하고, [Y축] – [제목]도 비활성화합니다.

03 [시각화 – 시각적 개체 서식 지정]의 [일반]에서 [제목] – [텍스트]를 '퀀트포트220401'로 변경합니다.

③-2. 퀀트포트220401 수익률

01 [시각화] 창에서 [카드]를 클릭하여 캔버스에 배치합니다. [시각화] 창의 [필드] 영역에 '퀀트포트220401' 테이블의 '수익률' 필드를 추가하고 아래 화살표(⌄)를 클릭하여 [평균]을 선택합니다. [필터] 창에서 [이 시각적 개체의 필터]의 [여기에 데이터 필드 추가] 영역에 '퀀트포트220401' 테이블의 '날짜' 필드를 추가합니다.

02 [필터 형식]을 '상대 날짜'로 설정하고, [다음 값일 경우 항목 표시]에서 '현재'와 '일'을 선택한 후, [필터 적용]을 클릭합니다.

03 ┃ [시각적 개체 서식 지정 – 시각적 개체]의 [설명 값]에서 [표시 단위]를 '없음'으로 선택하고 [글꼴]의 크기는 '20'으로 설정한 후, [색]의 [조건부 서식] 아이콘을 클릭합니다.

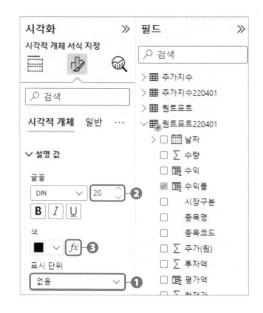

04 ┃ [색 – 설명 값] 대화상자에서 다음과 같이 설정하고 [확인]을 클릭합니다.

- [서식 스타일] : 규칙
- [어떤 필드를 기반으로 해야 하나요] : 퀀트포트220401 〉 수익률
- [요약] : 합계
- [규칙] : '수익' 값이 0보다 크거나 같으면 파란색
        '수익' 값이 0보다 작으면 빨간색

05 ┃ [범주 레이블]을 비활성화합니다.

③-3. KOSPI 추세선

01 | [시각화] 창에서 [꺾은선형 차트]를 클릭하여 캔버스에 배치합니다. [시각화] 창의 [X축] 영역에 '주가지수220401' 테이블의 '날짜' 필드를 추가하고 아래 화살표(∨)를 클릭하여 [날짜]를 선택합니다. [시각화] 창의 [Y축] 영역에 '주가지수220401' 테이블의 '현재가' 필드를 추가합니다.

02 | [필터] 창에서 [이 시각적 개체의 필터]의 [여기에 데이터 필드 추가] 영역에 '주가지수220401' 테이블의 '지수명' 필드를 추가하고, [KOSPI]를 선택합니다.

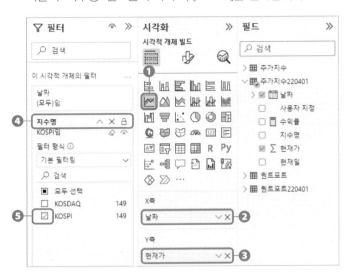

03 | [시각화 – 시각적 개체 서식 지정]의 [시각적 개체]에서 [X축]을 비활성하고, [Y축] – [제목]도 비활성화합니다.

04 | [시각화 – 시각적 개체 서식 지정]의 [일반]에서 [제목] – [텍스트]를 'KOSPI'로 변경합니다.

③-4. KOSPI 수익률

01 | [시각화] 창에서 [카드]를 클릭하여 캔버스에 배치합니다. [시각화] 창의 [필드] 영역에 '주가지수220401' 테이블의 '수익률' 필드를 추가합니다. [필터] 창에서 [이 시각적 개체의 필터]의 [여기에 데이터 필드 추가] 영역에 '주가지수220401' 테이블의 '지수명' 필드를 추가하고, [KOSPI]를 체크합니다.

02 | [시각적 개체 서식 지정 – 시각적 개체]의 [설명 값]에서 [표시 단위]를 '없음'으로 선택하고 [글꼴]의 크기는 '20'으로 한 후, [색]의 [조건부 서식] 아이콘을 클릭해서 색상을 설정합니다.

③-5, ③-6. KOSDAQ 추세선과 수익률

01 | 앞선 단계의 'KOSPI 추세선과 수익률'과 같은 단계를 따르되, [필터] 창의 '지수명' 필드에서 [KOSDAQ]으로 변경합니다.

• 종목별 상세 내역 시각화

종목명	시장구분	수량	주가(원)	투자액	현재가	평가액	수익	평균 수익률개
제이에스티나	코스닥	277	3,610	999,970	3,730	1,033,210	33,240	3.32%
에스디시스템	코스닥	1,353	739	999,867	739	999,867	0	0.00%
인베니아	코스닥	373	2,680	999,640	2,635	982,855	-16,785	-1.68%
제이엠티	코스닥	237	4,205	996,585	4,120	976,440	-20,145	-2.02%
휴네시온	코스닥	172	5,790	995,880	5,570	958,040	-37,840	-3.80%
우리로	코스닥	523	1,910	998,930	1,805	944,015	-54,915	-5.50%
동양에스텍	코스닥	285	3,505	998,925	3,260	929,100	-69,825	-6.99%
패션플랫폼	코스닥	468	2,135	999,180	1,970	921,960	-77,220	-7.73%
유엔젤	코스피	213	4,675	995,775	4,285	912,705	-83,070	-8.34%
한일화학	코스닥	45	22,200	999,000	18,250	821,250	-177,750	-17.79%
합계				9,983,752	46,364	9,479,442	-504,310	-5.05%

01 | [시각화] 창에서 [테이블]을 클릭하여 캔버스에 배치합니다. [시각화] 창의 [열] 영역에 '퀀트포트 220401' 테이블의 필드들을 아래와 같이 추가합니다.

> • 종목명 : 요약 안 함
> • 시장구분 : 요약 안 함
> • 수량 : 요약 안 함
> • 주가(원) : 요약 안 함
> • 투자액 : 합계
> • 현재가 : 요약 안 함
> • 평가액 : 합계
> • 수익 : 합계
> • 수익률 : [평균]을 선택하고, 필드를 확장한 후 [조건부 서식] 〉 [데이터 막대]를 선택합니다.

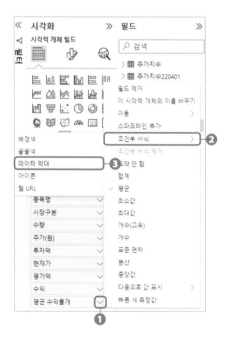

02 | [데이터 막대] 대화상자에서 [양수 막대]는 '파란색', [음수 막대]는 '붉은색'을 설정하고 [확인]을 클릭합니다.

03 | [필터] 창에서 [이 시각적 개체의 필터]의 [여기에 데이터 필드 추가] 영역에 '퀀트포트220401' 테이블의 '날짜' 필드를 추가합니다.

04 | [필터 형식]을 '상대 날짜'로 선택하고, [다음 값일 경우 항목 표시]에서 '현재'와 '일'을 선택한 후, [필터 적용]을 클릭합니다.

● 종목별 평가액 분포 시각화

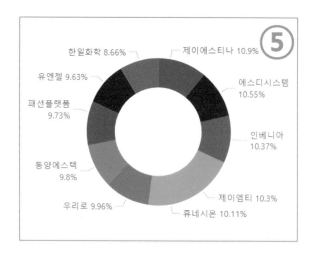

01 ┃ [시각화] 창에서 [도넛형 차트]를 클릭하여 캔버스에 배치합니다. [범례] 영역에 '퀀트포트220401' 테이블의 '종목명' 필드를 추가합니다. [값] 영역에 '퀀트포트220401' 테이블의 '평가액' 필드를 추가합니다.

02 ┃ [필터] 창에서 [이 시각적 개체의 필터]의 [여기에 데이터 필드 추가] 영역에 '퀀트포트220401' 테이블의 '날짜' 필드를 추가합니다.

03 ┃ [필터 형식]을 '상대 날짜'로 선택하고, [다음 값일 경우 항목 표시]에서 '현재'와 '일'을 선택한 후, [필터 적용]을 클릭합니다.

04 ┃ [시각적 개체 서식 지정 – 시각적 개체]에서 [제목]과 [범례]는 비활성화하고, [세부 정보 레이블]의 [레이블 내용]은 '범주, 총 퍼센트'를 선택합니다.

> **Tip**   [홈] 탭-[쿼리] 그룹에서 [새로 고침]을 클릭하면 대시보드를 최신 상황으로 업데이트할 수 있습니다.

데이터 시각화와 탐색
WITH POWER BI 2nd

1판 1쇄 발행   2022년 12월 2일
1판 4쇄 발행   2024년 6월 19일

저　　자 | 마경근, 서주란
발 행 인 | 김길수
발 행 처 | (주)영진닷컴
주　　소 | (우)08507 서울특별시 금천구 가산디지털1로 128
　　　　　STX–V타워 4층 401호
등　　록 | 2007. 4. 27. 제16-4189

©2022., 2024. (주)영진닷컴

ISBN | 978-89-314-6761-1

YoungJin.com Y.
영진닷컴